张颂文集

/第二版/

语言和谐艺术论

广播电视语言传播的品位与导向

张颂 等著

中国传媒大学出版社
·北京·

图书在版编目(CIP)数据

语言和谐艺术论：广播电视语言传播的品位与导向 /张颂等著. -- 2 版. -- 北京：中国传媒大学出版社，2022.1
(张颂文集)
ISBN 978-7-5657-3129-7

Ⅰ. ①语… Ⅱ. ①张… Ⅲ. ①广播语言—语言艺术—研究 ②电视—语言艺术—研究 Ⅳ. ①G222.2

中国版本图书馆 CIP 数据核字(2021)第 274287 号

语言和谐艺术论：广播电视语言传播的品位与导向(第二版)

YUYAN HEXIE YISHULUN：GUANGBO DIANSHI YUYAN CHUANBO DE PINWEI YU DAOXIANG(DI-ER BAN)

著　　者　张　颂 等
策划编辑　赵　欣
责任编辑　赵　欣
特约编辑　周　蕊
封面设计　拓美设计
责任印制　阳金洲

出版发行　中国传媒大学出版社
社　　址　北京市朝阳区定福庄东街 1 号　　**邮　　编**　100024
电　　话　86-10-65450528　65450532　　**传　　真**　65779405
网　　址　http://cucp.cuc.edu.cn
经　　销　全国新华书店

印　　刷　三河市东方印刷有限公司
开　　本　787mm×1092mm　1/16
印　　张　16.25
字　　数　356 千字
版　　次　2022 年 1 月第 2 版
印　　次　2022 年 1 月第 1 次印刷

书　　号　ISBN 978-7-5657-3129-7/G · 3129　　**定　　价**　55.00 元

本社法律顾问：北京李伟斌律师事务所　郭建平

向张颂老师学习(代序)

我是1986年来北京广播学院(现中国传媒大学)上学的。当时从南方一个小山村跌跌撞撞走来,一开口全是家乡话,普通话说不利索,也不善表达。我偶然看到一本《朗读学》,一翻就上瘾了,把它读了三遍。当时正是求知若渴的年龄,这本书给了我语言表达方面很好的启蒙教育,对我未来的成长起到了很大的帮助作用,我对这本书充满感情。至今我还清晰地记得,这本书是1983年出版的,书的作者,正是我敬仰的张颂老师。我毕业后留校工作,对张颂老师有了进一步了解,了解愈深,敬仰愈隆,早已萌生写写张颂老师的想法。不久前,中国传媒大学出版社为纪念张颂老师逝世十周年,准备修订出版“张颂文集”,约我写几句。借此机会,我把欲吐之词尽书之,表敬仰之情,寄缅怀之意。

张颂老师是追求理想、不忘初心的楷模。

张颂老师非常热爱党。习近平总书记说:“一个人也好,一个政党也好,最难得的就是历经沧桑而初心不改、饱经风霜而本色依旧。”张颂老师就是这样一个人。他从小对党充满感情,在北京师范大学读书时就写了入党申请书。之后,无论人生如何跌宕起伏,他信仰不移,信念不改。因历史原因,张颂老师在1984年才得以入党。但是在思想上,他从填写入党申请书之日起,就一直以一个共产党员的标准严格要求自己。他认为，新闻媒体是党的喉舌，而从事播音工作更是直接用喉舌为党服务。尤其是培养广播电视语言传播人才，培养播音员、主持人，更使他感到责任重大，任务艰巨。所以他时时告诫自己，必须政治高标准，业务严要求，才能不辜负党，不辜负播音主持专业教师这一份工作，不辜负“人民教师”这一光荣称号。

张颂老师是献身学术、开拓创新的楷模。

张颂老师非常热爱学术研究工作。他于1963年8月从中央人民广播电台调入我校新闻系播音专业任教，从此开启学术生涯。没有专业教材，参照资料也少，他便长期坚持自编教材。播音学教材《播音基础》的初稿写出来后，他向人征求意见。有人说他把播音写玄了，播音有学吗？他因此陷入苦恼。但他并未止步。播音学与朗读学相交相融，他便从朗读学方面着力，很快，中国第一本《朗读学》横空出世。接下来，张颂老师又琢磨起播音学来了。张颂老师有一股不服输的精神，他执着于学术理想，认为耳得之声、目遇之色皆有学问，播音里面一定是有学问的，他要一点一点把它全部给挖出来！试上高峰窥皓月，偶开天眼觑红尘。张颂老师带领他的同事们悟中华有声之道，得往圣不传之学，终于打破了“播音无学”的说法：他反复修改、完善，推出了播音基础理论研究的奠基之作《播音基础》（后改为《播音创作基础》）等；他主编的《中国播音学》标志着世界范围内绝无仅有的播音学理论体系的建立；他撰写的《播音语言通论》《播音主持艺术论》《语言和谐艺术论》等是对播音学理论体系的充实、深化和拓展；他撰写的《朗读学》《朗读美学》等开创了有声语言艺术精品的创作范式。时至今日，连传媒业非常发达的西方国家也不曾有这样的学科和这样成建制地培养学士、硕士、博士的教育体系，他的理论成果在播音主持艺术界乃至世界有声语言传播界都具有不可替代的重要指导作用！

张颂老师是立德树人、教书育人的楷模。

张颂老师非常热爱教学工作。他以赤诚之心、奉献之心、仁爱之心投身教育事业。他曾说：“接受师范教育，从事教学工作，是我自觉的选择，无怨无悔，乐在其中。”张颂老师认为教师应该先律诸己，“种树者必培其根，种德者必养其心”；张颂老师认为教师应该力求进取，有所作为，实现“教学相长、继往开来”的理念，身先士卒，率先垂范；张颂老师认为教师是“红烛”，应该“春蚕到死丝不断，蜡炬成灰热犹存”。张颂老师一直坚守“德才兼备，声形俱佳”“以播为主，一专多能”和“有稿播音锦上添花，无稿播音出口成章”的专业人才培养理念，一直坚持理论与实践相结合、大课与小课相结合、课堂讲授与大运动量训练相结合的专业人才培养方法。其中，他特别强调语言功力，即观察力、理解力、思辨力、感受力、表现力、鉴赏力、调检力、回馈力。他一直强调：“教师不但要有教学能力、科研能力，还要有示范能力。”他认为，本科是高校的基础和重心，教师必须使学生在本科阶段扩大视野、夯实根基、扬长补短，培养事业心和责任感，养成如饥似渴的学习习惯，提高在话筒前、镜头前“体现时代精神，充满人文关怀”的自觉性。张颂老师亲自带领学生坚持晨练（练声），因此斗牛之下，白杨树旁，中传学子诵明月之诗，歌窈窕之章！张颂老师爱才惜才，只要发现好苗子，便不放过。很多学生在张颂老师鼓励下考上我校，后来成为我国优秀播音员、主持人。《荀子·劝学》有云：“学莫便乎近其人……学之经莫速乎好其人。”张颂老师，学生所好也。张颂老师家里，常常挤满了前来求教、“打牙祭”的学生。在学生心中，张颂老师是严师，更是慈父。而在张颂老师心中，学生是他最大的财富和骄傲。他一直有一个理想，就是希望“播音员、主持人的创造性，能够催生有声语言表达的典范，传承‘书同文’，成就‘语同音’，让中华文化响彻寰宇，光耀千秋”。

张颂老师是夫妻恩爱、家风清正的楷模。

积善之家，必有余庆。成就张颂老师的，是时代，更是家庭。他和夫人赵培根老师几十年来相濡以沫，相敬如宾。两人虽是经人介绍相识，老家却在河北易县同一个地方，可以说青梅竹马。燕赵大地的淳朴民风，思想观念的高度契合，成全了这一桩金玉良缘。张颂老师把全部心力用在教学科研上，赵老师独自揽下全部家务，全力支持。工作后，张颂老师一家四口住在厂桥附近12平方米的又破又小的房子里，床边放一把凳子，就是他从事学术研究的桌台，《朗读学》《播音基础》等书，就是在这样的环境下完成的。在厂桥居住的20多年，天热时，张颂老师趴在斗室奋笔疾书，赵老师就在身后摇扇。后来条件改善了，搬进了楼房。张颂老师有腿疾，上楼梯时赵老师跟在身后，下楼梯时赵老师走在身前，以防他摔倒。张颂老师几十年来一直资助贫困学生，先后受资助的学生不下十位。自己的日子也不宽裕，但赵老师从无怨言……他们夫妻和睦，勤俭持家，恩爱偕老。张颂老师品行高致，学问高深，德高望重，为我国广播电视事业做出了不可估量的重大贡献，赢得了人们的普遍尊敬和爱戴。他多次被评为全国优秀新闻工作者，获得国家级“有突出贡献专家”称号并享受国务院特殊津贴，还是第二届国家级教学名师。而他的每一份荣耀，都有夫人赵培根老师的默默奉献与无悔付出！

……

现在全国上下正在弘扬“三牛”精神，张颂老师就是播音学领域的孺子牛、拓荒牛、老黄牛。张颂老师曾把“语同音”作为自己毕生追求的理想。在媒体融合、万物互联的现时代，“语同音”显得多么重要。张颂老师的真知灼见、远见卓识，令人十分钦佩！

大学之大，大在大师，张颂老师就是播音学领域的世界级大师。中国传媒大学已经绘就“十四五”规划蓝图，正迎来高质量发展关键时期。这需要广大中传人踔厉奋发，笃行不怠，对接国家战略，贡献中传智慧，向着建设世界一流传媒院校的目标而不懈努力。念兹在兹，我们需要一大批像张颂老师这样的大师，我们无比怀念他。

向张颂老师学习！

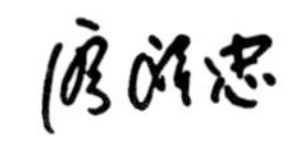

〔廖祥忠，中国传媒大学党委书记、校长，教育部新文科建设工作组副组长，教育部高等学校动画、数字媒体专业教学指导委员会主任委员〕

目 录

绪　论

播音主持艺术的改革,肇始于1980年年初,从以阶级斗争为纲转变为以经济建设为中心,我国进入了改革开放的历史阶段。广播电视改革,是以新闻改革作为突破口的,播音主持艺术的改革势在必行。改革初期,由于政治氛围的宽松,经济实力的增强,人民生活质量的提高,精神生活需求的广泛,使得广播电视飞速发展,电台频率、电视频道都迅速增加,节目内容日益丰富,节目形态不断更新。这就要求播音主持艺术工作者的队伍急剧扩充,知识结构走向多元,管理模式开始变迁。这样,"多样化"成为广播电视改革的明显特征。

就像社会主义市场经济在完善的过程中有时宏观调控不够平衡,有时自由竞争缺乏引导那样,播音主持艺术改革也会出现时而忽视喉舌功能主流意识的强化,时而放松娱乐功能迎合媚俗的规约。因而,如何"弘扬主旋律,提倡多样化",如何在广播电视语言传播中坚持先进文化的导向和品位,就成为当前一个时期急需重视并应着力解决的关键问题。

一

在"三个代表"重要思想中,提出了中国共产党要代表"先进文化的前进方向";《中共中央关于构建社会主义和谐社会若干重大问题的决定》又提出:"建设和谐文化是构建社会主义和谐社会的重要任务。"同时强调:"社会主义核心价值体系是建设和谐文化的根本。"而"马克思主义指导思想,中国特色社会主义共同理想,以爱国主义为核心的民族精神和以改革创新为核心的时代精神,社会主义荣辱观,构成社会主义核心价值体系的基本内容"。因此,我们认为,和谐文化的确是支撑社会和谐的精神纽带,是一种崇尚"和合"、追求和谐的精神境界,营造着倡导尊重差异、包容多样的社会环境,成为构建和谐社会的思想保证,召唤人们对于人与社会全面和谐发展的不懈追求和终极关怀。

一个民族或国家存在的主要标志,在于它的独特性——世界观及信仰体系,也就是文化观念。我们的社会主义核心价值体系，不但坚持了马克思主义在意识形态领域的指导地位，引领社会思潮扩大社会认同，形成思想共识；而且体现出正视矛盾、不断化解社会矛盾的广阔胸襟，凸显了吸纳不同思想观念和文化背景的宽容大度。这样，先进文化就不会是孤立和单一的标识，而是率领千军万马的大纛，指挥航海编队的旗舰了。先进文化，作为面向现代化、面向世界、面向未来的，民族的科学的大众的社会主义文化，既超越了历史的长期积淀成果，又汲取了世界的多种文明精华，既包容了儒释道各家的经典学理，又涵盖了现代不同学派的发展轨迹，博大精深，生机无限。

一个民族或国家的文化，是在发展过程中，经过多次碰撞和交融之后，逐步构建而成，并仍然前行的稳定而变化的观念形态。其中，必然包含着非主流、非主体、非本族、非本国的东西。那些没有被淘汰、被扬弃的，还具有当代的价值，应该加以肯定，应该给以承认，以至进行保护性开发利用。由此可见，和谐文化的提出，具有重大的深远的历史意义和鲜明的现实针对性。以先进文化为主轴，吸纳其他有益文化，排除腐朽文化，普及高雅文化，推动大众文化，提高通俗文化，定能迅速构建和谐文化的基础和辉煌大厦。

这里需要特别指出，传统的民族优秀文化是和谐文化的思想渊源，它蕴藏着无比丰富的宝贵资源，它凝聚着难以比拟的民族智慧，它反映着世代传承的审美理想，它塑造着东方巨人的伟岸形象。我们任何时候都不能数典忘祖，任何时候都应该捍卫民族文化的安全。我国古代，根据朱熹的说法，八岁入小学，主要学习道德礼仪，十五岁入大学，学习文化知识。其实，不论是儒家的“己所不欲勿施于人”“仁者爱人”，还是道家的“道法自然”“上善若水”，都蕴含在“观人文，以化成天下”的“天人合一”之中，都可以用“合和”“和谐”来概括。

二

我们认为，广播电视的语言传播的根本规律，就在于“引导”功能的发挥。而引导的两翼，一个是“灌输”，一个是“满足”。一定要把受众“未知”而“应知”的信息等，艺术地灌输给他们，让他们开阔眼界，提高认识，增强历史责任感和现实参与感，树立国家利益高于一切的主人翁意识，树立自立于世界民族之林的全球化胸怀。同时，一定要把受众“稍知”而“欲知”的信息等，积极地使他们满足，让他们得到教益，身心愉悦，深味人生的珍贵价值，体验时代的美学理想，生发克服挫折困难的勇气，提升健康向上的生活质量。这里，重中之重，就是“先进文化的前进方向”的准确、鲜明、生动地传播。必须同单调、肤浅、机械、冷漠的传播观作斗争，应该反复强调，我们不能做“时代的简单的传声筒”，我们要丰富、深刻、灵动、热情地进行传播，做“善于传播”的人。必须同低俗、浮躁、浅薄、丑陋的传播观作斗争，应该时刻警惕腐朽、消极、糜烂、奸猾等垃圾的无孔不入和恣意泛滥。

我们认为，广播电视的语言传播的根本属性，就在于“多重和谐”基础上的“整体和谐”。广播电视语言传播是一个子系统，它植根于大众传媒的母系统之内，并受其制约，但这个子系统又具有独立的存在价值。在它的内部，又有许多分支，各个分支之间，联系十分紧密，构成了多重关系。如创作主体和创作依据、创作主体和接受主体、创作主体和创作群体等；如思想感情和气息声音、用气发声和吐字归音、创作依据的内容和形式、节目形态和语言样式、节目性质和传播对象、传播技术和传播艺术等；如播音主持艺术自身的综合素质和语言功力、内在气质和体态服饰、化妆和表情、灯光和置景、话筒和现场、音响和音乐等。这些，都构成了多对关系，形成了多种矛盾的对立统一。怎样达到多重关系的和谐共存、和谐共处、和谐共变、和谐共进，就会造就出节目的新气象，传播的新境界。如果出现了不和谐的情况，能不能及时进行互助、互补，使之达到和谐，实在是一种考验。成功的传播，总是在这种不断地调整之中提高和发展的。这是基础，这是最起码的理性认知和操作本领。

但是，任何事情都是复杂的，从来都没有径情直遂的捷径。所以，我们还要认识“整体和谐”的必要性和规律性。整体和谐的立足点，是承认某些环节、某些方面、某些过程、某些情况，必然或者可以呈现不和谐的地方，不和谐的时候，但不是消极地对待，不是无奈地接受。而是权衡这种不和谐的干扰性和破坏力究竟占有多大面积和多大分量。可能会出现两个维度：一种情况是，面积小、分量轻的，不影响全局的，不削弱重点的，可以忽略不计，我们称之为“不和谐点”。如大段独白中，偶尔出现的个别词语欠规整、个别停连欠精准；突发事件报道中，语流中偶尔发生的词语搭配欠妥、语气不够连贯等。另一种情况是，面积大、分量重的，影响全局的，模糊重点的，必须纠正、改善，我们称之为“不和谐体”。如声音嘶哑、发音含混、口无遮拦、表达不力、张扬个性、形象猥琐等。对于“不和谐点”，当然应该注意避免，不过有时竟会成为某种特点，例如欠规整的词语，反而会表现出思维反应敏锐的冲动；语气不够连贯，反而给人以积极思考的印象。在这种“得失”之间，可能是“塞翁失马”，甚至是“得大于失”。在艺术上，并不罕见，马连良的“潇洒”，周信芳的“苍劲”，正来自他们口齿和声音上的某种“缺点”，有些“缺陷美”就不是多重和谐中的不和谐，而恰恰是达到了整体和谐！

我们认为，广播电视语言传播是一个自系统，具有自身的规律性。但是，它又带有与其他门类相关联的开放性。如，广播、电视、节目、声像、灯光、布景、道具、话筒、镜头、化妆、场景等，可以称之为“牵一发而动全身”。其中的每一个环节都是不可或缺的，都是相互影响、互相牵连的。因而，多重和谐、整体和谐的问题，必然包含所有方面的密切关系。在论述语言传播的时候，不能不同时涉及与这些方面的具体联系，不能不观照这些联系，处理这些关系。这当中，有主体和客体、主流和支流、主要和次要、核心和边缘等既稳定又变化的情况，都应该用和谐的观念予以调检和整合。否则，就容易出现哪怕是瞬间的割裂或断层，从而造成明显的不够和谐，甚至混乱和杂沓，使传播渠道的完整畅通受到阻碍以至破坏。

三

在广播电视语言传播中，导向与品位是直接影响传播效果的大问题。因此，必须进行深入研究。为此，我们重点探讨了"引领价值的本土化""文化身份的当下识别""儒释道文化精神的追求"以及话语样式、话语表达、话语传播等几个重要问题。同时，还特别研究了"人文精神""电视文化影响力""广播声音意象""大众传播有声语言的生命活力"等。

我们课题组成员们，在繁重的教学、科研以及从事广播电视播音主持实践中，利用各种机会调查研究，分析前沿问题、综合典型事例，特别是针对当前理论与实践中存在的主要倾向，进行剖析和评介，成为我们完成本课题的题中应有之义。

例如，导向问题，是不是与有声语言的传播没有直接关系？

有声语言创作主体根据文本创作依据，在信息评价体系里，强调和突出那些最有价值的内容，有态度、有感情、有目的、有对象地优化表达趋向与态势，使有声语言的内涵更加充实和深刻，坚持正确的创作道路，运用各种手段，引导受众理解和感受传播的整体意蕴，从而得到新的启示与鼓舞，提升精神境界，难道这就不是"教化"和"感应"吗？文字依据是静态的平面，而有声语言表达，却立即成就了动态的立体辐射，可以达到文字语言所无法达到的"及于耳、入于心"的效果！广播电视语言传播的引导，既可以激发积极向上的态度，提高思想道德素质，也可以造成消极悲观的情绪，玩世不恭以至心灰意冷。每一句话，都负载着不可言传的文化底蕴。就看是否能够揭示出来。因此，那些认为播音员只是"念稿员"的看法，是一种无知的表现。有声语言传播，必须达到"信息共享、认知共识、愉悦共鸣"的目的，而不能认为"念稿"是"不学而能"的无思维、无创造的简单劳动。

例如，必须批判"重文轻语"的陈腐观念。有人一味强调"写作"的功夫，而无视口语表达的妙处。他们不了解有声语言表达的艰辛和趣味，更应在这方面给以启蒙性的开导。诸如朗读、朗诵、播音等，都能改变文字语言的意义指向，同样的词语序列，根据表达需要，可以成为正面赞扬，或者改为反面批评，等等；还能增减感情的浓淡，可以加重分量，可以减轻分量，等等；更能够伸缩审美尺寸，扩展审美空间，或者缩小审美含量，等等。这是固定了的词语序列自身所无能为力的。能写的，不一定能说的好，能说的，也不必要求非得写得好。当然，一直用有声语言表达的人，会写的不在少数，只不过没有机会展现这方面的才华而已，何必求全责备、以偏概全呢！

例如，应该坚持本土化，毫无必要对西方的传播行为、传播过程进行顶礼膜拜式的东施效颦或者邯郸学步。西方的传播观、语言观、文化观、审美观,都同我们有着无法逾越的障碍,在吸取其精华的时候,千万不要忘记民族传统和国家利益。把西方的“主播权力”“记者经历”“采访能力”“语言要求”全都照搬过来,恐怕永远也达不到人家的样子,反而总会制造出“崇洋迷外”的新花样,让人们把“与国际接轨”当作利剑,割断民族传承,刺穿文化血脉,成为“言必称希腊”的顺民!

例如,确实要坚定“内容为王”的传播观念。任何时候都不应该只重形式,而要认识“从内容出发,内容决定形式,又反作用于内容”的辩证关系。对于“问题”,不可把“名”与“实”做片面理解。二者都是变化着的东西,总会跟着时代和社会的发展进步,不断地或扩大或缩小、或深化或强化它们的内涵与外延。“广播”“电视”“播音”“主持”等等,这种变迁从来没有停歇过。教条主义的僵死化,诡辩主义的妖魔化,经验主义的狭隘化,利己主义的随意化,肯定造成认知上的偏斜,甚至陷入绝对主义的唯意志论泥淖。以内容为主要价值取向的传播观,是任何文化、艺术和审美坚守的“内容与形式统一”的根本原则,重形式轻内容,以至大力宣扬形式至上观点,只能是本末倒置,或者舍本逐末。什么“照着稿子念”“能说会道”等,舍弃了对于内容深刻与否、揭示含义明晰与否的主要标尺,而屈从于感官刺激的强弱,那是一种毫无意义的“动物性”反应。

例如,品位问题,不是要不要的问题,也不是应不应的问题,而是究竟达到什么样子、进入何等品位的问题。广播电视播音主持艺术的改革,整体方向主要是提高传播质量、提升艺术品位问题。当然,市场经济的杠杆肯定起着不可忽视的重要作用,但是,怎样围绕这个杠杆而又不丧失主动权,既增加经济效益,又突出社会效益,却是必须从战略上、策略上及时跟进、时刻把握的关键所在。只有高瞻远瞩、具体掌控,立足于导向和品位的规律性认识和驾驭,才可能长期地、有效地保证传播的稳步发展。以为凡是提出品位,就会影响经济效益,那是极其短视的观点。一时一地的得失,不能作为评估和衡量的准绳。现在的急功近利、心浮气躁,只会陷入被动混乱的僵局,甚至走向被淘汰的境地。任何传播,包括语言传播、艺术传播,都不外乎三个品位:通俗品位、平实品位和高雅品位。通俗品位不应沦落到低俗、庸俗和恶俗的地步,高雅品位也不能进到佶屈聱牙的地步。这个范围中,如何根据节目内容和形式去灵活运用,那是一片广阔的天地,可以纵横捭阖、奔突驰骋。

总之,全面而突出重点地揭示语言传播规律,是我们义不容辞的责任。

第一章

舆论导向与文化身份

广播电视的根本属性、语言传播的重要地位和有声语言的个性把握，三者相互关联，互相制约，共生共荣。广播电视传播，尤其是语言传播，必须重视两个核心问题：一是正确处理“灌输”和“满足”的关系；二是正确处理“导向”和“取向”的关系。

第一章 舆论导向与文化身份

- 传媒语言引领价值的本土意义
  - “喉舌”
    - 正确处理“灌输”和“满足”的关系
      - 进行马克思主义、毛泽东思想、邓小平理论和“三个代表”重要思想的教育
      - 满足受众“预知”的信息
      - “上情下达”和“下情上达”相辅相成
      - “艺术地”进行语言传播
    - 正确处理“导向”和“取向”的关系
      - 坚持国家主流意识形态
      - 弘扬优秀的民族文化传统
  - “怎样传播”
    - 突出“这一个”或“这一次”的特殊性
    - 揭露社会现象的“黑暗面”
    - 探索宣传艺术
  - 有声语言的生命活力
    - 有的放矢：有重点，有主次，有对象
    - 有感而发：有比兴，有语境，有灵性
    - 有动于衷：有感受，有情绪，有情感
    - 控纵自如：有顿挫，有抑扬，有分寸
- 传媒语言文化身份的当下识别
  - 传媒语言文化身份的常规形态
    - 规范与简洁
    - 权威与引领
    - 鲜明与丰富
    - 理趣与情趣
    - 多维与贴近
    - 通俗与浅显
  - 传媒语言文化身份的弱化
    - 政治身份的简单化
    - 经营身份的低俗化
  - 当下的文化处境与精神寄托
    - 信仰解构，私欲膨胀
    - 虚情假意，哗众取众
    - 出言不逊，随心所欲
- 传媒语言与儒释道文化精神的追求
  - 语言传播的文化追求
    - 儒家的“仁”
    - 佛教的“菩提”
    - 道家的“道”
  - 语言传播的文化底蕴
    - 汲取各种文化的精髓
    - 融会各种文化的悠长
    - 汇聚不同文化的个性
    - 涵化不同文化的底蕴
  - 语言传播的文化责任
    - “定于一”
    - “言善信”

社会主义先进文化的舆论导向，取决于管理理念和相应措施。传媒语言的引领价值不能混同于任何强势媒体的价值取向，不能轻视本土核心价值体系的重大作用。而对于文化身份的辨析，更决定着舆论导向的基础是否坚实、文化传承的是否贯通。

第一节　传媒语言引领价值的本土意义

我国广播电视的语言传播，已经走过了八十年。人民广播电视语言传播的历史，也有六十多年了。虽然有过曲折和反复，但是，弘扬民族优秀文化、汲取域外文明精华、坚持先进文化导向，仍然是一条时隐时显的核心脉络。

改革开放的大局，造就了我国广播电视语言传播的总趋势。我国广播电视事业的迅猛发展，为我国人民群众的精神生活增添了万紫千红的无限生机，为我国的国际信义和声誉的远播树立了伟岸的大国形象。促使中国进一步了解了世界，也使世界进一步了解了中国。这中间，国家通用语言文字的传承和普及，集中体现在传媒语言的规范化和吸引力上，正发挥着日益重要的精神引领功能和文化导向作用。

目前，我们需要正视发展中的缺失，克服前进中的阻力，而不能满足于成绩的辉煌，事业的繁荣。我认为应该着重研究三个方面的问题：广播电视的根本属性、语言传播的重要地位和有声语言的个性把握。三者相互关联，互相制约，共生共荣。

一、“喉舌”的当代价值

“党、政府和人民的喉舌”，既是马克思主义新闻观的生动写照，也显示了我国广播电视的根本属性。“打破喉舌论”的声音，从未中断过，但几乎没有一个类似的声音进入理论的语域。因为不管表述如何不同，都无法改变“喉舌”的深刻内涵。其他国家，各强势媒体，都在事实上维护着“喉舌”原则，只是不便或不愿公开申明而已。“美国之音”每天总要播出特意声明“反映美国政府立场”的节目，似乎其他节目就不反映美国政府的立场了，不过是“此地无银三百两”的招数。各个国家的媒体，都在维护着自己的“国家利益”“集团利益”，成为国家或集团的喉舌，无数事实早就证明了这一点。我们的广播电视，也必须维护社会主义中国的利益，捍卫先进文化的前进方向，保障伟大祖国的文化安全。所谓受众必须接受“最大量的”“全面的”信息，人们应该被

“全面告知”，不过是一种不切实际的幻想，脱离了“管理”和“引导”的权力掌控，就会陷入媒介乌托邦。因此，希冀当代媒介从喉舌向“知情权保障”转型，却不知道让谁知情？知什么情？如何去保障？任何时候，我们都不能把“党、政府”同“人民”割裂开来、对立起来，不能把“喉舌”仅仅理解成只是党和政府的，而不是人民的，并力图代表人民要求什么知情权“保障”。由于各个媒体都有“过滤”权、选择权，通过媒体传播的信息，不可能“全面”，也不可能把所有重要信息都“全面告知”给所有受众，从而也就无法给予“保障”。如果说，目前的媒介存在着信息流向不够平衡、信息内容不够完整、重大信息传播偶有疏漏等欠缺，急需加以弥补和纠正，那是完全应该的，但这并非根本属性的“转型”，不应偏离“党性”的原则，不能偏离“党的领导”和“人民当家做主”的有机统一。

对于喉舌的误解，大概存有古代对于“喉舌”的解释：“出纳王命，王之喉舌”（《诗经》），比喻国家的重要官员，后多指“尚书”。也有指口才、言辞的。新中国成立后，一时进入“无产阶级专政工具”的极左理论，只说“党的喉舌”“党的宣传员”等，这种说法本身就造成了党同广大人民群众似乎存在着某种分离的印象。现在，人们的潜意识里，仍然认为广播电视只是党和政府的喉舌，成为“人民的喉舌”不过是表面文章，说说而已。这是因为我们的广播电视在反映人民群众的普遍愿望和正义呼声方面还有不小的差距，特别是在体现人民根本利益、长远利益的鲜明色彩和厚重分量上，显得拘谨和单调。因此，作为大众传播媒介，应该研究如何当好喉舌，为维护“国家利益”，为坚持党的领导和人民当家做主的统一性、主导性，怎样才能更好地发挥其不可替代的社会功能，起到正确引导的作用。

其实，广播电视传播，尤其是语言传播，必须重视两个核心问题：

一是正确处理“灌输”和“满足”的关系。

首先，必须进行马克思主义、毛泽东思想、邓小平理论和“三个代表”重要思想的教育。党的路线和各项方针政策，政府的所有重要举措，各个媒体有责任有义务向全党、全军和全国人民以及全世界进行宣传，做到渠道畅通、准确及时。各个媒体还应该努力汇聚、选取世界风云态势和人类文明结晶，撷英集萃地向广大受众（既包括各级党政领导，也包括工农兵学商等）传播，做到“汇天下之精华，扬独家之优势”。这一切，都属于“应知”范围，是一种“灌输”。

其次，很多信息是广大受众“欲知”的范围，我们应该千方百计地给予“满足”。我们要努力了解广大受众（既包括各级党政领导，也包括工农兵学商等）的需要，通过各种形式，尽量满足他们日益提高的精神文化和生产生活需求，以及进行决策和指导实践的真实国情民意。如各类新闻、专题、体育、服务、综艺、广告等版面、节目或栏目。

再次，无论是“灌输”，还是“满足”，都有“上情下达”和“下情上达”两个方面，都应该是相辅相成的，各取所需的。二者并非绝对的、对立的，更不是只对下不对上。有的意在灌输，却恰是许多受众“欲知”的，对他们正好是“满足”；有的意在“满足”，正是许多受众“应知”的，恰是一种“灌输”，如此等等，关键是不夸张、去粉饰，实事求是，努力追求“真、善、美、新、雅、精”。

最后，全部传播，特别是语言传播，一定要力求“艺术地”进行。不要“席勒式地把个人变成时代精神的单纯的传声筒”，而应该“更加莎士比亚化”。这样，“就能够在更高得多的程度上用最朴素的形式把现代的思想表现出来”（《马克思致斐·拉萨尔》）。我们的灌输和满足的意义表达，往往显得生硬和苍白，这恐怕和内容的不够丰厚、形式的不够多样都有关系。

二是正确处理“导向”和“取向”的关系。

任何国家，都有当代的主流意识形态，主导的价值取向。我国的多元经济是以公有制为主体的，共产主义世界观、为人民服务的人生观和无私奉献的价值观，就是我们国家的主流意识形态，成为当前的价值导向。其他的价值取向，只能处于次要的、共存的、与主流意识形态并行不悖的地位，而不应喧宾夺主，更不应南辕北辙。

在广播电视语言传播中，尤其需要强调的是，要勇于坚持“国家意识”，要大力弘扬优秀的民族文化传统，要奏响主旋律的黄钟大吕，创造多样化的金声玉振，排除不谐和音的干扰，摒弃靡靡之音的诱惑。经济的全球化、政治的多元化、文化的本土化、精神的伦理化，造成了众语喧哗，也容易呈现驳杂的价值取向。这时，强势传媒对于某种历史文化、思想道德观念和思潮的强力传播，往往使人们在“求异思维”和“浮躁心态”下，不知不觉地受到异样的引领和感化。如拜金主义、宿命论、官能刺激快感等，销蚀崇高感和进取心。在这种情况下，我们如何强化主流意识形态的价值导向，如何凸显“喉舌”的时代最强音，便成为不可回避、无可逃遁的唯一进路。

二、重点在“怎样传播”

人类已经处于“地球村”中信息几乎没有遮蔽的高速传播时代。传播什么，实际上正在让位于怎样传播的信息整合进程。我们可以做到信息“保密”，可以“遗弃”那些垃圾信息，但是，别的传媒却可以“揭秘”，可以“搜罗”。哪一个传媒都不能“一手遮天”或者“造谣生事”，因为，你不报道，别人报道，你拒绝，他张扬，人们总是在涉猎中比较，在比较中判别，希冀得到最真实、最准确、最丰富、最隐秘的信息。信息大战的态势，逼迫你只有走主动报道这一条路，否则，可能会“事与愿违”，造成更大的“异化”，给人们扭曲的、错误的信息又无从比对和鉴别，无法做出准确的判断。

因此，当前，我们必须着重研究“怎样传播”。信息的过滤与选取不可或缺，这是价值取向和价值导向的重要前提。那些与国家民族的发展、与人民大众的期待相悖谬的思想观念和伦理道德，必须给以批判的辨别，以分清是非；那些世界范围内令人瞩目的事件和问题，必须进行关注，并且用我们的价值体系加以剖析；那些突发事件，也要及时地、客观地或简要或详细地报道，并随着事态进程逐步阐明我们的立场和态度，而不急于马上作出评价。我们的价值体系，是发现、报道和评判的核心，由此辐射出各个层面、各个角度的具体解说话语，就直接成为“怎样传播”的叙述方式和表达样态，而怎样传播，也就在这个时候展现出不同凡响的导引力和吸引力。

话语的叙述方式，是观察角度、解析深度、语域规格和思辨力量的总体呈现；表达样态，则是语言功力、新闻敏感、艺术分寸和话语活力的具体表现。同样的时间、地点、事件、人物……不同的视角、不同的阐释会作出不同的评价和结论。即使评价和结论基本一致，但是，由于叙述方式不同和表达样态不同，也会产生不同的效果，出现不同的吸引力和导引力。我们在研究“怎样传播”的时候，应该十分注意话语的叙述方式和表达样态，而不能只是关注思维方式和词语序列。

我们当然要以正面宣传为主，但正面宣传并不意味着使用同样的话语结构、同样的词语序列、同样的叙述方式和同样的表达样态。那种同义反复、同一形态、同向路径、同类组合，肯定会造成人们的厌倦，或称“视听疲劳”，反而加强人们的求异倾向，“不得已而求其次”。在“正面宣传”的过程中，应该专心致志地讲究突出“这一个”或“这一次”的特殊性，既坚持正确的舆论导向，又机动灵活地“另辟蹊径”，避免重复和单调。这是以正面宣传为主的题中应有之义，但却必须付出艰苦的劳动，不是“一蹴而就”的。

我们也要“针砭时弊”，揭露社会现象的“黑暗面”。但却不能“为揭露而揭露”，一定要遵循“依法治国”“以德治国”的根本方针，为提供解决问题的思路和方略，去进行批评以至批判。如果一味追求“零距离”，却缺乏积极向上的引领，并无诚意和善意的关怀，只是把现象展现出来，这对阴影的消除和心灵的慰藉又有什么帮助呢？有时竟会导致方向的迷失、信念的淡漠，何谈体现时代精神，何谈人文关怀？

我们的宣传，的确“要宣传得好，使人愿意接受”（毛泽东语），而不应只讲宣传口径，不探索宣传艺术。宣传，或传播，是政治，但不是政治口号和政治纲领，而应是能够深入人心的、准确鲜明生动的艺术性言说，一定要讲“倾向性”，不过，按照马克思的说法，这倾向性“越隐蔽越好”，不要那么直截了当、不讲策略，不要那么生硬老套、缺乏活力。在语言传播中，必须与时俱进，必须不断创新。政治文明、物质文明和精神文明，都应该有其特有的表达方式、言说方式。国家通用语言文字法，语言文字的规范化，说普通话、写规范字，为我们打开了语言传播的通衢大道，为我们开辟了语言传播的广远时空。我们在如此宽松、和煦的语境中，应该发挥个人的智慧和群体的能量，迅速强化“怎样传播”的意识，把大众传媒的社会潜能充分调动起来。

三、有声语言的生命活力

自从秦始皇“书同文”之后，文字语言普遍使用，逐渐形成了汉民族的书写规范共识，人们在识字、用字方面，已经克服了交往障碍，实现了传播和接受的“共同体意识”，达到了理解和沟通，并且鲜明地表现出历史轨迹和本土特色。虽然，在语法体系中，还未能完全实现民族语言的独立建构，还带有不少欧美语言的印痕，但是，在实践上，特别是现代白话文典范著作，早就具备了本民族语言的优良传统和本民族文化的深厚底蕴，并在国际上享有盛誉。浩如烟海的名篇佳作有力地证明了，我们的文字语言是十分优秀、十分精妙的。

至于有声语言，在长久的历史发展中，由于地域广阔，方言复杂，人口流动频繁，语言教育滞后，特别是“重文轻语”（重视文稿写作，轻视朗读说话）观念的纷扰，至今仍然处于被冷落、受挤压的无奈境地。就连使用有声语言的人们，大多也认为思维重要，写作重要，朗读只是“照本宣科”，没有什么学问；说话只是“随心所欲”，不必严格要求。这样下去，我们的有声语言还能够净化、强化、美化吗？还能够精致、精彩、精妙吗？这一点，正是有声语言日益滑落的根本原因。其他的问题，都是由此而来。

为什么我们的有声语言缺乏生命活力？为什么我们的有声语言缺乏表达经典？首先应该引起所有使用者、把关人的高度重视和极大关注。在广播电视中，为什么有的总监、编辑、记者和主播会眷恋方音、欣赏土语，为什么有的人为港台腔所陶醉、为油腔滑调而击节赞叹？更有甚者，以洋泾浜为时尚，时时夹杂几句外语，显示了殖民地文化心态。列宁早就指出：“学洋泾浜的法国话，就等于学俄国地主阶级中那些学过法文而没有学好，又把俄语糟蹋了的最没出息的人物的最没出息的东西。现在不是该向破坏俄罗斯语言的现象宣战了吗?”（《论纯洁俄罗斯语言》）我们仍然应该坚持 1951 年 6 月 6 日《人民日报》社论的基本观点：“这种语言混乱现象的继续存在，在政治上是对于人民利益的损害，对于祖国的语言也是一种不可容忍的破坏。”“我们应当坚决地学好祖国的语言，为祖国语言的纯洁和健康而斗争！”至于那些有意无意地干扰语言文字规范化进程的言行，那些公开地宣扬“混乱是语言有生命力的表现”，那些片面强调语言的“不纯洁”而忽视语言共同体建设的言论，终究会被历史的潮流冲洗掉，我们还是勇往直前吧！“他们在这里私语干你什么事呢？你随我来，让人们去谈论吧”①。

有声语言的生命活力，首先来源于“言为心声”。老子说：“善行无辙迹；善言无瑕谪。”走路不留下脚印，多么轻快飘逸；说话摒弃污浊错乱，多么高雅明晰！鲁迅说：

---

① 但丁．神曲：炼狱篇[M]．朱维基，译．上海：上海译文出版社，1984：80.

“案言为心声，岂可衰飒而俗气乎？”（《集外集拾遗补编》）这里，把那些低级庸俗的言说排除在外了，因为那里本就没有真正的生命价值。

有声语言的生命活力，还源于有声语言的内涵和表达形态。内容决定形式，形式又反作用于内容。“说什么”是非常重要的，例如：是国内外大事还是生活琐事；是平民生存状态的积极反映还是明星大腕绯闻的刻意炒作；是集思广益“汇天下之精华”还是以猎奇荒诞为诱饵？“怎样说”同样决定说得“对不对”“准不准”“美不美”。有的内容相当好，只是因没有表达好而适得其反，甚至产生歧义，造成误解。琼生评论培根的演说时说道：“若论说话干净、准确、有分量、最不空洞、最没有废话，谁也比不过他。……听众不能咳嗽、不能回首他顾，若咳嗽一下或回一下头，必有损失。”“每个听他演讲的人唯恐他结束。”（《十七世纪英国文学》）有声语言的生命活力，在培根的演说里，不是一种精确的阐释吗？斯大林叙述列宁演说的情景时，说道：“非凡的说服力，简单明了的论据，简短通俗的语句，没有半点矫揉造作的色彩，不玩半点令人昏眩的手势，不用半句故意刺激听众的辞藻——所有这些，都使得列宁的演说比通常‘国会’演说家的演说高明得多了。”（《论列宁》）我们的播音主持人员，在话筒前、镜头前，不是常常有人用“矫揉造作的色彩”和“令人昏眩的手势”，迎合低级趣味，追逐流行，招欢买笑，以招徕受众么？对他们来说，信息是否真实准确、是否迅捷密集、是否具有美感，都抛到脑后了，他们只是一味追求“眼花缭乱”和“胡聊乱侃”，追求“人际化”“生活化”——可以挤眉弄眼、撸胳膊挽袖子，可以敞胸露肚、叉腰跷二郎腿……以此作为哗众取宠、追名逐利的招数，还美其名曰“为大众”。

鲁迅说过：“不过，也不能听大众的自然，因为有些见识，他们究竟还在觉悟的读书人之下，如果不给他们随时拣选，也许会误拿了无益的，甚至于有害的东西。所以，‘迎合大众’的新帮闲，是绝对要不得的。”鲁迅接着说道：“由历史所指示，凡有改革，最初，总是觉悟的知识者的任务。但这些智者，却必须有研究，能思索，有决断，而且有毅力。他也用权，却不是骗人，他利导，却并非迎合。他不看轻自己，以为是大家的戏子（贬义，并非指戏曲演员——引者注），也不看轻别人，当作自己的喽啰。他只是大众中的一个人，我想，这才可以做大众的事业。”（《且介亭杂文·门外文谈》）这一段话，简直就是对今天广播电视语言传播工作者，特别是对播音主持人员的最明确的言行告诫和最严肃的职业规劝。

在“怎样说”的逻辑起点确定之后，我们再来看有声语言真正的活力。

恩格斯所说的“非说不可”，是指说话的强烈愿望。被动地说、不得不说、冷漠地说、懒散地说，都会造成愿望的缺失和懈怠，自然不会产生活力。

“有的放矢”，是指说话要有目的：有重点，有主次，有对象。

“有感而发”，是指说话要有动因：有比兴，有语境，有灵性。

“有动于衷”，是指说话要有感情：有感受，有情绪，有情感。

“控纵自如”，是指说话要有技巧：有顿挫，有抑扬，有分寸。

总起来说，就是：理解是基础，目的是统帅，感受是关键，感情要运动，声音要变化，状态要自如。

要排除干扰，时刻把国家民族利益和广大受众日益提高的精神文化需求放在心上。在汲取西方先进经验的时候，不要忘记国情民意，把他们的价值观念奉为圭臬，效仿他们资本扩张的生存模式，“让每一个毛孔都滴着血和肮脏的东西”；在坚持先进文化的前进方向的时候，不要舍弃本土的优秀传统，让殖民地文化心态浸染神圣的智慧心灵，让投机取巧、低声下气、轻浮虚伪、庸俗低贱取代中国老百姓喜闻乐见的中国作风和中国气派。

要努力创新，殚精竭虑、全力投入，不放弃每一个机会，不浪费每一次创作，走进广播电视，融入具体节目，当好热情主人。抛弃懦夫的模仿，拒绝懒汉的“克隆”，自重、自尊、自强、自信，研究和创造传播个性、节目个性、语言个性和艺术个性。不必迷恋于“明星效应”——“一举成名天下知，成名就能知天下”，什么节目都请明星做嘉宾，明星们什么话题都敢发表意见，由于修养欠深、专业所限，难免闹出笑话。这不过是商业运作的神话，为什么还要趋之若鹜；不应追赶时髦，所谓“说”，并非万能，并非唯一，除了节目需要，除了平铺直叙，只会耗散信息、迟滞信息，削平艺术、放逐美感；不要拾人牙慧，“读报”可以作为一档节目，但是，不宜多，不宜烂，而且不该“聊报”“侃报”。广播电视是最现代化的舆论工具，怎么能依赖报纸的消息转手告知呢？各个台、各个频道都一窝蜂地“读报”，而且添油加醋，枝蔓横生，弄不清哪是报纸上说的，哪是“读报人”说的，远不如简要介绍什么报纸有哪篇文章可读来得清楚爽快。

至于“个性化”，应该是指“艺术个性”。因为“自然人完全是为他自己而生活的；他是数的单位，是绝对的统一体，只同他自己和他的同胞才有关系。公民只不过是一个分数的单位，是依赖于分母的，它的价值在于他同总体，即同社会的关系。好的社会制度是这样的制度：它知道如何才能够最好地使人改变他的天性，如何剥夺他的绝对的存在，而给他以相对的存在，并且把‘我’转移到共同体中去，以便使各个人不再把自己看作一个独立的人，而只看作共同体的一部分”①。大众传媒中的公众形象，更不能脱离社会、脱离传播群体而独立存在，他们的个性化，必须服从于、服务于传播的任务和需要。当一个人走进传播、融入节目以后，应该“强化、美化节目所需要的那部分自我，弱化、淡化节目所不需要的那部分自我”，以便适应广大受众的需求。所谓“张扬自我”“张扬个性”，容易导致自我和个性的膨胀、变形，失去道德关怀和社会责任。“人本主义哲学家对自我的关注并不是要美化人，而是旨在将自我在宇宙中的地位恢复为一个自由的负有责任的个体。他们继承了威廉·詹姆斯的观点，将尊重自己的个

① 卢梭. 爱弥尔：论教育[M]. 李平沤，译. 北京：商务印书馆，1996：98.

性与尊重他人的个性视作尊重生活本身的一部分。"[1]孤立地强调"个性化",很难起到引领作用,反而造成同尊重他人的个性割裂开来,甚至拒绝尊重他人的个性。更为重要的是,必须区分个性的"善"与"恶",以使个性,包括艺术个性,提升到真善美的境界。恩格斯在1859年5月18日给斐·拉萨尔的信中鲜明地指出:"您完全正确地反对了现在流行的恶劣的个性化,这种个性化总而言之是一种纯粹低贱的自作聪明,并且是垂死的模仿文学的一个本质的标记。此外,我觉得一个人物的性格不仅表现在他做什么,而且表现在他怎样做……"我们看到,当前的所谓"个性化",要么眉飞色舞,要么故作深沉,要么口若悬河、不知所云,要么囫囵吞枣、自我欣赏……在"怎样做"上真是自作聪明,还自称形成了什么"风格"。现在,仍然应该反对流行的恶劣的个性化,同时凸显有意义和有责任的个性化,大力提倡焕发时代精神、洋溢人文关怀的传播个性、节目个性和公众形象个性。在"德才兼备,声形俱佳"的前提下,各显其能,不断提高审美意识和审美能力,创造个性美,培养欣赏个性美的大众。

生活大树长青,传播魅力永驻。

第二节　传媒语言文化身份的当下识别

传媒语言,即大众传播的语言形态。其中,文字语言的文化身份已经有较为清晰的描述,报纸杂志都有常规形态和规范文本的共识,这里只涉及同有声语言大体一致的基本态势与走向。有声语言的文化身份,在广播电视传播中,似乎还缺少范本和经典的共识形态,因此,有必要进一步探讨。

一、传媒语言文化身份的常规形态

传媒语言,除了民族共同语的规范和民族文化的谱系要求,还表现出大众传播的特殊规格,即集中、典型的文化身份呈现。传媒语言的常规形态、基本特点或本体价值大概可以归纳为以下几个特征:

规范与简洁:为了满足大众对信息传播的饥渴心理与急迫期待,传媒语言应该尽可能使用规范的即国家通用的语言文字,以便迅捷而明晰地进行发布和告知。信息传播的大容量、高密度,必须避免芜杂和混乱,努力做到"言简意赅""辞约义丰"。

权威与引领:大众传媒的权威性、可信性是其生存和生命的根基。失去了权威性、

---

① 古尔德.弗兰克尔:意义与人生[M].常晓玲,瞿凤臣,肖晓月,译.北京:中国轻工业出版社,2000:56.

可信性，只是作为社会生活中一个平凡而世俗的声音，谁都可以置疑和颠覆，谁都不予信任和传递，那么，其存在就成为可有可无的了。大众传媒的权威性、可信性并非是全息定论，而是真正成为有效信息的真实、准确的发布者和世界文化精华融合、解读的教化者，成为主流意识形态的维护者和先进文化前进方向的体现者。当下，尤其要亮明自己民族文化身份，发挥舆论导向的社会功能，阐释面向现实、面向世界、面向未来的，民族的、科学的、大众的社会主义先进文化的精神实质和多样表现形式，显现出传媒语言榜样的自律和示范的自觉。

鲜明与丰富：任何文化价值，都必须凸显自身世界观、人生观的取向，都必须坚持民族文化传承的本土血脉，都必须汲取人类文明历史积淀的营养。不应被本土文化的精髓"一叶障目"，看不到大千世界的色彩纷呈；也不应该让光怪陆离的文化万花筒"蛊惑人心"，一味地追新逐异、惊怪猎奇。要把价值取向和价值导向统一起来，把时代主旋律和形式多样化统一起来。要坚定不移地、旗帜鲜明地传播高品位和高境界的时代精神，反对萎靡不振的铜臭味和脂粉气。

理趣与情趣：大众传播，应该表现广阔的现实生活的生动和鲜活，应该充满昂扬向上的人类心灵的活力，避免四平八稳、有气无力的干瘪之音和油腔滑调、庸俗低级的靡乱之音。理趣教人思考和向真，情趣引人感悟和动心，二者都会使人身心舒畅，使人乐此不疲。枯燥的说教使人昏昏欲睡，感情的游戏让人远离真挚。只有理趣和情趣，才会使人在美感的享受中，潜移默化地、不知不觉地提升自己的人生境界和生活质量。

多维与贴近：传媒语言的人文关怀是多维的，既可以在时间维度思接千载，又可以在空间维度视通万里；既可以在政治文明中体味民主法制的国家意义，又可以在物质文明中感受宏观调控的经济实效，还可以在精神文明中建构自强不息的智慧大厦。传媒语言永远是要贴近广大受众的，贴近他们的社会生活、家庭生活和个人生活，贴近他们的柴米油盐、琴棋书画，贴近他们的职业、专业和事业。但是，这种贴近，是适合，是亲和，而不是迎合。因此，多维是上行线，贴近是平行线，二者交会，便是传播的"点"，无数个"点"，就形成了传播的"场"。凡是维度的平直和贴近的下滑，都能造成传播的失效或逆反，带来未可预知的恶果。某些传媒语言的教训，应成为前车之鉴。

通俗与浅显：既然面向大众，就要认真对待大众的认知水平和接受能力。所谓"雅俗共赏"，所谓"深入浅出"，就是一切以大众是否"明白""清楚"为最高传播任务，把深刻的道理用通俗易懂的话讲出来。大众传播中信息的迅捷和密集，要求日新月异和夜以继日，无暇反复推敲；要求天文地理和三教九流，无力样样精通，因此，难于假以时日、精心制作，难于集思广益、入木三分。于是，不得已而求其次，习惯于并满足于通俗和浅显，不再追求高雅与深刻，久而久之便成为一种"定势"。传媒语言处于这样的境地，也就很难孤军奋战地去营造汉语美感的氛围了。不过，如何反对"庸俗"，如何避免"浅薄"，确实值得反省，值得我们时时警觉。

还有一些违规形态，如广告的夸饰，情景的编造，腔调的嗲气，手足的失态等，还在泛化，正受到应有的批评，开始逐渐被广大受众抛弃。这里就不赘述了。

二、传媒语言文化身份的弱化

当下，传媒语言文化身份在各类媒体中都存在着弱化现象。其中，最明显、最突出的弱化表现为以下几个方面。

政治身份的简单化：传媒语言政治身份应该是其文化身份在国家政权和国家体制方面主流意识形态的反映。党和国家的纲领路线、方针政策的宣传，重大事件、突发事件的报道和时事政治的评论，从总体上说，我们的媒体发挥了“党、政府和人民的喉舌”的功能，坚持了正确的舆论导向，阐述了鲜明的立场态度，表达了人民的意愿和理想，显示了大国的气魄与风度。但是，在各个媒体具体解析、传播的过程中，往往以“完成任务”为已任，缺乏具体细微的阐发功力，特别是缺乏艺术地宣传的能力，因而显得粗糙和单调，容易沦为“简单的时代的传声筒”，给人以公式化、概念化、生搬硬套的印象。如果大力增强文化的厚重感，尽力揭示文化的蕴含，就会把“政治教义”融化为“文化浸润”，使人们从中感受到格致、诚意、正心、修身、齐家、治国、平天下之间的密切关系，认识到社会发展、国家利益、集体生活、个体责任的和谐统一，体会到全球文化、民族文化、地域文化、社团文化的共存互动，觉察到自我认知、世代传承、人类进化、世界文明的螺旋提升。传媒语言并不都要板起面孔、正襟危坐，她应有高雅庄重、平实正规、通俗灵动和消闲自在等多种形态。即使是庄重、正规，也还有“寓庄于谐”“寓教于乐”的各种表现。很多传媒语言的作者，不像众多专业工作者那样，潜心研究传媒政治、传媒文化、传媒语言，把这当作终生追求的事业，而是有意无意地走上了省时省力的“惯性捷径”，甚至走上“娱乐化”的邪路。政治说教违背了“良师益友”的主体价值取向，成了庸俗社会学和机械唯物论的俘虏，不仅舍弃了政治身份和文化身份，还丧失了主流意识形态维护国家利益的话语权力，削弱了马克思主义政治哲学的感召魅力。这种现象，在各级广播电台、电视台的语言传播中屡见不鲜，甚至形成了某种“定势”，使不少受众产生了厌烦心理，并笼统地归咎于新闻传播理论的苍白和从业人员的平庸。

经营身份的低俗化：传媒语言经营身份是其文化身份在商品社会市场竞争中推销精神产品的标识。大众传播媒体的某种产业属性，开拓了获得社会效益和经济效益的广阔空间，在精神上、物质上都带来了丰硕的成果，这是有目共睹的事实。但是，市场经济的价值观作为无形的指挥棒，牵动着人们的思绪，搅动着人们的生活，有时杨柳依依，难以割舍；有时恶浪滚滚，艰于呼吸。大众传播媒体正处于两难境地，坚持社会效益，也许两袖清风，注重经济效益，也许一本万利。如果兼顾二者，可能两败俱伤。于是，口头上，高喊社会效益放在首位，实际上，倾心经济效益第一。那高楼矗立、金碧辉煌、车水马龙、挥金如土，岂是社会效益、经营身份的果实？这种政治身份和文化身份的弱化是在不知不觉中进行的，是在传媒语言政治身份的规避、文化身份的隐退和经营身份的显现中，逐渐暴露的。那不甚精确的发行数量的统计，那并不科学的收听率、收视率的升降，唯一可以得到的就只有"利润""回扣""奖金"这些营销的报酬，与广大受众何干？又与广大善于传播、精心传播的敬业者何干？在市场竞争中，市场营销的最高任务，就是极力包装自己的商品，高声叫卖，好话说尽，招欢买笑，甚至把自己当作商品，不惜出售肉体与灵魂，目的是占领市场份额和打响品牌名气。在大众传播媒体中，有坚守精神家园的志士，也有放逐崇高、唾弃艺术的"先锋"。这些人在市场营销中千方百计地制造低级趣味、垃圾快餐，企图用感官刺激、梦幻兴奋去引诱受众、迷醉受众，以维持其发行销售率、收听收视率，博得富商大贾的青睐，收获更多的"资本"投注。他们的成功，颠倒了"众善奉行、诸恶莫做"的法则，树立了"弱肉强食""优汰劣胜"的样板，为那些随波逐流者、追异猎奇者营造了一个自由驰骋的天地。于是，胡编乱造、东拼西凑、云山雾罩、信口开河、邯郸学步，风行一时，大行其道。他们丧失了应有的道德良知，竭尽腐蚀消解人们善良心灵之能事，妄图摧毁民族精神的丰碑，以便在废墟上建造纸醉金迷的大厦。于是，市场营销无孔不入，名利双收。多少仁人志士的强烈呼吁，多少法令条文的强制实施，他们都不屑一顾，置若罔闻。难道这是正常的吗？经营身份就如此引人入胜？这些营销手段，因为远离政治文明，所以永远不会犯政治错误，对于那些只把政治关的人们来说，可以放任自流，尽管明明知道确是"迎合"与"媚俗"，似乎也无关大局。至于文化身份受到冲击和挤压，好像是"时尚"和"流行"的必然态势，所有媒体概莫能外，久而久之当然就见怪不怪、随波逐流了。

传媒语言的文化身份在由表及里、由此及彼的弱化中，渐渐疲软了。政治身份可以不断复制"金科玉律"格式的文本，经营身份可以肆意张扬"金钱万能"谋略的大纛，而民族精神、优良传统、国家利益、主流文化呢？怎样才能够深入民心、发扬光大？我们就听之任之，寄希望于"物极必反""否极泰来"么？

三、当下的文化处境与精神寄托

传媒语言负载着文化的承接与延续，蕴含着民族的精神与气质，展现着时代的风采与节奏，引领着国家的文明与进步。但是，传媒语言当下的文化处境令人一则以喜，一则以忧。

当我们看到政治清明、英雄辈出的时候，当我们翻阅报刊茅塞顿开的时候，当我们发现好书爱不释手的时候，当我们听到广播里传出悦耳的有声语言心驰神往的时候，当我们收看电视节目感到声画和谐、赏心悦目的时候，我们会由衷地感谢大众传播工作者的辛勤劳苦，发自肺腑地赞赏他们的心血结晶。诸多大报上那些深邃的文章，引人深思；有些好书中的神来之笔，使我们不觉击节吟咏；广播里声情并茂的语言，规范而美妙；电视里形神兼备的话语，温馨而悠远。中央电视台第十套的节目，绝大部分属于科学教育的精品。节目厚重的历史感、深沉的人文性、前沿的知识广度、美学的执着追求，令人叹为观止。节目用电视这个现代化的传播手段，从整体上描述了时代的文化风貌、民族的精神境界。也许中央电视台第十套节目的收视率不算最高，可其积淀在我们内心的养分，远比某些花里胡哨的益智类、议论类节目深厚得多、丰富得多。有些台的高质量、高水平的节目，也堪称国家级的大手笔。她们的共同点是展现了汉语的魅力，弘扬了传媒语言的优良传统，以“真、善、美、新、雅、精”的文化品位，凸显了中华民族的作风和气派。对此，我们可以自豪地说：“这是中国！”“这是泱泱大国的媒体！”我们确实为此感到兴奋不已，并充满了在未来全球竞争中无往而不胜的信心。

不过，世界范围的“小报化”倾向、“世俗化”心态、“人际化”盲从、“后现代”追随，正在各种语境下泛滥。报纸书刊上的娱乐星闻，广播节目中的低迷嘈杂，电视节目里的俗不可耐，网络传播中的纵情虚幻，已经使人们感觉到“假、恶、丑、烂、野、粗”的流毒危害。这些危害，大体分为以下几类：

第一类：信仰解构，私欲膨胀。自有人类开始，就有了人类的信仰，不论是图腾也好，神明也罢，或者是某种理想的社会模型、认定的理论体系，并且为此而昼思夜想、身体力行，甚至终生奋斗不懈。我们信仰共产主义、马克思主义，更是一种崇高的世界观和方法论。多少人为之拼搏献身，多少人无怨无悔地研究探索。但是，现在，有些人以金钱为信仰，实行拜金主义、利己主义，贪得无厌，欲壑难填。唯利是图的结果，必然导致道德的沦丧。“拔一毛以利天下，不为也”，成了游戏规则，“己所不欲，勿施于人”反而被讥笑为傻瓜哲学。传媒语言中经常出现“我”如何如何，“钱”怎样怎样，以得大奖为目标，以数钞票为荣耀。大量的豪华装修、高级美容、南北大菜、亿万富翁、当红明星，炫人耳目，诱人躁动。这与吃苦耐劳、自强不息、民富国强还有一丝一毫的干系么？

第二类：虚情假意，哗众取宠。“言必信、行必果”的古训，“言行一致”的做人准则，变成了“言语的巨人，行动的矮子”。信息传播变成了顺口溜，人生话题变成了插科打诨，家庭悲剧就好像催泪瓦斯，英雄事迹就好比冒险游戏……一切都要“有故事”，将生命轨迹、人生哲理、社会道德、国家兴衰都付与浅薄的调侃和无序的闲聊，貌似贴近和活泼，实则是心理的浮躁和情感的戏弄。人们对于“口是心非”“口蜜腹剑”已经司空见惯，明明知道说的那一套并非是实际做的，也都照此办理，彼此彼此，不以为耻，只是心照不宣罢了。

第三类：出言不逊，随心所欲。大众传播的“有稿播音锦上添花，无稿播音出口成章”，是有声语言传播主体多维自律的集中表现，是言行规范的基本要求。当下，人们会发现，这种自律已经走向了“我行我素”，这种要求已经变成了“张扬个性”，而且，腹内空空、信口雌黄，胸无点墨、口若悬河，虚张声势、借以吓人。传播者面对广大受众，毫无尊重之意，只有狂傲之心；热衷于邀功请赏，陶醉于自恋情结。什么“平等交流”“服务宗旨”，什么“以人为本”“人文关怀”，都扔到了脑后，全力以赴地去争取那“嗟来之食”“牙慧之拾”。

第四类：其貌不扬，格调低下。大众传播对传播主体的基本要求“德才兼备、声形俱佳”正在日益淡化，取而代之的是声音浑浊、口齿含混、语调各色、表达生涩，五官不正、斜眉歪嘴、体态奇特、手势放肆，而且男声女气，女声嗲气，确实令人耳不卒听、目不忍视。更奇怪的是，抛弃了普通话的字正腔圆、简洁优美，竟去模仿港台腔、洋泾浜那半生不熟的音调，竟去推崇方言土语、街谈巷议那褊狭琐屑的词句。所谓的审美日常生活化，又开始了日常生活“审丑化”。好像越是丑陋和怪异，就越能解除人们的“审美疲劳”，越能满足人们的“求异思维”和“戏谑期待”。如此这般，高雅似乎脱离大众，庸俗定会符合民心。格调低下的传媒语言便成为当下最时髦、最新鲜的“套餐”，不但成为“挡不住的诱惑”，而且能够“引金入瓮”，怪不得让制造者、管理者及一切经营者趋之若骛、“心潮逐浪高”了。所谓大众文化，在这里得到了最直观、最详尽的解读，受到了最热情、最亲切的膜拜。而电视娱乐的视听刺激，更能达到最佳的经营身份的认同和喝彩。不少电视节目和电视剧中，那鲜血淋漓的暴力行为，那赤裸轻贱的色情表演，那插科打诨的私欲冲动，那粗俗低劣的花言巧语，正在人们的生活中，特别是在少年儿童的言行中扩散着、蔓延着、泛滥着，几乎无可抵挡、无法遏制。

总之，传媒语言的当下文化处境，已经到了“众语喧哗”“人声鼎沸”的程度。对政治身份敬而远之，对经营身份情有独钟，建构着文化身份的囹圄和枷锁，从而使文化身份日益萎缩、日渐销蚀。但是，人类不仅仅是“能制造工具的动物”“会说话的动物”，人类应该是“能够制造美、生产美、辨别美、享受美的动物”。人类的审美价值追求，人性的审美愉悦期待，早已脱离了动物性的兽欲，早已洗刷了个体性的贪欲。广大人民群众的精神寄托，时刻蕴含在对传媒语言人文提升的呼唤上，时刻表现在对“声色犬马”“纸醉金迷”的痛恶中。人们的美好愿望、幸福期盼、精神振奋、心情舒畅，绝对不会在梦幻世界里真正实现，更不会在充满脂粉气、铜臭味的熏陶中切实获得。有些人制造出的梦幻世界，只是为了经营精神消费、文化消费的华丽空间，吸引人们变成“人在江湖，身不由己”的消费者；有些人撒播脂粉气、铜臭味，只是为了经营欲望发泄、意志消沉的麻醉泡沫，诱使人们陷入“昏昏欲睡，飘飘欲仙”的享受中。更重要的是，把人们的出场欲、表现欲看作“精神消费资本”，千方百计地给予“打捞”，必欲耗尽其心力、逃离其心宅而后快。一些人的精神寄托就放在如此放浪形骸的世俗享受上，失去了对真理的向往，忘却了对社会的责任。“千里之堤，溃于蚁穴”，如果不提高警觉，不严加防范，后果将不堪设想。

四、传媒语言文化身份的维护与识别

传媒语言文化身份，特别是在广播电视与网络中，被简单化的政治身份和低俗化的经营身份解构为沙滩文化或泡沫文化，表面上广阔平坦、色彩缤纷，实际上松散如渣、轻飘易碎，根本没有恒久的稳定价值和精妙的艺术品位，既不能感染当下，又不能流传后世。怎样才能让传媒语言的文化身份凸显出来，并且坚持下去呢？

只在理论上论证、规则上制约，是抵挡不了那些简单生硬的词句和利润欲望的诱惑的。现在，是否可以采取某些必要的决策，以便动员全社会的力量，进行有效管理和监督，把广大受众的“表层反馈”“显性反馈”进一步扩展到“深层反馈”“隐性反馈”，加大应对决策和前瞻决策的力度。如：

第一个问题：制订传媒法、新闻法、广播电视法、网络传播法等。这是现代大众传播的世界潮流，应该尽力适应。什么是合法的，什么是违法的，逐渐形成共识，并转化为社会共同体的标底，严格遵照执行。所有传播中的“不作为”和“污染源”都成为群众举报的内容。管理者对此进行梳理、处置，对“敷衍塞责、粗制滥造”的，对“趋利忘义、低级恶俗”的，或者吊销经营许可证，或者罚没其各项收入，要坚决断绝其唯利是图的财源及各类渠道。

第二个问题：开展舆论监督和监督舆论的双向批评，推进批评与反批评的常态机制建设，扩展人民民主的广泛权益，积极利用大众传播媒体的影响力，时刻检查大众传播媒体的风向标，充分发挥“为人民服务”和“人民当家做主”在传媒责任问题上的权利功能和义务功能。在全社会形成一种人人有责、人人负责的风尚，形成有话就要说，说了就管用的心理态势，增强广大人民群众的社会责任意识、文化责任意识、道德责任意识和话语责任意识。

第三个问题：提高人们对“文化身份”的识别能力，用最好的文化产品和优秀作品吸引人、感染人。大力普及科学理论、高尚情趣、民族传统、域外精品，以先进文化的生动形态占领文化阵地，以规范语言的审美形态覆盖各类媒体，造成强大的声势和浓烈的氛围，引领人们进入澄明和谐的境界，从而自觉地拒绝低俗轻浮的精神鸦片，知其害而不入其彀，察其“乐”而不就其毒。其实，识别的要领就在于有没有“辨音律的耳朵”和“审视美的眼睛”。在视听上，“凡切韵之动，势若转圜，讹音之作，甚于枘方；免乎枘方”①。从听觉和视觉上判断，对于“圆凿（孔）”和“方枘（柄）”，不但能“知其然”，而且能“知其所以然”，只是要经过“潜移默化”的熏陶和“耳濡目染”的磨砺罢了。

英国人类学家 B. K. 马林诺夫斯基在《文化论》一书中，把文化分为“物质设备”

---

① 刘勰. 文心雕龙：声律[M]. 北京：人民文学出版社，1983：365.

“精神方面的文化”“语言”“社会组织”四个部分。传媒语言正是精神文明和物质文明的精彩华章，她不但具有反观大千世界的深刻蕴含，而且具有提升扩散的本质特征。俄罗斯20世纪的经典作家瓦·拉斯普京指出：“电子革命把人淹没在虚拟世界里，把他改造成某种新式的、派生的、漂泊的东西。”他还指出：“如果所有读者都用善良而纯洁的榜样，用悲悯和热爱劳动，用睿智而深刻的语言，用热爱自己土地和自己传统的榜样来教育的话……那么这会是一个新的文明，一个坚决拒绝书籍中的和所有其他艺术中的恶的文明！我们知道：恶是强大的，但爱和美更强大！”在我们的文化视野里，在我们的传媒语域里，为什么就如此轻视语言特别是有声语言的吸引力和感染力呢？中国文联副主席仲呈祥先生十分精辟的分析是振聋发聩的：“‘观众喜闻乐见’就被片面地理解为什么东西能吸引更多人的眼球，就可以不加甄别地选用，自然就造成了消极地顺应观众群体中某种落后愚昧的鉴赏习惯的现象。一旦消极地去顺应，就又强化了受众中落后消极的东西……被强化了的消极落后的东西倒过来又会刺激不清醒的创作者，从而创作更低下的产品。这样一来，精神生产同文化消费之间的恶性循环、二律背反就产生了。”①

传媒语言的文化身份，应该得到尊重和强调，以使大众传播的形态进入规范化、审美化，充分发挥其“沁人心脾”“渐入佳境”的巨大功能。

第三节　传媒语言与儒释道文化精神的追求

传媒语言的表层功能在于传播有效信息、丰富精神生活、展现时代风采、推动社会进步。但是，那深层次的潜发辐射功能，往往被时尚和流行所冲淡，以至淹没。特别是在众语喧哗、多元并存的背景下，浮躁的心态和功利的诱惑更容易导致对寂寞和沉静的忽视甚至鄙视。尽管中华民族文化的源远流长、兼容并包造就了其自身强大的生命力，开辟了经验历史的生长力，不过，那路程却是曲折反复的，有低谷，有高峰，并不平坦宽阔。儒家文化、道家文化和佛教文化都经历过这种波澜起伏的历程。因此，目前的文化精神走向似乎“每况愈下”，实际上，我们民族的优秀文化传统仍然发挥着潜移默化、世代传承的重要作用，这是任何力量都无法动摇和消解的。传媒语言的“快餐”和“低俗”，使得大众对文化的需求已经“碎片化”和“浅薄化”了。改变现状的重要途径之一，就是大力倡导儒释道文化精神，让漂移了的传媒语言最终回归到民族优秀文化的通衢大道上来。

---

① 仲呈祥.电视艺术生态环境的忧思与净化[J].现代传播，2005(1):9.

一、语言传播的文化追求

儒释道的文化精神，虽各有千秋，但融合早已开始。正如南怀瑾先生所言："中国文化，儒道二家之学为两大主流，如黄河长江，灌溉全国，久已根深蒂固。佛法在后汉、两晋、南北朝期间，陆续输入。初期翻译教典经文，多援引老庄或儒书。……达摩东至，契理契机，于言诠以外，传授心法，简捷提示，深合中国民族文化特性。……佛法在中国之有禅宗，非但为佛教之光，亦为东方文明大放异彩。"①儒释道的文化精神宏大深邃，显然不只蕴含于孔孟、老庄、释迦牟尼本人的经典中，还显现于后世传人的相关著作里。我们只从传媒语言的角度，望其一隅，通过他们某些核心论点，进一步了解儒释道的文化精神留给今天的有益启示。也许挂一漏万，也许简单粗疏，不过只要我们存有这样的思路，大概就能够有所收获而不会没有裨益。

儒家的一系列论述，从各个角度阐明了语言和语言传播的性质、任务和基本要求。如"有德者必有言"②，"居其位，无其言，君子耻之"③，"道听而途说，德之弃也"④，"辞达而已矣"⑤。这里，我们作为大众传播工作者，必定有我们的传播目的和传播理念，那就是"党、政府和人民的喉舌"。既然是"喉舌"，肯定有许多话要说；而作为喉舌，不说话、说话不当，就违背了自身的职业道德和社会责任。我们传播的内容，一定是真实、准确、可靠、可信的，绝对不能"听风就是雨""道听而涂（途）说"。我们的任何信息，特别是新闻类的信息，完全不应该把虚假的、夸大的东西，当作确实的东西传播出去"混淆视听"。此外，还要特别强调"辞达而已矣"，应该是语言传播过程中最基本的标准。所谓"词不达意"，包括声音浑浊、吐字含混、方音浓重、语速极快。不考虑传播效果，把"口耳之学"这一听、说双方的共同认知需要，变成了传播者自我表现、自我欣赏的个人作秀，丧失了表达、传达、通达、畅达的可能性，从而造成信息的失信与失效。

面向大众，只能用天下最精华、最丰富的精神文化，主要是中华民族优秀文化传统以及世界文明成果的结晶，进行"教化"和熏陶，提升大众的审美情趣、精神境界。儒家的"仁"，佛教的"菩提"，道家的"道"，都是一种"智慧"。道家提倡"大音稀声，大道无形"⑥，就概括了语言的至高品位。真正理想的、深刻的语言是无法完全用语言表达出来的，任何语言表达都可能损害"道"的深远意义，都可能削弱"道"的崇高情感。我们应该悉心领会语言，尤其是有声语言的蕴含，不要轻易、随意地出声说话。要说话，

---

① 南怀瑾.南怀瑾著作珍藏本[M].上海：复旦大学出版社，2000.

② 论语：宪问[M].北京：中华书局，2016.

③ 礼记：杂记下[M].北京：中华书局，2007.

④ 论语：阳货[M].北京：中华书局，2016.

⑤ 论语：卫灵公[M].北京：中华书局，2016.

⑥ 老子：四十一章[M].北京：中华书局，1984.

也得遵从这样的原则:“有无相生,难易相成,长短相形,高下相倾,音声相和,前后相随。是以圣人处无为之事,行不言之教。”[①]如此,才能真正给人以启迪和教益。庄子也说:“至人用心若镜,不将不迎,应而不藏,故能胜物而不伤。”[②]我们历来认为:传播者只有摒弃名利的追求,抛却世俗的心态,才会完美地去撷英集萃,去正本清源,使人们受到“真、善、美”的感染。当然,在认识“美”的时候,我们不同意只重视“质美”,而忽视形美,因为形式美、形象美也是非常重要的。在这一点上,孔子的“言之无文,行而不远”[③]就强调了言辞文采的价值,对我们建构传媒语言,具有现实意义。那种平庸、低俗的语言传播,的确应予剔除。

二、语言传播的文化底蕴

文化精神的追求,是大众传播的核心任务。语言传播中,更需要汲取各种文化的精髓,融会各种文化的悠长,汇聚不同文化的个性,涵化不同文化的底蕴。在全球化背景的文化视野范围内,更应该独具只眼,高瞻远瞩,建设民族文化现代主体的家园。佛教文化的引进、移植、吸纳、融合,使我们看到了“国学”发展、兴旺的进步轨迹。用管子的话说,就是“变俗易教,不知化不可”[④]。管子以“渐”“顺”“靡”“久”“服”“习”,即浸染、顺应、磨炼、熏陶、适应、习惯为“化”。我们对待“国学”,也应该这样,走“会、通、精、化”的路子。佛教文化中的“渐悟”和“顿悟”,不但是习修佛学的关键,也是学习国学的途径,更是语言传播者,特别是有声语言传播者的法宝。

在佛教传承中,神秀主张“渐悟”,慧能主张“顿悟”。南宋的儒家,也分成了两派,争论不休。其实,这就是“量变”和“质变”的关系,积累和激发的过程。有声语言,同样需要“化”,需要“博观而约取,厚积而薄发”(苏轼《杂说·送张琥》)。事实上,“佛教认为真理是不可言说的,言教只是教化众生的权宜方式。佛教主张‘言语道断’,认为真正的悟境是‘言亡虑绝’,无法以语言和思虑加以表述的”[⑤]。至于“渐悟”与“顿悟”的区别,我们不必拘泥于具体解析,只要看如何在语言传播实践中深刻领会。如“渐悟”,“神秀一系主张运用种种方便,点滴领会,日积月累,逐渐贯通,最后豁然大悟”,而“顿悟”,根据竺道生的顿悟说,“由于众生本有佛性,佛理常在心中,因此众生的觉悟就在一念之间。在一刹那间豁然开解,无所不知,这就是大悟,就是顿悟”[⑥]。有声语言的大众传播,迥异于日常生活的随意说话,需要更高超的语言功力、更吸引人

① 老子:二章[M].北京:中华书局,1984.
② 庄子:应帝王[M].北京:中华书局,2010.
③ 左传:襄公二十五年[M].北京:中华书局,2007.
④ 管子:七法[M].北京:中华书局,2009.
⑤ 方立天.中国佛教哲学要义[M].北京:中国人民大学出版社,2002:572.
⑥ 方立天.中国佛教哲学要义[M].北京:中国人民大学出版社,2002:963.

的韵律美感。只具有一般人的说话能力、交谈能力是远远不够的。叶圣陶先生在致王力先生的信中，就明确指出："盖今人为文，大多数说出算数，完篇以后，惮于讽诵一二遍，声音之美，初不存想，故无声调节奏之可言。试播之于电台，或诵之于会场，其别扭立见。台从恳切言之，语人以此非细事，声入心通，操觚者必须讲求，则功德无量矣。"①这种情况到今天并没有多少改变，我们还要反复说明，文字语言跟有声语言是不一样的，在审美上，更是大不相同。我们认为，必须开辟"感性—知性—理性—悟性"的思维向度和实践理路，把有声语言的锤炼途径阶段化、明晰化。这里的感性，是指从生活中感受语言的生命活力；知性，是指在学习中认识语言的丰富积淀；理性，是指在理解中强化语言的思辨深度；而悟性，是指在传播中建构语言的整体和谐。四个阶段，不可或缺、反复循环，如登堂入室，进之愈深，见之愈奇，便会做到"善行无辙迹，善言无瑕谪"②。也就是所谓"言近而旨远者，善言也"③。语言传播既不能晦涩古奥，也不能浅薄低俗，其间，就应该做到"表情达意、言志传神"，或者明确要求"有稿播音锦上添花，无稿播音出口成章"。为了实现这样的目标或要求，每一个传播者，都必须热爱生活、了解社会，用"善言"感染大众、启发大众。于是，我们就能够刻苦学习和加紧锤炼语言功力。但是，我们在学习中，往往只注重理解，忽视感受，只重视分析，不关注"了悟"。这样，很容易造成肤浅或冷漠。我们提出"语感通悟"，把语言传播主体的思想感情、性灵兴发、志趣格调、审美理想都纳入其中，就能极大地调动主体的创作愿望和创作自觉，逐步达到"举一反三"和"以一当十"的"语感通悟"的"澄明"之境。

有声语言大众传播，亟须创作主体具有"天行健，君子以自强不息"④的精神，怀着"学如不及，犹恐失之"⑤的心态，抱着"人一能之，己百之；人十能之，己千之"⑥的恒心，坚持"学而时习之，不亦说乎"⑦的韧性，充满"胜人者有力，自胜者强"⑧的信心，掌握"大学之道，在明明德，在亲民，在止于至善"⑨的目标和路径。这样，就一定能够满足广大受众对儒释道文化精神的期待和需求。

三、语言传播的文化责任

只有继承中华民族优秀的文化传统，涵养诸子百家的文化精髓，并结合大众传播

---

① 王力. 龙虫并雕斋文集[M]. 北京：中华书局出版，1980：483.
② 老子：六十二章[M]. 北京：中华书局，1984.
③ 孟子：尽心下[M]. 北京：中华书局，2014.
④ 周易：乾卦[M]. 北京：中华书局，2006.
⑤ 论语：泰伯[M]. 北京：中华书局，2016.
⑥ 礼记：中庸[M]. 北京：中华书局，2007.
⑦ 论语：学而[M]. 北京：中华书局，2016.
⑧ 老子：三十三章[M]. 北京：中华书局，1984.
⑨ 大学[M]. 北京：中华书局，2006.

进行当代的文化阐释，才有可能“宣传得好，使人愿意接受。”（毛泽东语）

首先，要“定于一”[①]。这里有两个前提：一是“其恕乎！己所不欲，勿施于人”[②]；二是“三人行，必有我师焉。择其善者而从之，其不善者而改之”[③]。在大众传播中，特别是有声语言传播中，传播者应该坚持正确的传播观、新闻观不动摇，以自己的“公众形象”维护国家利益，捍卫文化安全。我们既然从事大众传播，特别是从事有声语言大众传播，就应该专心致志、全力以赴，坚定不移地弘扬伟大的中华民族精神：爱好和平、团结统一、艰苦奋斗、自强不息。而不能心猿意马、朝秦暮楚、心浮气躁、敷衍塞责。为了做好工作，就要体现时代精神，充满人文关怀，拒绝“损人利己”，尤其不能损害人民大众的利益；还要虚怀若谷，有容乃大，警惕“骄傲自满”，因为“谦受益，满招损”。播音员、节目主持人既然是公众形象，就要“洁身自好”，既不要不拘小节，又不要狂妄自大。这样，广大受众才可能尊重你、喜爱你、接受你。

其次，要“言善信”[④]。在语言传播中，应该时时刻刻注意坚持：真实的身份，真诚的态度，真挚的感情，真切的语气。我们是新闻工作者、信息的传达者，不是演艺界人士、角色的扮演者，我们的诚心诚意、热情洋溢，都要通过准确、鲜明、生动的有声语言来表达。我们总是千方百计希望我们的节目可听可看、中听中看、爱听爱看、耐听耐看，而不希望半途而废，甚或前功尽弃。我们必须具有深厚的语言功力，具有“达于耳、及于心”的语言魅力。孟子在回答公孙丑“何谓知言?”时说：“诐辞知其所蔽，淫辞知其所陷，邪辞知其所离，遁辞知其所穷。”[⑤]语言传播者和语言接受者，都要能够识破语言中被遮蔽的部分、被矫饰的部分、被歪曲的部分和被阉割的部分，进而开掘出“言外之意”“弦外之音”。在这一点上，佛教的“译经”和“诵经”，都非常注意语言传播的“音声性”，给我们以深刻的教益。历代涌现出许多著名的“唱导师”——在法会和斋会上讲经说法，通过宣唱佛法化导众生。根据《高僧传》的记载，佛教对唱导师的要求是很高的。“夫唱导所贵，其事四焉：谓声、辩、才、博。非声则无以警众，非辩则无以适时，非才则言无可采，非博则语无依据。至若响韵钟鼓则四众惊心，声之为用也。辞吐后发，适会无差，辩之为用也。绮制雕华，文藻横逸，才之为用也。商榷经论，采撮书史，博之为用也。”[⑥]按照方立天先生的解释，“声”，应该声音朗朗，抑扬铿锵，以引发听者警觉，洗涤尘心；“辩”，应该口齿清晰，表达准确，应变有方；“才”，应该出口成章，文采飞扬；“博”，应该熟读经史，旁征博引。这个要求对语言传播也具有十分重要的指导意义。而现在，关于声音口齿的要求已经被人们冷落了，有的语言传播者、教育者，

---

① 孟子：梁惠王上[M].北京：中华书局，2014.
② 论语：卫灵公[M].北京：中华书局，2016.
③ 论语：述而[M].北京：中华书局，2016.
④ 老子：八章[M].北京：中华书局，1984.
⑤ 孟子：公孙丑上[M].北京：中华书局，2014.
⑥ 方立天.中国佛教哲学要义[M].北京：中国人民大学出版社，2002：1100.

尤其是有声语言创作者，认为科技发达了，声音可以“调试”，表达可以“压缩”等，用气发声、吐字归音都不必学习和训练了。长此以往，恐怕我们的语言表达连“老和尚念经”都不如了。其实，长期进行有声语言训练是振兴“国学”的一个重要方面，正如海德格尔所坚持的观点：“语言是对内在心灵运动的有声表达，是人的活动，是一种形象的和概念性的再现。”①而更值得重视和深入研究的是吕叔湘先生提出的根本方针：“戏剧、广播等‘艺术语言’需要特殊训练。”②肖晴先生也早就指出，训练“要按照循序渐进、由浅入深的原则”，“开始时，音量也不宜要求过大，当呼吸、声音位置、口劲等还掌握得不好时，片面地追求声音洪亮，过分使劲，必然要走上叫喊的道路，终至声嘶力竭。如果方法不对，甚至留下坏习惯，要改起来就费劲了”③。把有声语言大众传播，混同于日常生活的交谈，就会无视传统、降低要求、取消训练，那无异于“数典忘祖”。

在商品大潮浪涛滚滚、社会生活物欲横流的时候，我们讨论关于国学的问题，是否有些不识时务？可是，既然感到民族文化传统日渐式微，我们又怎能沉默呢？可喜的是，一大批年轻人已经意识到主流文化的历史厚度、先进文化的时代高度，并互相鼓励，共同投入到学术研究的行列中。我们的教师们也在努力传授知识、播撒智慧。可惜，广播电视里却经常表现出“无文化”的倾向，令人忧心忡忡。从语言传播的角度，增强振兴国学的使命感，恐怕并不多余。

任何创新，都离不开对传统的继承，包括批判和吸收。因为“一切划时代的体系的真正的内容都是由于产生这些体系的那个时期的需要而形成起来的。所有这些体系都是以本国过去的整个发展为基础的”④。这一原则，将指导我们建立中国老百姓喜闻乐见的、具有中国作风和中国气派的有声语言大众传播理论体系，我们需要认真对待。

知识梳理

广播电视的根本属性、语言传播的重要地位和有声语言的个性把握，三者相互关联，互相制约，共生共荣。

广播电视传播，尤其是语言传播，必须重视两个核心问题：正确处理“灌输”和“满足”的关系；正确处理“导向”和“取向”的关系。

---

① 海德格尔. 在通向语言的途中[M]. 孙周发，译. 北京：商务印书馆，1999：5.
② 吕叔湘. 中国大百科全书·语言文字卷[M]. 北京：中国大百科全书出版社，1988：58.
③ 肖晴. 戏曲唱工讲话[M]. 北京：中国戏剧出版社，1960：92.
④ 马克斯，恩格斯. 马克思恩格斯全集[M]. 中共中央马克斯恩格斯列宁斯大林著作编译局，译. 北京：人民出版社，2006：544.

重点在“怎样传播”。首先，要以正面宣传为主，但正面宣传并不意味着使用同样的话语结构、同样的词语序列、同样的叙述方式和同样的表达样态。其次，在“正面宣传”的过程中，应该突出“这一个”或“这一次”的特殊性，既坚持正确的舆论导向，又机动灵活地“另辟蹊径”，避免重复和单调。再次，要“针砭时弊”，揭露社会现象的“黑暗面”，但不能“为揭露而揭露”，要遵循“依法治国”“以德治国”的根本方针，为提供解决问题的思路和方略，去进行批评。

在“怎样说”的逻辑起点确定之后，才能更深刻地理解有声语言真正的活力。

其一，“有的放矢”，即说话要有目的：有重点，有主次，有对象。

其二，“有感而发”，即说话要有动因：有比兴，有语境，有灵性。

其三，“有动于衷”，即说话要有感情：有感受，有情绪，有情感。

其四，“控纵自如”，即说话要有技巧：有顿挫，有抑扬，有分寸。

总起来说，就是：理解是基础，目的是统帅，感受是关键，感情要运动，声音要变化，状态要自如。

传媒语言的常规形态、基本特点或本体价值可以归纳为以下几个特征：规范与简洁；权威与引领；鲜明与丰富；理趣与情趣；多维与贴近；通俗与浅显。

当下，传媒语言文化身份在各类媒体中都存在着弱化现象。其中，最明显、最突出的弱化表现为：政治身份的简单化；经营身份的低俗化。

传媒语言当下的文化处境令人一则以喜，一则以忧。这些危害，大体分为以下几类：第一类：信仰解构，私欲膨胀；第二类：虚情假意，哗众取宠；第三类：出言不逊，随心所欲；第四类：其貌不扬，格调低下。

文化精神的追求是大众传播的核心任务。语言传播更需要汲取各种文化的精髓，融会各种文化的悠长，汇聚不同文化的个性，涵化不同文化的底蕴。首先，要“定于一”，其次，要“言善信”。只有继承中华民族优秀的文化传统，涵养诸子百家的文化精髓，并结合大众传播进行当代的文化阐释，才有可能“宣传得好，使人愿意接受。”

第二章

广播语言传播的媒介文化形象

第一节　有声语言表达主体创造媒介文化形象
第二节　先声夺人与"声入人心"
第三节　个性表达与天人和合

广播有声语言是一门特殊的语言艺术，它不仅具有其他艺术的共性，而且个性鲜明，其中突出的一点就是具有融逻辑意义和艺术感悟为一体的影响力。有声语言表达主体与其他艺术的创作者相比，其形象鲜明地凸现在作品中，使听众时刻意识到他的存在，并且使其成为思维和想象的对象。

第二章 广播语言传播的媒介文化形象

- 有声语言表达主体创造媒介文化形象
- 先声夺人与“声入人心”
  - “醒耳”
    - 先声夺人是牵引审美注意的首要印象
    - 情声互动是审美感觉登记的持久要素
  - “听即说”
    - 无声思维是特殊的“——听——说——”思维
    - “——听——说——”思维是感性和理性的高度统一
  - “想象”
    - 想象具有超前性
    - 想象是主导性心理活动
  - 流动性声音意象
    - 需要审美的耳朵和审美的心灵去感受
    - 审美“场域”不同
    - 民族审美文化强调神思的奇妙和美感
  - 音声记忆
    - 与“记住”在心理过程上不同
    - 时间性与想象的空间性
    - 表现为文化和审美的沉淀
- 个性表达与天人合和
  - 声如其人：有声语言表达的元特征
    - “只闻其声不见其人”
    - “声”的双重构成完成了审美客体的形式
    - “其人”是节目中的“自我”在听众心中的幻象
    - “声如其人”是表达主体职业角色的全面实现
  - 他者：有声语言表达个性的参照物
    - 表达主体之于接受主体
    - 社会现实之于表达主体
    - 节目之于现实世界
    - 有声语言之于接受主体
  - 和而不同：有声语言表达个性的艺术哲学
    - 创作的艺术哲学
    - 接受的艺术觉察
  - 声音品牌：有声语言表达个性的标记
    - “首音效应”和“光环效应”
    - 锤炼富有文学意味的汉语口语表达
  - 语感通悟：个性表达走向天人合和的审美观照
    - 语言通感拓展有声语言表达的审美意境
    - 语感通悟使有声语言表达个性融通升华
  - 整体和谐：实现天人合和理想的鲜明表征
    - 和谐始于互动与对话
    - 具体和谐与多重和谐共建整体和谐

在广播媒体中，直接与传播有关的职业人员被称为广播传播者，其中，专门从事节目的有声语言传播者被称为表达主体。表达主体包括播音员、主持人、现场报道的记者、专职广告配音员、频率和节目宣传配音员等。本书涉及最多的是播音员、主持人和现场报道的记者。笔者在研究有声语言传播的规律时，发现表达主体总是在任何一个岔路口与节目内容、形式和接受主体不期而遇，使问题复杂化的同时也增强了解决问题过程的趣味性和玄妙感。

第一节　有声语言表达主体创造媒介文化形象

在认识世界的过程中，人们的再造想象可以通过各种方式获取素材。与歌唱、表演、舞蹈等艺术形式相似，有声语言表达的方式能够毫不费力地使听众将节目内容和形式、表达手法同时计为想象的材料。需要注意的是，有声语言表达主体的信息始终作为重要的声音元素参与到听众的联想和想象中，与语言内容水乳交融，形成鲜明的表象、意义和意象。甚至有时表达主体形象的某些因素强势于语言内容和形式而成为想象的主要依据或目标。譬如，很多听众不记得某个播音员或主持人在节目中说过什么，但却记住了他的某些特别的声音特征、个性特征等。也许可以这样说，表达主体作为审美对象、媒介文化符号的身份更为醒目。

广播有声语言是一门特殊的语言艺术，它不仅具有其他艺术的共性，而且个性鲜明，其中突出的一点就是具有融逻辑意义和艺术感悟为一体的影响力。有声语言表达主体与其他艺术的创作者相比，其形象鲜明地凸现在作品中，使听众时刻意识到他的存在，并且使其成为思维和想象的对象。有声语言表达主体作为"出场型""前台型"创作主体承担着附着在其身份形象上的一切后果。表达主体以个体特征鲜明的大众传播工作者的社会角色，承担创作的即兴性、不可逆转性、排他性带来的巨大风险和未知的艺术美感。这个巨大的挑战和机遇使表达主体经常产生"生活在别处"的角色转换。表达主体代表其背后的媒体实施传播功能，而实际上，听众在收听节目时绝不刻意区分媒体与"媒体代言人"的关系，听众的关注点大多集中在表达主体在"说什么""怎么说"，以及"怎么说"中蕴藏的表达主体特征。

大众传播的有声语言在挣脱了远古口传时代的距离羁绊之后，再一次使声音超越符号所指的霸权上，让刻板的、冷冰冰的意义有了温暖的、欢腾的生机做伴。但是，长期以来，很多人强调有声语言在意义层面的秩序，忽视声音对生命本身的全景式投射；过分地纠缠于语言符号所指排列组合形成的各种各样意义关系，忽视了具体感受和情感在概念世界中的无所适从的窘迫。语言的概念映象填平人们理性认知的鸿沟的同时，抹杀了具体事物间和人类情感间太多微妙的差别。当一句话停留在文字上，即使仔细勘察了语境，仍然很难确定它深邃的内涵，特别是仍然可能存在多种不确定性的猜想。而一旦这句话被主体说出口，基本上受众的想象就会被主体表达的形式和内涵牵制，在规约了想象的空间和程度的同时使内容的形式和意义成为具有很强确定性的现实。有专业人士曾经撰文，某省经济电台的一位股市节目主持人"在主持股市评论节目时，坚持客观公正的立场，从不表明自己对市场或某只个股的态度。但是，有细心的股民听众居然能够从他主持节目时的状态、话语的口气、播放歌曲的曲目以及其他细节中，揣测出他对市场和个股的看法，炒卖股票赚了钱，而且屡试不爽，简直令他防不胜防"①。这就是表达主体有声语言创作的现实效果。

我在很多场合中都强调过，广播要发展势必遵循"内容为王"的策略，这也是业界的共识。但是究竟什么是"为王"的内容，从事经营、管理、采访、编辑的专业人士各自的角度不同，存在不同的观点。我对内容的阐释还是要落实到有声语言传播的总体表象上。编采和制作人员头脑中的节目内容和他们笔下、手中的现实是有差距的，这其中文字和音乐、剪辑等其他表达手段的能力制约节目传播的效果；编采人员的文字以及播音员、主持人的"腹稿"与表达主体口中的节目现实并非原版再现。因此，表达主体的传播自然而然地成为节目内容的决定性因素。所以，任何忽视播音员、主持人语言功力和职业素质的观念都是对"内容为王"原则的背离。当节目的有声语言表达传递到听众那里时，已经不单纯是内容的事实本身，其间的意义要素、道德要素、文化因素、审美因素一并"打包"，全方位地与听众的感知觉相遇，表达中的某些意义、某类音色、某片情绪、某种想象都可能影响听众的感知觉和思维重点。所以，一味地只在节目内容的事实上下功夫，忽视表达的有效性，再好的"枪弹"也难以百分之百地"击倒"目标受众。

由于表达主体以自身的声音形式出场，声音本身就自然而然地成为节目内容的一部分，听众对有声语言的接收和想象中有一部分就是通过声音载体而形成对表达主体的想象。听众根据语声特点的表象再造想象出表达主体的形象，因此表达主体在听众头脑中的"象"是超现实的"虚幻的真实"。在广播主持人的听众见面会上，大多数人会感到想象与事实的差距。这种现象的产生是因为听众在转瞬即逝的听感中产生的错觉参与到了想象中，更重要的是声音本身具有遮蔽性。某种声音的特点和表达形式、表达特征的属性经常造就一种紧密关联的听觉感受和文化象征性。比如，浑厚的

① 赵多佳，边建．论广播专业化［M］．北京：中国广播电视出版社，2002：55.

声音特点给人以沉稳大气的感觉，语速较快的表达给人反应快、效率高的感觉，等等。很多人认识到这一点，因此出现了语言表达上的某些趋同现象。比如，有人以操持“港台味”来显示节目的时尚性；有人以人际语境下的口语表达特点来表现自己的“民生关怀”；有人不加科学论证就把播讲语速提升到每分钟350字以上，以为这样可以更贴切地符合新闻属性，并美其名曰“时代感强”。某些播音员、主持人片面追求形式的符号化行为，表面上看是从众心理在作怪，深层的原因还是主体创造媒介文化形象的意识较弱。除此之外，我们还遗憾地发现，几乎搜寻不到各个电台“标志性”的有声语言表达，从声音到内容，从表达方式到表达理念，它们自觉地实现着“合流”。如果错过收听台号，听众就很难辨认出哪个是中央台，哪个是地方台，哪个是北方台，哪个是南方台。人们在挞伐20世纪60年代的广播举国上下“高、平、空”的同时，陷入了绵软、空洞、饶舌的泥淖。于是我怀疑，我们对历史的检讨和批判是否仅仅局限于时代与时代更迭导致的天然叛逆，而非理性的反思和拷问。广播传播的队伍缺乏对有声语言的深入研究和正确认识，导致了广播节目独立性、创造性缺失，艺术见地浅表化，这些遗憾主要源于表达主体的“媒介文化意象缺席”。我们经常提到的“港台腔”是语音和语流特征综合的表现形式，本来是声音模式的中性化描述，后来竟然成了某些主持人努力追求和培养的“时尚语言”模型，甚至成为某些主管领导评判“创新”表达的标准。通过对影响有声语言固化的社会思潮的深层分析可以看出，“港台腔”的盲目跟从是创作主体意识薄弱的表现。姑且不论主持人的文化心理和传播理念，单凭听觉心理感受讲，“港台腔”出自港台主持人和海外华人之口，会令人联想到认真、尽力和勤奋的形象，因为他们的语音虽然欠准确，但清晰、饱满，而且追求动听，言语中流露出努力说好普通话、尊重受众的愿望。这样的声音形象是真诚、自然的。但刻意模仿的“港台腔”透露出矫揉造作，在听众的想象中勾勒出浅薄、文化感差、主体意识缺席的形象。源头踪迹万般，结果是无可争辩的。

理性地分析，主体缺席有时并非仅仅是表达主体个人的责任，为什么业界学者和民间评论家不谋而合地将挞伐的板子打在播音员、主持人身上？毕竟，听众的耳朵里充盈的、直接可感的是表达者的声音形象，直接触摸到的是表达者的思维和情感的现实。这也从另一侧面说明“出场型”创作主体的身份意象极为鲜明。

随着社会的变迁、时代的进步，广播媒体体制的完善、运行机制的成熟、传播观念的发展，听众的媒介素养也相应地水涨船高。在听众的传播印象中，声音的浅表遮蔽性很快就会过渡到声音所创造和蕴含的意象的真实披露。那些浅层的、零碎的、稍纵即逝的语声表象所具有的遮蔽性，很快会被特定的、局部的、某一次的语声意义所具有的遮蔽性替代。某交通台的一档早间娱乐资讯栏目，在一次节目中的话题是“吹走城市中的错别字”，请听众发短信说说生活中出现的错别字现象。这是一个听众有话可说、很有意义的话题，但是却有短信善意地批评主持人，说“平时挺喜欢你们两个的

(指男女两位主持人),怎么今天感觉那么不对劲儿呢?"还有听众轻微地讽刺了主持人,"一大清早就听两位语文老师给上课"。两位主持人在节目中的观点和言语没有错误和偏激,表达状态与平时一样积极,为什么听众有些反感呢?主要原因有二:一是两位主持人言语密度较大,节奏较快,一唱一和话轮转换过于紧密,而且语气略带嘲讽,给人一种劈头盖脸的、判官式的"言语暴力"的感觉;二是两位主持人的普通话的"京味儿"过于浓重,给人玩世不恭的轻飘感。据笔者的观察和了解,这两位主持人的语言表达功力比较强,有较强的大众传播意识和素质,也非常敬业。之所以在这次节目中的表现被听众诟病,主要是因为语声形式的"这一次"特点遮蔽了主持人一贯坚持的表达追求和自我体现。其中的原因是很复杂的,比如本次话题激发了主持人特定的心理状态和态度倾向;节目主持过程中非主观因素对主持人非智力因素的干扰过大;搭档间主观情绪的相互支配,等等。

这种语声形式遮蔽下的表达主体形象并不是固定的、刻板的,那些深层的、整体的、稳定的声音意象和情感会将这次具体的遮蔽性剥离,并继而向更深层次的遮蔽性转化。声音遮蔽性由浅入深地被澄清的过程,就是表达主体的媒介文化形象塑造的过程,而遮蔽性被转化的同时还将出现新的性质、新的样态的遮蔽;相应地,听众对表达主体的声音和精神的全部印象也伴随性地发生渐变式的拓展和加深。听众不仅关注"说什么"和"怎么说",还同时注重"发语者"的主体形象,甚至在"为我性"的支配下有意识、有目的地选择"谁在说"。表达主体被不同性质和趣味的、流动的听众选择,因此,表达主体会更加重视通过声音创造与听众的经验共享和情感共鸣,真诚的、和谐的、富有个性的广播有声语言表达会越来越普遍。

越来越多的人开始意识到"声音品牌"是媒介文化形象的重要标志。对广播媒介来说,这不仅要成为播音员、主持人个体的主观追求,还必须成为频道整体水平提升和个性风格鲜明的有机统一。我国人民广播史上有这样成功的标志和榜样。新中国成立前后,传播的技术条件和社会环境极为恶劣,但是人民播音员的声音成为中国人民争取自由和幸福的精神支柱。解放战争年代,新华广播电台的播音得到听众这样的评价"特别是陕北新华广播电台的一位女同志,听她的广播使人深思,催人奋发","陕北女播音员报告的胜利消息,感情充沛,铿锵有力。……大家说这是中国人民的声音,我们也要这样播"①。在此基础上,中央人民广播电台一直秉承"发出人民的声音"的传播理念,在播音员的相互学习和提高的优良传统中,形成了中央台庄重大气、时代特色鲜明、播音风格突出的频道品牌,当时也是中国广播的播音品牌。改革开放以来,媒体的功能有了进一步的拓展,其传递信息、社会教育和娱乐的功能越来越突出。20 世纪 80 年代,"珠江模式"掀开了广播改革的新篇章,有声语言传播的样式和风格应节目样

① 李越.播音导论[M].北京:北京广播学院出版社,1992:16.

态、节目类型、传播功能的拓展而异彩纷呈。总的说来,中国广播的特点以端庄大方为主,开始出现清新活泼、不拘一格的可喜态势。21 世纪的今天,广播有声语言传播开始了新的探索,其间出现了一些意识混乱、目标模糊的现象,但是正如一些竞争力强的广播电台,比如中央人民广播电台"中国之声""音乐之声",北京电台"音乐频率""交通频率",浙江交通频率,深圳广播电台等,他们不但营建了闻名全国的"频道品牌",而且培养和打造了一批整体素质优良的播音员、主持人,他们的"声音品牌"不仅成为本频率的标志,而且彰显出独特的个性特征,具有强烈的标识性和美誉度。

第二节 先声夺人与"声入人心"
——审美感悟的心理阐释

一、"醒耳"的声音印象:有声语言审美感知的主要内容

(一)先声夺人是牵引审美注意的首要印象

人对声音的捕捉是无处不在的,听觉中总是有一条通路向大千世界的各种声音信息敞开。那条通路就是注意心理。注意是指心理努力的集中(concentration)和聚焦(focusing)——是一种有选择性、转移性和可分解性的集中。[①] 经验告诉我们,广播听众的收听行为显现了注意的三种特性。我们很少有机会放下一切事情,专心致志、持续地、不间断地收听一次完整的节目。听众常常搜索到一个能瞬间吸引注意、习惯收听或声望比较高的节目,进行伴随性收听。听众的注意力常在广播传播和自己的其他行为之间转换,头脑中产生一些或清晰、或模糊的思绪,若即若离。当听众突然捕捉到令自己心动的声音时,注意力瞬间稳定到节目上,继而持续或长或短的一段时间。注意力集中在节目的声音上时,也许大脑中还想着其他一些事情,或者与节目有关,或者是关系比较疏离的联想、想象。在不易察觉的情况下,大脑的活动似乎又与节目无关了。在这样的循环中时间流逝,直到收听行为告一段落。在这个收听的循环活动中,听觉到底做了哪些取舍呢?认知心理学家们,例如 Cherry,Mowbray,Treisman 做过很多关于选择性注意的实验。被试者戴着立体声耳机,每只耳朵被输入不同的信息。告诉被试者只注意一只耳朵听到的信息,并在听完后尽可能快地大声复述。实验发现,被试者在追随注意耳时几乎不犯错误地复述出听到的信息。同时测试到,被试者能够

① John B. Best. 认知心理学[M]. 黄希庭,译. 北京:中国轻工业出版社,2000:36.

准确地报告出用非注意(unattended)耳所听到的信息，是人的嗓音还是噪音，是男性的还是女性的，尤其在音高上更为明显。换言之，被试者能感觉到非注意信息的物理或声学的特征。但是，被试者忽略了大部分非追随耳中的信息的语义内容，有个别语义同追随耳听到的信息杂糅在一起。[1] 这个实验带给广播传播者一个基本的启示和思考。首先，广播有声语言依靠什么占有听众更多的注意资源；然后，怎样保持注意力的聚焦和减少转移；重要的是，怎样降低对声音感知过程的干扰。换句话说，如何保证有声语言在最低程度上被误听、改造甚至歪曲。简单地说，就是“先声夺人”。表达主体声音的音量、音色，语音的准确、清晰，语速、语气、节奏等听觉印象先于表达的内容“扑耳而来”，成为刺激和吸引听众注意的当仁不让的要素。声音印象接受刺激，听众才有兴趣在表达主体建造的语言花园中细细品味意义和美感。广播节目非常讲究版头、片花的音板、宣传语等的表达，从声音的悦耳动听到表达样式的丰富多彩，从语气的鲜明到位到意境的回味悠长，都表明广播充分考虑到了听众的接受心理，首先以声音的印象抓住和牵引听众的注意，在打破早前广播语言在节目中样式单一、一贯到底的刻板模式基础上，为有声语言表达营造出基调统一但色彩丰富的多重表现空间。

听觉心理对声音的感受、认知、理解、解释和反馈之前要对声音进行选择，即听觉注意具有倾向性。促成注意倾向的动因主要受到听众的主观意向性、刺激的深刻性和听觉的感知性制约。听众的主观意向通常需要媒体的公关行为来吸引。刺激的深刻性主要体现在声音的丰富情感诉求上。语言的耐听性与听觉的感知性紧密相关。针对这三方面的制约因素，我认为，突出语声的中心指向性，可以使听众在最小限度的费力程度下，迅速熟悉和适应表达主体的言语习惯，进而对其言语目的和意图一目了然，从而使听众的注意倾向性更加鲜明。语声的中心指向性是指与听觉分辨力相关的语声所承载的所有因素的总和。比如，声音的清晰度、语言基调的鲜明度、言语意图的明确性，等等。它综合了语声的丰富性、耐听性和适应性。有听众给电台发短信息说：“《天气预报》有吱吱啦啦的噪声，你们是听不见呢，还是假装不知道呢?”听众对语言传播中技术的噪音如此敏感和反感，说明任何瑕疵都会分解语声的中心指向性，对听众听觉心理活动产生干扰，造成共感、理解和交流上的障碍。那么，主体语言表达过程中的哪些因素会成为影响听众注意倾向性的主导要素呢?

对比和新异是在语声形式上吸引听众审美注意的法宝。与文字传播相比，有声语言传播的立体感、直观性和情感性要强烈得多，语声不仅包含着语言内容本身的思维和意义，而且更多地融汇了表达主体全面实现的主观诉求，使声音具有了生命的意义和情感的双重结构和内涵。经历了声音注意倾向的定位，听众生成的声音印象转瞬之间就会协同语言内容，创造出独具个体性的审美感觉。当然，吸引听众注意倾向的声

---

① John B. Best. 认知心理学[M]. 黄希庭，译. 北京：中国轻工业出版社，2000：38.

音形式不能仅仅满足于求新求异，还必须符合中国人听觉心理的审美习惯和审美尺度。在这一点上，有些节目做得非常出色，它的版头、片花、宣传语不仅起到吸引听众注意的作用，而且还具有强烈的审美旨趣。比如北京交通频率幽默脱口秀节目《欢乐正前方》旧版的版头：

京城有二僧，其一庄，其一谐。一日，庄者欲语谐者曰：（箫等管乐配乐，女声朗诵，抑扬顿挫的叙述感）吾欲寻找欢乐，何如？（宽厚、庄重的男声，抑扬顿挫的疑问语气）谐者答曰：（女声诵，承接语气，降调）正合吾意，同去！同去！（明快的男声，轻松诙谐语气，节奏转快）于是庄谐二人携手上路。（女声诵，层次性结束感，尾音有延续）

以上这段播音字正腔圆，节奏舒缓，语气典雅，略带书卷气。继而在马蹄声和节奏疾快音乐的烘托下，播出：

帮你延续欢乐的梦想，为你打点欢乐的行囊，给你指引欢乐的方向，与你分享欢乐的时光。（男声朗读，押韵处字正腔圆，充满激情和动感，节奏转快）

这段播音以节奏欢快的音乐衬底，鲜明地树立起这个节目的形象和宗旨，接着：

众里寻他千百度，蓦然回首，那人却在……（音乐渐缓，女声朗诵，尾音延长，启下的悬念感）

然后语言戛然而止，休止一拍后激情盎然地宣布栏目名：

《欢乐正前方》（男声，活力自信地）Facing the joy！（女声，轻柔地，意犹未尽地）

最后一句语气自信富于号召力，表现出欢乐的希望和憧憬。整个版头内容整齐对仗、辞采古典优美，以字正腔圆、抑扬顿挫、变化和谐的有声语言表达出来，情、声、意、趣处理精致，搭配和谐，而且以男女声、静和动、雅和俗、古和今、文和白的强烈对比反差营造了一个生趣勃发的栏目形象，给人以声音美、意蕴美的享受。

（二）情声互动是审美感觉登记的持久要素

在认知心理学的理论体系中，登记是感觉信息的贮存，是对新近呈现刺激的记忆。

这种记忆不同于音声记忆，虽然它持续的时间很短，但是其内容被认为是最初刺激的精确表象。[①] 登记的内容中包含着怎样的表象呢？根据有声语言的特点，广播传播观念性的内容稍显式微，特别是当有声语言逻辑精简、思想深刻、组织复杂时，如果表达不能做到清晰晓畅，语言被理解的基础功能层面就无法实现。相比较而言，电视借助画面配合和支持的优势，容易轻而易举地实现理解功能。同样是新闻事件的现场报道，电视镜头就是观众的眼睛，因此获得的信息更加确定、具体、指向性强，语言只需担当交代背景或视听觉以外的因素。但是，在广播节目中，报道现场时，表达主体的"所见""所听""所感"要经由"口头"送达到听众的"耳中"，听众需加以想象才能获得一些确定或不确定的信息。又比如，新闻评论的体裁，电视的音像评论比广播评论更容易被理解。虽然近年来广播评论走"音响评论"的路子，但是，大量使用有声语言是根本无法回避的传播现实。因此，传达观念性的信息和内容必须遵循有声语言表达"寓情于理"的根本原则，情的表达就是要创造蕴含丰富感情的声音意象。

语言具有"给予意义"，即给予某种事物以某种意义，从某种事物中领会出某种意义。语言的"给予意义"是靠语言行为赋予的，于是"给予意义"体系一旦在传播中起到至关重要的作用，它将变成束缚、支配已经掌握了它的人的"牢狱"[②]。但是，有声语言表达能够通过感觉、情感和直觉把"给予意义"还原为感觉世界的微妙、细腻的体验。美国语言学家沃尔夫认为，"感觉和直觉在说话、听话和理解过程中也起作用，但这只是它们全部功能中极小的一部分"[③]，"情感、感觉、直觉都是非语言性的"[④]，这种非语言性的属性更大的功能是什么呢？恐怕就是使有声语言突破语言所指的先天局限性，将"不可言说"也"言说"出来。"耳得之而为声，目遇之而成色，取之不尽，用之不竭"是对听觉心理活动的丰富性和复杂性最好的描摹。"取之不尽，用之不竭"的东西正是感觉、情感、直觉在有声语言中生成的声音意味和审美意象；"耳得之而为声"的"取之不尽，用之不竭"所揭示的深层内涵正好能够辅助人们挣脱和打破"话语牢狱"。

非语言性的感受、情感、直觉运动虽然可能以语言为载体，但其方式与语言性的思维很不相同。思维赋予有声语言表达"头脑"，而感受、情感、直觉赋予有声语言表达"灵魂和生命"。有声语言转换为书面语言，其中的思维成果不会受到多大的损失，但是感受、情感、直觉却不能完好地转化为文字，流失掉的是有声语言的生命律动和活力。反过来，不同的表达主体可以赋予同一篇文字稿件以不同的生命，因为表达主体的感受、情感和直觉投入各不相同。在认知心理学上有个著名的研究叫作"Bartlett 传统"，心理学家 Bartlett 在做感觉登记实验时改变了对关于记忆数量保存的兴趣，转而

① John B. Best. 认知心理学[M]. 黄希庭，译. 北京：中国轻工业出版社，2000：37.
② 池上嘉彦. 符号学入门[M]. 张晓云，译. 北京：国际文化出版公司，1985：5.
③ 沃尔夫. 论语言、思维和现实[M]. 高一虹，译. 长沙：湖南教育出版社，2001：70.
④ 沃尔夫. 论语言、思维和现实[M]. 高一虹，译. 长沙：湖南教育出版社，2001：70.

注重研究被试者回忆中出现错误的现象。他认为，被试者回忆中的“错误”是他们在记忆提取过程中对信息进行了积极的重构。[①] 我们在研究主体表达对听众审美感觉登记的影响时，必须参照传播效果中映射出的听众对有声语言的重构。在广播传播中，除了听众的背景、加工水平和解码的习惯之外，表达主体流露在言语之外的情绪、感情和情感对听众的审美感觉的登记和持久产生了决定性作用。

听觉与时间之间的关系非常特殊，因为所有语声只有跨时才能被分析出其特征，如强弱、持续时间、不同频率的重复性、密度，以及各种复杂的变化规律，所以我们称有声语言传播是时音组合运动的流程。人们因此说声音传播遵循线性结构。的确，当后面的语声出现时，前面的音必然消失了，谁都不能预测下一段的组合呈现什么状态。所以，有声语言表达中既充满了多种未知方式的诱惑，同时，又容易被遗忘。但是从听觉认知心理的角度分析，听众对声音传播的生理和心理反应不是线性的，因此传播效果也不能单纯遵循线性特征设定评价结构。听众的心理活动参与听觉感受、听觉认知和听觉思维的全部过程，其心理反应在多层次间变换并且相互影响、相互作用，同时，可逆性始终贯穿在整个心理活动的图式中。譬如，听众可以想象有声语言表达者未讲出的一句话的声音、语调，但这种想象出来的话不会像真实的听感觉那样逼真，当现实的声音进入听众的听觉活动中时，他会下意识地做出判断，然后对想象进行调检或修正，这时的想象通常表现为对后面声音的预测。我们发现可逆的听觉感受直接影响听众是否继续收听的决策。即使听觉感受的可逆性使听众可以根据已经“听到”的来想象“未听到”的，但“未听到”的现实不一定等同想象。未知的不确定状态使听众在心理上产生一种模糊的、潜在的牵挂，牵挂激发听众的审美兴致、审美期待和审美想象，这就是艺术语言传播的魅力。当表达主体的声音在听众的想象中得到正面的评价，即受到欣赏，就能够满足听众的期待；如果得到听众的负面评价，就会导致审美注意的转移和审美感觉的错位。还有一种导致注意和感知转移的语言表达，即在听众的第一印象中得到的是正面评价，但因缺乏新意，使听众产生听觉疲劳，甚至抗拒感，当然注意和感知势必分散或转移。这种情况在广播传播中表现得很典型。某广播频道有一档晚间的情感类节目《午夜收音机》，女主持人刻板、僵化地使用“暖声”，并且不善于把握语言的节奏感，无论语言内涵和意蕴发生怎样的变化，她的语言形式并不随之发生相应的调整，形成一种表达的“固定腔调”。语言流畅、声音甜美的正面评价很快被她固化的内心感受和单调的语言驾驭所破坏，即使节目选题和内容比较可取，也无法改变由听觉审美疲劳导致的兴味索然。而有些情感类节目的表达就很注意这个问题。比如，东方电台的《相伴黎明》节目把与打进热线电话的听众的谈话和切合主题的诗歌或是散文朗诵结合在一起，不仅满足听众宣泄情感的需求，而且主动引导听众正确

---

① John B. Best. 认知心理学[M]. 黄希庭，译. 北京：中国轻工业出版社，2000：110.

思考人生。主持人把自己对待人生的态度、解决问题的思路、待人接物的方式等，都以充满真切感情的语言为载体传递给听众，其内心的体验是具体的、真实的、个性的。这样，语言表达不是公式化的言语交际，其意向直指、应和听众的具体需求，本身具有的独特内心感受、是非好恶、审美情趣、理想追求却是听众不可预测的“未知”。有声语言表达主体应该利用听众的“牵挂”心理，顺势实现两个可能性：一是提供有趣味性的线索；一是创造有吸引力的未知。因此，有声语言表达强调鲜活灵动、整体和谐的重要策略。

如果把听众收听行为比喻成一次航行，有声语言的情感性就像彼岸，当彼岸的风景清晰迷人地展现在听众面前时，听众的意向也就非常鲜明，追随彼岸的方向，航行的路线准确而迅捷；若彼岸模模糊糊或者只是单调干枯地静默着，听众就无法获得强烈的意向和驱动力，感知不到触及心灵和生命体验的情感，听众很难保持收听的愉快，只能调换节目或频率，开始新的“航行”。

二、“听即说”：有声语言审美思维的特殊互动

在有声语言传播过程中，我们很难将“听”和“说”的活动割裂开来分析。语言学家洪堡特也曾说过，在言语活动中，“说”和“听”具有同时性，“说”乃是顺从我们所说的语言的“听”，所以，“说”首先就是一种“听”。我认为，在“相识不见面”的广播传播中，“说”不仅首先是一种“听”，而且“说”同时也是“听”，“听”同时也有反馈的行为。所以，我们在研究广播有声语言表达创新这个“说”的行为时，不能不关注表达主体的“听”和听众的“听”。前面我们已经谈到，有声语言理应是思想的直接现实，但思想的外化经常不尽如表达主体的意。语言符号的强制的传承性特征在人们现实生活交往的层面之外（自由的精神层面），表现出它与生俱来的负面制约性。表达出来的言语总是不如想要表达的含意丰富，这是有声语言的属性，但同时与表达者的能力有关。“语言只有外在的形式是不变的；它的内在意义，它的心灵价值或者强度，随着注意或者心灵选择的方向而自由变化，不消说还随着心灵的一般发展而自由变化。从语言的观点来看，思维的定义可以是：言语的最高级的潜在的（或者可能的）内容，要达到这内容，联串的言语中的各个成分必须具有最完满的概念价值。由此可知语言和思维不是严格的同义的。语言最多也只有在符号表现的最高、最概括的水平上才能作为思维的外表。……语言并不像一般的但是肤浅的想法那样，是贴在完成了的思维上的标签。”[①]有声语言是否能够实现表达主体把自己头脑中的思维内容在听众头脑中建立一份附件的愿望？答案是完全不自信的，因为存在于成熟的语言符号系统之外的人们

---

① 萨丕尔．语言论[M]．陆卓元，译．北京：商务印书馆，1985：13.

的心理世界和精神世界依然非常广阔。听众所感的语言内容与表达主体表达的语言目的呈非对称性,表达主体的表达形式和思维内容也是不完全等同的。因此,表达主体关注的重点应是语言表达在听众头脑中的印象是什么,对传播效果有什么影响,而这些效果又取决于表达主体能够从"听"中得到多少暗示。所以,表达主体的"说"必然是提前意义上的"听"。广播传播活动将表达主体和听众共享的民族文化共识、语言审美趣味、言语表达观念等有机地组合在一个"听说阈"中,在大众传播属性、民族文化心理、汉语审美评价等因素的影响下,形成一种广播有声语言传播中特殊的互动思维。

(一)听觉感知和思维的关系及其启示

心理学研究表明,看电视、听广播、读书等理解性活动,被动思维占优势,而写作、制订计划等创造性活动则以主动思维为主。在一个完整的言语活动循环中,主体的"听"和"说"的思维很难区分主动和被动,而且都是具有创造性特征的。被语言所携带的大量信息激活的思维活动是整个思维能动系统中的主要部分,同时言语本身也能衍生为一组庞大的"不可言说"的整体思维系统。表达主体在言语活动中的积极作用体现在牵动和促动听众进行主动思维。

主动思维有目的性思维和自由联想、想象两种。目的性思维是对特定言语内容的思维,所以会有起始状态(思维素)、终结状态(目的性思维素)。两个思维素之间的距离决定了思维的活性和张力。高活性和强张力的思维素不断地整合、扩张、延伸,思维也就开始了新的活动。表达主体在言语听说过程中的积极作用就是控制、驾驭听众思维的起始状态和终结状态的活跃程度以及它们之间的距离。驾驭的难度非常大,但同时也为表达主体提供了无限的创新可能性。表达主体驾驭的成败首先取决于对象感和交流感的切实获得。在有声语言表达过程中,对象感稍有偏移或者模糊,就会导致听众目的性思维的断续,继而发生思维散乱或漂移。我们会发现,表达主体的语言变成了空洞的声波,不再能够进入听众的主动思维系统,当然表达也就不能触及听众的情感,而只能是"只闻其声,不解其意"。

自由联想、想象具有随机性激发的特点,往往由前一个思维素激活下一个有联系的思维素。当这个思维段兴奋性较弱,不足以激活下一个思维素时,就被新的思维内容所占据。新思维内容可以由新的刺激激发,也可以自发产生,它一旦被激活,对其他思维素就具有抑制作用。当表达者的言语不能激活思维素活动链的下一个目标时,来自言语本身之外的因素就会干扰听众收听,直接影响表达者的言语传达效果。言语之外的因素可能来自收听环境,也可能存在于听众的心理活动中。掌握了自由联想和想象的特点,表达主体就要设法在排除来自环境和听众内心活动干扰的同时,保证听众新的思维内容是被预期的目标控制的,而不是任由听众随机联想和想象。

在“—听—说—”思维活动的过程中，听感觉和听思维有时会分离。这种情况我们平时经常会遇到，譬如，有时想听某一时间的消息，打开收音机后在等待消息时，思维活动转换到其他方面，结果这条消息的播放并没有进入思维活动。尽管收音机已经播完这条消息，我们也感受到收音机的播音，可自己却毫无印象。在广播有声语言活动中，听感觉和听思维分离的现象很常见，一方面给表达主体提出了如何减少听众听感觉和听思维分离的课题，另一方面对有声语言表达有积极的启示作用。譬如，某些内容虽然因为各种原因没能成为具有强烈兴奋性的思维素，但声音映象和相应的感觉仍然保持对听众的刺激。声音的感觉体现言语整体风格或基调，给听众的感知和取舍提供了印象性的引导，使听众在心理结构的深层有潜意识的反应，这种反应积累到一定的强度可以召唤他的注意力和思维活动，回归节目本身。

对听觉感知和思维的研究给语言传播者两点启示：第一，真实的听感觉和随机性联想、想象之间关系松散而且呈非完全对应状态，为有声语言表达提供了驾驭和创造的空间，令听众“思接千载”的想象补充语言意义有限的、实在的空间，丰富听众的审美感受和精神世界。第二，针对听感觉和听思维存在分离的现象，我们可以深入开发广播伴随性的多重功能和表现。伴随性和意象性是广播有声语言的基本属性，强调了这两点，也就突出了广播有声语言的特色，找到了广播的生存发展思路。特别是某些专业化频率，比如音乐频率、曲艺频率、文艺频率等，都可以通过有声语言的统一风格制造“专业化”个性的声音印象，在听众的听觉感知过程中树立鲜明的标志性频率形象，迂回绕过观念性内容传播的劣势，充分调动想象和情感的功能，使听众在广播的伴随过程中获得情感的慰藉和精神的满足。

索绪尔强调，言语活动中存在着一个联合和配置的机能，因为任何言语活动都须由语言组合和聚合的双重结构共同作用体现出来。在微观操作层面上，言语活动在心理范畴可以分为主动和被动部分，但在言语活动实践中，联合和配置的功能把说者的思维和听者的思维同构在一个言语场内，并无泾渭分明的主动和被动区别。说者表达的主动和听者接收的主动，决定了他们在一个言语活动中可以相互理解和交流。不止于此，语言符号形式和符号内容是不具有排他性的一一对应，二者的关系是非对称性的。因此，为了追求视阈融合的传播效果，表达主体和接受主体借助言语的意义和形式构筑了一个由联想和想象创造的意象流动的世界。在这个看似不在场的意象世界里，通感的灵性将人类属于空间和非空间的感受沟通，进一步强化语言的审美价值和创造功能，激活言语活动双方或多方的参与。

（二）“—听—说—”思维在广播有声语言表达中的艺术特征

在心理学家看来，在言语活动中，思维、情感、意志、感觉、直觉始终活跃地发挥着作用。语言学家本杰明·李·沃尔夫认为，语言表达的声音呈现之前，有无声的语言思维存在。从本质上说,这种无声思维并不是指压抑着没有说出来的话,或者无法听清楚的嘟嘟哝哝,亦非喉部无声的运动,而是“使用一种复杂的文化结构”。在“—听—说—”过程中,感受、情感、直觉同思维一起身处并且使用一种复杂的文化结构,同时在这个复杂的文化结构中进行融合、生成,共同作用于“前语言”阶段并影响听说活动的发展状态和进程。感受、情感和直觉在“前语言”阶段的初始表象要远远超过逻辑思维所起的作用。“前语言”阶段的思维不一定是语言性的。毕竟,思维不是机械设定的程序,思维的品质直接受到情感、意志、感受和直觉的左右,特别是具有即时性、“在场性”特征的广播语言传播过程中,在动机、感受、情感、直觉等综合作用下的表达状态对“前语言”阶段的成熟起到促动作用。由于一直以来受困于大脑黑箱理论,我们只能通过言语、行为和符号推测、反向推理所谓的“无声思维”活动。但是可以肯定的一点是,无声思维是一种受制于“复杂文化结构”的思维、情感、意志、感觉和直觉综合作用的心理活动。无声思维将表达主体和听众紧密联系在一起,使他们在言语活动中产生理解和同情。可以说,无声思维就是广播有声语言得以实现预期效果的特殊的“—听—说—”思维。

阐述广播有声语言“—听—说—”思维的理论基础是语言和思维的关系。回溯前辈的研究成果,在言语活动中,语言有三种形式的发展阶段:内部语言、自我中心语言、外部语言。内部语言是无声思维作用下的一种体现“特殊的深层结构”的代码,这意味着使用一种复杂的文化结构。这个阶段语言性思维可能不在场。换句话说,内部语言不是我们所听到的语言,而是带有复杂心理活动的文化关系模式。自我中心语言虽然也是无声的,但语言思维系统开始在这里起作用。外部语言是对内部语言中同质的、稳定的特殊代码的部分外化。其余的部分是否就此被丢失或者内部消解取决于有声语言的表达功力。有声语言为外部语言的一种类型,不仅具有规约性秩序而且具有诉诸声音的文化结构。在声音印象里,(或明显或模糊地)活跃着内部语言的“特殊的深层结构”;自我中心语言的符号组合和聚合关系;自我中心语言对内部语言的异化;外化程序对内部语言和自我中心语言的异化;表达主体心理活动的外显,等等。因此有声语言交流超越了词与词发生关系而产生的意义,回归到具体经验世界的特性。有声语言的这种超越性往往不是通过语言性思维完成的,而是依赖于表达出来的情感、感觉和直觉。表达主体和听众共享有声语言的情感、感觉和直觉是在联想和想象的世界达成的,这就体现了广播有声语言表达的优越性。电视画面的具体实在性束缚了观众想象,因此,电视“声画和谐”的超越性远远不如广播有声语言。同时,语言的超越性造就了精神自由和符号对象化的两难困境。有声语言的魅力和语言对表达主体的挑战天然地存在了。其魅力体现在“复杂的文化结构”被有声语言萃取、凸显出来,并追加赋予声音的意蕴,使听众超越具体实在的现实进入精神自由的世界;语言的挑战表现在表达主体是否具有表现丰富声音意象和语言蕴含的功力。

广播有声语言使听众找寻到在日常生活中难以邂逅的文化归属感和审美认同感的共鸣。很难说有声语言的这种魅力单纯来自语言性思维，它常常是超越了理性和逻辑，在情感、感觉和直觉的心理活动层面上对“不可言传”的“意会”进行综合观照。因此，“—听—说—”思维不是普通日常生活中常用的思维方式和方法，而是艺术层面的有声语言思维。它的主要特征是：1. 概念性思维的本质特征和映象性的艺术感知觉和谐共处。始于逻辑经过非逻辑归于逻辑，但此逻辑已经非彼逻辑，是“艺术逻辑”。2. 声音的丰富性和艺术感知觉的能动性对思维的确定性进行合理“活化”，创造出具有独特个性的、特殊意味的、蒙太奇式的新型思维结构式样。正所谓“一声一世界”。3. 想象力以有声语言为介质，综合、统摄听觉、视觉、嗅觉、味觉、触觉、动觉，使它们扩充为思维材料，加强思维的广度和深度。4. 努力拉近概念世界和映象世界的距离，赋予自然界以人化了的、对象化了的形象。正如中国的水墨丹青之于尺素之间的大千世界，广播有声语言表达能够通过声音把一个有限的、刻板的、凝固的概念世界幻化成无限的、立体的、流动的对象化世界。5. 思维活跃的程度和联想、想象的丰简被听觉的选择性制约。听众的理解力取决于他的知识经验和对有声语言的注意，联想和想象是对他所选择的声音信息的再造。听众很难对没有选择的声音信息进行深入的关注。6. 无声思维随时因听觉感知的作用而自动调检。有声语言的表达与无声思维因表达主体的语言功力而形成可逆性关系。无声思维支配表达，反过来表达促使无声思维不断完善。概言之，听不一定是为了说，但在说之前一定先以听的方式感知世界。对听的结果产生准确有效的心理反应，是说与不说、说什么、怎么说的基本前提。广播有声语言“—听—说—”思维的特殊性在于它既梳理和沟通表达主体、听众的观念性经验，又表现并超越客观世界的具体映象，在精神领域里，结合有声语言本身形成了抽象普遍性和具体形象的整体性统一。

（三）“—听—说—”思维是感性和理性的高度统一

广播有声语言不是内部语言、自我中心语言思维成果的“有声版”。有声语言表达经历了一个独特的、从无声到有声的言语创造过程。罗兰·巴特在《法兰西学院文学符号学讲座就职讲演》中说，言语表达来源于欲望，有多少欲望就有多少话。欲望中包含理性的、道德的和美学的。语言表达的欲望就是言语动机。言语动机是非语言性思维的心理活动，言语动机的调控不是单纯依赖理性思维，而是必须依靠重复实践下积累的心理驾驭能力。言语动机在萌芽和酝酿阶段一般是稚嫩的、平缓的、犹疑的，甚至受到干扰会半途而废。言语动机的复杂性和多重性使言语在一定语境的规约下呈现不同的语体和风格。广播电视传播语境中的言语动机被我们称之为“表达愿望”。广播有声语言表达的言语动机是艺术强化处理下的表达愿望，是艺术语言表达的原始驱动力。这个原始驱动力要组织的材料不是词汇概念，而是一种语言性和非语言性、个人性和社会性共同作用的关系和力量，譬如，一种感觉、一类情感、一组意象，或是别的什么东西。广播有声语言的表达愿望不是日常生活语言表达所能承载的，体现为生命的活力，但不是自我表现、随心所欲，必须遵从多重性语境的规约。

在广播有声语言传播中，从表达愿望的喷薄而出到表达形式的万千姿态，都深受民族文化心理和语言文化结构的影响。汉民族共同语是中华民族五千年文明精华传承的结晶，具有庄重美、含蓄美、融通美、质朴美的审美价值和品格。汉民族共同语的特色与民族文化心理中高尚、博大、积极、通达的一面相互交融，在主体的表达愿望和言语创作中积淀下来，形成中华民族特有的语言审美观和创作观。简单地说，在汉语表达审美观和创作观指导下，内部语言有效转换为外部语言一般表现为以下特点：表达愿望与语言思维的互逆性转换迅速、自然、适度；语言秩序组织井然有序、色彩丰富、灵活精妙；语言的扩展和深化紧扣主题、控纵自如，同时完成查漏补缺、调检修饰的工作。外部语言的“有声”具有艺术表达特殊性，“声”中有语音的圆润丰满，有气息的运动自然，有语气的贴切丰富，有基调的准确灵动。简言之，声中有情有理、有韵有致。有声语言传播的感性和理性高度统一的文学性表述就是“言为心声”。然而现实常常令人们迷失于“言为心声”的对立面——“言不由衷”。“言不由衷”的来源中有两个方面需要得到重视：1. 被迫主动地选择言不由衷。此“衷”即生命全面体悟的真实存在。这种情况往往是为人际关系、语境等外界因素所迫，主动放弃内心的体验，进入一种庸俗的话语体系，换一套为语境所容的表达方式。这不是本章节探讨的重点，在此不赘述。2. 被动的、不可控的言不由衷。此“衷”即自我中心语言的预期目标。未能实现预期目标主要受到两方面因素的影响。一是易受暗示和易转移的不稳定心理状态；一是表达主体语言功力薄弱。第一种“言不由衷”是人性的劣根性，其恶劣性、危害性范围极大，需要依靠生命不息、搏斗不止的人类精神的全面反抗和代代相传的教化才能荡涤。其表达形式和内部语言的貌合神离势必导致无气无神，缺乏质感的色厉内荏。“花言巧语”“巧言令色”“口蜜腹剑”等语汇实际上是对这类主体的轻蔑和嘲笑。第二种“言不由衷”可以通过主观内省和实践磨炼得到改善。“言为心声”在语言表达层面对表达主体提出以下要求：1. 语感悟性高。2. 思维的速度、广度和深度均衡发展，并且对思维的核心对象不悖不离。3. 心理状态开放、稳定、灵活。良好的心理状态源于自信的品质，自信是精神独立的直接体现。在语言表达上表现为观点笃定、立意高远、逻辑严谨、趣味盎然。4. 语言功力深厚。语言功力不仅指语言的技巧，它是由政治、思想、文化、艺术等诸多方面的素质和功底共建而成的，体现为观察力、理解力、思辨力、感受力、反应力、表现力、感染力、调检力。在这八种能力中，最即时、最显著、最有决定性的能力是观察力、反应力和调检力。一般意义上的语言观察力是指平素观察语言现象、语言生活的能力，在广播有声语言表达中强调对语言的听觉感受、认知能力和辨别能力。语言功力最大的功能在于增强有声语言的魅力，激发听众有秩序的联想和想象，营造一个随类赋形、意象丰富、趣味悠长、意犹未尽的审美空间和精神家园。摆脱“言不由衷”的羁绊，落脚点在于锤炼语言功力，出发点在于“文化启动”“志存高远”。

语言从诞生之日起就和文化捆绑在一起，是某种内部结构特别紧密的文化现象聚合体，语言与文化相伴相生，难舍难分，并且谁都不是对方的“婢女”。文化的表征和结构、民族精神力量一一体现在语言中。譬如，汉语中没有关系从句，相应的逻辑关系是由一种思想关系、秩序体系支配的。这个关系是中华民族长时间形成的各种行为和深层心理的象征意义，体现在语言中，同时也被语言体现着。汉语语言和文化的关系决定了相同的意义和蕴含可以通过不同的语言形式来表达。在广播中，听众只能以表达主体的排他性表述方式来捕捉表达主体内心创造的意味，他只能听到“这一个”表达形式。而表达主体对特定内容的观念和内心经验的表达是遵从某种灵感的召唤创造性地生成的一种形式。生成过程实际上是表达主体凭借想象对现实材料和传播目的加以条分缕析，进一步洗练和铸造的艺术创造“程序”。这个形式在生成过程中同时对表达主体的内心实施“修改”，目的是为了使内心经验和表达方式尽可能和谐、高效（事实上，外在形式在表现内容时的感性圆满是极难达到的）。在日常生活的人际交流中，面对面的语言表达使“只可意会，不能言传”的东西在体态语言和实在语境的提示中得到部分的解决，而在流动性虚境的广播语境中，必须依靠语言表达方式和情感、想象、感觉、直觉等的作用与反作用所产生的力量，将复杂的文化结构表现出来。表达主体的作用就是通过“我的”语言方式潜移默化地实施文化传播功能，使听众在“物我两忘”的审美境界中得到观念的改造、情操的升华和精神的全面实现。

三、想象是体验创造有声语言声音意象的手段

只有通过“听”的方式，想象才拥有了近乎随心所欲的空间。听觉创造了一个“幻想者的乐园”。“听”在最大程度上调动各种感官的综合感觉，使人的对象化世界区别于动物的感觉世界而成为统觉世界。当人们听到从收音机中传出来的有声语言时，强烈地感觉到世界的不完整，为了得到与语言提供的线索相符的高水平回报，听众的耳朵只要接收到一点点暗示，就会扩大那个暗示，并想象出一定的物象和情景，“听声思源”，“随类赋形”。但是听众很难通过想象获得现实的解决感，就像经由视觉得到具体画面的印证那样。于是联想和想象在内心经验的基础上主动地整合、蔓延，结果总是获得如真的幻觉的现实。心领神会但无从确定的声音图案，是听众自由诠释有声语言之后，由心灵折射出的生命形态，是一种无像之像，无状之状的内心视像。

首先，对广大受众来说，汲取知识最常用和最实用的渠道是诉诸文字的报纸、杂志、书籍等，而后是诉诸声像的电视、网络等，只诉诸声音的广播不是最高效的媒介。

尽管如此，广播依然拥有一定份额的受众，这是因为他们享受着大众传播更高层次的功能——娱乐和审美。实现这些功能最微妙、最自然、最经济的手段就是联想和想象。文字、声音、图像三者相比较，抽象程度递减，赋予人感知世界的确定性愈强，想象空间愈小。① 所以，我们经常在电视传播中运用想象的手段，比如，当一辆汽车失去控制，发疯似的撞向一棵大树，电视画面运用闪白或黑场的特技，画外音是动人心魄的刹车声、撞击声、惨叫声、翻滚声等，各种声音瞬间夹杂在一起，而画面是一片空白，这样的处理实际上就是利用了声音的想象创造力。伟大的科学家爱因斯坦认为想象力比知识更重要，因为知识是有限的，而想象力概括世界的一切。他的观点无疑为广播魅力的阐发注入了一剂强心针。而且，想象力不仅总是挑战现有的知识，而且其品位比知识更高，因为它具有超前性。

从另一个角度看，文字传播对受众的要求比较严格，建立在有一定语文知识的基础上。声像传播的写实性和具体化特点对受众的想象有极大的束缚和固化作用，在文字和影像破裂和湮没后，事实和意义不复存在。只有当想象能够跳出成规的文字和影像时，产生于文字和图像的意象才能焕发勃勃生机。唯有单纯诉诸声音（声音中幽眇难知、流动飘逸的魅力）的广播，为听众的想象提供了助推力。但是这只能说明广播更有利于想象的发挥，怎样让声音催化听众想象、激发听众的审美愉悦和审美满足是广播有声语言的核心任务。

其次，听觉的不确定性使想象成为收听广播的主导性心理活动。一般心理学认为，联想人皆有之，但深度、广度、强度、层次都不一样。在联想的类型中，象征联想是最具灵性和蕴含的方式，是一种“半透明式的反映”，外层与所联想到的内层同时双重显现。正因为外层清晰可睹，内层的显现便有些模糊，这种模糊给人一种泛泛理解的可能。联想可以丰富想象的内容，让想象的触角更敏感、更强壮。与想象相比，联想是手段，不是目的，而想象是联想目的性的结果。想象的内涵是非常丰富的，难以测量统计，只能依赖于描述性语言和个人化感受。在收听节目时，不拘一格而且合理切中的想象是为听众的现实生活和思想贮藏提供资源的重要方式。但在收听广播行为中，听众想象的目的性较弱，而且与真实性、合理性、规律性没有必然的联系。想象一般分无意想象和有意想象。无意想象的激活始于自发性心理倾向，其发展走向取决于“文本”依据的刺激。有意想象是听众在自觉的、能动的思维意识支配下，按照一定的目标，在原有的表象的基础上，进行深入的分析、综合、加工、改造，从而使原有的表象分离、组合、溶化、演变，进行创造性的构想，形成新的表象。有意想象的激发受到主体的感性、理性双重制约，譬如，天赋的生理和心理素质以及经验、思维、情绪、情感等方面对想象的素质有综合制约作用。有意想象中的创造想象是最富有生长能力的类型。

① 李普曼. 当代美学[M]. 邓鹏，译. 北京：光明日报出版社，1986：283.

创造想象能力需要具备一些基础条件，譬如，个人创造新事物的愿望和要求；创造者积极的思维状态；实践要求与个人的创造需要相结合。同时，激发创造性的举足轻重的因素是原型启发的质量和灵感。

听众一般是凭借联想和想象去获得鲜明的有声语言内容意义，凭借生命经验的共同感去心领神会“言外之意”“意外之旨”，体会有声语言深层的情感观照和心灵际会。想象的拓展性、灵活性和变异性的个体特征依赖于听众已有的差异性素质和心态养成。有某种表象引发的联想总是在显意识和潜意识的明示或暗示下，朝一个有目的的方向聚拢。虽然聚合而成的想象因个体的差异而呈现万千姿态，但与“元表象”都有千丝万缕的关联。

听感觉世界中的许多信息和能量在心理认知过程中会有一定程度和数量的衰减。衰减的另一个方面是精致化，即联结信息。衰减和精致化功能对想象的影响是意味深远的，并且使人感觉到想象世界和现实具体世界之间的鸿沟产生的真正神秘根源。有声语言的细腻体贴是促使听众听觉认知精致化的主要动因。通过听觉，大脑中形成了有声语言中某个具体表象，并把它与较具体的或较一般的表象联结起来。其结果是，精致化可能为当前表象增加了更多的信息。那更多的信息为当前联想和想象的表象建立了背景，背景中包括其他一些永久或暂时的表象，用来标识或解释将来的表象。表象的精致化不仅作用于联想和想象，而且与最后所理解和记住的东西也有很大关系。其一，表象较好的精致化比不进行精致化对材料的理解会更透彻。其二，背景的精致化可能对今后的学习和提取极其重要。[①] 认知精致化功能和联想、想象功能是广播与听众建立独有的、“疏而不断”的关系的起点。

最后，听众的听觉想象不是脱缰的野马，它受制于表达主体有声语言的碰触、推动、牵引和阻止。而对听众的想象发生实在影响的因素必定存在于表达主体和听众的视阈融合中。换句话说，有声语言蕴含的意味与听众的“过去的经验”——“所知”关系紧密，二者必须能够成为参与听众想象的一个参照系。否则，想象无从展开或者受到梗阻，使听众失去继续收听的兴趣和耐性。事实证明，对听众实施“枪弹论”式的绝对控制无法实现。表达主体对听众想象的驾驭体现在维度、空间和细腻深永的程度上，总的说来是取决于有声语言能够在听觉美感意义的路上走多远。听觉想象为表达主体提供了很大的创作空间，但是这个空间边界模糊，尺度不详，难以琢磨。中央人民广播电台都市频率有一档读书节目，体现了难能可贵的节目设置观念。读书节目在广播中的存在价值和感召力应该体现在颇具艺术含量的语言表达形式美和意蕴美中。主持人和书籍的作者跨越时空，在节目中形成“合力”，为听众奉献精神食粮，作者的艺术创造性更多地依靠主持人的有声语言表现出来。有一期节目的主题是“名人的

---

① John B. Best. 认知心理学[M]. 黄希庭，译. 北京：中国轻工业出版社，2000：5.

情书”。主持人朗读贝多芬的《写给不朽的爱人》、郁达夫的《给王映霞》、徐志摩的《爱眉小札》、王小波的《给李银河》等,文字何其优美,情感何其真挚,文思何其遥缈!但听过主持人的播读,只能冷静地评价一句“写得真好”,有声语言“二度创作”的价值被淹没在平淡、浮浅的声音表达中。这分明是有声语言的失败和悲哀。听众感受不到这许多来自不同国度、不同时代、不同身份、不同才情、不同性格的名人们对他们的爱人倾诉时,是怎样的一幅图景,是怎样的一张面容,是怎样的情意缠绵、肝肠寸断。连“情景再现”都不能复原,何况是想象的更深一层——“爱人间无限情怀”的意象更是荡然无存。表达主体对听众想象的驾驭必须是建立在主体本身有目的、有预设、有反馈的想象之上的。于是,目的不同、表象各异的想象成为表达主体创建预期传受关系的“点金术”,能使感受活化,创造出生动新颖的新意象、新视阈。没有想象,语言将缺乏生气、灵气、才气;有声语言表达艺术将失去光彩,失去魅力,失去魂魄。表达主体的想象一定是有意想象,其想象的结果是直接指向并作用于听众听觉的。对于表达主体来说,想象映射到有声语言中是为了调动听众产生丰富的新意象。因此想象不是结果,不是目的,而是手段,是过程,是介质。

四、流动性声音意象是广播有声语言的永恒艺术内核

虚幻空灵、时而清晰时而模糊的流动性是有声语言审美意象的特点,是广播引人入胜的关键原因。

广播有声语言的审美意象在概念和直觉之间、在现实和本原之间、在主体间自由地流动。流动性的含义可以解释为:首先,只有表达主体和听众在审美心理活动中发生接触,产生无声的互动时,某种意象才可能产生。其次,广播有声语言的意象是表达主体、接受主体和节目内容、形式三者发挥主动性形成的、在主体间“心像”(不是现实存在物)的流动。再次,听众脑海中的意象来源于同时对表达内容和表达主体的想象,并且难解难分,分不出谁是主要、谁是次要,谁是目标、谁是载体,它们总是随着时间的推移和表达的继续而有规律地流动。最后,广播有声语言的意象是听众主动自由选择下的现实的“类似物”。很多艺术作品可以把接受主体完全带入一个空灵的、超现实的世界,接受主体的想象可以在上下五千年的无疆界的时空中任意驰骋,但广播语言的意象更贴近现实化的情境,虽然可以超越在场,超越时间,但总是徜徉在“现实”的周围,即使听众清楚地意识到那些意象并不是现实本身。综上所述,流动性主要表现为声音审美意象在概念认知和审美直觉间、现实与想象间、主体间呈现的有规律可循的动态趋势。

广播语言流动的声音意象需要“审美的耳朵”和“审美的心灵”去聆听、去感悟。广播有声语言表达艺术创造的“现实模拟物”,在现实的、非日常生活状态的大众传播

环境中不是真实地再现生活。广播语境下的再现是通过现实生活图景折射世界的本原。有声语言表达主体以真实身份再现真实的生活，但是有声语言中的意象不是现实生活中的，也不是头脑中“所知”的，而是努力接近世界本原的内心经验。

广播有声语言的审美“场阈”与其他艺术部类不同。一方面，当人们欣赏艺术作品时，不管是音乐、绘画还是电影，人们总是不自觉地将其抽离客观实在的环境，自己随之一同进入超现实的时空。但广播有声语言审美的起点是不完全脱离现实的，收听的环境、时间、表达的内容都存在于现实中。另一方面，虽然听众感知的有声语言表达是现实存在物，但那实际上是表达主体对象化的世界的模拟物，又具有超实在的性质，其审美的终点是超越性产物。因此，广播有声语言的美感是现实与想象结合的美，同真和善等价值观问题紧密结合在一起，形成一种独特的美的形式。从这个意义上说，追求“生活化”“自然”的论调是自我绑缚的徒劳挣扎，因为它从根本上是违背人的审美观照的规律的。

中华民族审美文化非常强调神思的奇妙和美感。刘勰云，“‘形在江海之上，心存魏阙之下’，神思之谓也。文之思也，其神远矣！故寂然凝虑，思接千载；悄然动容，视通万里；吟咏之间，吐纳珠玉之声；眉睫之前，卷舒风云之色；其神思之致乎！”“神与物游”“神用象通”是心驰神往的方式，其结果是融大千世界风云际会而成共感，再驰往更加辽远和悠长的时空。我们暂且搁置神思与想象的关系不论，有声语言赋予听觉的不仅有“思接千载”“视通万里”的神思，还充满了概念性语言和声音意象杂糅的奇幻填充物，这是有声语言审美的独特之处。声音的线性传播方式使有声语言在听众的头脑中有一段时间的延迟，它可能在来不及“消化”的情况下成为听众想象的材料和结果的一部分。因此，有声语言的意象之美中有逻辑的踪迹，同其他艺术部类有本质表现的不同。

五、音声记忆是广播有声语言传播的审美沉淀

广播语言的传播是“口耳之学”。心理学研究表明，单纯从听觉获得的信息，一般只能记住 15% 左右，如果把视觉和听觉结合起来，一般可以提高到 65%。因而有人推导出听觉具有无法克服的、天生的弱势。但具体到广播有声语言传播中考察听觉意义，就不能那么简单地下结论了。深入追问收获以下思考：

第一，听众收听广播获得信息的“音声记忆”与一般情况下的“记住”在心理过程上有很大差别。听是为了交流，一般情况下，听众收听广播的行为处于自发的、无注意收听状态，所以听众的内部交流是主要的意识活动。借助听觉感知，形成声音表象，进而产生内部交流的方式一般是联想、想象和感悟。除了与自己、与自然的交流，即内部交流，听众由听而延展出的交流方式还有与他人的交流，即在收听过程中与他人交流、收听行为

结束后与他人交流。交流的内容大致有交换信息、消闲娱乐、抒发感触、发表议论、联想、想象和感悟等。交流的范围大致有就节目本身内容的谈论、与节目内容相关但目的不明或偏移的评价。出于交流的目的,听众收听广播的主要诉求是获取信息、娱乐身心、寻求互动或者只是单纯的消闲。消闲的动机往往使听众处于无注意收听状态,而获取信息、娱乐身心、寻求互动的诉求使听众收听状态在注意和无注意之间流动。获取信息的目的不仅仅是满足于成为“15%的知道分子”,更多的是为了通过信息交换的方式在组织、个人、内部传播的交流和沟通中产生心理快感、满足感和认同感。因此,收听过程中有声语言表达者所有重音、语气和基调的暗示都会引发听众的联想和思索,思考的成果同有声语言的内容本身一起成为受众“二次传播”的素材。如此处理信息的效果往往大于15%。收听广播的复杂诉求和收听时的心理流动状态使我们不能简单根据15%就判决声音传播有难以克服的先天弱势。

第二,15%的数据是值得探讨的,实验数据变量导致结论的变动,普通实验条件下得出的数据变量不能作为衡量大众传播效果的结论。本书认为,在广播传播中,考察听众获取信息的实效更大程度上依赖于传播的内容、方式和策略。

第三,西方语言学家在研究言语链时,采用了分析的方法,从语言学、生理学和物理学三个平面分别对言语活动进行科学梳理。他们所得出的结论对于说明有声语言的时间性是很好的佐证。语言的时间性导致语言记忆的难度增大。在借鉴西方科学研究成果的同时,我们又发现汉语的言语链不仅具有时间性,还具有想象的空间性。由此,有声语言表达使画面感,即空间性的审美维度得以成立。如果说中国诗歌的魅力在于汉字、表现手法、审美倾向三者的结合,那么,广播有声语言的魅力就在于汉民族共同语(即普通话)、表达形式和审美理想的共建。汉语普通话中音节是表意的最小语言单位,用声调来辨析字的异同,在音节内部元音清晰、响亮、饱满,同时汉语普通话的表情功能细致、鲜明、丰富。这些都是汉语普通话有声语言表达与西方语言表达不能相提并论的现实依据。汉语和西方语言在语法结构上的差异,使得西方语言重视逻辑,汉语在表意的基础上重视表情和意象。听觉中存在神奇的“第三只眼”,这种联觉能力使听觉能够“看到”有声语言中的画面,这个想象的画面比视觉感知到的现实的图像更富于想象力和超越感。汉语有声语言的画面感使语言记忆成为审美活动,表现为审美感受的沉淀。

通过听觉想象获得具有画面感的声音意象是一种独特的审美实践。在这个实践中,对有声语言的音声记忆更多地表现为一种文化和审美的沉淀。语言除了具有意义送达功能之外,更多地以创造的功能实现其表现的目的。表现性不仅使语言成为送达意图和思想的手段,而且具有揭示情感、创造意象的功能,更能够体现表达主体“具有某种意味形式”的“姿态”。因此,与其他艺术表现形式不同,有声语言的表达是一种寓意丰富、充满动感的行为“姿态”。这种声音的“姿态”不只是被记忆和理解的,主要是被感知和回味的。换句话说，声音的深层意义并不在于被感知和记忆，而是经过这些路径幻化成审美意象的积淀。表达主体和听众民族文化心理、时代精神的共同背景使积淀成为可能，表达主体和听众经验的视阈融合加强了积淀的分量。当有声语言表达的声音“姿态”与内容意义实现了真诚、默契和美感时，积淀就不仅仅发生在个别、当下之中，而是超越地域和时空，具有了民族性、历史性的宏观内涵。

人同社会、自然和宇宙发生关系的方式多种多样，听觉是较之于视觉、味觉、嗅觉、触觉、运动知觉都更具有可能性、超越性和自由性的感觉方式。通过听觉容易产生“感觉挪移”，由声音的形式和意义获得对世界的联想、想象、思索、感悟。在心理上产生创造和审美的快感和满足感，满足人作为一个“实在”的全面实现的美好愿望。从这个意义上讲，广播是调动人的全面自我的媒介，广播有声语言艺术的魅力在于使“调动”成为直接现实。

第三节　个性表达与天人和合
——广播语言表达创新的多维审美

“天人和合”追求宇宙和谐的终极理想，是东方哲学的核心和精髓，是中国传统美学的至高境界。在追求理想的路途中，我们有时会以主体和客体二元的思维模式对客观对象进行条分缕析，但这根本区别于西方哲学的“主客二元”“主客对立”。我们对主体和客体关系的梳理，目的在于寻求主客观世界各种关系的真实内涵，以此为依据发挥主体能动作用，最终实现主客体共生共荣的“主客浑一”境界。广播有声语言表达创新的最高境界就是最广泛地体现“天人和合”的审美精神，将内容的观念性、形式的情感性、审美的理趣性完美结合，以激活主体间性经验来调动语言传播活动。广播有声语言表达创新在广播传播的生态系统中上通下达，在“信息共享、认知共识、愉悦共鸣”的三个境界中不断实践，追求“天人和合”理想的流动性的精神内涵。需要指出的是，我在本书中强调的是有声语言表达创新在追求“天人和合”理想的路途上的科学实践。

首先，有声语言表达的个性鲜明是“天人和合”精神在主体性层面的标志。缺乏个性的有声语言表达是传播者由于身份缺席和精神萎缩所产生的“次品”。其次，“声如其人”的主体精神与表达功力在语感通悟层面碰撞而生成审美标准。语言功力的缺失常常削弱和扭曲主体精神的实质，同时也在消灭语言传播的意义。最后，层级性互动中的整体和谐是广播有声语言表达创新的目标，是践行“天人和合”精神的高级形态，是广播有声语言表达对弘扬民族精神和传播优秀文化的最大贡献。

一、有声语言表达个性的内涵阐释

（一）有声语言表达的元特征——声如其人

广播传播中，有声语言表达的元特征可以用四个字概括：声如其人。声如其人包含以下几个层次的含义：

1. “只闻其声不见其人”

在广播传播中，能够塑造和展现主体形象的所有视觉效果都掩藏在声音的背后，成为声音表达的辅助手段和技巧。声音取代与表达主体相关联的任何指号而成为表达主体唯一的形象和象征。常有这样的情况，广播节目的语境不能被看到，只能被感觉性地“听到”；而且通过对表达主体的有声语言想象出来的语境与现实语境有时并不一致，这个“不一致”会导致听众对表达主体评价的偏差。某交通广播频率有一档展现人生百态、体现人文关怀的节目《百姓 TAXI》，在一次节目中，女主持人报道了发生在一位北京出租车司机身上的酸甜苦辣的故事。这位司机的儿子患了严重的肾病，夫妻俩在为儿子求医问药的治疗过程中体验了生活的苦痛与艰辛，也得到了社会各界对他们的关心和帮助。这从一个侧面折射出了社会人生复杂和艰辛、希望与活力的真实相态，节目带给听众的感动、思考和回味应该是深沉而豁达的。但是，由于女主持人的声音带有童声色彩，吐字偏前，气浮声浅，语言表达习惯性的甜美、轻快，在听觉想象中，主持人是一副心无城府、天真烂漫的表情。尽管语言表达中经常出现感怀、悲悯、反思的语汇，但语气中却洋溢着初春嫩柳般的清浅，人生的蕴藉在她的语言表达中显得单纯而且清澈，节目的多重回味和人文关怀也因此略显轻飘。听得出这位主持人工作认真，细心善良，但她的有声语言表达同节目的风格和分量存在着严重的不和谐，听众的听觉印象不能符合对节目内容的心理期待，因而会产生对主持人形象的消极评价，令人遗憾。

2. “声”的双重构成完成了一个审美客体的形式

前文已经谈到，有声语言表达由两种异质的材料组成，即语音和人声。二者在时间性方面有共通之处，有了时间的流动才生成意义。但明显的不同之处在于语音是单维的，人声是多向度立体的，二者结合而成的有声语言具有提供想象思维和听觉意象的在场性与提供审美意蕴和审美体验的不在场性。作为有声语言艺术的构成材料和表现形式，声音包含着深刻的观念性内在，构筑了表达形式摆脱表现材料的异质束缚又回归感性外在形象的“返璞归真”。

3. “其人”是节目中的“自我”在听众心目中的幻象

“其人”在听众头脑中的形象是“特定的主体”，不一定是表达主体的“本我”，也不一定是节目需要的“自我”。应节目的需要而预设的“自我”和听众认定的“特定主体”之间是否存在差距，对听众来说并不重要，但对表达主体的创作和传播的效果来说却很重要。表达主体的声音创造了一个相对于“自我”的他者，这个“他者”才是听众想象中的表达主体。当表达主体的“自我”与他者的差异比较悬殊时，“自我”有可能失去个性的归属感而在两个“角色”间游离，有的则是形成“自我”与“他者”的分裂。播音员、主持人的职业角色社会化程度非常高，作为节目的表达主体，他必须强化和美化节目需要的那部分自我，弱化和淡化节目不需要的那部分自我。当表达主体缺乏声音形象驾驭的表达功力时，表达主体的“本我”和节目中的“自我”之间就会产生较多的错位。有些播音员、主持人想要在节目里表现自己设计和规划的“个性”，却往往适得其反，根本原因是对“自我”的“不认识”和语言功力的薄弱。当听众头脑中的他者和节目要求的表达主体“自我形象”不和谐时，就像前文所举的例子一样令人遗憾。

4. “声如其人”是表达主体职业角色的全面实现

表达主体的品性和生命体验能够全部体现在声音中，“声如其人”的属性是有声语言对表达主体所有（包括自觉的和下意识的）遮蔽和伪装的全面曝光。由视觉导致的对表达主体的“误读”在广播中为零。因此，优秀的播音员、主持人是真实的生命体验和艺术体验作用下的“自我”与节目表达主体形象最大程度的融合和协同。“声如其人”的属性是有声语言在广播语境下，对人的情感本质对象化和外在形式所做明证性和经验性的整合，是表达主体的声音意象和观念思想的对立统一。

“声如其人”作为广播有声语言表达的元特征，显示出不同于电视有声语言表达的“声画和谐”的典型独特情态——“声情并茂”。与之相悖的现象就是“声欠情足”和“声足情欠”。前者是表达主体的语言功力不够扎实，后者则暴露了其表达观念的偏误和语言悟性的缺乏。广播有声语言表达中的“情”分为四个层次：情绪、感情、情怀和情感。这四个层次逐级升华，“情”从个体的、向内的、特殊的，上升到普遍的、外射的、一般的，愈来愈抽象，愈来愈深广，愈来愈大气。当表达主体的“情”饱和浓度达到感染听众、打动听众的时候，显示了主体间较低层次的融合；当“情”引发听众的幽思，可以产生激情澎湃的效果时，说明主体间发生了最纯粹、最朴素、最伟大的灵性共振并合成交响。“情”源自何方呢？“情”不单是心理机制产生的特殊心理功能，更是宇宙万事万物投射到人的心灵和精神的生命感应物，因此，表达主体除了内省，必须观照他者的存在和感应。同样，在广播媒介中，表达主体的语言个性的理论起点和审美归宿也都应该是对他者的观照和折射。

(二)有声语言表达个性的参照物——他者(otherness)

从形而上学的角度来看,总有一种东西能够逃离总体性,在同一性体系之外,以“他者”的形态出场。它确立了存在的关系,告诉我们以何种角度看待自我。他者是一个存在者赖以存在的前提,这个前提具有超越性和无限性,它超越的是自身和主体同一性。在广播传播中,他者就是相互独立于各自系统之外的因素,比如表达主体之于接受主体,社会现实之于表达主体,节目之于现实世界,有声语言之于接受主体,等等。对于任何一个存在者来说,他者的存在使其存在具有了主体的意义,连同他者无限性的神秘力量一起,使存在者不得不时时刻刻地观照他者,并且顺应他者的召唤。当我们持这个观念进行语言传播活动时,就发现话语不仅以其述说的对象世界为前提,而且要以参与述说的他者为前提,他者的存在使我们的话语不仅有指示的功能,而且还有一种强制和召唤的力量,这种力量是因他者的他异性、超越性和无限性而产生的。他者的面孔对“我”来说是模糊的,因为以“我” 的有限性是不能进入他者的无限性中的,换句话说,无法以语言表述全面呈现他者的他异性和无限性,虽然语言和他者的面孔总是同时出现。语言的传承性使我们继承了有限的概念和文化,由于它不能超越自己的属性,所以当我们探讨他者时,面对的仍然是广阔的未知。但这并不是说就此我们只好别无选择地跳进虚无的陷阱,毕竟,从“过去”我们隐约触摸到他者的脉搏,只是在触摸的一瞬间,它又不知逃到哪里去了。在“自我”领域中的个性不是相对于自我而言的,而是相对于与他者的关系而言的。不同个体的“自我”对他者的追求、理解和感悟形成了“这个”个体的个性。这样的观点是对表达主体自我标榜和自我炫耀的传播意识的本质性打击。目前,在广播节目中有这样一种怪现象,主持人借宣读互动信息的机会,借听众之口夸耀自己,有的言辞过分夸张、直露。这完全是忽略他者的自作聪明。我相信只要在广播中“出声”的主持人都有可能不止一次地被听众夸奖,但这应该被看作继续努力完善自我的动力,而不是借国家大众传播机器在节目中树立个人“一己”的形象,节目是大众传播的公共资源,不是个人造势的“自留地”。商品经济发达的社会注重品牌的宣传,但若要起到正面加强效果,一定要讲究原则性、艺术性和分寸感。归根结底,如果不能意识到他者的性质和权威,作为语言表达主体的个性是无从显露的。

所以,如果一谈到个性就不由自主地想到虚妄的怪异、与众不同或是类似的东西,就大错特错了。在现代性中,总体性占领了时间维度上的庞大空间,使人们不得不以个性的方式试图僭越总体性带给生命的窒息,呼吸一下清新的空气,所以,把个性理解为——对现代性的嘲讽和反抗,是挣脱复制的工业化本质走向人的生命本质的不懈努力——并不为过,但最根本的是找到个性的本原,即“我”对他者的应答和责任。“我”

和他者处于同一个社会共同体中，民族的“经验史”在这个共同体中源远流长，渗透到“我”和他者的血脉中，因此，个性得到了被感知、被理解、被接受、被欣赏的精神基础。法国哲学家勒维纳斯认为，面对他者，回答他者的呼唤，承担起对他者的责任，这就是语言。① 在大众传播语境下，语言更不是内部的自言自语。他者是有声语言表达的前提、依据、背景、对象、目标，它体现出表达主体活跃地处于一个显示其鲜明存在的关系中。对他者的认识程度决定表达的个性到底具有多大的号召力和生命力。在广播有声语言表达活动中，他者包含了接受主体、节目内容和形式中独一无二的性质，但不仅限于此，还包含与之相关联的经得起时间打磨的永恒的、超验的存在。

判断广播有声语言个性的核心指标是它是否能以其语言品位给听众带来审美愉悦。这不仅取决于表达主体的语言功力，更来自担负对他者的责任感和使命感的自觉。广播有声语言独特之处在于它直接触及人的心灵，所以必须通过产生审美的愉悦感（而不是强烈的反差刺激抑或诸如此类的感受），实现广播的功能和价值。愉悦的浅层心理感受是快感。众所周知，此快感不是由感觉输入带来的低层次感官刺激（虽然它位于浅层审美机制），而是从联想、想象出发，达到感悟层面的深层审美快感。深层次的审美快感使听众从庸常的日常生活中暂时隔离出来，心灵得到片刻的舒缓和安宁，是脱离低层次趣味的审美感受。

有声语言审美愉悦感主要包括：音声美、韵律美、分寸美和意蕴美。② 张颂教授在谈及语言传播美感的这四个层面时说：“这四个层面，包含了感觉美和知觉美、内在美和形式美、直觉美和通感美、理性美和情感美、主体美和客体美、实在美和空灵美、时间美和空间美等多方面、多角度的综合，相互差异又相互贯通，可随遇而安，又可登堂入室。”③在当前的广播节目中，我们不难听到令人产生浅层心理快感的有声语言表达，比如，节目主持人讲述天南地北的奇闻怪事、笑话传奇，伶牙俐齿、形神兼备、惟妙惟肖、喜兴热闹，可以把听众讲得或莞尔一笑，或前仰后合。这样的审美快感属于浅层审美机制的产物，很难对听众的情感世界和精神世界产生意味深长的影响。毋庸讳言，人都有求新求异的本能，对省力的、平面的、当下的新异刺激容易产生快感，但是五彩缤纷的声音碎片集合成缺乏意义、关联和蕴藉的听觉刺激只能即听即过，留不下内心的体味和感悟。广播有声语言如果单纯沉溺于听觉的易听性和轻松性，就会失去在大众传播领域的话语权和责任感。从另外的角度来看，求新求异不仅是一种本能的思维方式，同时是一种文化和审美的时代思潮，它代表着对传统进行彻底批判和颠覆的后现代性艺术观念。这对于批判和反抗西方现代理性带来的人类精神束缚能起到一定的积极作用，但是在中华民族文化传统和当今时代背景观照下，从西方传染到东方的

① 冯俊．后现代主义哲学讲演录［M］．北京：商务印书馆，2003：178．

②③ 张颂．语言传播文论［M］．北京：北京广播学院出版社，1999：48．

后现代性思潮对中国特色文化的发展弊大于利,是发展道路上的旁支,不能影响对中华民族精粹文化传承的主流。

在众多的大众传播载体中,电影之于电视,处于声像艺术审美层面的尖端地位;书籍之于报纸、杂志独占传统印刷媒介经典性、权威性的鳌头;唯独广播没有同一类型的媒介的竞争,因此广播的发展需要立足于发挥独特性优势,即有声语言在精神领域的无限拓展和升级的潜能,而不是与其他媒介争一时之短长。就单纯的、浅层的感官刺激而言,电视和网络的声像兼备、文字海量、互动快捷等特征远远比广播具有传播的强势,特别是声像结合的传播方式全方位扑向受众的各种感知系统,更容易满足受众"平面人"的被动接受的心态。广播有声语言的易逝性决定了只有给予听众创造性的想象,听觉感知转化为内心收获,广播传播才能由被动接受地位转为主动占领地位。发扬广播语言创新在美学功能深层机制中的主观能动性是自身发展与社会、历史责任的共建。

潜入深层审美机制的有声语言表达生成高品位的审美价值。比如,以独特的视角、犀利的目光洞察社会生活,有声语言因此充满时代精神的勃勃生机;节目承载着对听众深沉的关切感和凝重的责任感,有声语言真诚、亲切而且厚重;还有的有声语言散发着别具一格的情致和悠长的韵味……留在听众心中的是生命活泼、多姿多彩、震撼灵魂、经典流传的声音意象以及因其而积淀下来的审美惊奇、审美意趣和审美感悟。

首先,语言品位的基层在于表达是否自然。自然不是天然自在的,不是原始粗鄙的,也不是蔑视规律和原则的随心所欲。艺术创作的自然是主体对他者诚实认知而获得的内心体验,通过恰切形式表现的创造物。对他人的模仿是有声语言表达的入门阶段,还不具备参与语言品位论题讨论的资格。致力于语言创新,塑造独特、出众的审美印象的表达主体只有超越模仿的阶段才能以一定的品位登堂入室。其次,语言品位的高低取决于主体内心经验是否高远、深邃。表达主体如果经常陷在狭隘、单薄、局促的庸常生活状态中,先天赋予的感应外部世界的敏感素质和能力很容易被淡化和磨蚀。而高远、深邃的内心经验虽然出自尘嚣之中,但能够在"心物交融"的瞬间抽离、内省,以超越实境的纯净心灵感应社会生活、自然和宇宙。最后,语言品位的高低以有声语言表达的现实效果作为具体参照。广播有声语言是实践的艺术,停留在内部的语言是无法进入大众传播流程的,外化的表达是有声语言品位栖居的家园。当表达主体的话语在节目中开始响起,听众听觉感知的触角应声而动。随着话语表达的推进,听众的联想和想象就开始活跃,表达主体本身以及话语的意旨、内容、形式渐渐化作暧昧的声音意象,时而清晰,时而模糊,在确定的一刹那又倏地飘离,在这看似不定的、活跃的想象中间,语言的品位就已经显露出来了。

曾经有过这样的忧虑,科技文明和工业化高度发达的现代社会,物质的发明创造能够将人类的消费"欲壑"一步一步填充,但同时也把那条鸿沟撑得愈来愈大,物欲横流推动消费主义的长久不衰。听众需要被集束的、高效的、高回报的信息满足，而文化价值和审美诉求已成“明日黄花”。在“大众化”的传播中，高品位似乎和收视率、收听率所指代的大众文化结成了宿怨，演变成了大众传播中永恒的两难选择。忧虑的出现有其现实针对性，但不足以成为洪水猛兽。应对危机的关键是我们采取冷静、系统的策略迎头出击。当前要解决这个矛盾，就是要培养和提高听众的审美意识和审美水平，令听众以“审美的耳朵”倾听广播有声语言的传播。表达主体和听众能否建立起积极的关系很大程度上取决于双方对节目内容表现和送达形式的认知态度和经验。从表达主体的立场出发，不能期待听众自发地拥有“审美的耳朵”。表达主体的责任是以潜移默化的熏陶和渐进的教化塑造听众的语言审美品位。

用声音触动听众，形成主体间的“协商”意向。能够进入“协商”视阈的有声语言具有鲜明的创新形式和高质量的创新价值。从不同的研究视角出发，评价“高质量”的体系各有侧重。我的侧重点落实在有声语言表达与广播语境中相关因素的和谐程度。第一，抓住广播传播的特色和优势，突显有声语言表达的核心功能，不盲目跟随时尚潮流和所谓的新理念，作传播样式上的表面文章。运用大量采访录音和现场音响是广播突出声音特色的传播方式，其中典型的声音和音响所承载的传真、传情、传神的“刺激因”是广播优势之所在。但是如果目的仅仅是追求形式和手段本身，就是舍本逐末了。我们听到有些现场报道大量使用现场音响，缺乏必要的语言阐释，给听众理解带来很大的障碍。“一听就懂”是对有声语言传播最基本的要求。有的节目片面强调“第一现场”的当下感，忽略了背景的介绍、事件的完整性和动态性的概说，使报道成为“半成品”，人为地制造了更多的“不确定性”，有的甚至导致错误引导，使广播处于零散的碎片状态，连理解的层面都不能实现，何谈创新和审美？广播评论曾一度被认为观念性过强、缺乏现场感而被冷落一旁。其实它是体现广播特色的不可缺少的语体，因为具有独特的逻辑力量和审美理趣而独树一帜。这种方式是建立在采访真实现场的基础之上的，是感性思维和理性思维共同作用下的产物。表达主体与新闻现场拉开一段时空距离，冷静、全面、发展地看待事态的现实意义，表达中的思考和韵味对听众的刺激是深层的、长久的，效果更加深沉动人。冷静的距离美和理性美对于提升听众深入认识世界、具体体验和感悟人生的素质具有不可或缺的作用。第二，充分开发声音传真、传情、传神的听觉触动能力，在解读人性的基础上传达历史、人文和美学的内涵。广播有声语言表达诉诸情感和想象的审美取向是以人为本的，打动人的感情是传播的手段和策略，关怀人的精神是传播理念的诉求。这也是解决高品位和大众性矛盾的根本道路。获得亚广联信息节目大奖的、中央人民广播电台的新闻分析性节目《白发的期盼》，把关注的目光投向与每个家庭、每个人都有切身关系的赡养老人问题。这是一个具有普遍大众性的话题，贴近听众，贴近生活，更为可贵的是主持人从“第一人称”的角度进行表达，把真切、细腻而丰满的感情融入老人精神赡养这个品位高、内涵深的理性话题当中，每一段旁白都是主持人感同身受和理性思考的结晶。面对着老年人对亲情的渴望、等待和怅然，中年人面对老龄化社会的无奈、遗憾和淡然，青年人对家庭概念的模糊、冷漠和疏离，主持人由衷地生发出这样的反思和探询："当传统的延续在现代年轻人身上出现断裂的时候，我们不妨问问自己，置身社会变革的巨浪中，我们能做些什么？巨浪过后，我们能留住什么？"一下子将听众的情感共鸣引向意味深长的思索，节目的品位提升到历史感和人文性的高度，丰富了有声语言的深层蕴含。

一般说来，流行而高尚的是普遍喜闻乐见的，晦涩而高尚的是曲高和寡的。大众传播关怀的层面、表达的愿望和语言的功力有所不同，所导致的话语表述结构就会产生差异，这个差异直接区分喜闻乐见和曲高和寡的品位。包括李白、杜甫、白居易、莎士比亚、托尔斯泰、贝多芬、莫扎特等大家在内的艺术家至今仍然被尊崇，他们的作品作为经典流传至今，实现了"流行而高尚"的境界，我想其根源在于艺术构思、艺术内涵、表述方式的个性创造，而且这个创造同宇宙的脉动暗合，使身处宇宙中任何时空的生命与之发生共振，人的全部发展都被激活。由创作者通过艺术作品统摄宇宙和受众造就了艺术经典的传奇。在大众的阅读史中，除了内心的共鸣、性灵的愉悦和精神的自由，别无羁绊和负累。用老舍先生的话来说，就是用顶通俗的话说明顶深刻的道理，是艺术含义上的返璞归真。

（三）有声语言表达个性的艺术哲学——和而不同

"和"在《中庸》里解释为"喜怒哀乐之未发谓之中，发而皆中节谓之和。中也者，天下之大本也。和也者，天下之达道也。致中和，天地位焉，万物育焉。""和"是中华民族内心深处沉淀的一种审美意绪，是在中华文化系统中谁也不能躲避的艺术哲学。

公元前521年左右，乐官州鸠对"和"有这样的看法，"政象乐，乐从和，和从平，声以和乐，律以平声"。我国"和"的艺术美学旗帜是来源于音乐的，"声依咏，律和声，八音克谐，无相夺伦"（《尚书·尧典》）。和音乐有着近亲关系的有声语言直接从音乐的美学理想中汲取养料，强调既"和"且"谐"。先于孔子两个多世纪的周太史史伯说："以他平他谓之和，故能丰长而物归之；若以同裨同，尽乃弃矣。"阐发了自然万物的生长发展要达到"和"的目的，就必须"取和而去同"的道理。晏子在与齐景王议政阐发"和与同异"的道理时，举音乐"和五声"的例子加以论证，"声亦如味，一气，二体，三类，四物，五声，六律，七音，八风，九歌，以相成也。清浊，小大，短长，疾徐，哀乐，刚柔，迟速，高下，出入，周疏，以相济也。君子听之，以平其心。"后来孔子进一步阐发"和"与"同"是相互对立的，"和"与"不同"才是矛盾统一，深层一致的。和而不同是建立在对世界各种复杂事物的建构认识基础上的哲学理论，体现了中华文化中艺术哲学和生命哲学的紧相契合。

在广播有声语言表达的艺术活动中，和而不同既是创作的艺术哲学又是接受的艺术觉察。“和”既是创作主体追求和谐的理念，又是接受主体寻求的审美感悟；“和”的表征就是表达的表层结构的匀称、适度和心理的深层建构的流畅、暗合。“不同”既是宇宙万事万物存在情态和发展趋势的本质属性，又是创作主体和接受主体在同一艺术活动场的心理感应。在西方哲学中我们可以找到主体对于“不同”的审美认知的心理基础。胡塞尔在论述接受性的经验时，强调在“外部知觉”中，即在联想、注意、兴趣和趋向中，最简单、最朴素的知觉包含着某种能动的“自我关注”的情绪力量，而“动觉属于知觉的本质”，因此，“自我关注”的情绪力量和知觉的对象都是运动的。这就意味着，包括主体在内的世间万物以及主体内部的“自我关注”都是运动着的，是呈现多元性的。中国的先哲早就懂得这个道理，“声一无听，物一无文”。黑格尔在解释音乐是如何把声音调配得妥帖时说：“声音本身是一种有许多差异面的整体，可以分散和结合成为样式最多的紧密协调，本质性的对立与和解。”[①]对音乐来讲，“不同”是通过有规律的、不断变化的音色和旋律来表现声音世界的生命情态和精神内核；对有声语言来讲，“不同”是表述方式所选择的语汇、结构次序和色彩变化，以及声音所承载的精气神的流动；对思想观点来讲，“不同”是看待事物的角度的各异和层面的高低。“不同”意味着主体不同、主旨不同、角度不同、形式不同、趋势不同，但是“不同”是审美客体的变和审美主体知觉的动的紧密协调。艺术创作的生态系统因“不同”而“和”，“不同”的本质还是“对立与和解”之后的“和”。

人类文化的承继和拓展赋予“信息”这个概念无限的活力和张力。尽管人们对它的具体含义有着不同侧面的理解，但是大家还是在其“消除不确定性”的属性方面取得了共识。在信息高度共享的现代社会，信息特权愈来愈萎缩，换句话说，普通大众拥有更多的方式和渠道满足自己获取各种信息的愿望。在大众传播的竞争日益激烈的局面下，信息的优先、独占和垄断愈来愈丧失优势地位，取而代之的是传播方式的个性化愈发显露出强势的力量。随着全球化的进展，对话成为世界愈来愈普遍的话语活动主题。无论把全球化解读为“西方化”也好，“文化霸权”也好，全球化发展的趋势是必然的。因此，面对全球化的潮流，我们的关键对策是争取话语权，并且用通行的话语方式表达我们的心声。尽管西方的单边政治、话语霸权表现得异常顽固，尽管东方主义、民族主义不断地觉醒、反弹，东西方的对话和融合还是随着时代发展的召唤而推进着，对于很多现象的价值判断和审美评价的解读，在深层结构中有着惊人的相似趋势，比如，对他者的认识和欣赏，抽象主义和反常合道，象征主义和理的圆融，等等。但是，由于民族心理、文化传统、哲学体系、宗教信仰的立场区别和社会经济发展的巨大差异，东西方的对话依然存在着阶段性的鸿沟。比如，西方的对话更多地体现为一厢情愿的

① 黑格尔. 美学[M]. 朱光潜，译. 北京：商务印书馆，1979：346.

责任,东方的对话更多地表现为亦步亦趋,特别是在大众媒介传播的领域,对话几近克隆。人们都在寻求对话所能带来的共荣和发展,但是由于理解的差异、观念的不同,导致了话语方式上的“众语喧哗”。因此,对话的目标如果转化为求“和”,似乎更能够直接走向艺术和世界的真谛。求“和”绝对排斥克隆、盲目的类仿和“表达无意识”。广播有声语言表达的“大自然”状态和固定腔调与求“和”的理念是根本对立的。广播有声语言表达僵化和固化的深层原因不仅仅是传播活动内部各矛盾要素的相互作用,而且是某些消极的社会文化思潮在大众传播领域全面渗透的结果。世界进入了一个流动性很强的格局,在时间维度上的“更新、更先进”意味着在空间上占据了优势。空间力量的扩张则意味着权力的坚固和膨胀。权力将属于时间上的“过去”的事物义无反顾地侵占进而将其瓦解,以便建立所谓的新的、先进的、完善的秩序。于是,我们从一个前设的“参考群体”时代走向一个“普遍观照”的时代,换句话说,我们的时代强调横向的观照和未来的“先占”。在经历频繁的、深刻的变化时,人们不敢放心地参照过去的经验,不能自信地设立未来的目标。裹挟在这股现代性的潮流中,人们变得无所适从,不得不将自己视野中的他人的行为模式奉为圭臬,以便获得片刻的、从众的安全感。由此,我们理解了为什么有声语言表达的“播音腔”“主持调”不是个别现象了。相对的固化和单调是现代性本身固有的、不可调和的矛盾产物。大家以一种空间上的趋同流动来应对时间上的差异流动,造成了用微观上的固化和模式对抗宏观上的非结构性变化。流动性对社会思潮的影响和左右是我不敢加以草率批评和干预的,在某种程度上它毕竟反映了人类历史发展的规律。但可怕的是,我们暂时看不到这种流动的状态的前途,它在时间维度和空间维度上的稳定性能维持多久,它流向何方,它是否能找到归途,这是我不能回答的问题。更为深邃的“黑洞”是,人类历史是否就按照未知的、不可想象的轨道进入下一个流动的怪圈而不能自控?如果说“产生差异”是大势所趋,那么其结果是多样性的极大丰富还是霸权的单极统治?我期待前者,因为那是因对话而和谐存在的平台。我也坚信,如果坚守流动性中相对恒定的、具有先进性品质的要素,我们的精神家园就不至沦陷。毕竟,人类作为万物灵长,感官快感和精神愉悦之间的层级性跃进能够期待实现。

世界的多样性和多元化鼓励话语方式个性化的成长。首先,独具个性的话语方式都必须遵循一个基本的法则:贴合语境。与电视有声语言不同的是,广播有声语言的语境虚拟性强。比如,电视节目主持人面对几百人的现场主持节目时,虽然主持人需要同时观照现场的观众和电视机前的观众,但语境是真实可感的。而广播节目主持人对“众人”播音的语境是设想的,是“目中无人”,但“心中有人”的。即使是同一类型、同一形态、同一题材、同一主题的节目,广播有声语言和电视有声语言的语境也是区别鲜明的。其次,在有声语言表达中,语汇的选择、修辞的特点、语气的分寸、节奏的类型和基调的色彩最先冲击受众的听感。其背后需要有强烈的表达愿望和正确的表达观念支撑，否则，语言表达的方式缺乏说服力、感染力和个性魅力。广播有声语言在听众头脑中形成愉悦的听觉印象，说明表达主体与听众审美心理机制发生主动性对应，这在很大程度上取决于表达主体的有声语言表达观念（语言观、价值观和审美观）和功力。广播有声语言表达中的消极现象各异，但其根源一般惊人地相似。主要在于缺乏对汉语表达特点的深入研究和领悟，认识不到汉语表达对传播中华思想文化传统的重要性；另外就是表达主体语言功力薄弱，心有余而力不足。我认为，解决问题的切实举措是宣传能够体现主流性和经典性的作品，树立出色的有声语言表达榜样。最后，强调表达主体语言个性的前提是媒体的风格定位。俗话说，“一方水土养一方人”，“江南为柑，江北为枳”，表达主体的语言个性要符合听众的民族、地域和审美的文化心理。比如，同样是专业化的交通广播频率，不同地域的节目语言表达审美感受具有差异性，主要是受不同地域文化的影响。北京交通广播和深圳交通广播都分别有一档以汽车资讯和服务为主题的节目，北京的《1039 交通服务热线》，一般通过短信平台与听众即时互动，提供服务性的信息或帮助，语言轻松俏皮、随意热络，绘制出一幅北京市民阶层平实、诙谐的城市风情画；深圳的《安静看车》，语言的主体风格就像版头的广告语“温柔地站在你和汽车之间”，优雅体贴，充满艺术灵性。二者都克服了专业性枯燥、平淡讲述的负面影响，通过不同的表达样态体现语言传播的艺术性和个性化。

广播新闻现场报道是主流的节目形态，讲究有声语言表达的新闻性和艺术性。曾获中国广播奖和中国新闻奖两个一等奖的现场直播节目《“上海五国”元首第六次会晤》显示了表达方式的创新。根据会议日程的安排，会晤之后的签字仪式时间有半个小时，五位元首轮流签字，中间有很长时间的冷场，这种情形很容易令广播现场直播被动、无趣。鉴于新闻事件日程安排的制约，节目放弃了以往一男一女两名播音员播读事先准备好的直播稿的表达方式，启用中央台时政部一名对这个题材了如指掌的记者和一名上海台主持人，另外有一位国际问题专家作为嘉宾主持。主持人掌控直播进度，依靠现场语言灵活调度；嘉宾主持保证现场解说的准确性和权威性，在现场活动“冷场”期间详尽地介绍、分析“上海五国”元首会晤机制形成的原因和意义。特别是节目的片花，将这次会议的宗旨、意义用三言两语提纲挈领地反映出来，配以适当的音乐，在直播的开始、进行中和结束时反复插播，即使长达一小时的节目也不显冗长、平淡，反而很好地烘托和调节了直播现场的气氛。整个节目的话语方式层次分明、一气呵成、丰富多彩，既显示了国家大台的端庄大气、权威感强，又体现了改革开放时期重大新闻时政报道的时代创新特色。这是广播扬独家之优势的话语方式的成功实践。

（四）有声语言表达个性的标记——“声音品牌”

按照不同的内容来确定不同的体制和风格，这就是定势。[①] 实际上，定势是规律

---

① 刘勰. 文心雕龙注释[M]. 周振甫，注. 北京：人民文学出版社，1981：83.

在一定程度上的外在表现形式。当定势开始违背规律时就表现为“去和而取同”，导致“同则不继”的消极影响。定势是主体在经验和对象共同作用下形成的思维模式和先在结构。它无影无形地站在那里，主体不行动，定势无意义，一旦主体开始实践就势必在某处与它相遇。在人类实践中，定势不都是前行的阻力，没有定势就没有主体的共感和经验移植；“要定势，还要‘并总群势’，要掌握各种各样的势，才可以按照不同内容选择跟它相应的体制和风格来写”[①]，有声语言表达也是同理，没有定势，哪里有各种各样的“势”呢？定势也不是一成不变的，当内容与形式的和谐关系遭到破坏，就会发展成固定的模式，也会改变成新的定势。因此定势并不一定是被动的和静态的，而是一个生成新“势”的起点和产生新的艺术空间的方法。

在有声语言创作中，定势不是自然养成的。表达主体有意识地将自己的内心经验与艺术语言基本规律接触和磨合，当达到一定的平衡时，语言创作的定势开始形成。突破定势的确可以带来听感的新鲜趣味，但它并不一定是形式上的新异。求新求异是大众的普遍心理，但是新异因格调和品位的不同，其存在和流传的时间、范围和深度就不同。大众媒介传播欢迎新异并不意味着对它放任自流，任其蔓生恣肆，而是以新异触动听众、吸引听众，进而对其欣赏趣味和品位进行负责任的引导。定势突破的实质是将定势发挥到最接近规律的境域。规律是先在的，但境域是表达主体的经验和判断与规律的对象化的融合。这个境域在表达主体的不断摸索、认识并且以锤炼语言功力的手段去营造的过程中稳定下来，并渐渐地趋向某种理想化的预设。当我们聆听齐越时，分明感受到的是大气磅礴、豪放激越，当我们倾听夏青时，庄重严谨、规整大气赫然显现，而林如的质朴含蓄、优雅甜美都是由定势升华而成的。我们需要定势养成，定势也不一定阻碍创新，关键在于定势不能成为有声语言活化的羁绊，不能成为习惯势力。一旦定势导致令人生厌的语言形式，即有声无物，有声无气，有声无情，有声无韵，有声无神，可以推测表达主体的思维陷入了机械化或磨蚀了创造性，简单地说，就是“主体话语意识缺席”。从听众感知的角度来说，“主体缺席”的声音形式势必引发注意力分散、兴趣转移和审美疲劳。

具体到目前广播有声语言的定势问题，其负面的形象主要体现在语势趋同、“声音品牌”面目模糊等方面。可以仔细分析、归纳为两点：

第一，语速偏快和节奏局促。语速快的现象源于一种理解，有人认为既然广播是时间性媒体，在单位时间内说出更多的话可以传达更多的信息，占据更多的时间资源。表面上看是符合逻辑的，关键问题是传播的对象是具有认知心理过程的人群，而且这些人群的认知能力存在着差异，何况同一个人对不同内容的话语认知的能力也不同。因此，有必要对听众收听心理做一个具体细致的研究，也有必要对不同题材和语体的

---

① 刘勰. 文心雕龙注释[M]. 周振甫，注. 北京：人民文学出版社，1981：85.

语言传播在听众接受心理上的具体反应进行研究。在研究的基础上找出一个传播效果最大化的基本规律。语速快与慢的适当性应该根据听觉认知心理的测试和感受满足的主观评价而确定，不是从众心理驱使下的时尚或潮流能左右的。否则，语速和节奏表达不适当，将导致收听状态偏离从容自在，从而削弱广播媒介的根本功能，同时也会影响到表达主体在听众心目中的印象。不同播音样式的语速根据内容、播出时段、听众群体类型、表达主体自然语速的个体特征而有差异，需要具体调查和测定。一般新闻性节目语速快，其中消息播报快于专题、评论和访谈；收听高峰时段的语速快于常态时段，因为此间听众一般处于目的性强的收听状态；面向青少年的节目语速快于针对中老年人的节目语速；女性的语速一般快于男性。但是，速度的差异不是人们想象的那么明显。大众传播活动中的表达主体职业能力的鲜明特征还在于，在语速和节奏恰当的基础上，进一步观照听觉审美心理的敏感和满足，不但追求听得清楚明白，还须达到听得舒畅愉悦，这是审美层次的要求，也是职业社会学意义的基本规约。

第二，语势单调，有固定腔调。语势单调的表达就像没有主旋律和副歌区分、没有高潮部分的歌曲，听上去好似心不在焉、神思恍惚或是絮絮叨叨、婆婆妈妈。有的表达就像蹩脚的小曲，哼哼唧唧、呕呀嘲哳，听众听到前面的话就很容易预测到后面怎么说，缺乏新鲜感和趣味性。我们形象地称之为“唱调”。尽管“唱调”的表达有其固有的起伏变化，甚至可以做到通顺流利，但从整体听感上，变化简陋机械的固定腔调与苍白平淡的表达效果是一样的。而且，这样的表达令听众感到表达主体“动口不动心”，态度不够真诚自然，自己没有受到真正的体贴和尊重。

如何将“自我”中鲜活、自然的个性转化为节目需要的语言个性，涉及语言个性与语言表达功力的关系，这是个令很多表达主体困惑的问题。许多表达主体在生活中是趣味盎然的人，颇具个人魅力，但在节目中却苍白平淡、面目模糊；又或有些在生活中综合素质表现不错的，在节目中却显得水平不高、品位不佳。这是表达主体对职业的本质属性认识不够清晰，职业感和职业状态不够强烈，是职业素质在主体内部的素质系统中不能融通，但归根结底，是表达主体的语言功力欠缺的表现。在节目传播中，表达主体的角色绝对不等同于生活中的原型，强化节目要求的那部分自我，削弱节目排斥的那部分自我，是原则性的语言表达理念。另外，广播有声语言是一种语言艺术形式，虽然是口语语体，但并不是生活口语，不仅在语汇选择标准、语言组织方式、语言目标设定等方面比生活口语端庄、高雅、畅达，在语音、语调、语速、语气、节奏等表达范畴里也要求规范准确、鲜活丰富。在语言规范的基准上，学习和运用正确的发声方法美化音色、音质；明确广播传播语境对语言表达的具体要求，比如对象感集中、真诚，语流起伏变化丰富灵动，语音清晰有力等；使符合节目要求的个性特征流露在语言表达方式中，比如，热情、体贴、敏锐、干练、幽默等，表现出语言节奏干净明快、语气风趣不俗、语言组织严谨流畅、一语中的等。有些表达主体在节目中魅力尽失甚至面目可厌，不一定是语言思维或语言组织的问题，大多数是因为自我的个性与语言表达所需的功力之间错位，这一矛盾不易解决。

广播有声语言表达的艺术性体现在表达主体对“声音品牌”的塑造上。听众在接触有声语言表达时，或多或少地会产生“感受错位”或“认知杂音”，即节目传播的内容与听众原有的感受、知识、经验、观点、审美习惯等有差异时，听众会下意识地怀疑、拒绝或修正传者的声音信息。在这种情况下，表达主体需要在听众还未理解言语意义、做出清晰判断之前，就以悦耳动听的声音形象占领他们的听觉，这个“亲密接触”转瞬之间完成，它的作用是意想不到的。声音的“首音效应”和“光环效应”有可能伴随整个语言传播过程。美好的声音形象当然同时包括声音形式和内容。作用于听众思维和情感之前首先要给听众美好的感知觉印象，这是塑造声音品牌的一个重要方面。在频率专业化改革的趋势下，不仅频率的内容呈现系统性、专业化，而且有声语言必须呈现整体性频率特色。这是一个频率的声音品牌。在频率内部，每个表达主体要在频率整体风格的要求下创建和完善自己的声音品牌。

树立声音品牌的另一个要点是锤炼富有文学意味的汉语口语表达。有的人喜欢把普通话表达和英语节目主持相比较，主要目的是想说明两种语言表达的要求、现状、诉求等有多大的差距。诚然，我国大众传播学理论和实践落后于西方一些国家，但有些问题需要具体分析研究，得出客观、冷静、科学的结论，而且关键是要提出建设性的思路和策略。在声音方面，汉语和英语的语音系统差别较大。汉语普通话中有意义的最小语音单位是音节（syllable），其中的元音响亮而丰满，一般不以辅音结尾，有音乐般抑扬顿挫的声调；英语表达的最小有意义的语音单位是词（word），很多元音夹杂在前后的辅音中，并不一定响亮、圆润，以辅音结尾的词很多，不易听清，只有简单的升调和降调，语流一般比较平。所以，从这一点上看，对英语发音的颗粒感和收音的圆润不能做任何要求。而汉语普通话表达讲究字音的颗粒性，要求字正腔圆、珠圆玉润的听觉美感；汉语普通话有四个声调，在语流中幻化为语调的抑扬顿挫的调性美，而英语以升、降调来区别语法意义，它是不过于强调参差错落、抑扬顿挫的美感的。因此，在语言的韵律、节奏和听觉美感上，汉语普通话表达和英语表达在形式上的可比性并不是那么明显。汉语表达的思维逻辑和英语也有很大不同。英语的语法结构具有很强的拓展性，以中心词领起，使用大量复杂的关系从句，句子叠加式扩展的方向一般是向右的；汉语普通话表达很少运用关系从句，而常常使用复杂的定语、状语或补语，语句中心词有时在后部甚至末尾。这样语法结构上的差别显示了汉语和英语的思维方式不同，继而影响到表达方式。汉语普通话表达的逻辑性相对松散，对于韵律和情感的重视相对强烈得多。常以细腻、复杂、具体的描述和修辞打动人心，通过鲜明的语气和重音表达强烈的情感和态度。汉语的音节特征有利于这样的表达方式，音节（特别是元音）表现得更为清晰、丰满、有力、灵活，与需要表征的意义和情感相互作用，相得益彰。有时我们会看到某个播音员、主持人由于语文水平比较低，导致语言思维不畅通，语汇的择取单调、犹豫或是有失贴切，语言结构组织得凌乱、残缺，不能在思维和表达过程中即时修正、补救和打磨，由于语言思维和表达不同步、不和谐而导致有声语言的风采尽失。有的播音员、主持人语言组织的逻辑比较紧密，观点和主题比较突出，但语言的色彩单一，修辞简单，感情淡薄、刻板，假若多一些文学意味会取得锦上添花的效果。前面谈到了语言自身的隐喻系统能够为语言表达带来生机和神韵，但是如果没有语气和节奏的准确参与，隐喻的活力只能蛰伏在语言的内部，而不能形之于声令听众感悟到。语言的隐喻效果不是语义和语法形式天然承载的，而是通过表达主体的创作，以贴切、鲜明而意象无穷的声音形式表现出来的。

二、语感通悟是个性表达走向天人和合的审美观照

（一）语言通感拓展有声语言表达的审美意境

乔姆斯基认为，人一生下来就具有“天赋的语言机制”，能够理解、说出从未听过或说过的话语，能够辨析同义、歧义，生成语言，而且认为语言体系是有独立自主性的。乔氏的“天赋”的语言生成能力和语感有些关联，但不是同一概念，语感不仅是一种对语言的感觉，而且是存在于语言交际、文化传承和美学价值等层面的特殊能力。张颂教授对语感的论述已经非常详尽，“比较浅显的认识，可以这样表述：（语感是）社会人对语言文字的感觉。”进而详细地解释，“语感是人们受到语言文字刺激的时候，进行综合后的感受。这感受，就是‘感之于外，受之于心’，而受之于心既包括感觉、认知、直觉、美感，又包括感觉器官的敏锐程度、内心反应的强烈程度、经验积累的丰富程度、语言文字的修养程度。其中的感觉，不仅仅是听觉和视觉，还有味觉、嗅觉、运动觉、时空觉等”①。实际上我们从以上的阐述可以得出这样的结论：语感人皆有之，只是强弱高低不同。

我部分同意“语感是天赋的”这样的说法，之所以部分同意，是因为认为对“天赋”的理解有两层含义。我认为，在基因遗传和变异的作用下，有些人具有某些特殊禀赋的“因子”，人终究要继承人类演进的很多成果。在胚胎孕育的过程中，人的主动性已经渗透到“人之初”，当然那不是我们所能看到的显著影响。禀赋的“因子”是一种与人的自然发展有某种契合的“微量元素”（如果这就算作“天赋”的话），这些因子就像飘浮在宇宙中的微尘，在后天环境、自然养成和学习的多重作用下被从四面八方凝聚到一起，形成某种初具雏形的“天生”素质。有时，这个学习的过程或多或少地被漠视

---

① 张颂．朗读美学［M］．北京：北京广播学院出版社，2002：106.

或忽略了，但研究儿童语言学的专家有机会进一步地发现人在成长过程中“语感”是怎样逐渐形成的。

语感是看不见、摸不着的东西。像研究语言思维一样，我们通常只能避开人脑的“黑箱”理论，以主体的听说行为来预设和推断语感。在广播有声语言表达中，一是主要凭借其“在场性”考察发声吐字、音色语气、韵律节奏、艺术构思方式等；一是在想象空间和审美层面中考察语言的生命活力和意蕴。对语言行为考察的结论告诉我们，有声语言表达主体的语感具有艺术性特征。第一，表达主体对文字和有声语言的感受力和听辨力敏锐精确而且富有层次感、想象力。第二，表达主体要使语言表达形式同内心视像、观念性精神完全契合，否则，要么“词不达意”“口是心非”，要么“言不尽意”“口无遮拦”。第三，表达主体有声语言艺术表达的功力，无论是语言的组织和运用，还是声音形式、感情色彩的处理，都必须同日常生活的人际传播区别开来。否则，有声语言“当下”的零碎性和易逝性严重破坏语意“送达”，消解审美想象和审美意蕴的不在场性。

在广播有声语言表达中，语感的特殊意义在于化艺术通感为语言的可想象物，以综合、立体、多维、动态的表现力和感染力打动听众。通感是一种比审美联觉还要高级、复杂的联想和想象，在最能激发、调动听众想象力的有声语言表达中，通感的作用是不容忽视的。前面阐述过，说和听是紧密联系在一起的。听觉中有“第三只眼”，可以感受到声音的画面感。在有声语言的传播活动中，听觉对语言进行感觉和认知的同时，味觉、嗅觉、运动觉和时空觉等也主动参与进来，不断拓展联想和想象的能力，共同体验声音的魅力。表达主体在听的过程中，凭借心理认知、逻辑思维、联想和想象获得的经验，会在说的过程中转化为表达愿望、灵感和目标行动力，融合已经形成的富有意味的听觉意象，直接作用于有声语言的表达。

由有声语言刺激而产生的通感对表达主体的创作有特殊的作用，而追求通感化的表达是表达主体汲取了听感的营养，并将其转变成为增加表达吸引力和感召力的手段。我们知道，通感(synesthesia)是指某一感官接收到另一感官特征的暗示。但是通感不是一般的“感觉挪移”，而是一种超越审美联觉的综合的联想和想象。“雨过柳头云气湿，风来花底鸟声香”，“月凉梦破鸡声白，枫霁烟醒鸟话红”，从词语搭配的形式上看，这些诗句好像是混淆逻辑的诳语，但从审美通感的角度考察，可以发现诗句中运用通感表现的景色和情致高度统一，感觉和谐，自然融通，给人的审美愉悦是沁彻心脾的。语言艺术的通感是在审美知觉联合和沟通的基础上，进一步发挥联想和想象，形成的具有具体性、整体性和统一性的审美统觉。换句话说，语言通感是审美感官连通发挥效应，对语言表达的内容、形式进行审美领悟的一种高级心理活动。在有声语言传播活动中，通感不是先天的、自在的，是需要经过语言的感受力、辨析力、想象力的综合作用才能产生的。表达主体培养和传达语言通感的能力是为了激发听众的审美统觉,体悟语言丰富的审美意象和意蕴。

德国哲学家莱布尼茨把动物的世界描绘成感觉的世界,把人类的世界描绘成对实在的统觉。莱布尼茨意义上的统觉隐含着一种新的意识状态和一种客观性的新的概念。统觉在他那里实际上是人们对世界进行认识的有机组织、文化结构。借鉴莱布尼茨的思路,我认为,语言表达审美的统觉背景是人们已有的内心经验和表达活动中感知、思维、知觉、情感、意志等心理活动的表象。在审美统觉的支配和引导下,有声语言表达呈现出复杂的层次,也具有了潜力无限的审美深度。正是由于审美统觉的作用,使我们语言中那套隐喻和象征的系统,可以用表示空间物体的词语来指称非空间的经验。空间意识是光、颜色、视觉、触觉等的领域,它呈现形状和维度;非空间的意识主要是思想、感情和声音的领域。语言的隐喻系统通过以空间经验命名非空间经验,把颜色、光度、形状、角度、质地、运动等空间经验的品性注入声音、嗅觉、味觉、情感和思想。语言的隐喻在特定情况下可能会引起思想和意识的模糊不清或者百思不得其解,但审美统觉不仅可以使声音的表达更加多维立体,使听众的感受更加丰厚充实,而且使语言的隐喻系统在思想和意识以上的悟性层面构成融会贯通,"只可意会,不可言传"的东西因为被声音解密,所以可以被听众感知。有声语言表达有意识地以声音的刚柔、厚薄、圆扁、明暗、深浅、远近、动静等变化激发审美统觉,这是有声语言艺术化的存在方式,它可以产生具有深远意义的结果——一种更深的美感。这种美感使人们能够更直接地把握现象背后的统一性,尽管这些现象是由各不相同的感官渠道记录的。反过来,语言的隐喻也能够把审美统觉提升到更高的意识层面。[1] 由于语言的时间线性,隐喻表现为语汇一贯的组织排列方式会在我们的头脑中"渐渐远逝",但它对世象的分析和生成的通感沉淀到经验深层的结构中,形成语言文化的"心像"。对于表达主体来说,这意味着为又一轮饱含期望的有声语言创作创造了良好开端。

广播有声语言的魅力在于由通感生成丰富意象和意境。意境不能具体化为实在的图像或画面,它是通过声音意象由实到虚显示出的独特、虚幻的审美效果。毛泽东同志曾提出"努力办好广播,为全中国人民和全世界人民服务"的目标,"服务"的宗旨是永不过时的,"服务"不仅仅是释疑解惑、排忧解难,缺少情感和美感的"服务"恐怕很难留住听众的耳朵、抓住听众的心。所以,我们借助艺术化的表达方式将语言通感纳入传播效果的层级关系中,使"服务"在满足听众知晓讯息和解决问题的层面上,具有趣味性和审美意境。比如说,服务类节目是广播中常见的一种类型,目前服务类节目办得的确实用,但是常常给人直白、乏味之感,不一定能真正实现"服务人心"的目的。我们是不是能够把实用性很强的内容和题材,通过艺术化表达的形式来增强它的传播效果呢?媒介天然地承担着服务功能,但是否能做到实处,关键在于服务的方式

---

① 沃尔夫.论语言、思维和现实:沃尔夫文集[M].高一虹,译.长沙:湖南教育出版社,2001:60.

听众是否乐于接受。比如,主题是介绍香水的生活服务类节目,通常的语言表达样式主要是讲解式,一五一十,娓娓道来,内容无非是香水的起源、香型、制造、相关礼仪等等的知识。传受的模式就像听众听主持人“讲课”。这样的表达方式就稍嫌直白和简单了,缺乏有声语言的层次和意蕴。我们可以尝试通感的表达方式表现节目的特殊意味,用声音形式营造一个独处的、洒满阳光的孤单午后,寂寞像空气一样弥漫,语气空灵,节奏舒缓,基调柔和散淡。这时,人却不孤独,因为有香氛做伴,嗅觉成为统领其他感觉的灵魂角色。香水变成了通过感觉器官直沁心灵的“访客”,不喧哗却执着。在这样的意境中,运用通感将声音色彩幻化为香氛的味道,以听觉和嗅觉的能动性激荡听众的审美统觉。在这样的意境中,以抒情的基调诉说香水与人的故事,关于香水的知识如同它的味道一样或扑鼻袭来,或游丝般洇入心怀。其他的题材,比如咖啡、香茗、霓裳、园林、胡同……总是可以寻觅到这些物质实体在人的审美心灵中的投射,利用通感把它转化成意象或意境,熏陶听众,这是一种艺术化、实用性双重功能的成功。

广播有声语言表达的语感和通感流动在表达主体的“说”和接受主体的“听”之间,激发和培养主体间语言审美感悟能力。在广播传播的“—听—说—”过程中,语言通感有时表现在联想和想象的审美意象中,有时又在表达主体和接受主体的审美直觉中游走。它所带来的影响,除了审美满足和对审美理想的不尽期待之外,重要的是沉淀和积累了更深层次的审美体验。这种审美体验提升主体的认识水平,改善主体的生存状态,使整个人类经验的传承呈现出无限的生机。在后工业时代消费文化盛行的社会,“日常审美化”使美的本质有了时代的“新解”,人的情感本质不可避免地遭到“新解”的异化。面对残酷的文化观念的转型,服务大众的广播节目需要更加艺术的有声语言表达方式。所以我认为,观照大众普遍的审美水平,坚持传播主体的引导性,以听众乐于接受的话语方式进行潜移默化的疏导,在“时间性的压力”下坚守时代的精神家园,是我国当代广播有声语言表达创新的可行出路。

(二)语感通悟使有声语言表达个性融通升华

人们认识世界、感知人生都会有一个感性—知性—理性—悟性的过程。语感通悟是一种通感中的悟性,表现为举一反三,触类旁通,由于在某一样式、某一样态中的深刻感悟,使语言的悟性得以生发、飞跃,使之对相关样式、相关样态产生通感,并以这悟性为轴心,辐射到更多的样式、更多的样态中去,并使语感通悟升华,染上个人审美特色,带出个性发展的光环。[①] 在有声语言的创作中,语感通悟不仅使表达主体对语言表达的样式和样态产生通感,更重要的是能够以内在语的技巧将预设和语言目标打通,能够用表达的语势将语言的隐喻和象征外化。

---

① 张颂.播音语言通论:危机与对策[M].北京:北京广播学院出版社,2002:178.

在有声语言表达的审美活动中，语言通感使审美感觉挪移、置换与延展，为审美主体的审美认知和体验提供丰富的意象和明确的暗示。通悟是审美主体和创作主体两方面的能力，它不仅是审美体验、生命体验，同时还作为一种认识论、方法论建立在“理性认知的整合”“感性直觉的融通”“意象组合的妙悟和神会”之上。语感通悟使表达主体在实践中认识，在认识中追问，在追问中超越，然后在最接近规律的地方去设计表达。简单地说，语感通悟不仅是表达主体在有声语言表达的各个结构系统中的通感，而且解决的是生命情境中纷繁复杂的感知之谜、体验之谜、创造之谜，是对绞缠不清的矛盾世界的感性、知性和理性的悟性超越。超越现实的低级层面，又从现实的高级层面折返，对现实做进一步的观照和探索。

在有声语言表达中，语感通悟与预感紧密联系。表达主体的通悟不会止步于模仿已有的语言表达样态、自我欣赏的层面，而是要发挥预设能力进而驾驭语言、创新语言。表达主体的语言预感就是感应听众的情绪、情感流动的“先见之明”，对主体间性驾驭起到推波助澜的强化作用。广播有声语言表达的目标非常明确，就是使听众主动感应话语的内容、意象和意境，使其内心经验活化，并与表达主体一起共建语言传播的审美。语言没有设计就无法把握听众、驾驭进程，语言的预感为语言设计理清线索，开阔思路，提供想象的心理基础。如果没有语感通悟的渗透和支撑，预感及其设计就像是一双模样呆板、沉重笨拙的木鞋，拖累语言灵魂的自由舞动，传播目标在众多的牵绊中难以实现。

语感通悟并不是虚无缥缈、可遇而不可求的机缘，作为一种高级的语言素质，它通常以象征和隐喻的表现形式横空出世。黑格尔认为象征充当了精神与表现的中介。波德莱尔强调象征的暗示性、音乐性与模糊性。当代象征主义展示了象征的个人性创造的无穷魅力和意味感受的无穷阐释。它注重通感的复杂形式，与直线性表达截然分立。从这些美学理论家和实践大师的观点中我们可以发现，象征手法往往是架起同一个审美活动中的表达主体和接受主体通感的桥梁，使人类审美器官的综合感觉以灵动、自由的生命形态又回到生命体验本身。对于强调精神自由诉求的广播有声语言来说，象征无疑是表达主体自如表现内心经验的一双灵翼。而隐喻为有声语言艺术营造了更加深邃的文化价值和审美价值。在亚里士多德看来，隐喻是一种了不起的修辞手段，运用隐喻能给语言带来耀目的光彩。他认为，隐喻是一种可以使语言活泼、超凡的原料，是一套“非同寻常的用法”；同时“正由于它并非平常的熟语”，它才可以“使辞令超出普通的水平”①。而20世纪语义学家瑞恰兹认为，隐喻并不是语言运用当中特殊的、例外的东西，并不是“对它正常的作用方式的某种背离”，而是全部语言的“无所不在的原则”。当我们熟悉了语言的某种定势时，经常会忽略隐性的、没有被召唤的表

① 亚里士多德.修辞学[M].罗念生，译.北京：生活·读书·新知三联书店，1991：80.

现形式,比如隐喻。隐喻更像一个庞大的结构,它不单是语言的形式框架,而且还影响着表层的意义。隐喻不但增强了语言的内涵和表现力,而且扩展了语言所指代的现实的领域和语言审美的内心经验。其实,对我们更有启发的是英国浪漫主义理论家柯勒律治的观点,他认为隐喻绝不是文学修辞,而是一种想象思维,是"一个积极的、自我形成、自我实现的系统",这一系统对于"现实",不是被动地接受,而是积极地将自己加诸人类世界,并创造性地改变和影响它。想象是实现这一过程的第一手段,它"塑造"了人类世界。

对于有声语言来讲,语感在主体观照和创造世界的"感性—知性—理性—悟性"思维轨迹中的升华形成语感通悟。语感通悟的根源不在语言的本身,即语汇的选择和组合、聚合关系,以及语言外在表现形式的技巧,诸如停连、重音、节奏、语气等,其根源在于思维方式、思想观念和内心经验本身。语感通悟既是表达主体的也是接受主体的,只有双方在同样积极的思索中,不断推进悟性的进程,从"渐入佳境"到"醍醐灌顶",才能够体验通悟乃至灵悟、超悟、大彻大悟。语感通悟是一个立体的、动态的感应圈,是有声语言表达创新的重要空间。在"视阈融合"的语境中,当语感通悟支撑起语言的灵魂时,有声语言中开始充盈着表达主体富于生机和灵性的生命情态,以主体间共建的期望与接受主体进行生命经验的全面交流。

三、整体和谐是实现天人和合理想的鲜明表征

21 世纪初的中国呈现政治稳定、经济持续发展、人民生活状态欣欣向荣的积极局面,广播从业人员拥有心无旁骛地追求终极理想的社会环境。从现实中我们可以看到,凡是认真贯彻十六大精神,深入学习贯彻"三个代表"重要思想,在传播过程中坚持"三贴近"的节目,在听众群中的声誉和威望就高,这体现了一种深层次的互动。说明思想深刻、个性鲜明、品牌凸现、格调高雅的广播节目仍然是听众心目中的首选。

(一)和谐始于互动与对话

广播互动的层次和内涵是多重的,表现形式多种多样。作为大众传播的一个基本特点,互动理论的研究已经深入人心,下面探讨广播传播的互动形态,旨在说明媒介特征下的有声语言表达的互动优势。

目前广播传播活动的互动形态大致有两种。

一种是即时的,比如大量应用的短信互动、直播网络留言、直播热线电话、网络在线广播等。资讯发布、服务与交流和带有娱乐性、欣赏性色彩的节目一般采用即时互动的方式。通过即时的通信手段,表达主体能够和听众一起享受即时话语自由带来的趣味。作为一名普通听众,我经常被来自听众的言语惊得连连称奇,听众的言语不乏

奇思妙想、鲜活灵动、意趣盎然。当表达主体直面、应对民众即兴的语言智慧时，语言功力的深浅便一目了然。在广播不能实现即时互动的时代，表达主体往往苦恼于缺乏对听众的明晰认识，而今天面对一张张生动多彩的言语面孔时，表达主体的应对和响应表现出了从未有过的引人注目。在广播的即时互动中，存在着隐性的表达主体和接受主体之间的话语交往智慧角逐。即使在这样的语境下，产生积极或消极传播效果的主控权仍然掌握在表达主体手中。但是，在表达主体拥有绝对话语权的情况下，表达主体绝对不能忽略的一个永恒挑战就是自身的经验视阈能否与听众的期待视阈融合。即时互动把传受关系划分出很多细节空间，比如参与即时互动的听众和"冷眼旁观"的听众在收听心态上有很大不同，但这两种类型的听众对表达主体的评价、对传播效果来说同等重要。实际上，研究"冷眼旁观"的听众的反馈对增强广播传播效果更为紧要，因为沉默的他们是大多数，这个大多数的人群决定着传播的多级性和忠诚度。

还有一种广播传播互动是延时的，比如热线电话录音重放、书信（包括电子邮件）来往、声讯电话调查服务、听众见面会等。延时互动更加趋向理性并侧重于表达评价，是广播媒体传播功能的一个考量体系。延时互动往往体现广播有声语言同听众的深层互动。媒体对生活底层的大众和弱势群体的深切关怀总是能够在深层互动的内容中体现出来，这是媒体反映和沟通国情民意的重要功能。在这个层面上，广播有声语言表达对社会和听众的影响非同凡响。2002 年 6 月中央人民广播电台的《全国新闻联播》播发了特写《孩子，你千万要珍惜这个饭碗呀！》，反映的是黑龙江省鹤岗市委市政府解决待业青年到北京就业的事情。节目播出后，引起全国很多劳动部门的关注，他们纷纷与媒体取得联系，了解具体情况和工作意向，光是深圳和上海两个城市就为鹤岗解决了 800 个就业岗位。类似这样的情况不胜枚举。广播媒体发挥媒体监督和党、政府、人民喉舌作用是深层传播互动的目标，主要功能是通过节目把普通大众的疾苦反映出来，推动整个社情民意向良性、健康的方向发展。

广播有声语言的互动不仅仅是形式层面上的热线电话、短信息平台，也不仅是某个反应良好的节目获得的反馈，而是由语言所引发的听众瞬息变化的内心反应，是听众对语言表达千差万别的诠释、感触和回味。这是单纯通过收听率调查数据显示不出来的。收听率调查可以提供数据统计的量的科学性，但对美学意义的质的描摹恐怕力所不逮。调查有声语言传播效果的最周严方法是数据调查分析和个案深访，能够比较普遍地、典型地紬绎具有个体性和主观性的审美感受和倾向。听众对不同类型的节目有不同的诉求，但始终是以"有准备的耳朵"和敞开的审美心态面对有声语言的表达。就新闻资讯类节目而言，听众最基本的收听诉求是获得欲求信息，把内容介绍准确、清楚、明白是对语言表达的最低要求，但是这也只是实现了清晰、完整的浅表审美效果。新闻播音的深层美学效果则体现为规整、新鲜、明快、凝练的语体美。而对于欣赏类节目来说，听众决不单纯满足信息的获取，其收听行为本身就是一次艺术审美活动。问题在于,根据马斯洛的人性分析理论,人是有多重需要的灵性动物,没有人只满足于生理活动和社会活动的基础层面,他时刻寻找机会、创造条件接触和追求精神世界的需求和满足。从这个意义上说,表达主体创造美感和审美意味是没有上限的,换句话说,表达主体和接受主体在有声语言表达的审美平台上,可以共同创造和享受多重审美愉悦。

互动和对话是任何人也阻挡不了的历史潮流,其深层内涵和终极目标指向融通与和谐。我们今天所看到的隔阂、对抗和报复只是暂时的。但是我们同时也冷静地意识到,在通向和谐的途中,主体的努力势必艰难曲折、柳暗花明。和谐不是个别存在的悬置真理,而是"任何一个"式判断的绝对真理,东方哲学认为宇宙生命的本质就是和谐。所以,面向绝对,和谐是一个动程,纵使遭遇动荡和对抗,终将走向和谐的平衡点。现象学观点有这样的表述,假如我生下来就听到一种声音,我就听不到任何声音;假如我生下来就不能"转身",只看到那棵树,我也看不到那是一棵树。任何的一种静止都是反动的,而人类的任何一次"转身"对历史来说都是一次动荡和抗争,对宇宙生命来说都是走向和谐的起点。在互动和对话中,和谐的本质以不同的"面孔"应和人们视阈的不同层面,向着实现终极理想的目标呈现各种实在的姿态。在不和谐向和谐动态发展的过程中,主体认识的固化、僵化、机械化是构成实现和谐的主要阻力。表达主体对有声语言表达积累了一定的知识和共识之后,容易形成一种定势,主观地认为那是发展自我的最好渠道,这种意识往往限制了主体经验的充实和全面重构。正如胡塞尔强调的那样:"为了达到某种原始的判断,为了去追踪在判断性的规定中实现出来的那种完全原始的作用,我们甚至必须不考虑这一点,并装作好像这些作用并不带有任何已被同时给予的某一共同体的预定轮廓,而每次都是我的完全原始的获得物似的。"①表达主体经常自欺地认为他所持的定势就是原始经验,实际上那不过是一个临时的出发点,只是向真正的出发点、向超出唯我论的那个先验逻辑回溯而做的准备。譬如,有些表达主体倾向于端庄大方,就表现为不苟言笑、四平八稳、矜持敦厚、波澜不兴,而这正表现为一种语言僵化的误读,是对端庄大方的判断的浅表化理解。真正的原始经验是回复到被接受时所预先给予的直观明证性。听众可以感受到表达主体的活泼、诙谐并不影响他的端庄大方。因此,观念的澄清与深化、思想方法的创新是有声语言表达创新的突破口。

(二)具体和谐与多重和谐共建整体和谐

顺乎天道和大化的互动是实现以人与天调、天人交泰为指归的天人和合的过程,而天人和合的表现形式则是具体和谐与多重和谐共建的整体和谐。整体和谐表现为

---

① 胡塞尔.经验与判断[M].邓晓芒,张廷国,译.北京:生活·读书·新知三联书店,1999:58.

多维度时空中多重存在的共存、共生、共荣。从历时的角度看，有两种历史性可能会造就和谐，一种是每一个时代都通过把自己的忧虑和观点强加给其他时代以斗争达成妥协；一种是对在线性的连续交流中，过去带给我们的逐步构成和重建。① 从共时的角度看，是人在内心深处和外部世界构成的网络中找寻并磨合的契合点。在宇宙生命的系统中，人类成为历时和共时的、人类社会和自然的整体和谐的结节点，从此点出发向多个维度伸展、融汇，寻求同情、共感、共鸣、对话和互动。整体和谐因人的主观努力而成为存在。

人类并不仅仅生活在客观世界中，也不仅仅像一般人所理解的那样生活在社会交往中，从某种意义上说是生活在特定的语言之中，语言是人们同自己、同他者、同历史、同未来交流的表达媒介和情感媒介。如果以为一个人可以不运用语言而使自己基本适应现实，或以为语言仅仅是一种解决特定的交际问题的思维工具，那完全是一种错觉。事实是，“现实世界”在很大程度上是无意识地建立在一个社团语言习惯基础上的。我们看到、听到，以及通过其他方式获得的体验，大都基于我们在社会语言习惯中预置的某种解释。“预置的某种解释”就是文化，是必须在人与群体的沟通和共鸣之上的心领神会。一些实例显示，“言谈方式”与广义的文化是密切结合在一起的。在语言和文化的结合中存在着各种联系——语言分析和各种行为反应的联系，语言分析和各种文化发展所采用的形态的联系。要发现这些联系，最佳途径不是专注于语言学、人类学或社会学的典型描写方法，而是将文化和语言当作一个整体对待（如果二者在很长的历史时期共同相处，这便是永远、唯一的方法）。② 俗话说“良言一句三冬暖，恶语半句夏日寒”，言语的力量是通过文化展示出来的。

东方文化的主流与核心是儒、道、佛融通的宇宙生命理论，千百年来不但深刻地影响中国社会和历史的发展变迁，而且还为亚洲，尤其是东亚和东南亚的很多国家提供了丰厚的哲学给养。中华民族的人文精神无论怎样也脱离不了东方文化的丰富资源。先进的东方文化的人文精神是一个立体、开放、动态的同心圆。同心圆向外扩展的组成要素是个人、家庭、社会、世界、宇宙，向内深入的内涵是人的心智、灵感和神明。在这些要素构成的思想体系中，“己所不欲，勿施于人”是儒家在《论语》中所体现的人文精神的核心之核心，即“仁”。这是一种超越人类中心主义的终极关怀，所体现的美学价值、伦理学价值和哲学价值是融会贯通的。周汝昌先生将“己所不欲，勿施于人”归纳成两个字——体贴，认为这是中华民族文化最巨大的、最伟大的精气神。东方文化体现和制约语言的表达是基于某种人文精神的认同，这种人文精神的精髓就是体贴。体贴是表达主体主动性的体现，是在“零距离”下观照传播活动中的他者，体贴本身就

① 庞蒂. 符号[M]. 姜志辉，译. 北京：商务印书馆，2003：90.

② 沃尔夫. 论语言、思维和现实：沃尔夫文集[M]. 高一虹，译. 长沙：湖南教育出版社，2001：60.

是双主体的,是“一体两极”的和谐共处和相生相长。在广播有声语言表达中,表达主体的意指方向主要是听众,但实现意指的路途与目标却不是听众本身。简单地说,就是大众传播的目标不是停留于、满足于与听众的共感和共鸣,更深远的目标是实现语言传播的文化功能和美学功能,进而使人类的精神交流获得自由和升华。因此,体贴是语言传播的理念,是有声语言表达中主体共建的精气神,也是实现整体和谐、精神自由的方法论。

中国传统文化注重天地万物人为贵,人是最有灵性和感性的动物。这种灵性和感性通过人与人、人与自然、人与宇宙的共鸣来展示,使人与宇宙中万物产生情感交流。这种情感表现为礼、乐、诗、书,使人成为美学的动物。在社会历史发展进程中,西方现代主义哲学和后现代主义思潮不断冲击着经济孱弱的中国,人们武断地认为利用现代和后现代的思想武器彻底抵制和消解一切传统,可以换得民族的骨壮和文化的苏醒。事实证明,这是对现代主义流动性的忽略和对后现代主义思潮的盲目,导致了我们当代民族文化和时代精神的迷惘和彷徨,极端的还表现为对传统文化武断地摒弃和粗暴地扭曲。中华民族的传统文化精神从来都不是“二元对立”的,越来越多的事实证明,当科学欲挣脱人文精神的引领和监控之时,就是人类面临生存和发展的永恒困境之日。唯一的出路就是中止抱残守缺(这是“思想先锋”们曾经讽刺中国传统文化的话语)的崇洋理念,批判地融合东西方哲学的精粹,消解和超越逻辑形式和言语表述的差异,搭建文明对话的平台,探寻宇宙生命蕴含背后的终极真理,因为“全世界的伟大都是共通的”(歌德语)。

全球化和民族化的关系虽然是老生常谈的问题,且在“越是民族的越是世界的”这一观点上达成基本共识,但在实践上我们对正确理论的贯彻远远不够,主要体现在大众传播媒介的传播艺术还处于简单、低级的层面。“越是民族的越是世界的”不是体现在旗袍、功夫、丹青、宫廷、园林、茶叶等的符号能指上,而是要借助这样的东方形式传达“蓄而不晦”的美学观念和“天人和合”的哲学观。我们是借助语言符号将向心深处的智性、悟性、人文关怀与物质世界的社会、自然、宇宙建构起一个个开放、拓展的同心圆,所幸的是,汉语毫不回避地承担了这个建构和外化的责任。

在全球化背景下,大众传播媒介不仅是传递信息的工具,还肩负着弘扬中华民族审美理想、道德目标和人生哲学的使命,在全球性文化疆界中不仅实现“信息共享、认知共识、愉悦共鸣”的现实含义,而且打破一个多世纪以来西方文化“西风东渐”的“单边主义”,在本质意义上通过鼓吹“东风西渐”获得东西方文化平等的对话权。这个使命在政治、经济、军事都面临动荡的21世纪尤为刻不容缓,没有哪个媒介比广播电视更能充当——承载这个具有集约性、迅捷性、目的性和普适性任务的——文明使者了。

致力于开创先进文化和开发先进生产力的今天,“己所不欲”指的是蒙昧、虚伪、失信、违规、霸权等等干扰对话的消极因素。如果说“己所不欲,勿施于人”以自我为社会网络的中心点，立足于此映射他人，尊重推己及人的感通性，以达到发展个人内在的人格资源，那么在这后面还有一个更加不能忽视的价值："己欲立而立人，己欲达而达人"。这是人在与社会、自然、宇宙的关系网络中承担的天赋责任。值得现代性的大众传播者借鉴和发扬。"己欲立""己欲达"的内容除了自由、公正、民主、法制，还应该包括普世的平等、礼教、责任、同情、公益等。儒家思想的这两个重要的人文关怀原则体现了人与社会、人与自然、人与宇宙的感通和互动，以期达到的境界不仅是个人的完善发展，更要追求天人和合感应的融通和谐。

西方哲学在黑格尔时代就明显地探察到东方哲学"太一"观念和对整体性的强调；当代哲学主流也愈来愈关注"道法自然"的思想和天人和合的终极理想。实际上，东西方的哲学和美学都深切地意识到和谐是宇宙生命存在与发展的规律，是艺术追求的最高境界。在美学追求的前提下，我认为，在广播传播中，实现有声语言表达创新的整体和谐，势必经历三个过程，即正、反、合。前文已经谈到了很多"不合"的现象及其根源。至此，我想更多地谈一谈"合"。从有声语言表达的创作过程来看，表达主体至少要经历三个层面的努力，即理解—体贴—精神自由，才能够体验语感通悟带来的审美和谐。

理解其实总是一些被误认为是独自存在的视阈的融合过程。[①] 所以，理解是意欲交往和对话的主观愿望和主体能力，是迈向和谐的前提、条件和基础。广播有声语言传播在理解性上存在先天的弱势，弥补的方式就是以陌生化、明朗化、形象化的语言材料及组织方式来明确和深化表达的意义。在广播传播中，大量集约化的观念性话语容易增加语言传播的"费力程度"，而陌生化、明朗化、形象化语言材料的循循善诱更容易接近听众的经验视阈。表达主体具体依据听众的收听心理规律，将传播的内容（包括由客观事物、事件所引发的知识、见地、思想、情感等），重构为易于收听的语言材料，激发听众触及有声语言时刹那的惊奇感，自觉主动地填充自身独立自在的视阈融合的完形结构。所以，如何实现语言表达的易理解性是表达主体与听众共享内心经验的捷径。

表达主体需要通过感性的语言材料将内心经验外化，才能实现回到内心触发更多灵感，并且与听众产生审美共通感。厄廷格尔把共通感定义为"通过直接地接触和观看最简单的事物而对明显显示给整个人类的对象所具有的一种富有生气而敏锐异常的感觉……"[②]他认为共通感的真正基础是生命概念，他强调这是一种使一切有生命东西区别于一切死东西的"共同感觉"。共通感作为一种本能的和内在的心灵激素，推动人们去认识与人的幸福和生命有密切关系的东西。当表达主体通悟到具有普遍

① 伽达默尔.真理与方法[M].洪汉鼎，译.上海译文出版社，1992：393.

② 厄廷格尔.对共通感和理性的探究[M].洪汉鼎，译.上海：上海译文出版社，1992：33.

性但又有差异性的共通感，并将自己对这种感觉以富有个性的方式表达出来的时候，听众会感到一种充满生命律动和活力的幸福感。因这种幸福感，主体间的心灵距离拉近了，具有了预期的传播效果产生的前提。

体贴是主体间性东方式的表达，同时也是东方传统人文思想的精神内核。它不仅属于道德价值体系的范畴，同时属于美学领域的高级层面。广播有声语言的体贴宗旨时时处处体现，比如表达的字正腔圆，不单是对听众听觉感知和理解的体贴，也是对中国人审美习惯的体贴，更深一层讲，也是审美标准和人文关怀的具体体现。

精神自由是人类贯穿宇宙和生命历程的最高境界的追求，它偶然性地、随机性地、刹那地在内部自我交流中实现，但人作为一切社会关系的总和，决不满足于内部自我交流。在与他者的外部交流中，有声语言表达因"主体在场"而成为最能沟通心灵和情感的符号方式。当具有共通感的体贴从感性的语言材料表达中萌生，就不再只是停留于语言本身。声音源出于生命，也把生命注入接受声音的感官。[①] 因此，主体间的体贴开始扩散为对生命本身的感悟。具有无限拓展性的生命感悟使人们能够在精神层面自由地穿行。有声语言表达不仅送达观念性内容，而且将其所蕴含的通感和情感再现、放大，通过这样的方式把人与人、人与世界、人与宇宙联结为自由的整体。在广播传播中，有声语言表达实现了精神自由，也就实现了共同体文化模式的互动和整体和谐的美学理想。

通过对以上三个层面的阐释，我们对大众语言传播的美学理念理解为多重关怀和终极关怀随时随处地邂逅，不离不弃，相伴相生。语言传播的美学不是曲高和寡的虚妄和高不可攀的绝顶，而是遵循大众传播和语言表达的基本规律，从心理认知、审美感受、性灵体验和精神建设等各个层面观照受众的整体和谐。

整体和谐是具体和谐与多重和谐多维审美观照的整合。具体和谐是相对局部的、细节的，逻辑感受和形象感受在具体和谐中发挥积极的能动作用。触动听众千差万别的细节的个体感受和感觉片段往往在具体和谐中得到反映。但是，如果整个表达中贯穿的是同一化的方式、样态或同一基调的情感表达，也是不能达到多重和谐的整合的。比如，在广播中，时事评论节目的表达，一般的要求是在理解性的层面满足听众对事实和观点的知晓，但是假如只满足这个基本的层面，如果缺乏语言表达形式的清晰、生动和耐听，就无法全面实现与听众的视阈融合。前面谈到过，广播有声语言的观念输出和交流以感性材料为介质，直接诉诸听众的感性欲求。在特定的情境中，听众对某个内容、主题的知晓渴望非常突出时，他们会暂时忽略语言表达形式的某些不到位。比如，2003 年伊拉克战争炮火突如其来地打响、"非典"时期全国抗炎斗争突变的新情况、2004 年台湾地区领导人选举中层出不迭的丑闻……在这些突如其来、出乎意料、

① 洪堡特. 论人类语言结构的差异及其对人类精神发展的影响[M]. 姚小平，译. 北京：商务印书馆，1997：64.

瞬息变化的新闻事实面前，听众的求知欲和理性分析判断的渴望相对强烈，对语言的理解性、观念性层面的注意和兴趣会令他们“委曲求全”，暂时放缓或搁置追求听觉美感、感性认识和情感共鸣的需求。有声语言由于受到精神性观念的充实，语言使文字从本来有自在目的的东西变成失去独立性的表现精神的工具。因此，前文实例中的表达方式仅仅将就适用于具体语境的特殊性，广播中大量的常规节目还是必须遵循听众对有声语言表达的基本要求，实现人性关怀、人文精神音声化的功能。而有些表达所选择和组合的语言材料与欲表达的意义和价值形成错位、无效或空集，给听众的知晓带来阻碍或误解；或者表达缺乏独到的见解、丰富的内容和触及人内心的情感，难以吸引并激发听众的思考和反馈。在这种情况下，即使表达主体的声音悦耳动听，听众也会因其内涵的肤浅、苍白而心生反感。总而言之，有声语言表达在理解性认知和情感互动的层面都要达到具体和谐。

达到多重和谐需要处理好几个重要的关系。节目样态的灵活与语言表达样式的自如；声音形式的优美与思想内容的深刻；话语组织、修辞的别致与意义、意味的深远；有声语言的音声感染力和副语言的协调配合；内部创作的情感、理性的酝酿与外部表达的分寸恰当得体；运用表达的内外部技巧时，技巧之间相互作用的增值效果，等等，都是实现多重和谐的具有积极意义的“关系对”。

黑格尔在他的《美学》中说，“无论这种情感的转变是迅速，短暂，零碎，还是犀利而暴躁，像闪电似的交锋还是像长江大河一泻千里”①，情感中的色彩和分寸都能够被淋漓尽致地表达出来。但是，有声语言有一个致命的缺点，就是语言内容一不小心就被表达的个别的、特殊的细节弄得支离破碎，模糊不清。对于广播有声语言来讲，“特殊个别细节”经常是机械地、割裂地、盲目地运用表达技巧造成的，比如，过分地在一个观点上“兜圈子”，造成语意的重复和累赘；也可能是声音形式上的，比如节奏回环往复的频率过高，缺乏统一中的变化，造成听觉感受的单一；也有可能是主体表达定势的固化，比如细致处用情专而且深，但宏观的昂扬高举、大开大合却表现成薄弱的“亲切谈话式”，等等。我们决不否定细节对整体的效用，但更关注的是细节的质量和张力。细节的质量表现出“精神的联系和意蕴”，能够直指听众的内心经验，使整个表达意味深长；细节的张力能够和谐地联结整体中其他的组成部分而不使自己成为“孤独的灵魂”。多重和谐是全局的，是多空间的，是不断优化调整的，一句话，是有声语言表达中各种关系的和谐。

广播有声语言表达创新的多重和谐表现为表达主体所能驾驭的情感分寸和精神世界所能达到的自由境界。黑格尔说：“艺术正是要在感性因素中活动，把精神引导

---

① 黑格尔. 美学[M]. 朱光潜，译. 北京：商务印书馆，1979：394.

到一个领域,其中像在自然界一样,基调是徜徉自得的幸福感。"①表达主体以重点对细节进行处理的方式来表达情感的专注和真挚,目的是体现有声语言的具体和谐,但是具体的细节要达到和谐须建立在情感控制基础上。播音名家齐越先生播读通讯《县委书记的榜样——焦裕禄》时一度动情哽咽,不得不中断播音。心情平复之后继续创作的效果,齐越老师是不大满意的。在表达主体情感自然流露中,听众的感受容易被迁移,并且做出相应的价值判断。不加节制或节制不利的情感表现使原本存在于内容中的矛盾得不到和解与转化,会导致向某一个方向的极端滑去。这种现象破坏了有声语言表达的审美意蕴,而且使主体间精神在迈向"自由王国"的境界时受到极大的干扰。

希腊哲学家赫拉克利特说过"看不见的和谐比看得见的和谐更好",道出了多重和谐的内在神韵。多重和谐的境界一般是效法自然的心理感受。本书涉及的自然的美感不是"美是生活"原则倡导者所主张的"自然美只在内容(本质)而不在形式,艺术美只在形式而不在内容"②,不是纯自然的对生活的摹写,而是经历艺术功力的历练而达到的超越现实生活的自然。目前广播节目大量运用谈话式的语言表达样式,主要目的是追求广播的贴近性,有些表达主体因此推崇越自然越好的表达观念。最常见的现象就是表达主体自己在现实生活中的自我被不加修饰和创作地搬到话筒前。生活口语中必定有精华的成分,但它往往承受不了大众传播语境下的责任和功能。谈话式的表达毕竟不是随心所欲的"闲聊"、"唠家常",也不是或语流凝滞、或啰里啰唆、或支离破碎的生活口语,一句话,谈话式表达不是"客厅语言"。对于广播节目来说,有声语言一旦完全陷入谈话式的表达样态中,势必造成整个节目的单调和困乏,"过耳即忘""稍纵即逝"的当下感很难引发听众的审美兴趣和积淀。许多优秀的节目善于在谈话式表达样态中恰切地运用思辨和抒情,并在节目内容上加强有距离感的思考和抒情,这样不仅增强了节目的内涵和意蕴,而且在表达形式上更加鲜活灵动、丰富多彩。当表达主体对生活的本质能够融会贯通地认识、理解和感悟时,在语言的形式上至少可以避免陷入两个误区:其一,自然就是生活;其二,美就是不自然。有声语言和谐的自然或自然的和谐就是在遵循宇宙运行规律的基础上,对生活进行艺术加工,绌绎生活美的本质并以个性化的方式进行表达。

和谐也可能发展变化为不和谐,这个变化折射出表达主体创作观念和境界的改变。比如,一位主持"音乐与车"主题节目的主持人,曾经以充满自信的、明朗的声音和体贴听众的细腻打动了很多人的心,无论是业界还是听众对她的专业评价都很高。但是,当某种状态走向极致的时候,相反的效果——不和谐产生了。无论哪次节目都

① 黑格尔.美学[M].朱光潜,译.北京:商务印书馆,1979:390.
② 朱光潜.西方美学史[M].北京:人民文学出版社,1982:674.

一成不变地以毫无虚实变化的用声、句尾下坠的语势、平顺急促的语流来主持，与听众的交流和与节目嘉宾的交流，话语方式也没有适应性可言。无论主持什么主题和类型的节目，她都呈现了其顽固的定势。我认为，声随心动，表达主体的心理状态和精神状态的改变，导致语言表达的异化。当个体自以为可以成为对象的主宰的时候，表现出来的刚性和志得意满是无法驾驭的。当有声语言中的不和谐出现时，毫无疑问，语言表达主体对主体间的内应力就明显地削弱了。

知识梳理

“醒耳”的声音印象是有声语言审美感知的主要内容，先声夺人是牵引审美注意的首要印象，情声互动是审美感觉登记的持久要素。

无声思维是特殊的“——听——说——”思维，“——听——说——”思维是感性和理性的高度统一。

流动性声音意象是广播有声语言的永恒艺术内核，而流动性声音意象需要审美的耳朵和审美的心灵去感受。

音声记忆是广播有声语言传播的审美沉淀，“听即说”是有声语言审美思维的特殊互动，想象是体验创造有声语言声音意象的手段，

声如其人是有声语言表达的元特征，和而不同是有声语言表达个性的艺术哲学，“声音品牌”是有声语言表达个性的标记，语感通悟使有声语言表达个性融通升华。

第三章

新时期电视节目主持人的文化影响力

电视节目主持人文化影响力具有强烈的开放性、鲜明的时代性、丰富的多元性、相对的稳定性，以及不易察觉的渗透性、社会舆论的聚合性、有意无意的指向性、日益活跃的互动性等特点。同时，在发生机制、发生机理以及效果形成方面，都有着属于自己的特殊规律。

第三章 新时期电视节目主持人的文化影响力

- 电视文化影响力与主持人文化影响力
  - 电视文化与电视文化影响力
    - 电视文化影响力是电视文化传播效果的显性反映
    - 电视文化品位的高低决定电视文化影响力的性质
    - 电视文化影响力也不与物质实力和技术手段成正比
  - 电视节目主持人文化影响力
    - 电视权力的“软化”表现
    - 电视文化经由主持人作用于受众的传播效果
    - 主持人的文化价值在使用价值上的价值体现
- 先导与提升
  - 语言方面标准的建立
    - 标识作用
    - 规范作用
  - 形象方面品位的提升
    - 文化的选择
    - 带有个人与媒介双重身份的文化审美姿态
- 继承与求索
  - “推进式思维”对文化传统的继承与发展
    - 不以收视率马首是瞻
    - 加强文化修养
    - 明晰媒介责任
  - “创新性思维”对情感的疏通与印证的满足
    - 情感宣泄的疏通和情绪舆论的引导
    - 社会群体的印证与新阶层的归属
- 引导与建立
  - 社会道德的聚合与唤起
  - 民族文化的坚守与输出

媒介在挖掘重点的同时也为自己产生出亮点，电视在推举各类焦点、各种名人明星的同时也成长出一批夺人耳目的主持人。这个群体自从他落户中国电视的那天起，便开始受到人们的关注。如今，这个群体被关注的势头非但未减，反而愈来愈旺：业界关注主持人的屏幕表现和收视率，学界关注主持人的成长轨迹、找寻发展规律，受众关注的则是屏幕上的主持人是否"好看"、"好听"。可以说，在当代中国的电视平台上，似乎没有比电视节目主持人更为幸运或是更为风光的了，凭借着特殊的职业，可以"随意出入"亿万个家庭，享受着"万千宠爱于一身"的恩泽；依托着电视的辐射，可以将节目的内容快速送抵观众，拥有着"一举成名天下闻"的荣耀。

电视媒介的出现早已改变了人们的生活方式与思维习惯，而接受着社会与时代的熏陶、成长于电视媒介的主持人群体，是怎样吸引受众的目光，从而成为一支备受关注的社会群体？这个群体又是怎样回馈社会、服务社会，从而产生出他们应有的文化影响力？

在过去很长一段时间，我们过于强调政治影响力；进入市场经济后，又开始偏重经济影响力；现在，我们提出文化影响力的命题，应该说正是时候——建设和谐文化，是构建社会主义和谐社会的重要任务。社会的和谐，其本质体现为一种和谐的文化精神。没有和谐的文化，和谐社会的目标就难以全面实现，可以说，和谐文化正是和谐社会的灵魂所在。而和谐文化的建设，离不开新闻媒介的正确导向，其中，电视节目主持人在节目中弘扬真善美和社会正气，通达社情民意，疏导公众情绪，传播先进文化，等等，都将成为一种不可替代、不容忽视的文化影响。因而，作为电视文化影响力重要组成部分的电视节目主持人文化影响力的研究，不仅是对节目主持人文化责任的一种规指，对电视文化、电视媒体自身文化品格提升的路径指南，也是为建设和谐文化，为民众提供一种精神动力、舆论支持和文化条件的战略思考。

第一节 电视文化影响力与主持人文化影响力

海德格尔曾经有过这样的预言"我们将会遭遇一个世界图像时代"，现在，这个时代已经到来，并正以它不可遏制的发展势头冲击着并影响着人们的生活方式与思维方式。其中，首当其冲的要数电视，电视文化也搭乘着人类科学与技术的列车，朝我们呼啸而来，展现给我们的是有别于以往任何时代的光怪陆离的崭新世界。

一、电视文化与电视文化影响力

传统的中国社会是乡土性的。“乡土社会是安土重迁的，生于斯，长于斯的社会。不但是人口流动很小，而且人们所取给资源的土地也很少变动。在这种不分秦汉，代代如是的环境里，个人不但可以信任自己的经验，而且同样可以信任若祖若父的经验。一个在乡土社会里种田的老农所遇着的只是四季的转换，而不是时代变更。一年一度，周而复始。前人所用来解决生活问题的方案，尽可抄袭来做自己生活的指南。愈是经过前代生活中证明有效的，也愈值得保守。于是，‘言必尧舜’，好古是生活的保障了。”①这种在相对封闭的地域内形成的文化，是一种世代相传的传统文化，在民族的生活模式、情感表现以及思维方式上都有着深深的民族文化烙印。而借由电视产生的电视文化则完全是一个超越时空、超越国界、超越民族界限的开放系统，为我们呈现的也是一个与以往任何时候都有很大不同的生活现实。这种颠覆性的变化，正是电视文化对人类社会最大的冲击波。

此外，内容上的无限性显示出来的包容，形式上的拼贴性带来的多元，以及“即时传真”的瞬间到达与瞬间接受，等等，都是电视文化有别于传统文化的区别所在。

如同文化的定义莫衷一是、纷纭复杂一样，电视文化的定义，也是版本颇多。这里，我们选取几位学者的说法：

苗棣教授在《电视文化学》中是这样定义的：“当代人类在电视传播的高度参与下所形成的新型的群体行为模式和生活方式。”②

胡智锋教授在《影视文化论稿》中的定义是：“电视文化不仅包括电视媒介自身所传播的信息内容，包括电视传播过程中传播者之间、传播者与传播组织、传播制度之间、传播者与接受者之间种种错综复杂的关系，还包括由于电视传播而带来的社会、民族、国家以及每个个人的价值观念、思维方式、信仰追求以及心理状态等的深刻变革。”③

陈旭光教授在《当代中国影视文化研究》一书中，给包括电视文化在内的影视文化划分了三个层次：“其一，影视文化首先是一种物质文化。因为它是一种以科学技术为依托为媒介的大工业生产，甚至可以说是一种能够直接进行市场化运作的商品。其二，影视文化也是一种制度。影视机构、电视台、电影的生产、发行、放映、经营、运行、管理、人力资源配置等，都涉及这一方面的问题。其三，影视文化更是一种作为人类精神产品的文化。与一切艺术的本质一样，影视艺术也是‘人本质力量的对象化’，

---

① 费孝通. 乡土中国生育制度[M]. 北京：北京大学出版社，1998：50.

② 苗棣，范钟离. 电视文化学[M]. 北京：北京广播学院出版社，1997：5.

③ 胡智锋. 影视文化论稿[M]. 北京：北京广播学院出版社，2001：97.

是人主体性的一种自我实现和‘认识你自己’的需要的产物。”①

《社科新辞典》的解释是：电视文化，是指人们导演电视、操纵电视、接受电视与对电视节目的选择表现出的一种普遍的社会心理、观念与行为模式。

《文化学辞典》的解释是：所谓电视文化，并不是指电视所包容的一般文化内容，而是指作为一种文化现象的电视本身，以及以特殊方式加以组织的文化内容。它的含义需要从人类文明这一最广泛的意义上来说明。②

综合上述定义，大致可以归纳为这样几个方面：从电视文化的生成模式上看，电视文化是一种以科学技术为依托的人类群体行为模式和生活方式的展示；从电视文化的文化身份上看，电视文化以精神产品的方式跻身于人类现代文化的行列，在一定程度上显示着人类世界的文化进程和主观努力；从电视文化的总体概况上看，电视文化包括传播内容、传播关系以及传播效果三个层面。

文化学的原理告诉我们，人创造了文化，又被文化所创造。人是文化的主体，同时又是文化的对象。人类创造了电视文化，电视文化又给予人类以巨大的影响，电视文化影响力由此产生。

电视文化影响力的发生作用于电视文化传播效果的层面，那种由于电视文化而带来的人的思维方式、价值观念、信仰追求、审美理念等的发展与变革，那种因为电视文化对社会、民族乃至国家所产生的氛围或环境，正是电视文化影响力的所辖区域。

然而，电视文化影响力与电视文化当中传播内容的关系是什么，与物质实力和技术手段的关系又是什么，电视文化既然是一种精神的产品，那么，这个特殊产品所产生的文化影响力的衡量标准又以什么为参照？

我们尝试从电视文化审美的角度，再一次对电视文化进行定义：电视文化是指以物质实力和技术手段为依托、以群体生活方式展示为基本内容的人类特有的精神性产品，它的核心是电视作品的文化品位和文化价值。

于是，电视文化与电视文化影响力之间有了更为恰切的对应点：

第一，电视文化影响力是电视文化传播效果的显性反映，电视文化是电视文化影响力的根据地；

第二，电视文化影响力与电视文化的文化品位和文化价值发生最大关联：在积极影响与消极影响上，二者之间的关系成正比；在影响力强弱方面，二者之间所呈现的则不一定是正比关系。也就是说，文化品位的高低决定影响力的性质，文化品位高的电视作品带来的是积极影响，反之，则是消极影响；但有时候，文化品位和文化价值低下的电视作品，也可能带来负面的社会影响，并且收视率高，势头也强。

---

① 陈旭光．当代中国影视文化研究[M]．北京：北京大学出版社，2004：3．

② 赵凤翔，吴炜华，薛华．电视艺术文化学[M]．北京：中国广播电视出版社，2002：185．

第三，电视文化影响力也不与物质实力和技术手段成正比。技术是电视发展的必备条件，但在电视文化影响力中起决定因素的是人。

如果说，电视文化是以物质实力和技术手段为依托的话，电视文化影响力的根本点则是由具有思想性、艺术性、创造性的电视人发出的。电视人里既有作为个体的电视人，也有作为群体的电视人，其中，与电视编导、电视摄像、电视化妆、电视编排等电视工作人员相比，在屏幕上出头露面的电视节目主持人所生发的文化影响力以显性符号为主要特征，在整个电视节目制作的流程中，主持人所产生的影响力也是最为直观的。

二、电视节目主持人文化影响力的界定

影响力是指对他人的行为施加影响以达到自己所期望结果的能力。这是一种与军事力量、命令式力量、强制性力量截然不同的力量，是一种可以称之为“软力量”的力量。

影响他人的行为可以有多种方式：威逼、利诱，或通过吸引和拉拢使对方想你所想，做你想做。文化影响力则是一种通过文化与意识形态的吸引力，或者通过使他人无法表达喜好从而操纵他人的政治议程。

在全球化传播呈现网络化的今天，电视文化影响力自然是要通过吸引之后的说服和拉拢之后的操纵的方式，使自己拥有媒体的最大竞争力。而电视节目主持人的文化影响力，则需要通过主持人在文化影响上的吸引与感染、渗透与支配，争取更多受众，以达到自己——既是媒体的也是个人的——所“期望的结果”。

首先来看两组数据：

目前，我国人口 13 亿，收视人口在 12.38 亿左右，电视人口的综合覆盖率是 95.81%。据 2005 年的调查数据显示，我国电视频道总量是2,899个，节目全年播出总量为1,259万小时。[①]

目前我国广播电视从业人员 58 万多人，其中播音员、主持人近五万多人，电视节目播音员、主持人大约是两三万人。

相对于近三千套电视节目，全年一千多万个小时的节目播出量，电视节目主持人队伍的工作量是巨大的，这意味着每一位主持人做节目的次数多，出镜的频率高。然而令我们有些困惑不解的是，在几万人的队伍中，在频繁出现的情况下，有印象的、叫得出名字的、真正让受众能够记住的主持人却不多，甚至可以说屈指可数。到底是什么原因导致了这样的现象发生，也许，我们可以在电视节目主持人文化影响力的界定

① 中国广播电视年鉴编辑部. 2006 中国广播电视年鉴[M]. 北京：中国广播电视年鉴社，2006：88.

中找到答案。

我们认为,电视节目主持人文化影响力,指的是部分知名主持人,在电视节目生产和传播的过程中所产生的一种具有文化内涵的信息传导在受众当中的效果反应,它是主持人作用于受众精神层面并施以文化影响的一种能力。

电视节目主持人文化影响力从本质上来说,它既是一种权力,是电视权力的“软化”表现;又是一种效果,是电视文化经由主持人作用于受众的传播效果;还是一种价值,是主持人的文化价值在使用价值上的价值体现。综合上述多重效应,在对受众的思维方式、价值观念、审美情趣等精神生活环境予以逐步影响的过程中,完成自己文化传播的媒介使命。从表现形式上来说,电视节目主持人文化影响力既有主持人个体单独表现的个体影响,又有整个团队群体合力展示的群落影响;既有主持人在相对一段时间上带有持续性的影响累增,又有整个团队在一个瞬间、一个场合产生的集体影响冲击。

电视节目主持人文化影响力具有强烈的开放性、鲜明的时代性、丰富的多元性、相对的稳定性,以及不易察觉的渗透性、社会舆论的聚合性、有意无意的指向性、日益活跃的互动性等特点。同时,在发生机制、发生机理以及效果形成方面,都有着属于自己的特殊规律。

感觉到了的东西,我们不能立刻理解它,只有理解了的东西才能更深刻地感觉它。感觉只解决现象问题,理解才解决本质问题。① 关于电视节目主持人文化影响力的定义,主要涉及以下几个关键因素:

第一,关于部分知名主持人。

就一个特定的市场而言,最活跃、最有知名度、最受观众关注的电视节目主持人永远只是主持人队伍中的某一部分,甚至是一小部分。陆地教授的“鞋底理论”就很可以佐证这个事实:“鞋底的任何部分都有接触地面的机会,但是,密切接触地面的只是鞋底的一小部分。”②

并不是每一位主持人都具有文化影响力。主持人文化影响力的产生必须具备两方面的条件:一是需要主持人具备对文化占有、诠释以及输出的能力;二是需要经过一个由“量”到“质”的变化过程,包括主持的时间、栏目的成熟度、观众的认同感、自身品牌建立等,这两个条件缺一不可。只有两方面条件的相互叠加,才可能使受众的注意力资源持续保持在时间的序列上,才可能发生影响力的辐射效应。

一夜成名的歌星、影星不计其数,一次成名的主持人几乎很少。受众的接受需要时间,栏目的成熟需要时间,主持人自身魅力的展示更需要时间。比如英达初次主持

① 毛泽东. 毛泽东选集[M]. 北京:人民出版社,1969:26.

② 陆地. 鞋底理论与电视市场竞争[J]. 中国广播影视,2005(12):60.

《夫妻剧场》时，尽管早已是名导演、名演员，但在主持的岗位上却几乎“溃不成军”。好在编导坚持，更加上英达本人的坚守，如今已经收放自如，在节目中的表现也驾轻就熟，得心应手。再比如崔永元的《实话实说》、杨锦麟的《有报天天读》，无一不是在时间的考量中，在主持人对文化的坚守中，焕发出主持人的文化影响力。由是观之，一期节目构不成风格，短时间内也难成影响，只有通过线性的积累、时空的舞台展示，才能够逐渐“成名”。而具有一定知名度乃是主持人文化影响力构成的前提条件。

当然，正如“鞋底的任何部分都有接触地面的机会”一样，尽管不是所有的主持人都具有文化影响力，但每一位主持人应该都具备文化影响力的基本潜质、基本资源，加以培养，重视策划，大多数主持人可以获取这种能力，释放出自身独特的影响力。这在后面的文字里还会有专门论述，这里就不多赘言。

第二，关于电视节目生产和传播的过程。

电视节目的生产和传播是一个整体概念，是在大众传播的信息环境中发生与发送的。这当中包括两种生存环境，即电视的“拟态环境”和受众的现实环境。在电视传播的领域里，人们往往将信息环境称作“拟态环境”“虚拟世界”，或是“媒介现实”，因为电视里展示的并不是现实环境的“镜子”似的再现，而是电视人“通过对象征性事件或信息进行选择和加工、重新加以结构化以后向人们提示的环境”①。在这种由电视人有意无意建构的与现实差距很大的“社会现实”中，受众得到的是一种“替代性满足”，也就是通过分享屏幕上提供的生活、信息、环境等，在“拟态环境”中遐想，在“虚拟世界”里遨游，从而忘却了真实的世界，忘却了与现实环境的真实距离。

由于主持人文化影响力往往呈一种弥漫状态，主持人自身也同时兼有社会人、媒介人的双重身份，因而受众对主持人的身份认知往往会产生边界不清的现象，也就是对屏幕上的形象认知总是会“移情”到真实的现实当中。因此，一位具有文化影响力的主持人，不论他是在“拟态环境”中还是在“现实真实的距离”里，受众对他的认识与评判一般都不会有本质上的改变。换言之，主持人文化影响力不仅作用于电视的“媒介现实”，也同时延展至真实的社会现实；经由电视屏幕形象辐射的影响力是主要的、直接显示的，发生在社会现实的影响力是辅助的、间接显示的。由是观之，在信息时代的当下，在“拟态环境”中的主持人担当的是比真实、自然状态中的“现实”更具影响力的责任与角色。

第三，关于文化内涵的传导。

人们生活在一个信息和意见的海洋里，主持人总是被人称做信息筛选的“把关人”、意见分析的“导航员”。其实，这样的称谓只是大家对这个职业的一种期待与要求，并不是任何一位主持人都能够当之无愧的。因为每个人“占据屏幕的专业素质”

---

① 郭庆光. 传播学教程[M]. 北京：中国人民大学出版社，2005：127.

各不相同，其中，最为关键的便是文化内涵上的高低、厚薄、深浅、广狭之分别。

作为文化传播的载体，电视承担着文化传承、文化普及、文化融合、文化提升等媒介使命。但文化格局中先进文化与落后文化，高雅文化与庸俗文化，以及主流文化、大众文化、精英文化、边缘文化等之间的冲突、较量、杂糅、嬗变，都不可避免地在电视的屏幕上铺陈开来。身处电视传播最前沿的节目主持人自然也裹挟其中，表现出色彩纷呈的局面：有时候，高品位、高素质的主持人通过电视作品形成了影响力，辐射给电视观众；有时候，低品位、低素质的主持人也使得收视率虚高，在社会上造成轰动效应。因此，文化内涵的传导，取决于主持人的文化品位和文化价值。

文化是国家和民族的灵魂，集中体现了国家和民族的品格。文化的力量，深深熔铸在民族的生命力、创造力和凝聚力之中，是团结人民、推动发展的精神支撑。五千年悠久灿烂的中华文化，为人类文明进步作出了巨大贡献，是中华民族生生不息、国脉传承的精神纽带，是中华民族面临严峻挑战以及各种复杂环境屹立不倒、历经劫难而百折不挠的力量源泉。据此，我们认为，主持人文化影响力当是以先进文化、主流文化为主要文化内涵，在繁荣发展社会主义先进文化、树立民族自信、振奋民族精神方面，对受众予以精神上的力量影响。

第四，关于受众的效果反应。

传播需要传播效果的检验，价值要通过使用价值来体现，只有对受众“眼球”的最大占有，才可能完成媒介价值的真正实现。电视节目主持人文化影响力不仅仅是主持人文化能量的释放，重要的是要有受众的接受与认同，要能在受众的精神层面激起共鸣或变化，这样才构成影响，产生效果。没有受众的接受，不过是“沙漠中的布道者”；缺乏受众的认同，无异于价值的丧失。因而从传播学的角度看，主持人文化影响力研究实质上是关于传播效果的研究，具体说来就是对受众行为的研究。我们知道，“每一个具体的传播过程都是由传播者、传播内容、讯息载体、媒介渠道、传播技巧、传播对象等要素和环节构成的，每一要素或环节都会对传播效果产生重要的影响”①。研究主持人文化影响力，就是研究作为传播主体的主持人作用于传播对象，即受众的效果反应，它致力于探索主持人发出的文化信息对受众的意见、态度、价值观、审美观以及行为的影响程度，考量的既有主持人的信誉度和权威性，又有受众的性格、兴趣、关注度等个人属性。

居于传播学意义上的“效果”一词，具有两层含义。“狭义上指的是行为者的某种行为实现其意图或目标的程度；广义上则指这一行为所引起的客观结果，包括对他人和周围社会实际发生作用的一切影响和后果”。狭义的效果是对效果产生的微观过程分析，广义的效果是对效果综合过程的宏观考察。主持人文化影响力研究，既有对

---

① 郭庆光. 传播学教程[M]. 北京：中国人民大学出版社，2005：191.

一期节目、一位主持人所发出的影响力的微观过程分析，又有对一个时代、整个主持人群落文化影响力的宏观考察。

另外，电视对受众、社会有巨大的影响力，依附于电视媒介的主持人文化影响力同样产生辐射效益，不能忽略的是，受众与社会也会以各种无形或有形的方式抵御或制约着电视文化包括主持人文化影响力。不看节目，关掉电视，拒绝屏幕信息的传递，是他们的一种选择；借用其他媒体发表意见，抑或直接上书，也是他们的一种选择。往昔的“子弹论”“靶子论”“皮下注射论”等传播效果理论似早已过时，现在的受众早已不是被动地接收信息，早已开始选择性地接收信息，包括选择性地接受主持人。由是观之，电视节目主持人文化影响力是电视在社会效益上从受众处得到的回报。

第五，关于作用于受众精神层面并施以文化影响的能力。

社会集团的领导作用总是表现在两种形式当中，一是统治领导的形式，比如国家机器、军队、警察等；一是精神和道德的领导形式，比如意识形态、话语权等。很大程度上，社会的意识形态领域寄托于媒介的力量，电视节目主持人也被“天然”地赋予了一定的话语权。较之来自权利、机构、集团以及区域、阶层等因素的其他社会影响力，主持人文化影响力这种隶属于精神的影响力，不是利益关系的吸引或牵制，而是力图以吸引、感染为手段进而在受众的精神世界里起调控与支配的作用。它所期待的是“吐纳珠玉之声”后受众“卷舒风云之色”的情感变化，以及“思接千载，视通万里”的内心共鸣。

因此，无论是轰轰烈烈、即时可学的直观影响，还是“润物细无声”的潜移默化，主持人文化影响力给予受众的总是关乎精神世界的层面，包括人们的思维方式、价值观念、审美心理等。

第二节　先导与提升
——主持人文化影响力作用下对受众审美心理的影响

电视是一种审美文化形态，这早已是不争的事实。融合了电影的五种基本元素影像、文字、声音、音乐、音效以及频道、栏目、主持人等多种符号形式的电视媒介，比之以往其他媒介都更加迅速并更加深入地传达着当代文化，对现代审美思潮以及受众审美心理同样有着直接而又强大的影响。无论是新闻节目、文艺节目、娱乐节目、生活节目、体育节目，还是电视剧、电视纪录片等，都在由受众视听感觉加盟的审美阅读活动中产生出一定的意义，从而改变受众的审美心理。

在主持人文化影响力的领域内，电视屏幕上主持人的一言一行都将给受众带来更为直观、更为显性的审美阅读。在日积月累的潜移默化中，在受众或专注或随意的阅读活动中，主持人在有声语言及屏幕形象上传导出来的多元文化意义必然会反作用于社会，起着一种不容忽视的影响受众审美心理的作用。在受众对包括主持人在内的电视作品的审美阅读中，如若没有强烈的主持人吸引力，没有独特的主持人感染力，缺少了一种可以仿效和认同的对象，这种审美阅读活动是断然难以进行的。因而可以说，在主持人吸引力和感染力作用下，主持人的语言及形象对受众的审美情趣和审美心理起着先导与提升的作用。

一、语言方面标准的建立

"语言是人类极为独特和珍贵的工具，可以说是我们人类起源、发展和进化的看家宝。因为有了语言，人类就能把他们进化过程的知识一代一代传下来；因为有了语言，人类的智慧就能通过信息的广泛交流不断发展"。[①] 而因为有了电视，人类的知识得以瞬间传播；因为有了电视节目主持人，人类的智慧就能通过视觉 + 听觉的感知在与受众的交流中不断发展。于是，以有声语言为职业特征的电视节目主持人，在电视文化的传播中，不仅肩负着信息的传播，也同时担负着语言的传播。与其他媒介相比，电视拥有范围最广、数量最多和层次最为丰富的受众群体；与其他职业相比，电视节目主持人具有最为直观、也最为直接的语言示范效应。在社会语言的生活空间，主持人有声语言的影响力也成为主持人文化影响力之凸显。

首先是标识作用。对于一个普通公民来说，他要使自己的语言向普通话这方面接近，很重要的是要通过大众传媒。我们的广播，我们的电视，我们的电影，一方面给人民以娱乐，以教育，以启迪，以陶冶，还有一个很重要的方面，告诉他们什么是我们国家的通用的、标准的语言，这是非常重要的。所以，广播电视的播音员、主持人在推广普通话当中肩负着非常重要的责任。[②] 事实也是如此，长期以来，人们一直把广播电视当中的有声语言作为全民族共同语的标准和标识，尤其是把播音员和节目主持人的有声语言看作是标准语形式的代表，是整个国家语言运用的标杆。有人以为这也许带有中国特色，其实不然。英国的"BBC 的播音十分规范，采用的是全英国人都能听懂的标准英语"[③]。BBC 还多次采取措施，对播音专业人员和记者提出明确的要求，力图清除其中的美国腔和修辞、语法上有失规范的问题。德国柏林的《德国之声》也要求他们的电视播音员必须说标准的汉诺威德语。一个不争的事实是，标准语是国家的形象代表，标准语的正确使用，是国家"软实力"的文化体现。

---

① 平克. 语言本能[M]. 洪兰，译. 汕头：汕头大学出版社，2004：7.

② 张颂. 广播电视语言文字规范化文集[M]. 北京：北京广播学院出版社，1996：8.

③ 姚喜双，郭龙生. 媒体语言大家谈[M]. 北京：经济科学出版社，2004：338.

其次是规范作用。规范是对标准实施过程的监控与度量，规范是对能指与所指关系的认定与考核。国家标准语的实施需要相关职能部门的监督与指导，更需要有专门、专业人士的“现身说法”。这个任务责无旁贷地落在了播音员、主持人的肩上，因为他们是有声语言使用的“专业户”，甚至是“大户”，对包括语音、词汇、语法在内的普通话执以规范、标准的度量，既是主持人媒介角色必备的职业素质要求，也是主持人社会角色应尽的职业责任要求。国家三部委早在 1994 年就联合作出了《关于开展普通话水平测试工作的决定》，决定中将普通话等级划分为三级六等，又规定播音员、主持人必须达到一级乙等以上。这一制度的实施，在很大程度上保证了有声语言传播规范性的落实。

语言学研究结果表明：人类 80% 的语言行为都属于信息接收性质，即听他人说话或是阅读；只有 20% 的语言行为具有发出的性质，即对别人说或写。由是观之，人类的信息接受能力要远远大于发出信息的能力。这个结论似乎对于进行大众传播的媒介人来说是个福音，对电视节目主持人的有声语言标识与规范作用的实施应该更为有利。然而，媒介的语言影响力是与媒介使用语言的状况密不可分的，屏幕上主持人使用语言的每一个细节都可能带来社会语言生活的变化，导致审美认识观念上的转变。

“‘烧’（稍）胜一筹”是燃具灶的广告词，“‘快治’（脍炙）人口”“‘肠’（长）治久安”成了药品药效的说服力；当“终身无‘汗’（憾）的选择”“默默无‘蚊’（闻）的奉献”“得‘芯’（心）应手”“‘译’（意）气风发”出现在学生们的作文中时，老师们哭笑不得，语言学家们则大声疾呼，这种缺乏责任意识的“成语新编”是一种篡改，它贻误的可能是一代人对传统文化宝藏的曲解。而电视屏幕上的语言污染似乎更加严重：“港腔港调”认为时尚，“怪腔怪调”追求个性，“嗲声嗲气”则自以为就是亲和力。天气预报时，主持人亭亭玉立，配合手势说着“明天将会有雨”，将英语中的时态乱用在汉语里；而在多人主持的节目中，只用“开心”“好好”的夸张表现，完全封杀了“高兴”“快乐”“愉快”“激动”等词汇的情感差异以及“很”“十分”“非常”等词汇的比较层次。坐在普通话水平测试的考场上，可以轻松考出一级甲等的成绩，但站在镜头前主持节目时，竟然也可以“轻松”说着可能刚刚够上二级甲等的话语：“各位观众盆（朋）友，那其实今天怎（真）的蛮高兴看到大家的，那其实我汗（和）大家之间的距离都蛮近的，那今天我要缩（说）我一直都爱你们的！”更有甚者，某电视台招聘主持人的广告上特别注明“普通话带南方腔者可以优先考虑”的字样，并且公然张贴在中国传媒大学播音系的门口。据说认为“普通话标准不标准不重要，重要的是个性”“标准的普通话是与受众生动交流的障碍”的电视台有关领导还不在少数。这种以“港腔港调”为美、以不那么标准为时髦的审美认识，已经影响了为数不少的受众。

我们知道，大众媒介具有塑造媒介人物的功能，电视更是在“创造深入公众心目中的人物”方面有着得天独厚的条件，因而主持人在社会生活语言的规范使用上，在什么是真正的语言美的舆论形成上起着至关重要的作用。倘若电视节目主持人素质低下,语言标准缺失,语言规范不当,再加上价值观流俗,势必带来直接甚至是可怕的影响。我们来看看学者专家们是怎么评判电视屏幕上主持人的有声语言表现,又是怎样解释语言规范的:

吴为章先生在《新编普通语言学教程》中说:“能指一经选择确定,所指(观念)就得同它捆绑在一起,任何人就都不能随意改变它,它是一张‘强制的牌’。这也就是说,人们必须遵守社会的共同规约——语言规范,拒绝一切任意的代替,只有这样,言语活动、思想交流才得以进行。”①这是从语言本体的角度阐明了语言规范之必须。

陈章太先生在《语言规划研究》中指出:“几千年来,我国只重视书面语言的规范,讲究作诗写文章,而忽视口头语言的规范,不注重说话。即使‘五四’运动时极力反对文言文,提倡白话文,主张言文一致,但忽视口语的倾向仍然没有得到根本的解决。新中国成立之后,对现代汉语的规范是十分重视的,确定了具体的标准,开展了许多工作,取得了很大的成绩,但这种规范仍有偏重书面语言的倾向,一般人还是不大注意讲究说话。然而在现实生活中,口语的作用越来越大。在这种情况下,强调口语的规范,加强对口语的研究,提高口语表达水平,就显得很有必要了。”②这是从历史的发展上强调规范之重要。

陈原先生在他的《语言与社会生活》一文中首次使用了“语言污染”这个词,“我所指的语言污染却不限于滥用外来词,而是广泛得多的社会语言现象。……我从经典著作关于意识和意识形态的论述中得到启发,认为确实不能指望将语言净化到一个理想的程度,那确实是不可能的,但是,为了使语言交际能收到最佳效果,看来语言的规范化是必要的,也是可能的”③。(着重号为作者所加)

针对广播电视节目中,主持人语言拖沓、重复以及“这个”“那么”过多、“嗯”“啊”不断的现象,李佐丰先生强调简洁含蓄,并同时提出在规范、简洁的基础上,还应力求优美:“明代王骥德在《曲律》中说,‘句字长短平仄,须调停得好,令情义婉转,音调铿锵,虽不是曲,却要美听。’清曾国藩在《日记》中说,‘读韩(韩愈)文《柳州罗池庙碑》,觉情韵不匮,声调铿锵,乃文章中第一妙境。情以文生,文亦以生情;文以引声,声亦以引文。’古人是很重视汉语语音美的。……为了语音美,应该花些时间了解一下我国的诗歌(尤其是格律诗、戏剧、曲艺等)的语言艺术。在这些艺术形式中有大量可借鉴、学习的规律和技巧。认真了解这些艺术形式中的语言比模仿港台腔、夹带外文字费劲,但值得一做,也是语言工作者的一项基本功。”④

---

① 吴为章.新编普通语言学教程[M].北京:北京广播学院出版社,1999:17.

② 陈章太.语言规划研究[M].北京:商务印书馆,2005:232.

③ 陈原.语言和人[M].北京:商务印书馆,2003:237.

④ 张颂.广播电视语言文字规范化文集[M].北京:北京广播学院出版社,1996:74.

关于语言规范问题，张颂先生写过多篇文章，不止一次大声疾呼，在《试论广播播音的规范性与艺术性》中，他说："在语言规范问题上，最怕'各吹各的号，各唱各的调'。'听不懂'、'听不清'，甚至'听岔了'，不应责怪听众水平不高，而应追究传播者的责任。语言不规范，正说明播音员、主持人对广大听众缺乏责任感。"①在《语言启蒙行动宣言》中他指出："领导重视是关键。在那些处于'语言圈'的单位里，领导应该充分认识语言的重要性，树立正确的语言观，并且率先垂范，狠抓措施，坚决落实；规范语言是主体。社会交往、学校教育、媒体传播、军事训练……必须雷厉风行地、循序渐进地实施语言规范，立即纳入法规，对违法者绝不宽容。"②

其实，主持人有声语言的不规范，不标准，既没有起到标识与示范的作用，偏离了主持人媒介角色的责任，同时也是民族精神软弱化的表现。把港台地区在学习普通话的过程中尚不到位的表现奉为至宝，以为这就是时髦、这就是文明，这样的价值判断就是对民族文化的轻视甚至蔑视；消解汉语词汇的丰富多彩，只选用含义化简的词语，以为这就可以"装嫩"、这就显得"妩媚""前卫"，这样的语言贫乏化现象实际上也是对民族智慧的怠慢甚至阉割。也许，主持人的这些表现会在与受众的第一次接触中、第一时间里吸引部分注意力，有着一时的轰动效应，这只能说是主持人文化影响力之吸引力、感染力的负面影响，我们绝不能够任其泛滥、蔓延，我们应该坚守的不仅是主持人的自身职责，更有民族精神的发扬光大。

此外，我们承认，语言是变化的，这是语言发展的必然规律，正如德国哲学家、语言学家洪堡特 1836 年所说的："在语言中从来都没有真正静止的片刻，就好像人类思想之火永远不停一样。"瑞士语言学家索绪尔也说："时间改变一切，没有理由要求语言能逃过这一宇宙的法则。"③然而，"语言的变化是一种连续不断的、非常缓慢的过程，就像地球的转动、脸上的皱纹的延展或者花朵的开放"④。它不是狂飙突进式的变化，更反对语言使用上随心所欲的任意与盲从。我们也承认，"任何一种语言都不可能是自给自足的"，⑤语言从来就存在相互接触和相互借鉴，这种语言接触的背后其实就是文化的接触，任何对他者文化的过度崇拜与迷恋，其本身便是一种"文化群体自信力弱"的表现。

由是观之，电视节目主持人的语言不仅是社会语言的标识，也是社会语言的规范，而且是"最高层次的规范"，在整个社会成员对语言的审美认识上意义深远。

---

① 张颂. 语言传播文论[M]. 北京：北京广播学院出版社，1999：192.

② 张颂. 语言传播文论[M]. 北京：北京广播学院出版社，2002：12.

③ 爱切生. 语言的变化：进步还是退化？[M]. 徐家祯，译. 北京：语文出版社，1997：85.

④ 爱切生. 语言的变化：进步还是退化？[M]. 徐家祯，译. 北京：语文出版社，1997：42.

⑤ 萨丕尔. 语言论：言语研究导论[M]. 陆卓元，译. 北京：商务印书馆，1977：120.

二、形象方面品位的提升

处于分散匿名状态下的受众，对于媒介的依赖程度显得越来越高。对某种现象的分析，对某个事件的判断，对某种行为的态度，对某个人物的评价等，很多人都会从媒介上去寻求和印证自己的立场和观点。施拉姆说："所有电视都是教育的电视，唯一的差别是它在教什么。"①从舆论学的角度，说什么意味着不说什么；从传播学的角度，"接受一个肯定信息就是减少一个否定信息。信息所涉及的，不在于你说了什么，而在于你能说什么"②。因而，在电视文化当中，主持人在文化品位上的影响可以具体到每一期节目、每一段独白、每一次与嘉宾的交流、每一回在公众场合的亮相；可以是语言背后蕴含的意义，可以是语言表达的方式技巧，可以是着装发型、化妆首饰，可以是形体动作、面部表情……总之，主持人在电视荧屏上的形象对于受众来说，无疑是最具视觉冲击力，且最具美学意义的直接影响力。

主持人的形象包括两个层面，一是指主持人在电视荧屏上给受众的直观感受，如相貌、身材、音色以及面部表情、形体动作等；一是指主持人经由节目内容而展示出来的综合素质，思想内涵、文化底蕴、审美情趣等。可以说，主持人的形象既是一种文化的选择，也是一种带有个人与媒介双重身份的文化审美姿态，直接影响受众在文化品位上的认识。

对过去而言，主持人的形象开始有了较大的变化，在直观的感受上不再仅仅讲求靓丽俊美，在主持人的综合素质上更有了与时俱进的期待与要求。但令人忧虑的是，在目前整个中国媒体的生态尤其是电视媒体生态处于失衡和错位的情形下，电视屏幕上有些主持人的形象也开始发生扭曲，在文化品位的追求上出现严重偏差。一位省级卫视副台长分析指出："长期以来，媒体总是以俯视的姿态面对观众，我们说是无视了沉默的大多数观众总是扮演受教育的角色。而如今像飓风一样的娱乐狂潮就是对媒体高高在上教训大众的做法的一种惩戒和一种反动，于是电视人也主动放下身价，甚至不惜自我作践、媚俗、恶俗、恶搞成风，以求取悦观众，其实是取悦广告商和隐藏在广告商背后的资本的力量。"就是在这样一种背景之下，主持人受到栏目定位和自身素质的双重限制，也会表现出或品位低俗、或自觉抵制低俗的言行。

在一档名牌节目中，主持人正在与台湾影星萧蔷"面对面"：

主持人：你的保养秘诀是什么，可以说吗？

---

① 施拉姆，波特．传播学概论[M]．北京：新华出版社，1984：261．

② 陈卫星．传播的观念[M]．北京：人民出版社，2004：40．

萧蔷：我没有刻意保养。比如现在我们对话，我也觉得是一种保养，和你说话很愉快，也希望从你那儿得到一些真相的力量。

主持人：哦，我也是你的保养品？

萧蔷：对呀。

主持人：我也成了妇女用品了。

萧蔷：（稍显尴尬）对呀。还有，昨天我在三环，塞车了。看看周围几辆车里的人，他们都"哎呀，哎呀"着急。我回头一看，那边有一棵树，开着粉红色的花，一下子，我就从眼睛到内心，感到一种……

主持人：（抢话）你就过去摘了一朵。

萧蔷：没有没有。我觉得，人生有时候就是这样，俯拾就有乐趣，回头就是风景……（意犹未尽）

主持人：（生硬打断）你应该把天窗打开，伸出腿去。（萧蔷在台湾有"第一美腿"之称——笔者注）

萧蔷：那人家会叫起来，哎呀，脚——

主持人：好，感谢你接受我们采访。

在这段以"保养秘诀"开始的话语中，主持人竟然有三次应答大失水准、有损形象：第一次是在问及被访人保养秘诀时，当萧蔷说出含有"愉快的对话也是一种保养秘诀"后，主持人第一次接话"哦，我也是你的保养品"是完全可以的，稍带玩笑的话语有助于现场气氛的调节。然而在得到对方肯定之后，"我也成了妇女用品了"一句则大煞风景，"保养品"与"妇女用品"原本就属于两个范畴，硬要将两者联系起来委实有些"不靠谱"；再说，"妇女用品"在生活中有它一定的特指，用在这里是不是有些大不合适？第二次，当被访人说到塞车时因为看到一树漂亮的花朵转而心情开始发生变化时，正要生发内心的感受，却让主持人一句"你就过去摘了一朵"生生打断，而当被访人不接"话茬"继续说出"俯拾就有乐趣，回头就是风景"这样带有禅味儿的人生感悟时，第三次遭到主持人的"话语强奸"："你应该把天窗打开，伸出腿去"，实在让人大跌眼镜，不忍卒看。

在访谈节目中，主持人对现场话轮的控制是必须的，为的是达到对节目的整体控制。一般说来，主持人控制话轮的方式有三种：提问、打断、总结。然而，在这段会话当中，主持人并没有在"可能的过渡点"上进行话轮的延伸或是转换，而是一而再再而三生硬地打断被访人的会话，朝着也许是自己事先设计的"可计划性节点"进行。其结果只能是：原本几次可以接着被访人的话"顺势而下"，或重复，或点评，或换种说法，点出"境由心生""随遇而安""保持心情愉快就是最好的保养秘诀"之类，但令人扼腕叹息的是这位主持人竟自以为是地以控制话轮的方式，失去了机会，走向低级趣味的边缘。

类似的情形在电视节目中尤其是综艺娱乐节目中，似乎并不少见。有的主持人出言粗俗，“见鬼了”“死三八”等均是出现率较高的句子；有的主持人在接受媒体采访时公然表示自己是“国内娱乐主持人中最好的女主持”，但观众对她的表现却似乎越来越不满意，“在节目中开一些不适时的玩笑，尽拿肉麻当有趣”“不知道是不是内地观众欠了她的？一天到晚装一口港台腔，做作得让人产生一刻都不想再忍受、想换频道的冲动”等指责声接踵而来。

对于这种电视主持人在文化品位上显露出来的低俗化现象，有人说“都是收视率惹的祸，收视率是万恶之源”，也有人说“过去电视上的说教太多了，现在市场经济了，所以这种逃避崇高的欢乐有什么不好？”还有人认为，这些都是电视文化格局中，大众文化与精英文化、主流文化角逐较量的结果。这里，我们拟从格式塔心理学视知觉的角度，看看大众文化和精英文化给予受众接受心理上的不同反应。

有学者依据格式塔心理学的“完形”理论，以绘画艺术为例，对精英文化与大众文化在视知觉上的分别进行了有意思的探析。文章说：“现代主义绘画对于大众来说，尤其是没有绘画基础的人来说，是一个坏的格式塔。从几何完形的角度来说它挑战日常视觉模式，既不规则也不熟悉，往往显得错乱而复杂，大众无法立刻知觉到这幅画中最主要的‘结构关系’。混乱的画面引起定向丧失，而找不到知觉线索就无法把握整个画面，因此形成几何完形压强。从意义完形的角度来说，它隐藏大众熟悉的日常世界，构造了一个塑造和挑战大众视觉理解力和发现力的陌生世界，它的意义深刻而内隐，而且往往极具个性化，再加上陌生的表达手段使得认识主体非常难以理解画中的情感表现和内在意义，从而形成意义完形压强。”①一般来说，面对这样两个从图形到意义都使人难以从容不迫地接受讯息从而建立整体认知的格式塔，认知主体往往会有两种选择，一是重新建构知觉场，以取得新的“完形”；二是以拒绝接受的方式逃避眼前坏的格式塔。而大众文化带给大众的通常是一种简单又熟悉的格式塔，不但能够迅速满足大众对于几何完形的视觉追求，而且还往往给予人们愉悦感、放松感。这种简单省力的知觉活动，对于现代大众来说有着极其重要的调节作用，至少给已经肩负着工作压力、生活压力、精神压力于一身的受众在下班之后收看电视的行为不再那么紧张。同时，这种简单又熟悉的格式塔往往都是人们熟悉的日常生活，在意义完形的视觉追求中，便也无须进行复杂的知觉活动和意义重建，而只需在连续不断的画面与声音的组合中，轻松建立一种整体认知即可。

据此，我们似乎可以找到一些答案了，精英文化因为它的独创性、个性化、真挚的情感、恒久的价值、高雅的审美旨趣、深刻的精神内涵，从而带来受众认知“完形”过程

---

① 周蓉，李艺. 精英文化与大众文化的视知觉基础探析[J]. 现代传播，2003(5)：18.

中的不那么轻松、不那么从容不迫，换句话说，在信息的接受与认知的完成上，需要花费气力、花费时间、花费思想。而大众文化拒绝深度开掘、策划情感、无景深、表层化、以复制替代独创、以平庸的类型化替代倾注灵感的个性展示，用一种“令人眩晕的视听时空”为在物质上已经与从前大不一样的人们营造着一个五彩斑斓的“拟态世界”，却正好符合这个阶段受众的审美取向。也许这就是为什么精英文化在电视的屏幕上难施拳脚，而大众文化却如火如荼占据了主导地位的原因之一。

然而，我们要说，大众文化立于现代工业生产的机制之上，是一种历史的选择，从某种意义上来讲，电视大众文化的利润诉求是文化对市场经济的一种回应。大众文化以舒缓、轻松、温情以及充满亲和力的方式抚慰了受众渴望宣泄的心灵，某种程度上满足了大众不同层次的文化需求，这既是对过去形式主义、教条主义的修正，同时也产生出极大的经济效益。

我们要说，通常人在饥饿时，只有一种烦恼，温饱解决之后，便很有可能生出无数种烦恼。有资料表明，一个国家的国民生产总值从人均1,000美元到3,000美元的阶段，是经济发展的关键时期，也是社会矛盾凸显期。在这个时期，社会利益关系处于调整之中，人们的心理也会发生微妙而复杂的变化。当下的中国正好处于这个阶段，在物质生活有了极大改观的情况下，人们的精神生活必定会有多种多样的追求，精神需求的短缺也会渐次显露，现代化所带来的一切负面效应开始使得我们的社会矛盾重重，人们的焦虑不安、抑郁狂躁等等一些特殊情感也开始滋生蔓延。简言之，伴随着人们物质要求的逐一满足，是人们因各种问题、各种矛盾而产生的心理疾患与精神需求。因而，对生活意义的思索、对生存意义的追问，大众文化显然是无能为力的，只有精英文化才能对此做出有建设性的探索和解答。

我们还想说，大众文化并不等于低俗、媚俗，更不等于恶俗，娱乐节目如果只是考虑它的轰动性、娱乐性、刺激性，只讲求收视率，而舍弃它的教育性、引导力和公益性，势必走向没落的边缘。娱乐没有错，健康积极而不失生动活泼本来就应该是中国电视节目的鲜明特色，但是娱乐要有底线，比如新闻节目娱乐化便肯定是定位上出现了偏差；亲和更没有错，亲和是拉近与受众之间距离切实有用的元素，也是使信息良性交流的前提，但是亲和不是低声下气，也不是无原则的迎合。比如张越对谢霆锋做的综艺访谈，没有说“你这么年纪轻轻的，就有了那么大的成就，我真是很佩服你”。她的开场白是这样的：“我没听过你的歌曲，对于你，我只听说过一些不好的新闻。我和你的年纪差得比较多，当我听到你的那些消息时，我只觉得，这孩子真可惜。”言辞恳切，感情真挚，令受惯了拥捧的谢霆锋很是意外，脸上也显露出很是震撼的神情。接下来的交流，顺畅、深入。交谈中，平日总有些桀骜不驯、性格中有着过强自我保护意识的谢霆锋几次由衷地感慨，说张越与他有共鸣，给他留下了良好的印象。这一期由张越客串的《艺术人生》播出之后，观众的反应强烈，即便是谢霆锋的“粉丝”也认为是张越的真挚情感与对被访者的尊重使得访谈成功。

2005 年初,广电总局发出通知,要求主持人,特别是娱乐节目主持人自觉抵制低级趣味,防止“低俗化”倾向。2005 年 9 月 10 日,广电总局发出《关于批转中国广播电视协会中国广播电视播音员主持人自律公约的通知》,再度批评主持人“低俗化”问题。2005 年 7 月 19 日,中国广播电视协会播音主持委员会成立,同时向全国广播、电视播音员主持人发出全力脱“俗”的倡议。倡议书希望“全国播音员、主持人坚持正确的政治方向,树立正确的审美观,增强社会责任感;要认清自身定位和岗位责任,珍惜信任和声誉;要尊重受众,尊重他人,尊重同行,反对自我膨胀、自我吹嘘,努力做广大受众的朋友和知音”。倡议书还具体要求主持节目要大方得体、用语纯洁规范,杜绝低俗、媚俗、颓废、宿命、无聊的内容,拒绝粗话脏话、庸俗调侃、打情骂俏、奇装异服、怪异造型。这些无疑都将为维护主持人良好形象、以期提升受众文化品位起到一定的作用,不过,最为关键的依旧是主持人对自身形象建立、爱护的自觉意识。既然受众对电视的依赖程度越来越高,既然电视是“教育的电视”,电视节目主持人便有责任以自我形象为平台,坚持先进文化的精神理念,真正做到在文化品位上对受众的先导与提升。

第三节 继承与求索
——主持人文化影响力作用下对受众思维方式的影响

思维方式是人们大脑活动的内在程式,体现出一定的思想内容和思考方法,对人们的言行起着决定性作用,也是决定某一个个体生存状况的重要因素。尽管它无色无形难以触摸,但它的普遍性和广泛性使得它渗透在各个领域、各行各业,政治的、经济的、文化的、艺术的、人际关系的,等等,无一不折射出我们观察世界的思维方式。

文化的熏陶和教育的影响是人们思维方式形成与变化的关键。在收视行为早已成为当代人日常行为方式的今天,电视不仅改变了人们的生活习惯,同时也改变着人们的思维习惯:“如果说,视听是其思维的主要构成部分,那么数字式(点式)思维、以‘语言’方式积淀人脑中的‘原型思维’,就是电视文化创造与接受过程中无法离析但又与视听思维同在的模糊思维构成。”①电视文化宣告了一种全能思维方式的出现。

在由电视形成的媒介环境中,受众的思维习惯往往与电视节目、电视节目主持人的言行密不可分。在受众的选择性接触与选择性理解成为一种定势,开始主动追踪主持人时,我们说,主持人文化影响力的渗透作用就有了实施的对象,以节目为中介,主

---

① 高鑫.电视文化身份的多维度审视[J].现代传播,2000(4):18.

持人对受众思维方式的影响与作用也就有了可能。在文化传统的继承与发展上，在相对稳定的民族思维方式上，在面临现状调适心理的问题上，等等，这些都是主持人文化影响力之渗透力作用的空间。

一、"推进式思维"对文化传统的继承与发展

现在的中学，只有在语文课本里有着数量不很多的古典诗文篇章，而没有其他相关中国文化课程的设置；现在的大学生，大学校园里能够接受得到的人文教育似乎也支离破碎，不成系统。现在的年轻人喜欢过洋节，情人节的玫瑰、圣诞节的贺卡、愚人节的玩笑，都在提前计划的议程中安排得有声有色，然而，端午节的由来，为什么吃粽子划龙船；重阳节又为什么要登高，他们当中知道的并不多。他们知道电脑游戏文化、啤酒文化、汽车文化，不知道自己先辈留下的"经、史、子、集"是什么又指什么。追求物质强刺激的外来文化正一步步改变着我们年青一代的思维习惯，引导着他们过着西方式的生活。

思维方式是文化的最高境界，它决定着人们的生活方式与看待世界、对待传统的眼光。作为文化影响力之本质特征的渗透力，对于受众来说，是线性积累量与质的叠加，于无声处对人的思维能力与思维方式起着影响及改变的作用；对于主持人来说，则需要责任心与使命感的综合，在每一次出镜，在每一期节目，在锲而不舍精神的坚持下，为文化传承铺垫求索之途。而当下文化传统出现断层、文化传承呈现脆弱的局面，我们的电视文化人包括活跃在电视屏幕上的主持人，似乎难逃其责。

翻开全国的电视节目表，读书类节目似乎大多命运多舛：央视《读书时间》这个中国读书电视栏目的"老大哥"，自 2002 年起一直陷于"摘牌"的窘境，最终难逃厄运，原因是央视出台的末位淘汰制关于收视率的调查。另外，在《读书时间》之前，上海电视台的《阅读长廊》于 1998 年停播，北京电视台的《华夏书苑》也于 2001 年底停办，青岛电视台的《一味书屋》曾经改版，又定名为《电视书屋》，但后来因为广告回报率等方面的压力，便被毫不留情地取消了。2004 年元月，由业内多位资深专家耗时半年之久、倾全力周密策划研究、精心打造的全新读书栏目《非常接触》在北京电视台隆重登场。但它早已和原有意义上的读书节目不大一样，增加了很多娱乐的元素。

全国性的电视舞蹈大赛现场直播，选手进行文化知识的考核。主持人口述试题，将《汉宫秋》读作"汉官秋"，将"送元二使安西"句读成"送—元二使—安西"。播报新闻时竟然说出"欲知后事如何，请听下次分解"的句子。至于错字、别字，则更是频繁出现在主持人节目中。

采访嘉宾时，主持人常常因为案头准备工作不够细致，更因为文化内涵的欠缺，往往与嘉宾的话语南辕北辙；而因为主持人选拔赛脱颖而出不过两年的主持新人，在接

受采访时,都愿意把自己摆放在高级轿车、豪华居室的背景之下,对着镜头极尽夸张之能事,这些显露的也只能是文化根基的浅薄与浮躁。

那么,获取了社会文化传播主流媒体的"主导地位"和文化流传过程"优势地位"双重优待的主持人们,在有声语言传播中,如何才能更大范围的影响社会文化的流行,并使自身的创造活动成为时代文化的重要组成部分,同时也无愧于"天赋"的优势?

中国文化是一个复杂又庞大的文化体系,精华与糟粕并存,既反映了封建统治阶级的利益与意志,同时也蕴含着中华民族特有的善良、正义及表达方式,是中华民族心路历程的创造和结晶。我们强调的文化传承当然是对糟粕的扬弃和对精华的留存。一言以蔽之,"传统犹如血脉,应该更新,但不可以割断"①。

科技的进步与物质的丰富是社会发展的必然,也是文化的一种表现,但我们千万别忘了,文化的终极目标是人类精神素质与精神品位的提升。如若没有高尚的理想与道德的准绳,有些所谓的现代文明也许就会成为人类毁灭自身的"核武器"。此外,众所周知,文化传统是一个民族的生命与灵魂,"是一个民族千百年世代相传的基因,是一个民族区别于另一个民族的本质特征和符号"②。全世界没有哪个民族会主动地、自觉地、全方位地批判、摒弃自己的文化,作为炎黄子孙的我们自然也没有理由对自己的民族文化或全盘否定,或任她断裂、流失。

有人认为"未来不存在于过去的延长线"上,所以那种"考察过去,研究现状,然后在其延长线上描绘未来"的"推进式思维"是非常有害的。我们认为,在对待文化传统的继承与发展问题上,与过去一刀两断、对历史全盘否定的做法才恰恰是最为可怕,也是最不可取的。面对道德层面的文化失根、文化传统的断层现象,主持人文化影响力之渗透力就应该是一份社会责任感驱使下的执着与坚守,理应担当起修补与填补的责任。

——不以收视率马首是瞻,多开辟一些形式多样的读书栏目,呼唤人们读书习惯的建立。电视技术以图像符号代替文字符号的出现,使得众多的受众不再需要像文字那样通过接受教育才能理解、接受。这无疑培养了人们对于电视的习惯性依赖:习惯性依赖电视上播出的外来信息,习惯性依赖荧屏上直观的图像世界。这种来自"精神快餐"的接受方式,不仅使得人们不再习惯文字阅读与思辨,也使得人们的抽象思维能力日渐疲软。在这种影像思维、视觉思维对语言思维的入侵颠覆占有极大比重的境况下,我们希冀通过读书节目,通过主持人在读书节目中的适当引导,让他人引导、自我引导、媒介引导三种引导类型共时存在,让越来越趋向于图像文化、娱乐文化和平面文化的审美文化得以拨乱反正,既唤起受众建立对民族文化恢复记忆、连接传统、重建

---

① 孙家正.和谐社会构建中的文化责任[J].新华文摘,2005(19):55.

② 王能宪.文化建设论[M].北京:人民出版社,2006:169.

传统的过程，又能够在一定程度上抑制电视的负面影响。

——不断加强自身的文化修养，不断明晰自己的媒介责任，主持人应该在文化底蕴上做足文章。在主持人吸引力问卷调查表中，白岩松在学历为“大专或本科”层次的主持人中名列第一。提起他，我们会想到《中国周刊》《东方时空》，想到很多的现场直播。在没有提词器，甚至连文字稿都没有的情况下，靠着事前精准的案头工作，靠着一张嘴和随机应变的思维能力，白岩松总是不负众望。究其原因，白岩松自己归结为幸运，其实幸运不会降临给没有准备的人，有记者在对他进行专访后写道：“白岩松是天生的书虫，读书是他的生活方式，他的知识因而涉猎得很广泛。社教、文艺类节目他都能做，足球和古典音乐节目更是他的强项，但他却不贪多求全，总是不断地给自己做减法，逐渐缩小自己工作涉及的范围，把精力放在少数的几个领域上。……白岩松从来不背任何大型直播的包袱，不会为此临阵磨枪，因为专注的领域少，所以他平时的积淀非常丰厚，神舟三号、四号发射的节目都是他做的，白岩松也因此跟航天系统的领导很熟悉，经常和这些航天领域的专家们一起聊天。这些平时的知识积累，都在关键时候帮了他大忙。”[①]CCTV－9的《今日话题》是一档英语访谈节目，主持人杨锐经常与各个国家的大使以及国际名人面对面，他说，每当这个时候，“民族利益”就是唯一的立场；身为主持人，“代表的就是一个民族的形象”。而对于被采访的大使们来说，他们总是直观地把杨锐的文化底蕴当作中国人的文化底蕴，把杨锐的思想认为是中国人的思想。可见，主持人自身的文化底蕴比之影像手段和技巧运用来说更具穿透力，也更显渗透力之作用。

当然，文化本身就是一种思维方式，就如同全能思维的电视摒弃单一思维方式一样，在文化传统的传承与求索中，我们同样提倡创新思维与创造性思维的开掘与使用。因为传统和创新是一种互动关系，创新是对传统的创新，而非割断。

二、“创新性思维”对情感的疏通与印证的满足

中国人思维方式的形成与几千年特有的文化密不可分，与中华民族内敛、含蓄的民族性格有关。尽管人作为有意识的社会动物，必然有着与外部世界保持信息沟通与情感交流的需要，但“家丑不可外扬”的思维方式使得大多数中国人封闭内心、压抑情绪；而强调阶层归属、强调群体取向的文化特点，又使得人们总是希求在公共领域寻求印证与认同。在宣泄的欲望难以得到满足的情况下，负面的情绪容易滋生与蔓延，情绪型舆论必定给社会带来极大的影响。在印证与归属感的寻求都难以实现的情况下，人们与社会的联络必将产生断裂，自我指认的需要也就难以满足。因此，电视媒介的

① 赵冉. 白岩松挥不去的草原情结[J]. 青年时讯，2005(5)：32.

出现,尤其是电视谈话节目的出现,不仅为受众情感宣泄提供了全新的舞台,也使受众在大众媒介的公共空间里找寻到一种印证与归属。这是经由电视而带来的一种创新思维对传统思维的挑战与革命。

首先带来的是情感宣泄的疏通和情绪舆论的引导。当主持人以倾听者的身份出现在电视节目中时,可以说电视传播的一种新形式由是开始:受众和传播者之间的壁垒打破了,主持人的"话语霸权"消解了。经过挑选的现场观众可以和主持人一起聊国事、家事、天下事,也可以倾诉个人隐私,求助于媒介及其他"陌生人"的帮助,还可以在游戏娱乐中寻求快乐的分享。这种以受众话语权利得以解放为标识的传播观念的建立,不仅催生出《心理访谈》《生活广角》等一批心灵服务类栏目,《实话实说》《荧屏连着你我他》等一批谈话类栏目,《幸运52》《开心辞典》等一批益智娱乐类栏目,更使得人们在主持人的导引下,封闭的内心得以启封、压抑的情绪得以宣泄,尤其是对社会转型期的当下人群,这种努力寻求情感宣泄,敢于倾吐心声的方式,无疑对社会舆论的形成与引导起着积极的作用。

目前我国正处于重要的社会转型期,经济上打破旧的、单一的、封闭型计划模式,实现由封闭型转向开放型、由自然经济转向科技经济,由权威垄断型转向市场多元型的根本转变。在转型期内,包括阶层结构、城乡结构、人口结构、就业结构等在内的社会结构均发生了深刻的变化,出现了许多新特点。而社会的急遽变革,也滋生出人们从未有过的紧张情绪与困惑焦虑。中科院心理研究所2004年完成了一项名为"社会转型期不同职业群体主要社会应激源与心理健康研究"的调查。在历时4年的调查取证中,研究结果显示:压力主要来自10个方面,涉及社会环境、工作压力、个人成就、经济收入、人际关系、社会支持、家庭、住房、子女和个人生活;压力源则涉及89项。其中社会环境、工作压力、个人成就成为转型期的"特色压力"。

市场经济带来的竞争充斥在现今社会的每一个领域,人们争夺岗位,争夺市场,争夺技术,争夺资源。这种以利益争斗为特征的竞争机制,在打破传统社会重义轻利原则的同时,也给人们带来情结焦虑、心理失衡的心理,处于充满着危机感、风险感、失落感和无所归依的精神状态。伴随着烦躁失落和精神无所归依的是群体焦虑症候的日趋严重。不仅于此,科技的发展改变了时空的本来意味,但人们心理的空间距离却越来越远。当理想与现实产生了巨大的罅隙时,宣泄便有了需求。这是一种表达情绪的主动愿望,如同受众对自己心仪的主持人总会采取主动跟踪一样。我们看到,有那么多的人愿意去到主持节目现场,与主持人一起纵情话语的狂欢;有那么多人愿意坐在电视机前,与屏幕上的人一起分享宣泄的快乐。

"如果说80年代人们看电视最需要的是'解闷',90年代以后更多的则是'解气'和'解惑'。大家心里有气,需要'解气',通过电视来泄气;大家有困惑,通过电视来

‘解惑’”①，那么，《心理访谈》《实话实说》等这样一类谈话节目，便像是为受众提供的心灵栖息的家园，为人“解惑”，给人“解气”，满足人们日益增长的精神需求和渴望倾诉的迫切需要。崔永元曾在《实话实说》做过一期《父女之间》的节目。父亲王东成是一位教授，女儿王琳是一个高三学生。在父亲眼里女儿独立但又有点叛逆，在女儿眼里父亲严厉有余而民主不足。在家中他们没怎么相互说过心里话，父女俩之间有着不小的隔阂。但是在录制现场，在崔永元平等姿态、平民语态的引导下，他们说出了过去埋藏在心底的话。节目结束时，父女俩冰释前嫌，拥抱痛哭，崔永元也声音哽咽红了眼圈。节目播出后，我们看到，受到感动的不仅是当时在场的参与者，更有电视机前无以计数的观众，甚至有观众写信给这对父女，同他们交流感受。从倾诉者转向倾听者，不只充当有意识的“喉舌”，而且充当有思想的“耳朵”，这是崔永元对主持人话语语态最重大的贡献，也是满足受众“总是需要从大众媒介或其他信息渠道获得维持心理平衡和生存需要信息”②思维方式的前提。

众所周知，社会是个有机系统，媒介是社会的重要组成部分，也是社会环境的重要影响因素，尤其在舆论引导方面，更是有着无时不在、无处不在的功能。因此，在社会环境情绪型舆论勃发之时，媒介从业者沉着冷静的实时应对是首要的工作状态。其实，从某种角度来说，电视本来就是受众心理沟通与宣泄的渠道，主持人在很大程度上扮演着社会心理医生的角色。每当发生较大的社会变动或是突发事件时，电视要及时传达信息，解除受众的困惑；每当负面的情绪舆论生成发散之际，电视不可回避，应该采取正面报道的方式予以疏导与沟通。2003 年抗击“非典”期间，中央电视台新闻频道推出了围绕抗击“非典”的现场直播达 80 多场，其中，最为震撼人心的莫过于主持人柴静来自隔离区的一线报道，还有王志对李立明、钟南山、张积慧、姜素椿、王岐山等一系列“非典”新闻人物的专访。他们以及他们的专访嘉宾在屏幕上的出现，对于当时民众恐惧心理的及时安抚以及紧张情绪的理智疏通，无疑都起到了特定时期社会权威的重大作用。而柴静、王志也正是凭着在“非典”时期的突出表现成为“非常栏目的非常主持”，开始脱颖而出，从而奠定了他们自身在受众心目中值得“追踪”的屏幕形象。

其次带来的是社会群体的印证与新阶层的归属。每一个个体人从他出生起就生活在一定的社会群体之中，他认识世界的态度、生活方式的选择以及自我评价和行为动机无一不是由他所属的那个社会群体塑造而成的。因此，社会群体内部存在着巨大的相互影响因素。过去，乡土中国不流动、静止的特点，不仅使得社会群体窄小、局促，也使得相互影响总是在熟悉的人、熟悉的地方展开，祖先的经验“必然就是子孙们会

---

① 胡智锋. 会诊中国电视[M]. 北京：文化艺术出版社，2005：86.

② 陈力丹. 舆论学：舆论导向研究[M]. 北京：中国广播电视出版社，1999：190.

得到的经验"[①],前辈的思维方式也总成为晚辈们做什么与怎么做的最大参照系。电视的普及,完全打破了固有的状态,屏幕上出现的帮助各类社会群体塑造的"参考群体",不仅达到了黏合社会群体内部成员不同个体的目的,也满足了每一个个体寻求群体印证与阶层归属的内心渴望。以成功人士身份出现的电视节目主持人,凭借着电视的力量,也顺理成章地成为这种社会群体内部黏合与协调不同社会群体最直观、最感性的形象代表。

我们先来看看主持人是怎样通过节目起到黏合社会群体内部不同个体作用的。

改革开放以来,中国自古以来"顶层是锥型,上层很小,中下层很大的"金字塔图形的社会结构开始发生了某种松动,它的结构构成与排列顺序开始有了新的变化。2002 年,作为中国社会科学院的重大科研项目,由陆学艺研究员主编的《当代中国社会阶层研究报告》正式出版,报告对当代中国社会阶层进行了分析,并以职业分类为基础,以组织资源、经济资源、文化资源占有状况作为划分社会阶层的标准,将当今中国社会划分为十大阶层:国家与社会管理阶层、经理阶层、产业工人阶层、农业劳动者阶层、私营企业主阶层、专业技术人员阶层、办事人员阶层、个体工商户阶层、商业服务人员阶层和城市无业、失业和半失业阶层。[②] 这一研究成果表明,中国当代社会阶层已经"在基本成分、结构形态、等级秩序、关系类型和分化机制等方面都发生了深刻的变化"[③],已经不再是简单的工人阶级、农民阶级和知识分子阶层,原来的阶层正在发生分化,现代化社会阶层结构的基本构成部分在中国已经具备。

社会阶层的变迁,导致了人群的重新划分,也必然带来价值观念的磨合碰撞、资源配置的优化组合以及利益格局的重新调整,更多的需求,更多的机会,更多的困惑,更多的风险,更大的两极分化和社会的不平等,更多的局部利益和社会价值的冲突,等等,这一切都成为媒介生存与发展的时代背景。大众传媒要赢得受众,就要加强被传播的内容本身和受众现实之间的联系,如关注各种各类的人的命运,关注人的内心的不同感受以及他们的深层心理状态,关注与他们生活相联系的社会大背景的变迁。[④] 主持人文化影响力要想在占有受众"注意力资源"的前提下施展文化传播的历史使命,就应该注重当下不同阶层、不同群体受众的不同心理,在不同的栏目定位中,给予不同的话语表达方式。简言之,在"窄播""小众化"观念的基础上更加加强"对象感"的建立,以便让不同阶层、不同群体的人群在电视媒介里更为便捷地既了解社会、了解这个社会中与自己同一个群体其他人的生活行为,同时在认同自己与世界相连中得到印证心理的满足。这是媒介人对过去"广播""大众化"思维方式的一种突破,也是培

---

① 费孝通. 乡土中国生育制度[M]. 北京:北京大学出版社,1998:21.

② 陆学艺. 当代中国社会阶层研究报告[M]. 北京:社会科学文献出版社,2002:9.

③ 陆学艺. 当代中国社会阶层研究报告[M]. 北京:社会科学文献出版社,2002:248.

④ 陈卫星. 传播的观念[M]. 北京:人民出版社,2004:287.

养受众对主持人信任感的有效途径。

《对话》是中央电视台2000年7月推出的一档60分钟的严肃谈话节目。栏目的目标收视群定位为关注经济改革动态并具有决策能力的社会精英人士；栏目致力于为新闻人物、企业精英、政府官员、经济专家和投资者提供一个交流和对话的平台。这里出现的人物颇具分量：左右经济走向的权威人士、经历商海沉浮的企业巨头、见证热点事件的当事各方。在"《对话》对于北大、清华、人大三大高校的问卷调查"中，关于认定节目做得比较成功的地方，清华与人大的学生将"嘉宾有魅力"置于首位，清华与北大的学生将"主持人表现得体"放在第二位，肯定了主持人对于这个品牌栏目的贡献。

与曾经在《对话》做过主持的张蔚、沈冰相比，陈伟鸿显得要低调得多。没有MBA学位，没有海外工作、求学的经历，但是不卑不亢、拿捏到位的对话方式，虽专业而内敛，虽内行而平和的处事风格，都使得他充满自信地站在演播厅里，与那些称之为"社会精英"的嘉宾自由交流，迅速赢得了国内专业领域受众的青睐，同时也确立了自己在《对话》中的主持地位。有人评价他是智慧型的主持人，"面对全球工商巨子，他潜心营造的话语场为观众洞开商业与人生的独特境界，令枯燥而严谨的财经话题，平添了个性之美和交锋之趣"，陈伟鸿却说："在《对话》中主持人不应该是排第一的，因为嘉宾都是重量级的，我认为主持人的作用就是怎么样使嘉宾把自己的智慧、风采展现出来。"唯其如此，定位高端人群的《对话》通过展示专业领域成功人士的创业业绩，牢牢锁住了工商业、经济界、政治界等社会精英群体的目光。

我们再来看看电视节目主持人是怎样通过节目协调不同社会群体的。

2006年5月30日，凤凰卫视《冷暖人生》播出了名为《华山独臂挑夫何天武》的节目。节目播出之后的短短几天时间，《冷暖人生》博客关于这次节目的点击率一路飙升，栏目组接到了上百位热心观众的电话和邮件，通过中华慈善总会捐赠给何天武的钱也有了4,000元。这些观众有来自内地的，也有来自港澳台的，还有海外华侨同胞，他们有的给老何捐款，有的给他提供工作，有的帮他联系医院，等等。他们表达了一个共同的心愿，就是要帮助老何。

《冷暖人生》着眼于底层人群和弱势群体，抓取真实的普通人的故事，讲述普通人的命运，以期引起全社会的关注。主持人陈晓楠说："在没有做节目前，自己对弱者的认识还只是一个群体的概念，没有想过个体是怎样的人。而《冷暖人生》让我接触到了一个个鲜活的个体。原来从来没有想过和自己不在同一个轨道上运行的人去交流，去沟通，但现在觉得每个人都很有意思，而且每一个人都会给你些什么，只要你能放开你自己和他去交谈。当你放开你自己的心，去接纳所有人的时候，去观察、去体会所有人的时候，你的世界就丰满了。"电视节目把不同的社会空间、不同人群的生活经验整合在了一起，在主持人的引导和介绍下，他们次第出现在屏幕上，而每一个个体在收看电视的过程中便与这些不同的社会人群建立起了广泛的联系，共鸣与感动交合成心灵的沟通。在当下这种浮躁又喧嚣的世界里，在忙碌又忙乱的生活节奏当中，一般人是难得花上几分钟时间为一个与自己不大相干的人去滋生感动的。因此，对于受众来说，能够真正吸引他们、感染他们，并对他们有着逐渐“侵入——沁入”作用的主持人，一定会在讲述当中不仅仅停留在“同情”“怜悯”的表层，一定会在人性的深处激起受众的共鸣，以赢得不同社会群体的感动，而这样的感动才可能是最具价值的。因为“在一定程度上，媒介的说服实际上是提供一种象征性的心理满足，但这种满足不少情况下是潜在的，需要媒介唤起才能转化为一种态度或行为”①，一个一个普通人的故事，一个一个命运的颠簸，唤起了主持人内心的波澜与改变，而经由主持人展现在屏幕上的每一幅场景、每一段对话，也同样唤起更多受众态度或行为的变化：他们为老何身残志坚的信念所感动，他们从老何的经历中体会到一种激励，在他们向老何伸以援手的同时也获得了一种关爱他人的内心体验。这就是戴安娜·克兰所说的，电视“使不同社会地位的所有观众都能理解他的信息，从而打破了社会群体之间的界限”②，主持人节目和主持人话语从而具有了黏合社会群体的功能。

第四节　引导与建立

——主持人文化影响力作用下对受众价值观念的影响

多年前诗人顾城写过这样一首诗：“你/一会儿看我/一会儿看云/我觉得/你看我时很远/你看云时很近。”③拿这首诗来比喻现在电子时代人与人之间的心理空间与物理空间的反差也许再合适不过了，技术上的无限可接近性与心灵上的渐行渐远成为这个时代的一个悖论。当人们越来越少地受到社会群体的羁绊，当人们越来越多地通过电视来了解我们生活的这个世界，为了弥补媒介社会功能上的不足，电视便承担起将受众控制在意识形态力量所能控制的范围之内这样一个责任。在主持人文化影响力呈层级关系的吸引力、感染力、渗透力、支配力中，支配力便是主持人文化影响力在意识形态方面给予受众调控、引导、改变并施以影响的力量呈现。在文化传播的空间里，建立在一定权威性基础之上的握有支配力的主持人，对社会价值观念往往能够起到引导舆论、控制舆论的作用。

---

① 陈力丹. 舆论学：舆论导向研究[M]. 北京：中国广播电视出版社，1999：199.

② 克兰. 文化生产：媒体与都市艺术[M]. 赵国新，译. 南京：译林出版社，2001：4.

③ 阎月君，高岩，梁云，顾芳. 朦胧诗选[M]. 沈阳：春风文艺出版社，1986：124.

一、社会道德的聚合与唤起

尽管大众媒介的言论包括电视节目主持人的言论，但并不等于舆论，“较大范围内舆论的产生和消失往往是大众媒介信息传播和引导公众的结果”①这一事实已得到理论界的认可；尽管“沉默的螺旋”理论在理论提出者自己那里进行了修正，人们开始思考反沉默螺旋模式时，“电视塑造着现实，并影响着人们长期认知的效果”这一推论也还是得到大多数人的肯定。由此，作为大众媒介的电视，在舆论形成过程中的地位与作用是显而易见的。

“除了少数几个话题可能会形成全球舆论外，绝大多数的舆论都是在一定的文化圈、民族圈或宗教圈的范围内形成的，不可避免地带有文化与道德传统的印记。”陈力丹先生在《舆论学》一书中，还援引了几位大师的看法：“在卢梭看来，‘所谓舆论，就是社会成员不自觉的道德状态’；李普曼讲得较为准确：‘舆论基本上就是对一些事实从道德上加以解释和经过整理的一些看法’。”②电视节目主持人的双重身份使得他们在对客观事实进行评价的时候，也应该具有“从道德上加以解释和经过整理的一些看法”，应该在社会道德、价值观念上予以聚合与唤起。

老子的《道德经》，不过五千言，其中蕴含的哲理却被后世广为赞颂。有人说，“道德二字很简单，道是一种选择，德是一种结果，选择正确，出现了好的结果，就是有道，有德。选择错误，出现了坏的结果，就是失道，无德”。也有人说，“道德是人们心灵的契约，是一种内在的、软性约束机制，它是通过舆论来实现其力量的。道德涉及人类生产和生活的各个方面，具有最广泛的涵盖性”。何怀宏教授在《良心论——传统良知的社会转化》中指出：“完整意义上的道德包括：1. 主观的、在每个人心里内在地发生的，只能为他自己通过反省觉察的道德心理现象；2. 客观的、可为他人从外部观察到的，个体或群体的道德行为现象；3. 作为一种精神的客观凝结物的，以戒律、警句、格言，或理论、学说等形式表现出来的道德知识现象。”③如果说，道德含有自律和他律两个方面，那么，主持人文化影响力应该是道德文本建设构成他律的因素之一，在有关道德舆论的形成中，起着认定、聚合的作用。

打开电视，我们看到：

——在矿难发生的现场，主持人长江在黑洞洞的地下矿井做着现场报道，关心着死伤的矿工，紧蹙的眉宇间是对遇难矿工的同情与恻隐。

——在台风肆虐的恶劣天气下，被风雨浇打得站立不稳的主持人却将手里的话筒

① 陈力丹. 舆论学：舆论导向研究[M]. 北京：中国广播电视出版社，1999：59.

② 陈力丹. 舆论学：舆论导向研究[M]. 北京：中国广播电视出版社，1999：56.

③ 何怀宏. 良心论：传统良知的社会转化[M]. 上海：上海三联书店，1994：94.

抓得牢牢,即时即刻地报道着灾情。

——2003 年春夏之交,在中国面临一场史无前例的灾难——“非典”之时,主持人柴静重装上阵,《新闻调查》在 2003 年的 4 月 26 日播出了《北京:“非典”阻击战》,第一次在电视屏幕上全面直接地反映北京市医疗系统在抗击“非典”中的接报、隔离、诊断、急救、消毒等各个环节。在这之前,人们还不知道 SARS 是什么样子,在这个片子里第一次看到了 SARS 病人。“我不想在多年以后我的孩子问我‘妈妈,那时候你在哪里’的时候,告诉他我在家里看电视。”柴静这样解释为什么在谈“非”色变的日子里,自己几乎是迫不及待地要求参加“非典”报道的一线采访。

——关于艾滋病人、关于吸毒者、关于同性恋、关于抑郁症患者……起初社会的舆论是片面的,生活中人们对这样一些人群也是避之不及的。然而,电视节目里开始有了这些人作为嘉宾出现,开始有了主持人对他们进行的采访,语气中没有丝毫轻蔑与距离,真诚的握手与拥抱不仅让被采访者眼睛湿润,也让电视机前的观众开始意识到,这是社会在向前走的过程中不可回避的人群,也是不容我们回避的问题。

——公益活动献爱心活动中,有著名主持人的现场主持,也有他们捐出的钱物;通过热线,对已有悔过之心的潜逃罪犯,动之以情、晓之以理,最终使得潜逃者主动自首……更有在评论节目中、谈话节目中、辩论节目中,主持人对时政、对现实、对某种具体的社会现象做出的点评,或深入分析,或层层剥笋,或点到为止,鞭辟入里,振聋发聩。

受众在电视打开的“窗户”面前,在主持人发出的言行中不断找寻“镜子”,进行自我观照。这一切似乎真是值得欢呼了,但欢呼是容易的,呼唤却是需要勇气和胆识的。当下中国的社会现实所呈现出来的道德失范已经成为不容忽视的事实,而社会成员的每一个人包括节目主持人的道德观、价值观,都在大环境的包围下接受着现实残酷的考量。

真是很巧,正当笔者写到这个小节的时候,历时两年多的“郭敬明涉嫌抄袭事件”终于尘埃落定。2005 年 5 月 22 日,北京市高院终审裁定,郭敬明小说《梦里花落知多少》剽窃了女作家庄羽的小说《圈里圈外》,判决郭敬明与春风文艺出版社赔偿庄羽 21 万元。然而,如果说法律判决之前,很多郭敬明的追随者不明真相态度暧昧还可以理解的话,那么,法律判决之后依旧有很多人对抄袭者予以支持,而对被抄袭者肆意谩骂、攻击,就实在令人匪夷所思。他们说:“他(指郭敬明——笔者注)的才华是无处不在的,是别人无法取代的、无法超越的,他根本就不需要去借鉴别人、抄别人。”“作为一个读者,我们只关心他的作品好不好,至于其他的,我不在乎。”“她(指庄羽——笔者注)这么做不就是想炒作自己嘛。”郭敬明本人也始终是一副理直气壮的态度,说赔偿可以,道歉坚决不做。这样的是非不分、黑白颠倒,社会的道德风气竟然混浊到如此地步。

与此同时,一篇题为《触目惊心的道德沦丧与中国人的血性》的帖子在网上的点击率急剧上升。文中历数了“杀人”奶粉、学术道德败坏、虚假文凭泛滥等各类道德沦丧的事件，并尝试从各个层面进行根源分析。也许年轻，作者的有些话语尚显气盛，有些看法也还稚嫩。但打开电视，且不说月贪数百万的贪官、标价数千万征婚的研究生、卖官买官刮地皮的公务员、写性爱日记标榜我是流氓我怕谁的痞子，单就某个“大腕”歌星生孩子，也闹得沸沸扬扬，长达几个月之久。更有甚至，某媒体在播放俄罗斯人质危机的新闻报道时，竟搞起了“有奖竞猜”，屏幕下方滚动播出了这样的字样——俄罗斯人质危机中一共有多少人丧生？答案A××人；B××人；C××人……参加的方式是：××用户发送答案至××××，××用户发送答案至××××。这样的冷漠，这样的毫无恻隐之心，这种嫁接于灾难之上的娱乐和商业是何等野蛮！

电视生态的失衡与错位，使得不少主持人也乱了阵脚，迷了方向。不仅忘却了媒介角色的职责，就连自身的道德标准也开始大打折扣。正是《超级女声》白热化的时候，一档音乐节目的主持人却在节目中说了这样一段话：“孤独的李宇春，造物的恩宠，我想她昨天在舞台上号啕大哭，一方面是真心真意无法割舍何洁，这个人实在是太真性情了！至情至性，的确是一个了不起的人物！另一方面也是经历了太多的委屈，忍了这么久，终于忍不住了。其实我觉得让她跟周笔畅同台，还真的对她不太公平，因为她是如假包换价值连城的真迹，而另外一个呢，真的只是一个人工制造的，人工色素，人工香精的，很平庸的赝品！……我讨厌周笔畅很久了，一直忍着不说。”这种极端霸道、专制的言辞，无疑是在有声语言传播中夹带“私货”的表现；这种将个人主观意见凌驾于节目之上的做法，更是违反新闻纪律的表现。

傍晚时分的一档有关城市交通的节目，说到新手开车都会有的紧张——

男主持：小崔（指崔永元）不会开车。不是说他抑郁症不能开车，是他不敢开。有一次他开车，前面300米远有一个人，他赶紧停了下来。等那人走过去之后，他走了没多远，前面150米远过来一群人，他又赶紧停车。从这以后，他再也不敢开车了。

女主持：这让我想起一首歌，（唱）“爱你就等于爱自己”，哎，这样的爱别人其实就是等于爱自己，行人要有事儿（司机）自己也难受。

原本到这里，给予受众的观点已经出来了：司机要照顾行人，尤其是新手上路，更要以行人为本。“爱别人其实就等于爱自己”，女主持人的话非常到位。然而，接下来男主持人的一段“画蛇添足”却出现了“拐点”：

男主持：我也改了一首歌送给小崔，（唱）“哥哥你大胆地往前走哇，往前走，莫费油……”

话题的初起就拿小崔的抑郁症说事，说是不大厚道也未尝不可。更令人吃惊的是，主张不论路况如何，为了不费油，大胆往前走，这样的做法未免太过自私，这样的做法行得通吗？出现在国家级电视台的声音，暴露出的只能是这位男主持自身的道德失范。

名为《魅力前线》的节目，主持人也语词“前卫”。有一段时间大打“性感”牌，每期节目必说“惹火”“撩人”“热裤”，展示女模特时，主持人就将“热辣性感”常挂在嘴边。还有些主持人明明清楚自己新闻工作者的身份，却总想往艺人、明星那儿靠。介绍某个台湾歌手，也是极度夸张、肉麻吹捧：“弹指间，她出现在我们想得到和想不到的地方，她的广告身价达到7位数，刘德华不是明星，张柏芝不是明星，如今娱乐圈里没有人比她更是明星。”

当文化的物质方面过于发达的时候，当运输和破坏的方法，以及大量生产和广告，支配着一个国家的生活的时候，整个社区便充满着穷奢极欲式的虚假和妄狂的需要的满足，到这时，整个的文明都大堪忧虑。① 因此，我们有必要看看在传统文化的词典里，道德、良知究竟是什么？

“按照传统的说法，中国人的‘良知’包括：恻隐之心，羞恶之心，辞让之心，是非之心。朱熹说：‘恻隐、羞恶、辞让、是非，情也。’这四种‘心’又是‘仁、义、礼、智’这四种‘德’之所本”。②

公共观念、纪律习惯、组织能力、法制精神这四点亦可总括以“公德”一词称之。公德，就是人类为营团体生活所必需的那些品德。③

先秦老子、庄子学说，周公、孔子的道统，宋儒周敦颐、张载、程颢、程颐、朱熹等的哲学思想文化，无一不传播着道德文章。中国传统文化中，伦理学最为发达。传统伦理通过对复杂社会关系的梳理、归纳，形成了“忠、孝、节、义”等基本观念，并且以十分完备的礼仪、规范来保证，同时，通过文化的载体，以大众喜闻乐见的形式，普及、渗透，代代传承。④ “道”是本质的精神与灵魂，它相对恒定，而“德”是一种呈现，一种结果。道德是通过社会舆论产生作用的，从而使每个人来行使道德的力量，把个人或群体的行为控制在一定的范围之内。当我们仍然沿用“德范天下”“志同道合”“得道多助，失道寡助”“道不同不相为谋”“君子爱财，取之有道”等词汇和句子的时候，我们是否应该想到“道”在今天意味着什么，“道”该怎样以电视为载体，“道”在主持人有声语言传播中又该如何呈现？

就在法院对郭敬明剽窃案进行裁定那周的《中国周刊》里，我们听到了白岩松旗

---

① 马凌诺斯基. 文化论[M]. 费孝通，译. 北京：华夏出版社，2002：100.

② 孙隆基. 中国文化深层结构[M]. 桂林：广西师范大学出版社，2004：169.

③ 梁漱溟. 中国文化要义[M]. 上海：上海世纪出版集团，2005：59.

④ 孙家正. 和谐社会构建中的文化责任[J]. 新华文摘，2005(19)：5.

帜鲜明而又真诚恳切的话语："针对郭敬明的抄袭我不想再多说什么，法律已经给出了答案。但是在法律的答案给出之后，一些人的反应倒是应当说上一说。郭敬明应不应该道歉，我们可以暂时放在一边。但是众多郭敬明的喜爱者和支持者在网上展开了对被抄袭者的攻击以及对郭敬明抄袭的支持和对法律结果的不屑，却大大地让人震惊。这些人因为喜爱郭敬明因而产生了感情，我们很容易理解，但是在喜爱的上面，还有公正、道德和法律！年轻人的使命当然是对历史的发展起到了推动作用，并且对一些传统有所突破甚至颠覆，但是，这些叛逆性的颠覆却必须建立在不颠覆公正、不颠覆做人准则的基础上，否则喜剧就会变成悲剧，正剧也会变成闹剧，同时你因感情而产生的不正当的支持甚至会毁掉你支持者的未来。这样的事情从韩寒与白烨争执的时候就已经开始了，或许，我们也该思考思考，理智与情感到底应该是一种什么样的关系。"

建构生活模式、建立价值观念是电视最重要的功能，其中就包括建设道德意识，树立道德风气。中国人有着崇尚"真、善、美"的传统文化道德观，有着对美好事物的热烈向往和对丑恶行为的深恶痛绝。我们的电视文艺作品的思想内涵深刻、文化意蕴丰厚、审美情趣健康，作用于广泛的国民鉴赏心理，则培养造就一种深邃、沉稳、幽默的社会文化氛围和环境；反之，则势必形成一种浅薄、浮躁、媚俗、油滑的社会文化环境和欣赏陋习。电视节目主持人如果由于自身的不清醒而带来屏幕上的言行混乱、颠倒，必定会造成社会生活舆论的惶惑与浮躁，更难以形成公民道德他律的舆论力量。

二、民族文化的坚守与输出

多年前，"地球村"这个名词令人感觉气势恢宏，充满浪漫诗意。然而现在，人们不怎么说"地球村"改说"全球化"了，目之所及的文章，无不充满了对这个新名词的猜测、担忧，有欢呼，也有恐慌。有人说，全球经济一体化势必带来全球文化一体化；有人认为，将来的世界文化会形成一种文化，媒介也会形成一种媒介；有学者忧心忡忡，"'全球化'是一个充满矛盾的复杂的过程，尽管它在经济领域取得了不可置疑的成功，而在文化领域它的正确性是有限的，对它必然会产生的负面作用，我们一定要高度警惕"①。有学者在对历史与现状的观照中提出"发现东方"的口号："中国文化在现代性初期很长时间内，对整个西方文化具有滋养作用，这种滋养作用是非常明显的。可以这样说，欧洲文明的来源是东方——古希腊人继承了埃及、巴比伦和东地中海沿岸的文明，成功地使他们达到了奴隶社会的高峰。同时，西方也吸收了很多中国文明的滋养，如孟德斯鸠、伏尔泰、莱布尼兹这样的大思想家对中国文化都做了诸多吸收，甚至有一些传教士，把中国渲

---

① 曾庆瑞. 艺术事业、文化产业与大众文化的混沌和迷失[J]. 现代传播，2002(3)：15.

染得可以说是美轮美奂。马可·波罗曾经到中国的杭州,他所看到的景色就像今天的中国人到了纽约、东京、巴黎一样。也就是说五百年前的前三百年,中国的文明在很多方面对西方是种文化资源和精神滋养。恰好是160年的失败,使得我们今天的中国人认为全球化就是西化,似乎中国从来就是战败,而且学会了将所有旧账算在传统上,进而全面抗拒我们的传统,却从来没有审理过自己。面对这一严峻境况,21世纪的中国思想应从文化‘拿来主义’转到文化‘输出主义’。"①

当我们的节目形态越来越多地"克隆""模仿",脱胎于外国电视的版本,当我们的主持人已经习惯了耸肩摊手"嗯哼"不断,我们是否意识到,"全球化"不仅仅是好莱坞大片、Discovery(探索)专题片在屏幕上的出现,它更以一种潜移默化的方式渗透在电视节目制作的环节和细节当中。方式的变化势必带来思想的转变以及观念的变革,因此,作为民族文化形象代表的电视节目主持人,如何理解"全球化"在电视文化中的真实含义,如何引领受众在西方文化的霸权地位迅速攀高的当下坚守中华文化的家园,是我们必须面对的新课题。

王岳川先生曾经让他的博士生做了一个调查,让他们在海外的主要大学的图书馆去检索中国20世纪翻译出去的专著,结果是不到一百本!而在国内,20世纪翻译的西方文论将近十万册!面对这样的文化落差,王岳川发出了"发现东方"的呼唤,要将我们文化传统中的那些"文明的碎片"重新整合、重新认识,成为人类共同的精神文化产物。几年前,著名学者季羡林先生也提出过"东学西渐"乃至"东化"的理论:"我一向特别重视文化交流的问题,既主张拿来主义,也主张送去主义。"②在这场具有历史意义的文化输出的"东学西渐"中,在素有国家形象窗口之称的电视媒介中,主持人应该"用最现代的艺术语言来体现最传统的中国文化",努力做好民族文化形象的代表。

与西方文化大举入侵形成对比的是"汉语热"在海外的持续升温。有资料表明,目前学习汉语的外国人已达3,000万,有100多个国家的2,300余所大学开设了汉语课程;累计37万人次参加国内外近200个考点的中国汉语水平考试;汉语进入美、英、日、韩等国的中小学课堂,在2006年5月举行的全美高中生选修大学课程的考试中,占试题总分一半的是与中国历史有关的题目。而经国务院批准,国家对外汉语教学领导小组办公室的"汉语桥"工程已经在2002年启动,现已在海外建立孔子学院100所,力争到2007年时全球学习汉语的外国人达到一亿人。"汉语热"源自中国文化散发出来的独特魅力。在无数外国人的心目中,古老优美的汉语是中华民族五千年文明最美丽的组成部分,却也是不容易学好的一种语言。因此,屏幕上发音标准、清晰流畅的主持人是不是可以成为一位生动形象的口语示范老师?语言是文化的载体,"老师"

① 王岳川.二十一世纪中国文化命运忧思[J].粤海风,2003(3):60.

② 季羡林.东学西渐与东化[J].东方论坛,2004(5):18.

语言表达内容的呈现是不是文化传播的直观文本？而凭借卫星传送瞬间覆盖的技术支持，又可以将这种汉语教学与文化传播的双重使命同时传递，海外华语播音的文化影响也借此产生。

海外华语播音一般包括在海外设立的广播电视机构和国内对外播出的广播电视节目。长期以来，海外华语播音多立足于为海外3,000多万华人华侨服务，了解祖国近况，传播祖国文化是海外华语播音的主要职责。而在非华人对中国文化的需求以及中国文化“东学西渐”的传播方面，海外华语播音从理论到实践都有极大的空缺。资料显示，目前我们的海外电视频道不多，大致包括中央电视台、上海东方卫视、山东广播电视总台海外频道、东南国际、凤凰卫视等十几家中文电视媒体，而在海外有知名度、有影响力的电视节目主持人更是凤毛麟角。也许，拓宽视野、勇于创新是我们应有的态度；主体“出席”、及时“发言”，是我们必须具备的力量展现。在节目的设置上可以多样化，不仅有汉语教学的常态形式，同时开辟更多更好的经典示范，或美文欣赏，或专题讲解，或展开互动；在文化的表现上坚持多元化，不仅有中华文化的多角度、多方位的呈现，坚守自己民族的立场、民族的性格，含有“东化”的明确指向，同时也在尊重差异、尊重他者、多元互动的基础上开展文化交流的平等对话。

具有文化影响力的主持人在民族文化上的坚守，是既保持民族文化特色，又博采世界文化之长的举措，在继承性与超越性的交织中，在民族性与世界性的统一中，必定会体现出中华民族特有的文化价值与审美价值。

知识梳理

电视节目主持人文化影响力从本质上来说，既是一种权力，是电视权力的“软化”表现，又是一种效果，是电视文化经由主持人作用于受众的传播效果，还是一种价值，是主持人的文化价值在使用价值上的价值体现。

首先，先导与提升。在主持人吸引力和感染力作用下，主持人的语言及形象对受众的审美情趣和审美心理起着先导与提升的作用。其一，语言方面标准的建立。电视节目主持人的语言不仅是社会语言的标识，也是社会语言的规范，而且是“最高层次的规范”，在整个社会成员对语言的审美认识上意义深远。其二，形象方面品位的提升，主持人在电视荧屏上的形象对受众来说，最具视觉冲击力，且最具美学意义的直接影响力。

其次，继承与求索。对文化传统的继承与发展，不以收视率马首是瞻，加强文化修养，明晰媒介责任。

最后，引导与建立。具有文化影响力的主持人在民族文化上的坚守，是既保持民族文化特色，又博采世界文化之长的举措，在继承性与超越性的交织中，在民族性与世界性的统一中，必定会体现出中华民族特有的文化价值与审美价值。

第四章

语言传播中人文精神的传承

语言传播人文精神的生成与建构是与文本主体、接受主体就“真、善、美、新、雅、精”进行交流、沟通、达成共识，向更高的普遍性提升的过程。

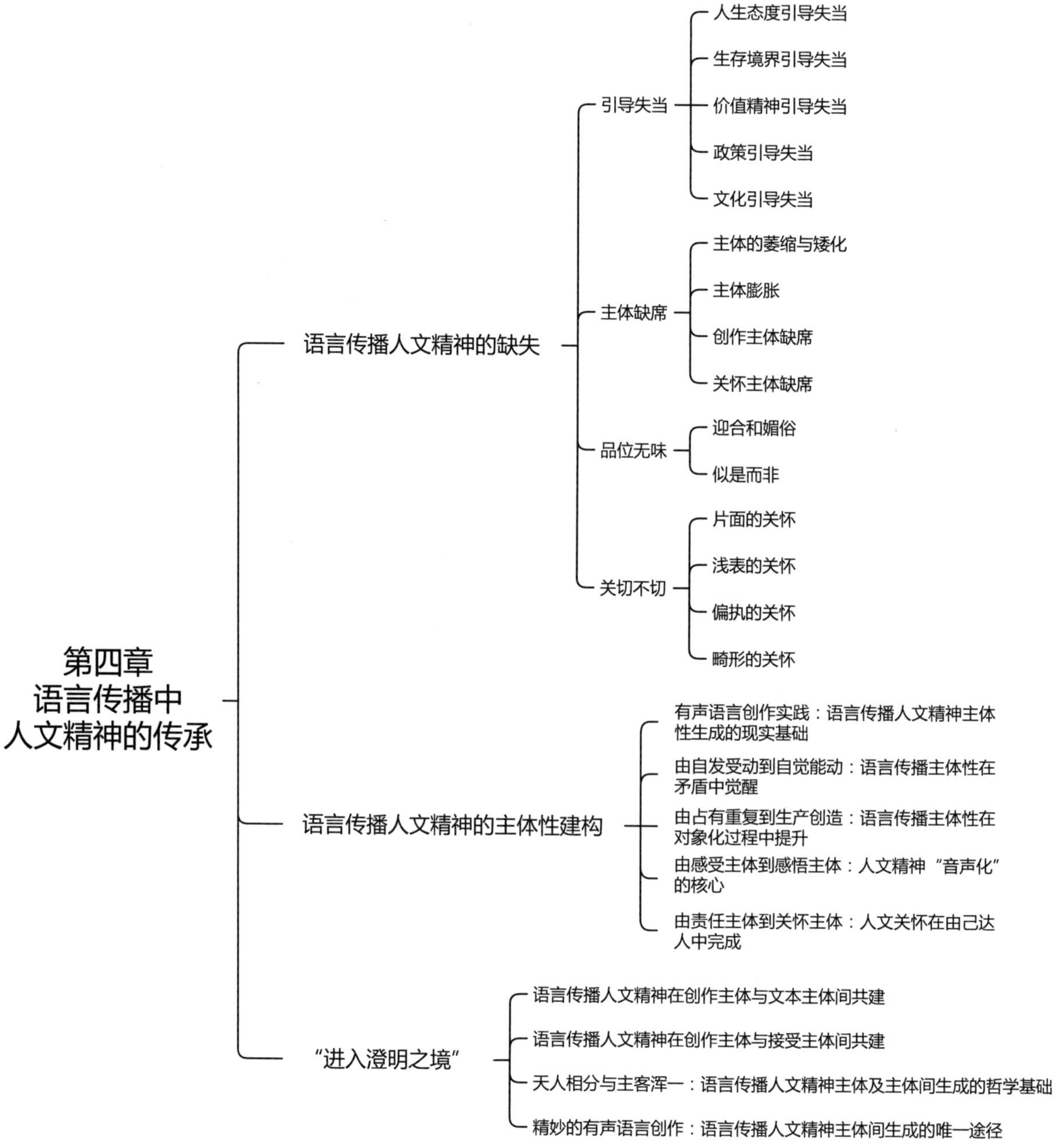
第四章
语言传播中
人文精神的传承
语言传播人文精神的缺失
引导失当
人生态度引导失当
生存境界引导失当
价值精神引导失当
政策引导失当
文化引导失当
主体缺席
主体的萎缩与矮化
主体膨胀
创作主体缺席
关怀主体缺席
品位无味
迎合和媚俗
似是而非
关切不切
片面的关怀
浅表的关怀
偏执的关怀
畸形的关怀
语言传播人文精神的主体性建构
有声语言创作实践：语言传播人文精神主体性生成的现实基础
由自发受动到自觉能动：语言传播主体性在矛盾中觉醒
由占有重复到生产创造：语言传播主体性在对象化过程中提升
由感受主体到感悟主体：人文精神“音声化”的核心
由责任主体到关怀主体：人文关怀在由己达人中完成
“进入澄明之境”
语言传播人文精神在创作主体与文本主体间共建
语言传播人文精神在创作主体与接受主体间共建
天人相分与主客浑一：语言传播人文精神主体及主体间生成的哲学基础
精妙的有声语言创作：语言传播人文精神主体间生成的唯一途径

第一节 语言传播人文精神的缺失

广播电视是我国的强势媒体,影响巨大,成绩巨大,责任重大,党和人民对它的期望也越来越大。随着文化市场开放力度的加大,我国的广播电视将面临西方发达国家强势媒体的激烈竞争,它必须壮大自身的实力以迎接挑战。事实证明:各国的广播电视媒体都是其国家利益的忠实代表,甚至已经成为国家机器不可或缺的重要部件。我国的广播电视必须不断增强自身的实力,在与世界强势媒体的竞争中更好地维护国家的利益,体现民族精神,捍卫文化安全。这就是本书对我国广播电视语言传播人文精神缺失现象进行反思的基点和背景。

一、对语言传播人文精神缺失现象进行论述的语境

第一,我们是在我国广播电视事业已经取得的巨大成绩和飞速发展的语境中,对其语言传播人文精神的缺失现象进行论述的。

广播电视是当今社会覆盖面最广、影响最广泛、传播最迅捷、受众最多、最重要的大众传播媒体,在党和国家的宣传工作中负有神圣使命,在建设中国特色社会主义先进文化的进程中负有重大责任,在熔铸中华民族伟大民族精神方面承担着光荣的职责。广播电视是党、政府和人民的喉舌,是教育和鼓舞全党、全军、全国各族人民最现代化的舆论工具。广播电视要多出精品,为广大受众提供更多高质量的精神食粮,不断满足人民群众日益增长的精神文化需求;要快捷有效地反映先进生产力的发展要求,尽可能地把先进生产力的影响传播到最广泛的区域;要切实引领先进文化的前进方向,在建设社会主义精神文明的伟大事业中充当生力军,为实现中华民族的伟大复兴作出自己应有的贡献。

我国的广播电视具有优良的传统:“在中国共产党的领导下,宣传马克思列宁主义、毛泽东思想,宣传党和政府的政策、法令,站在党性的立场上,积极反映一切广大人民群众所关心的重大问题,准确、生动、及时、多方面地报道、介绍人民的生产生活情况、祖国的各项成就以及国际时事、动态,语言通俗、简短,有趣味和具有吸引力,以各类节目、多种形式为全国人民和全世界人民服务,并采取各种办法收集广大听众和观

众的意见，尽力满足他们日益增长的需要。全体从业人员坚持党性原则，严格职业道德规范，发扬‘延安精神’，提高新闻工作者的素质，加强思想、文化、业务基本功力，努力提高节目质量、传播质量。”[①]在这方面，广播电视已经和正在发挥着重要作用，取得了巨大成绩：

一是，总体舆论导向正确。

广播电视首要的功能是宣传功能，它是党的重要宣传阵地、思想文化阵地。能否坚持正确的舆论导向关系到全党和全国工作的大局。我国的广播电视始终能树立牢固的政治意识、大局意识、责任意识，完整、全面、准确、及时、高效、深入、鲜活、生动地把党的基本理论、基本纲领、基本路线和各项方针政策送到广大人民群众的眼前、耳畔、心中；把全国人民的思想统一到建设中国特色社会主义的伟大事业上来，成功地营造了坚定信念、振奋精神、团结鼓劲、豪放进取的良好社会舆论氛围；在宣传党的“十六大精神”“三个代表”“科学发展观”“建设社会主义和谐社会”等重要思想，在“两会报道”等重大活动中，组织有力，安排周密，重点突出，形式活泼，及时高效，引导有力；在宣传我国在国际上的重要作用，推进“和平与发展”的世界格局和态势，提高我国国际声望等方面，态度鲜明，有理有据，深入人心。

我国的广播电视始终坚持实事求是的新闻原则，通过一个个生动感人的典型，热情歌颂创业精神、无私奉献精神、全心全意为人民服务精神、爱国主义、集体主义、社会主义精神，大力弘扬社会公德、职业道德、家庭美德、公民品德，弘扬主旋律，倡导伟大的共产主义情怀。

我国的广播电视通过对一个个人民关心的社会热点问题的关注和引导，实施社会监督功能，明辨真伪，分清是非，扶正祛邪，凝聚力量，弘扬正气，鼓舞了广大人民群众奋发向上、为民族振兴大业而努力奋斗的豪迈热情。

我国的广播电视通过丰富多彩的节目，热切关注人们的生活状态，关注他们所遇到的困难，热情引导人们积极向上的生活态度。尽量制作高品位的节目，以情感人，以善引人，以美怡人。

二是，服务有力。

我们的广播电视一贯以“为人民服务”为宗旨。广播电视高唱社会主义的主旋律，坚持为人民服务，为社会主义服务，为广大人民群众提供丰富多彩的精神文化食粮，为社会主义建设提供有力的思想保障、智力支持和精神动力。广大受众是广播电视的服务对象和传播的终点，通过向受众提供尽可能周到的服务来实施对受众的引导，是广播电视实现其引导功能的重要途径之一。我国的广播电视历来坚持对党负责与对人民负责相一致的原则。广播电视力争在第一时间准确、快捷地为广大受众提供

---

① 张颂．播音语言通论：危机与对策[M]．北京：北京广播学院出版社，1994：26.

内容广泛的信息,为他们的生产生活提供重要参考;在重大事情与事件上,广播电视能及时为广大受众释疑解惑、明辨是非,帮他们认清真理、警示错误。广播电视尽量用高质量的精神产品满足人们日益增长的精神文化生活需求。为了更好地为受众服务,广大采编播人员积极主动地深入群众、深入实际、深入生活,在广大人民群众鲜活的生产生活实践中汲取无尽的力量,发掘真实感人的人物、事件,发现新问题,总结新经验,真切地反映基层的情况、反映群众呼声,努力贴近群众、贴近实际、贴近生活,增强了节目的吸引力、感染力、影响力,传播逐渐深入人心。

三是,事业发展迅速。

广播电视始终把社会效益放在首位,经济效益也在逐年增长。广播电视的受众人数随着覆盖率的扩大而稳中有升。广播电视是许多人生活中最重要的信息来源,它对广大受众的生活工作乃至思想情趣的影响越来越大。

四是,与时俱进,改革创新。

广播电视事业的一个重要特征就是新闻性,它站在时代发展的最前沿,把最新的信息、最新的动态,以最快的速度传达给广大受众,因此它本身就具备与时代共同发展的品质。

五是,宣传创新。

广播电视努力根据党和国家工作的新任务、新重点,密切联系国内和国际的新局势,密切结合全国人民建设中国特色社会主义伟大事业的新实践,密切配合现代化建设事业中遇到的新课题,紧密联系广大人民群众的新认识,大力宣传党的新思想、新原则、新方针、新政策、新要求,大力宣传国家现代化建设的新成就、改革的新经验、生产力的新发展,思想道德建设及社会新风尚建设中的新人、新事、新趋势、新典型,反映时代风貌,折射时代氛围,参与熔铸时代精神。加强对外宣传,内容丰富,形式活泼,不断扩大在全球的影响。

六是,科技创新及体制、机制、管理创新的力度不断加大。

节目改革力度不断加大。频道专业化格局初步形成。人们的精神文化生活水平不断提高,需求层次日趋细化,受众本身也有不同层次、不同职业、不同年龄、不同性别、不同地域、不同趣味的区别,广播电视频道专业化是适应受众需求多元化要求的结果。中央电视台已经形成了新闻综合、经济资讯、综艺、国际、体育、电影、电视剧、科学和教育、戏曲、西部、音乐、少儿等十几个专业频道。中央人民广播电台也深化第二、三、七套节目频率专业化改革,推进第一、五、六、八套节目频率专业化改革。日益丰富多彩的节目正在为广大受众提供多样化的精神文化食粮。在频道趋于专业化的同时,栏目也在力争突出特点,认真研究受众的需求,真正深入实际,找到独特的视角,走个性化之路。节目也在走精品化之路,抓节目质量的提高,以精品节目带动经营和创收。

在深化改革的进程中,广播电视语言的规范化、多样化取得了可喜成果。特别是在强化语言文字规范意识、实行持证上岗、进行业务培训、加强播出质量审查、播出效果监督等方面，注重了人文精神的浸润，有力地提升了广播电视的节目质量，受到了普遍欢迎。另外，在评聘专业技术职务、进行各级各类评奖等方面，也突出了对素质、导向、品位等的高标准要求。

我们是在我国广播电视取得巨大成绩和飞速发展的背景下，对我国广播电视所面临的挑战与危机进行反思的。成绩巨大所担负的责任也重大，就像一个即使非常强健的人也要注意对疾病的预防一样，越是在取得巨大成绩的情况下，我们就越要清醒地面对它所存在的问题，而不应讳疾忌医。

第二，我们是在世界经济文化“全球化”与“民族化”矛盾冲突的语境中，对广播电视语言传播人文精神缺失现象进行论述的。

进入 21 世纪，日益强大的中国以更加开放的姿态走向创造新辉煌、实现中华民族伟大复兴的新征程。在经济建设中，中国正逐渐融入全球化的进程当中，成为世界经济发展中一个新的动力源泉，在世界经济总量中所占的比例也越来越大，中国在世界政治经济事务中的影响力也越来越大。但“全球化”是一把双刃剑，它在给我们带来发展机遇的同时也带来了负面影响。随着经济全球化进程的加快，文化的全球化趋势也已初露端倪，有人出于善良的动机和愿望，认为文化全球化会让世界上不同的文化相互取长补短、共同发展，但是我们认为，经济全球化的实质就是资本输出的全球化，文化全球化的实质就是西方的强势文化利用其影响力，企图以西方文化来主宰和主导世界文化的发展。

西方发达国家依托其先进的生产力和成熟的工业化运作经验，大量生产文化产品并输入其他国家。文化产品与经济产品最大的不同就在于，它所承载的是价值观念、思维方式、生活方式、行为方式、文化优越感、民族优越感，甚至是国家意志、阶级意志等意识形态因素。现在，外来文化的影响在我国已经凸显，在外来影视文化的影响下，前几年曾在我们的广大青少年中刮起“崇日风”，韩国的影视剧也能在青少年中刮起“哈韩风”，很多青少年在服饰、发型、言谈举止上模仿剧中人物。文化风潮潜移默化的影响力是巨大的。如果我们的广播电视不去巩固我们的社会主义思想文化阵地，那就会把它拱手让给西方敌对的、腐朽的思想；如果我们的广播电视不能用我们的主流文化、民族文化的精华，有力地去影响、去熏陶、去陶冶我们的受众，那么，他们就会被形形色色的外来文化所浸染、所俘虏。

西方文化渗透的影响是深远的，产生的后果是极其严重的。敏泽在一篇文章中提到，在西方“中心”价值观的全球化思潮侵蚀下，在中国也不乏思想完全解除武装、匍匐在“西方中心”文化及其价值观之下并大力加以宣扬之人。他举例说，由中国社会科学出版社出版的一本论述我国当代文学的书就曾武断地说：“没有人怀疑，冷战已经随着柏林墙的倒塌而彻底结束，社会主义意识形态已经不再令人信服，西方的自由民主思想已经深入人心。……美国已经是一个没有对手的超级大国。世界的多极化，在很大程度上只是人们的理想愿望，以美国为代表的西方文化和价值观念已经为世界未来指明了方向。"[①]在同一篇文章中，敏泽还提到，还有人认为：20世纪90年代"中国思想的主流"就是西方价值观念的"自由主义"，它将"把一个自由的中国引进全球化的世界"，这既是"中国的前途"，也是"中国复兴的希望所在"。对于这些人来说，西方"中心"文化的价值观不仅"为未来世界指明了方向"，而且它的思想已经"深入人心"，"社会主义意识形态已经不再令人信服"，"中国的前途""中国的希望"，都寄托在资本主义制度及其价值观念的推广上。

这种现象已经成为文化的乃至意识形态的实实在在的危机了。因此，进一步巩固思想文化阵地，抑制乃至彻底清除资本主义意识形态、价值观念的影响已经迫在眉睫，而广播电视在这方面的责任是义不容辞的。

按照中国加入世界贸易组织时的承诺，中国在加入世界贸易组织后，将逐步有限度地开放文化市场，西方的强势媒体将逐渐把他们的产品大量输入中国。更严峻的是，他们还将直接进入中国，设立办事机构，不但要挖我们的人才，凭借其发达的生产能力，生产出更多的文化产品，占有我们的市场，就像现在众多跨国公司在中国所做的一样，还要通过其文化产品输入其意识形态和价值观念，其影响如上所述。

广播电视健康的肌体正在遭受着打着"全球化"美丽旗号的西方思潮的侵袭，正在不同程度地受到来自各个方面的错误观念、心态的干扰。我们必须弄清已经侵入我们肌体的病菌具体都是哪些，找到病源，对症下药，趁其对肌体的感染还没有呈扩大之势的时候，尽早清除之，并为提防将来更隐蔽、更"迷人"的侵袭，做好准备。这正是本书的目的之一。本书也正是在这样的背景下，在维护国家文化安全的角度上，对我国广播电视语言传播人文精神缺失现象进行反思的。

第三，我们是在广播电视应勇敢地承担起实现中华民族伟大复兴的光荣使命，在建设社会主义先进文化的语境中，对其语言传播人文精神的缺失现象进行论述的。

作为全体中国人民最根本利益的忠实代表，中国共产党已经提出了"实现中华民族伟大复兴"的宏伟蓝图，并义无反顾地承担起这个伟大的历史使命。这是每一个华夏儿女由衷的愿望。作为有着五千年光耀人类历史的灿烂文明的古国，中国正期待着文化的复兴。人们普遍认为，经过"站起来""富起来"之后，"强起来"成为赶上世界发达国家水平的世界强国是国家意义上的民族复兴的目标。所以，我们要埋头苦干，不断增强自身的经济实力，牢牢抓住发展这个主题，稳步提升国力；我们要韬光养晦，扩大政治影响力。然而，世界强国不仅仅是政治、经济、军事意义上的强国，更指文化意义上的强国——"文化强国"。因此，我们必须要加强文化建设的力度，使中华文化

---

① 敏泽."全球化"与我国文化及文论的发展[J].文艺理论与批评,2001(6):18.

取得与世界其他国家同等的话语权、决定权。在振兴中华文化方面，我国的广播电视应该是急先锋。广播电视工作者要倾尽自己的热情，竭尽自己的才华，通过卓有成效的工作，为建设社会主义先进文化贡献自己的力量。不仅如此，我们不能坐等人家走进来，我们自己也要主动走出去，让浸润着博大精深、厚重大气的中华文化的钟吕之音响彻世界的每一个角落，让全世界都能听到中国的声音，让全世界都能看到中国的形象，让全世界都能感受到中国日新月异的发展变化，让全世界都能领略到中华文化的神奇魅力。

广播电视要深刻领会民族文化的精髓，要反映民族文化的水准，要承担复兴民族文化的重担，要展现民族文化的风采，要广泛传播中华文化的影响。广播电视，任重而道远！

广播电视只有正视自己在继承和传播中华文化方面的不足，才能尽全力提高对传统文化的认识，悉心学习，认真继承，全力弘扬，为实现中华民族的伟大复兴、为实现中华文明的伟大复兴，倾尽自己的全部力量。这是我们对广播电视语言传播人文精神缺失现象进行反思的又一个背景。

综上所述，对广播电视人文精神缺失的现象进行深刻反思，全力探寻其内部规律，努力寻找其重构途径，重新建设语言传播的精神家园，已经刻不容缓了。

二、语言传播人文精神的缺失

如今，语言传播人文精神的缺失已不再是危机的预警，而是我们必须面对的现实。

第一，引导失当。

广播电视最主要的功能与职责就是宣传，世界各国的广播电视在这一点上都无一例外，不同的是为谁宣传、怎样宣传，宣传手段和技巧有高明和平庸之别，表现方式有光明磊落、坦坦荡荡和半遮半掩、羞羞答答之分。“美国之音”工作人员守则的第一条就是：凡本台工作人员必须持国务院观点，否则请你走人。那观点已非常鲜明，而绝不像它在节目中所“宣传”的那样：“本台力求完全客观、公正”“以上评论只代表评论者个人的观点，而不代表美国政府的观点”。

宣传，其最主要的目的就是要使人相信并乐于接受，进而行动，这就是引导。我国的广播电视要“用正确的舆论引导人”，这一点是明确、鲜明的。我们认为，广播电视语言传播实践中的“引导”应该是广义的，应体现在生存的、价值的、政策的、审美的、文化的等方面。“导向正确”是我国广播电视的一大成就和优良传统。现在的情况也当然如此，但这只是指总体，在某些节目及一些主持人的语言传播中，却存在着引导失当的现象。

一是,人生态度引导失当。

每个人的生存状况、生活方式、生活理想是不一样的,但人们生活的态度在总体上应该是乐观开朗、积极向上、奋发进取的。这是每个个体人文精神的出发点。语言传播要“鼓舞人”,不仅要用明达的政策与大好的形势鼓舞人,还要倡导积极向上的人生态度,帮助人们克服消极悲观的生命取向,张扬生命的内在活力,引导人们活出精彩。但由于有声语言所独有的创造性,在传播实践中,同样的内容,用不同方式表达,却会产生截然不同的效果。在一些节目中就存在着这种现象。中央电视台《夕阳红》栏目的《不老人生》曾讲述一位叫王吉东的双目失明的老人及其家人的故事。他们不向命运低头,自强不息,艰苦创业,勤奋劳作,活出尊严,活出亮丽,活出色彩,活出质量。解说的总体色彩应该深沉含蓄同时又要昂扬向上,给人以力量。而在播出的节目中,传播者却以哀痛甚至略带绝望的色彩去讲述,以下面这段为例:

> 生活就像爬大山,对王吉东来说,真是一点不错。这夫妻二人互相依靠,组成了牢不可分的共同体,沿着生活崎岖的山路,一个台阶一个台阶地爬过去。

解说者把“爬大山”“一点不错”“崎岖的山路”“爬过去”表现得气衰声咽、悲痛欲绝,给人以痛苦挣扎、无可奈何之感,掩盖了主人公自强不息的人生态度,削减了积极进取的生活热情,完全丧失了创造生活的人生意义,与主题及人物的精神风貌背道而驰。产生这样传播效果的原因,一方面是创作主体本身的生活态度消极;另一方面,这种表达方式可能是创作主体的一种创作追求或个人偏好。这种态度如果只是存在于日常生活中,很可能会影响亲人朋友,但影响毕竟有限。当其进入大众传播领域,被强大的电子媒体广为传播之后,其消极影响的范围就扩大了。

二是,生存境界引导失当。

我们认为语言是人的生存现实的反映,即语言的根本属性是其人文性。语言折射着人们的“生存空间”“规范空间”“审美空间”。[①] 语言传播应该完全摒弃生存空间的切近随意、芜杂散乱,及其天生的地域性、私密性,而撷取其亲切平易、丰富灵动、鲜活生动,进入到规范空间的庄重规整、落落大方、胸襟开阔、普适宽广、共鸣共享,追求审美空间的音韵优美、蕴藉深远、言简意赅、辞约义丰。这是语言传播人文精神的特点、主流、责任。但在目前的语言传播中,满足于“平民化”的“自然”与人际交流的“随意”,满足于对生活原生态原封不动的摹写现象有一定的普遍性。“自然谈话”“说自己的话”“引入人际交流”成为一种时尚。有些人反感规范空间的时代呼唤、契约拉

---

① 张颂.语言传播文论[M].北京:北京广播学院出版社,2002:179-185.

动、高瞻远瞩，有些人甚至以模仿更“自然”、更接近生活原生态的港台地区半生不熟的普通话及其风度、格调作为语言追求乃至生存追求。至于那有声语言的音美、情美、形美，那民族语言的韵律与意境、风格与蕴藉、文化的深度、历史的厚度、时代的高度就更是凤毛麟角了。人们更向往和崇拜的是新奇的句式、复杂的修辞，“高深的文化”（泛文化）“精细的思维”“绝佳的素质”“专家学者的类型”，甚至“记者的出身”“采编播的合一”。

“口语至上”是人生存境界的浅化、低化、退化，当它通过大众传播媒介而变成众人的人生诉求的时候，就会使人感觉：似乎人生当如此，无复他求，甘心居于个人存在的狭小世界，不能领略广阔世界图景的波澜壮阔与开阔胸襟，远离高远人生境界的畅达与澄明。

滋生“口语至上”语言观、文化观、生存观的土壤是几千年小农经济的狭隘目光：人被固定在土地上，以一家一户为生产单位，“日出而作，日落而息”，“鸡犬之声相闻，老死不相往来”，交流范围狭窄、自给自足；催生这种满足于人的生存层面的随意与芜杂的因素，还有西方后工业社会的所谓“后现代主义”思潮：它主张“解构”“意义”，放弃“理想”，逃避“崇高”，拆除艺术与非艺术、美学与非美学、文化与非文化之间的界限，因此，生活的也就是艺术的，艺术并不比生活高明，主持人并不比受众高明（不论是“身份”还是语言功力）；西方发达国家二十世纪六七十年代兴起的所谓“大众文化”的消极影响，也是使语言传播局限于生存空间狭隘视域的一个重要原因。当然这种“大众文化”并不是作为社会主义先进文化所确指的“科学的、民族的、大众的文化”，而主要是一种消费文化。它以市场为依托，以娱乐为主要功能，以现代化的生产和传播手段为基础，面向“有足够消费能力”的“中产阶级”。“大众文化”倡导的是消费观念，不仅消费物质产品，而且也消费精神文化产品。作品大多为即时消费，用完就扔，只图当时快感，并不想回味无穷、追求不朽和永恒，其结果就是“语言自来水”和“文化麦当劳”。它不求高深的学问，也不受制于崇高的理想，没有心灵的重负，只求快乐。受众丧失对高深智慧、高尚精神、高远境界的向往，而满足、陶醉于声色犬马。商人与明星联手向大众抛媚眼，受众喜欢什么就提供什么，大众喜欢感性快乐，他们就生产之而不惜降低格调与情趣。对低水平生存状态很满足的最终结果就是受众对人存在的现实感被消解：“大众文化有效地取消了人们对于世界和自身现实处境的实际感受，同时也使人们将对于改造世界的实践热情遗弃在那些灾变的影像奇观和天道有常的幻想之中。文本中那些欢声雷动的场面是公众廉价的避难所，它是一种逃避，而且不只是逃避现实行动，也是逃避对于现实的思想。”①

① 黄会林. 当代中国大众文化研究[M]. 北京：北京师范大学出版社，1998：22.

三是,价值引导和精神引导失当。

这里所说的"价值"是指广义的价值,包括世界观、人生观、价值观、思想道德等。广播电视及其语言传播要宣传共产主义的世界观、为人民服务的人生观、无私奉献的价值观,要全力弘扬爱国主义、集体主义、社会主义精神,大力倡导社会公德、职业道德、家庭美德,尤其是适应建立社会主义市场经济新体制和正常秩序的以诚实守信为核心的公民道德。要加强对广大青少年的人生理想、生命追求、是非爱憎、思想道德的引导,引导人们在遵守基本行为准则的基础上,追求更高的思想道德目标和人生境界、生命境界。主流是正确而鲜明的,但在语气等具体细节的处理上,在可感、可亲、可近的效果体现上,在精神精髓的传承上,却有失精当,比如,有主持人大肆宣扬一夜成名的名人,大肆渲染某明星的广告费是多少,一场晚会要换多少件衣服;说起"大款大腕""款姐富婆"豪奢气派、挥霍无节的时候,心驰神往、目眩神迷;说起歌星、影星、球星的些许琐事、生活细节、兴趣爱好、恩恩怨怨、爱恨情仇时津津有味,乐此不疲;而在宣传生产战线上先进人物、劳动模范的高远思想境界时,在宣传贯彻党的方针路线的先进典型时,在灌输中华民族以爱国主义为核心的团结统一、爱好和平、勤劳勇敢、自强不息的伟大民族精神时,却言不由衷,蜻蜓点水,生硬外在,疲于应付,过口不过脑,入耳不入心,形式大于内容,矫情胜过真情,被动多于主动,外放大于内省,重复大于创造。

一个民族,没有振奋的精神和高尚的品格,不可能自立于世界民族之林。价值引导和精神引导的失当、乏力对一个国家和民族所造成的损失是无法估量的,轻则不能有效地扼制思想道德的滑坡,重则亡党亡国,这绝不是危言耸听。这方面苏联的教训可谓切肤、痛心、惊心:"卫星上天,红旗落地"。对党内、国内思想混乱局面的应对乏力,对西方恶意渗透的听之任之,终于导致了世界上最强大的社会主义国家几乎在一夜之间解体,几代人经过不懈奋斗积攒下的70年积业毁于一旦,昔日的"两超之一",今天已彻底沦为一个二流大国。

没有一个真正优秀的民族,不在经济勃兴的同时,开展出色的人文精神和价值体系的创造,并使之化入自己民族血肉和灵魂中,作为精神形态的生命线的。这大概就是《易经》所谓"观乎人文以化成天下"[①]的要义所在。我们不妨去看一下美国的情况:20世纪前期,美国经济崛起,但尚未建立起文化上的优势,没有成为一个文化上的强国。在欧洲人的眼中,美国的文化品位始终是"逃学顽童"。在第二次世界大战的关键时刻,罗斯福(Franklin D. Roosevolt)总统在宾夕法尼亚大学演讲的时候强调,要把"我们的文化中那些经过烈火考验的精华传给青年一代",这是关系到"我们国家的生命得以延续"的问题。"二战"后,美国斥巨资、巨力投入到他们"美国学"的研究和

---

① 杨义. 价值重建与文学批评[J]. 文学评论,2001(4):16.

建构中，从历史渊源和文化结构诸层面阐释他们的“熔炉文化”和“清教—扬基（Yankee）精神”，建立起一套处于强势地位的美国的人文价值系统。如今，其价值观念与文化产品一起，源源不断地输往世界各地。这种文化优势使得原来瞧不起美国文化的欧洲人为之侧目，并不得不加强文化自卫。在这方面，法国的反应最为激烈，所采取的措施也最为有效。

四是，政策引导失当。

这里所说的政策也是广义的，即包括党的方针、路线、政策，国家的宪法及各项法律，各行业、各部门的规章制度等。法律和政策是告诉人们“能做什么”“不能做什么”“怎么做”的行动指南，当然也是语言传播工作者的行为准则。语言传播工作者应该是一个“善于传播的人”，他必须全面了解“上情”，充分掌握“下情”，这样才能沟通“上情”与“下情”，才能以“上情”引导“下情”，知道什么该说，什么不该说，什么要对受众说足说透，什么要点到即可。对党和国家的法律法规及相关政策的理解，是语言传播工作者必备的基本功和基本素质，是“上情”的主要内容。在语言传播实践中，常有人并不了解国家的有关政策法规，却信口开河，妄加评判，甚至攻击国家的有关政策。前几年，有一档省级卫视的夜话节目，因公然攻击国家的政策而受到国家相关管理部门勒令停播整顿的处理。这虽然只是极个别情况，并不能代表大多数，但其间反映出的问题和倾向却必须引起我们足够的重视，闻者必须从这件事情上吸取教训：在一项关系国计民生的政策法规订立之前，人们完全有权利对其品头论足，以使其更加完善，但一经国家批准生效，任何人都必须无条件执行。“有法必依”是建设社会主义法治国家的必要条件。凡是在节目中涉及有关政策法规的问题时，语言传播工作者如果没有十足把握，绝不能滥用自己的话语权力，千万不能自以为高明，乱开药方，乃至谬种流传，误导受众。坏的影响形成容易，要消除就太难了，好多人可能并不是这个节目的固定受众，只是偶尔地收听、收看，待传播者发现错误并改正时，很可能有一大部分受众并没有听到或看到，则其贻害无穷。

一段时间以来，许多电台都开办了反映问题的热线投诉节目，听众打来电话反映问题，主持人呼吁有关部门协助解决。这类节目通过广播形成社会舆论压力，相关部门不敢怠慢，所反映的问题大多能在较短时间内得到圆满解决，电台也因此受到了受众的赞誉，节目甚至成为电台的王牌节目。但我们认为，广播工作者尤其是语言传播工作者千万不能以此自满、自闭、自矜，甚至自倨，而要保持清醒头脑，自省、自察、自节。这种现象实质上是由媒体对自己的政策导向责任理解有偏差造成的。广播电视及其语言传播工作者在政策导向上的职责是使法规政策为受众所熟知，化为其行为规范或行为指南，而不是去干涉执法及行政部门的具体工作。广播电视在政策引导上的话语权力，只能是“转述旁白”，而不能是“自说自话”，要严格按政策的本意去传达，这才是到位的引导，而绝没有“自由发挥”的权利。

五是,文化引导失当。

我们广播电视工作者是依靠广大人民群众的辛勤劳动所生产和提供的“食粮”为生的,不仅如此,人民群众还给予了我们无比的信任、无上的荣誉,也寄予我们以殷殷的期待。从这一点上,称受众为“上帝”倒不如“衣食父母”更为恰当。“上帝”含有主人与奴仆之意,奴仆必须唯主人之马首是瞻,言听计从;而“衣食父母”者,给我以生命,供我以衣食,容我于“意不适”之时,授我以永远之“避风港”,寄我以殷切期望……广播电视工作者须努力工作,采撷人类文明的精华,尤其是传统文化的精华,奉献于我们的衣食父母。这精华就是“面向现代化、面向世界、面向未来的,民族的科学的大众的文化”。但以此来衡量现在的广播电视及其语言传播,我们应该感到惭愧,我们不但还没有做到以如此之精华回报我们的衣食父母,而且还在有些节目中送上封建的、迷信的、落后的、帝王将相的、唯心的、宿命的、反科学的、殖民的、后殖民的……形形色色的文化糟粕。豪华奢侈、挥金如土,吃喝玩乐、放荡不羁,三角恋爱、如胶似漆,愚昧无知、自甘堕落,凶残歹毒、无敌天下,福禄双全、幸运有加……人间的恩恩怨怨,老天的赏赏罚罚,把不少人搞得晕头转向,一大批追星族风起云涌,不惜荒疏学业;一大批“宿命论”从天而降,放弃全力成才。“祝你好运”“血型定前程”,求神问卜,测字看相,诸如此类,不一而足。①

尤其应当引起我们警惕的是混杂在语言传播中殖民和后殖民的文化意识。其表现形式是隐蔽的,其影响是长期的,但唯其具有“潜移默化”之功效,因此其危害也更易侵入人心,达于脑髓。下面是福建东南电视台《娱乐乐翻天》节目中的一段主持人串联词:

> 接下来我们这条是关于费翔的。噢,一个真正的“万人迷”。什么叫“万人迷”呢?当然就是有一万个人以上去迷。其实呢,我就是觉得人一定要混血才会漂亮。比如现在的很多模特儿包括演员啊,像 Megikal 啊,以及包括一些在国际上很流行的一些著名的演员其实都是混血。巴主播其实也是混血,但只是民族混血:满、蒙、回、汉四族混血。但是我跟你讲,没有外国血统根本就没用。只有外国血统的时候才会……才会那样……才会帅,才会有一万个以上的人来迷他。

语言传播者重新拾起早就已经被人们抛入历史垃圾堆中的“血统论”,并“巧妙”地嫁接以“种族优秀论”——“有外国血统才会漂亮”,才会成为“万人迷”,所以最好是从“根本”上进行血统“改造”。这种散发着腐朽殖民意识气息的思想瘟疫,却堂而

---

① 张颂.播音语言通论:危机与对策[M].北京:北京广播学院出版社,1994:226.

皇之地通过卫星、通过现代化的传输手段，向全国广为散播，从而在更广泛的范围内，销蚀着我们的民族自豪感，践踏着我们的民族自尊心，消解着我们的民族认同感。

先进文化及人文精神的核心是有着与时俱进品格的科学的马克思主义文化，其基础是民族传统文化的精华，其有益补充是除此之外所有人类其他民族文化的精华。语言传播先进文化导向的品格是心胸开阔、海纳百川、撷英集萃的，而不是褊狭自闭、"武大郎开店"、"关起门来，老子天下第一"，也绝不是良莠不分、泥沙俱下、鱼龙混杂的。我们汲取其他民族文化精华的目的是为了强壮博大精深、源远流长的中华文化的肌体，是用"我们的头脑"，借"他者的眼光"来看"我们的问题"，而不是"以他者的头脑"来分析"我们的问题"，或者干脆以"他人的头脑"完全代替"我们的头脑"。在语言传播中，我们绝不能为形形色色的西方文化所目迷五色，进而惊艳折服，艳羡之，赞誉之，向往之，传播之，而对中华传统文化的精髓，视之若敝屣。如果这样的话，我们将成为游荡在"旷野上的精神废墟中"可怜的但不会有人怜的"流浪汉"。

语言传播先进文化的正确引导关乎中华民族精神家园的巩固、完善、美化。语言传播先进文化的有力引导关乎国家的文化安全。如果语言传播工作者不能和其他文化部门的文化工作者一起，建设继承中华文化传统精髓的社会主义先进文化，那就只能坐等以美国文化为代表的西方文化来"全球化"我们。到那时候，我们的民族文化就将面临萎缩乃至消亡的危险。目前的形势已经不容乐观，有资料显示，目前美国控制了世界75%电视节目和60%以上广播节目的生产和制作，每年向国外发行的电视节目总量达到30万小时，许多国家的电视节目中美国节目往往占到60% –70%，有的占到80%以上，而在美国自己的电视节目中，外国节目仅占1% –2%。文化产品是美国最大的出口产品，每年的出口额达到600多亿美元，甚至超过航天航空和电子产品的出口额。仅《泰坦尼克号》一部影片的利润就达18亿美元。比巨大的商业利益更令人忧虑的是伴随着文化产品渗入输入国的其社会政治理念、价值观念、意识形态和生活方式，尤其是"西方文化中心论、优越论"。发展中国家的一些年轻人的生活方式、思维方式、行为方式、价值观念不断受到侵蚀，本土文化、民族传统受到极大的影响。许多民族的语言、艺术品种受到极大冲击，甚至濒临灭绝，民族认同感被大大削弱。多年来，以美国为首的西方国家更是不惜工本地对我国进行文化渗透，对我国进行"西化"、"分化"、和平演变。这其中有理论层次上各种人文、哲学、社会科学的观念、价值的潜移默化，更有广播电视的耳濡目染。

造成语言传播先进文化引导失当的根本原因是创作主体及其创作群体对先进文化建设的战略地位认识不足，对民族文化继承、体认的力度不够，认识与能力的双重缺失加剧了语言传播先进文化引导力度不足的现实。

第二，主体缺席。

语言传播人文精神是通过创作主体充分发挥其主体性，在对创作依据进行创造性的改造和内化的过程中，在及于受众、服务受众、影响受众的过程中表现出来的。其核心是创作主体的主体性的发掘、发挥、实现及其程度。而语言传播人文精神缺失的核心表现之一也就是创作主体的缺席。

一是，主体的萎缩与矮化。

人，都具有主体性，但其主体性的层次是参差不齐的。有学者把人的主体性划分为由低到高的九个层次：自在的主体性、自然的主体性、自知的主体性、自我的主体性、自失的主体性、自觉的主体性、自强的主体性、自为的主体性、自由的主体性。[①] 一般来说，人的主体性层面是随着年龄的增长不断提升的。这只是就一般性而言，在现实生活中，一个成年人也不会总是处于主体性的高级阶段，尤其是当其生活与事业遇到重大挫折时，即在他处理与客体或其他主体的关系过程中，其主体性的实现受挫时，他也会偶尔退回到低层面的主体性。语言传播创作主体因工作性质的要求，其主体性应始终处于自为和自由的主体性阶段，“自为”是其主体性的最起码要求，即创作主体要通过自己的劳动使创作依据发生改变，并且要对受众产生正向的影响。这似乎是“不言自明的真理”，但在语言传播的现实中，却时常有人退回到“自为”以下的主体性层面上。当下在语言传播的实践及理论领域颇为流行的“人际交流的回归”，其实质就是创作主体由自为的主体性下滑、萎缩至自在的、自然的主体性阶段。创作主体的高级层面是建立在扬弃低层主体性的基础之上的，它应该保留低层主体性的精华，这在语言传播现实中体现为：作为大众传播的语言传播是要充分汲取、存留人际传播的灵动性、激情性、内在性、质朴性、真诚性、原发性之精髓。遗憾的是，低层面主体性的这些精华在语言传播的实践中却没有被充分汲取，而人际传播中自在、自然主体性的散乱、芜杂、粗陋、随意却被过分张扬：“自然地说”“像说话”“丢掉播音腔”，摹写生活的原生态、不适当地显现人类更接近动物性的低水平的欲望，少谈甚至不谈理想、责任、意义，大谈消费、追星、自我感觉、名人明星们的吃喝玩乐、争风吃醋、明争暗斗……

语言传播中创作主体性的这种自我萎缩与矮化的结果就是丧失对受众主体性层面的提升功能，甚至延缓青少年主体性层面的提升进度。广大青少年正处在主体性提升的关键时期，即由自然的、自失的主体向自觉的、自强、自为的主体性提升，在广播电视的耳濡目染下，他们就很有可能会误以为那种完全以自我为中心的，在家庭的呵护下的主体性即为人的主体性的全部。由于人所共有的惰性，他们就会迷恋于这种在家人呵护下的依附性的主体性。这样的影响对一个幼小个体的主体性成长来说，是灾难性的。当然我们所进行的分析是在排除了家长、学校、社会的正面影响的、纯粹的情况下进行的，在现实生活中肯定没有那么严重（但愿如此）。但是，广播电视作为对青少年影响最大的社会因素之一，如果不能帮助他们不断地、顺利地提升其主体性的层次，

---

① 郭湛. 主体性哲学：人的存在及其意义[M]. 昆明：云南人民出版社，2002：86.

反倒起相反的作用，不但无功，反而有过，那我们怎能对得起供我们以衣食、寄我们以希望的广大受众呢？

二是，主体膨胀。

人的主体意识是以人的自我意识的觉醒为前提的，即在同客体、同其他主体的相互作用和相互关系中，时时刻刻都意识到：这是“我”在说，“我”在做。但这只是人的主体性实现的前提而已，人只有在与客体及其他主体的关系中明晰地认识到自己的局限性的时候，才表明其主体性正在日趋成熟。在这一点上，中国古人的那句话说得言简意赅、切中肯綮：“知困，然后能自强也。”（《礼记·学记》）在这一点上，马克思在《关于费尔巴哈的提纲》中所提出的著名论断：“人的本质，在其现实性上，是社会关系的总和”，当做如下理解：主体只有在充分理清自己同所有其他主体的关系时，也即充分认识他的责任、义务、权利，其所能为、其所不能为、其所必为的时候，他才能行当应行，止所当止，既充分发挥其主体性，又充分认识到其个体主体的局限、所受到的限制，此乃为人成熟的主体性的“现实性”。这在语言传播中就表现为：创作主体充分认识到自己的责任，在创作与传播过程中，努力发挥出自己最佳的主体能动性，在日常生活中密切关心党的大政方针、国家大事，热诚关切普通人的生存与要求；另一方面，他又要清醒地认识到自己个体的主体性只有在充分融入节目群体中，融入党、政府、人民对我们的要求中的时候，其主体性才是完整的、真实的、有价值的，从而是“现实的”。这样，他在节目中就能自觉强化传播目的所需要的那部分自我，弱化、淡化不符合传播目的的那部分自我；在节目群体中，他就能真正做到谦虚谨慎、戒骄戒躁、全力合作，一心只为制作精品节目，一心只为实现传播目的，心无旁骛、专心致志、形神合一。

但在语言传播的现实中，上述情况只能是一种理想状态，至少从目前的情况来看是这样。由于广播电视职业的特殊性，“一夜成名天下知”，成名之后，有的人就开始把持不住自己，无视广播电视传播的规定性、群体性、公众性，脱离传播规律，误以为己本天才，节目之功，全在于己，节目之失，全在于人，有责必推，有过必躲，有利必趋。在节目中，不论节目是否需要，张扬自我不遗余力，个人的兴趣爱好、穿衣戴帽全都搬上屏幕，诉诸声音。不论节目是否需要，总要不失时机地进行“自我才艺表演”，简单的事情，却非要拐弯抹角；简单的道理，却非要七绕八绕；一句话能说清的，却非要说上七八句；简单的修辞能解决的，却非要追求复杂；需要与节目中的对手、搭档、嘉宾一起说的，却全都要由“我”说……给人以“有学问”“有文化”“高素质”“全知全能”之感。此之谓“主体膨胀”。

主体膨胀发展到极致就是主体执着地以自我为中心，排斥他人的主体性，就像狄德罗所说的那架有感觉的钢琴，“在一个发疯的时刻”，“以为自己是世界上存在的唯一的钢琴,宇宙的全部和谐都发生在它身上”①。在语言传播中就表现为只听得赞扬、恭维,只能接受鲜花和掌声,而听不得批评与忠告,闻过则怒。在本单位或本节目中,“武大郎开店”,凡是能力比自己强的,一律想方设法排挤走,把节目变成自己的领地、属地,及至宝刀已老、气喘吁吁,仍勉力支撑,不肯下台。在业务实践中,“有资料藏起来,有经验昧起来,有高招留一手,有甜头留一口”②。

主体膨胀的结果,就如同小孩吹的肥皂泡一样,初时五彩缤纷、漫天飞舞、神采飞扬,最后的结果肯定是胀极而碎、灰飞烟灭、重归于寂。人本得天地之垂青,自黄土而来,禀宇宙之精气而有灵,最后都要复归于黄土,岁久成尘。因此,在人生命之有限时间,何不以一己之力融于群体,服务于社会,融吾生之须臾,入长江之无穷。如此,主体则会“喜而笑”,坦荡豁达、不为名累、不为物役,真心诚意、关怀众生,勤勤恳恳、踏踏实实、无怨无悔,全心全意为受众服务、为人民服务,甘为喉舌、勇为喉舌、做好喉舌。

主体膨胀的结果,必将导致主体定位的迷失。

“我是谁?”多么简单的问题啊!但其实为“斯芬克斯”之谜,不知难倒了古今中外多少先贤圣者。在语言传播中,这也是一个貌似简单却极易出现偏差的问题。弄清“我是谁”,是探寻语言传播人文精神的前提。人民广播的实践已经对这个问题做出了明确的回答:“我”是党的新闻工作者,尽我所知、尽我所职、尽我所能,把党的方针、路线、政策,把国家的政策法规,把国家建设的新情况、新成就,把国内外新近发生的大事、要事,把中华文化及人类一切文明的精髓,鲜明、准确、生动地呈现给广大人民群众。在语言传播中,“我”就是一个“善于传播”的,党、国家和人民的新闻工作者。然而,“熟知非真知”(这里只是借用,非指其哲学本意),在我们的语言传播实践中,不知“我是谁”的情况却并不罕见:

“我是演艺明星”。为了吸引受众眼神,为了一举成名,个别主持人往往会忘记自己的“社会角色”,在节目中尽情“表演”,扭捏作态,嗲声嗲气,突出自我,迎合媚俗。

“我是法官”。面对采访对象或访谈对象(尤其是面对犯罪嫌疑人、有过失的肇事者等),居高临下、语带训问、厉声厉色。——不论是谁,即使是巨贪惯盗、行将付狱之人,他们在人格上都是平等的,作为一个人,其生命应受到应有的尊重,这是现代文明的胸怀。犯罪、犯错之人当然要受到惩治,为其行为付出代价,但那是法律和有关职能部门之责,非吾之责,必须分清。

“我是社会的中心”。热线电话,受理投诉,施加压力,敦促解决,众声赞誉,欣喜有加,怡然飘然。——广播电视与社会各部门各有分工,各尽其责,虽有舆论监督之责,但不应插手其他部门之具体事务,甚至欲做其他部门的指挥棒。语言传播要“善

① 狄德罗.狄德罗哲学选集[M].江天骥,陈修斋,王太庆,译.北京:商务印书馆,1959:130.

② 张颂.播音语言通论:危机与对策[M].北京:北京广播学院出版社,1994:226.

于传播”，而不要“耽于干预”。

“我是专家”，至少也是“专家型主持人”“学者型主持人”。昂首高视、指点迷津、开启民智、启迪“群氓”、滔滔不绝，比专家更“专家”。——“我”应是串珠之线，虽也会有珍珠出示，但并不妨碍“串”之主责。如果非要做“专家”，那也应该是驾驭节目进程的专家。

“我是邻居大妈的儿子”。吃喝拉撒，喜怒哀乐，一如常人，“并不高明”，泯然众人，“亲切可近”。——如果说“像”，似还有创作主体的取舍，但若武断为“是”，则突出了人际传播的普遍性，忽视了大众传播的制约性，也就削弱了大众传播存在的价值。

如此种种，还能开列出一大串，但症结一致，即主体定位迷失。播音员、节目主持人如果不能明确自己的主体定位，就不能强化作为一名新闻工作者的职责。不但根本不可能完成“教育、引导、鼓舞、团结、鼓劲”的职责，反而会误导受众，贻害社会。其思想根源主要是在西方“后现代主义思潮”和“大众文化”影响下的新闻观、传播观：不讲宣传与引导，只讲迎合与媚悦。那些把西方新闻传播观念奉为圭臬，并如获至宝、大肆宣扬的某些“理论家”，对此是难辞其咎的。这种新闻传播观又与在中国根深蒂固的小农经济的狭隘眼光与兴趣相结合：要么就是血缘宗亲、三亲两故，要么就是帝王将相、皇亲国戚……共同造成了语言传播创作主体的迷失。

三是，创作主体缺席。

“创造性”是人的主体性的核心要素之一。罗曼·罗兰借用笛卡尔的著名句式，宣称：“我创造，所以我生存。”[①]语言传播，是有声语言创造性的活动。不论是有稿的，还是无稿的，主体都要明确立意，紧扣目的，理清思路，调整心路，调动感情，活化思维，突出重点，驾驭进程，或者化人为己，或者催内向外，都要形之于声，及于受众，影响受众。这是语言传播主体创造性主体性的要义，这也是我们在教学实践中对学生最起码的要求。但语言传播的实践中，创作主体缺席的现象却并不少见：无态度、无感受、无感情、无意思地“创作”；有字无句、有句无章地“播音”；无重点、无变化、无驾控地“主持”……其中最具典型性的就是“固定腔调”，如报告新闻中有“八股腔”，配片中有拖腔，体育解说有高腔，主持人节目中有“快腔”“媚腔”“软腔”“艮腔”“土腔”等。其特点是语意不清、感受不深、感情不真、语势不变、声音不实、状态不活。[②]

创作主体缺席的后果就是传播活动无效。信息无法传达，认知达不成共识，愉悦成为传播者的“自娱”，大好的资源被浪费了，沟通的渠道被堵塞了。此为传播者的失职。究其原因，一是创作主体语言功力不足，吐字归音、用气发声、观察理解、感受表达、驾控调检、文化积淀、传统传承等方面的功底和能力不足；一是主体的怠惰，不动

① 郭湛.主体性哲学：人的存在及其意义[M].昆明：云南人民出版社，2002：77.

② 张颂.语言传播文论[M].北京：北京广播学院出版社，1999：118.

脑、不过心、不用心、以不变应万变、“吃老本”、图省事;一是观念在作怪,以某种腔调为“风格追求”、为“个性显现”、为“亲切近人”之手段。

四是,关怀主体的缺席。

语言传播人文精神是内向关怀与外向关怀的统一。一方面,它指向创作主体自身,创作主体须时时自察,强化自醒;另一方面,它必须指向广大受众。内向关怀的最终目的也还是为了更好地实现外向关怀——对受众的关怀。他在创作准备以及进行创作的时候,就要带着受众的需求,以传播目的之箭瞄准受众根本利益的靶心,努力做到目的明确、目标明晰。他要想受众之所想、急受众之所急、供受众之所需,同呼吸、共命运、齐爱憎,一起向人文精神的更高境界进发。但在语言传播的实践中,关怀主体的缺席一般表现为:超然事外,卓然人上,“心如止水”;绝对“客观公正”,“不偏不倚”;不能从采访或访谈对象的立场上真正设身处地地体会他们的感受,分担他们的疾苦;创作主体始终停留在“我的世界”中,总是习惯于从“我的世界”的视角去观察对象的世界,而不能走入谈话对象或节目受众的世界中去,从而从“我们共同的世界”的视角去看问题、察疾苦、献关爱。关怀主体严重缺席的表现一般为:主持人在与采访对象或嘉宾的交流过程中,乱开玩笑,搞恶作剧,致人尴尬,甚至伤人感情。当然关怀是有层次的,以上所论及关怀的缺失所涉及的都是基本层面的关怀,至于那深层关怀缺失的现象,我们将在接下来的“关切不切”问题中加以论述。

第三,品位无味。

在广播电视中,节目处于主体地位。语言传播要通过不同品位的节目达到服务受众、引导受众、鼓舞受众的传播目的。语言传播的人文精神也渗透在不同品位的节目中,因此节目的品位也在一定程度上代表了人文精神的品位。我们认为,从文化层面上看,节目可以分为三大品位:高雅品位、平实品位、通俗品位。每个品位中又分高、中、低三个档次。通俗品位,是一种文化娱乐,易感受,可参与,较宽松,不拘束。平实品位,是一种文化服务,易认同,可学习,较切近,不严格。高雅品位,是一种文化审美,易感悟,可欣赏,较深刻,不模糊。各品位和档次之间没有严格界限,不同品位和不同档次又可以交叉、重叠、相互渗透。①

语言传播人文精神缺失现象主要发生在通俗品位和高雅品位的节目之中。

一是,通俗品位,浅薄庸俗,当前表现为迎合和媚俗。

通俗品位是有下限的,那迎合媚俗、低级浅薄不在通俗之列:

“受众是上帝”。套用商业领域中“顾客就是上帝”的口号,受众需要什么,我就提供什么,受众爱听(看)什么,我就播什么。在此旗号下,什么低级庸俗的东西都敢拿到节目中去播。单就商业领域来说,那些著名的大店也绝不会提供劣等污秽的商品,

① 张颂. 播音语言通论:危机与对策[M]. 北京:北京广播学院出版社,1994:156.

而更注重其所售商品的品位、质量、档次，并以此为其在激烈市场竞争中立足的根本。更何况广播电视的主要职能是要在为受众提供服务的过程中对其进行引导、教化、鼓舞、提升。文艺若设法俯就，就很容易流为迎合大众，媚悦大众。迎合和媚悦，是不会于大众有益的。[①]

物欲化。引发20世纪90年代"人文精神"讨论的一个主要原因就是物欲的泛滥。20世纪90年代初，我国明确了建立和完善社会主义市场经济的目标，经济走上了迅速发展的快车道。随着市场化进程的深入，市场本身所特有的利益驱动逐渐呈泛化之势，而相应的引导和制约机制还没来得及跟上（因为政策和法规总是针对社会生活中所暴露出的具体的问题而制定的，它相对于迅速发展变化的社会现实来说，总是要显得滞后一些）。物欲的泛化也迅速波及广播电视及其语言传播，表现为重金重奖，发钱赠物，诱发物欲，引人关注。在一些所谓"益智类"节目中，更是把千万巨奖与参与者的瞬间抉择、一念之差，紧密联系，时时提醒，台上台下、屏幕内外，如痴如醉、心摇神荡。人在物欲的引诱及刺激下的不受意识控制的种种表情、动作、心态，通过一个个特写镜头，纤毫毕现，广播全国。

物欲，即有人所说的"情欲"，是人的一种正常情感反应，它处于人情感的最底层。人首先是作为动物而存在的，要生存就得吃喝、消费，每个人概莫能外。但这也正是人最接近动物性的层面，人人不学而能，无须张扬，必须引导，加强规范。物欲通过广播电视而更加泛化，必然会助长拜金主义、享乐主义，滋生不劳而获的侥幸心理，削弱人们通过艰苦劳动而创造美好生活的人生信念。

私语化、私欲化。私语本为个人感受、个人境遇、个人经历、个人心理、个人欲求之显化、外化，它良莠混杂、随便闲适，用来自娱自乐，随意消遣，无伤大雅，但如果把它引入到大众传播中来，就降低了大众传播的品质。在一些"夜话"节目中，生活琐事、鸡毛蒜皮，感情困惑、空虚寂寞、百无聊赖，闲言碎语、飞短流长，不厌其详。

通俗底线的打破，加深了物欲泛化的危机，刺激了人的原欲，降低了人生的境界，引发了人性的倒退，诱发了人文精神的萎缩。

二是，高雅品位，模糊笼统，生硬外在，似是而非。

高雅品位的倡导要注意上限，其中古奥难懂、晦涩艰深是不在高雅之列的。我们认为，有声语言中的高雅品位，关键是要有感染力，有吸引力，可感悟，其核心问题是要能在创作主体与接受主体之间产生共鸣，即在及于受众的"达于耳""入于心"的过程中，受众心中也产生了与创作主体相同或相近的感觉、感受、情绪体验。在高雅品位中，品位无味主要表现为：语言传播活动自身感染力不足，不能展现有声语言的无穷魅力，引不起受众的兴趣，不能引发认知、感觉、感受、情感乃至价值取向上的共鸣。

---

① 鲁迅. 集外集拾遗：文艺的大众化[M]. 北京：鲁迅全集出版社，1983：50.

气促情欠，音粗声糙，全无韵律。有声语言美感魅力的展现和高雅品位的召唤，在形式上体现为“字正腔圆、清晰持久、刚柔自如、顺耳动听”。当然，对于有声语言创作来说，形式与内容是浑然一体、水乳交融的，形式是饱含丰富内容的形式，而内容是精美形式所凸显的内容。形式美与人的情感是不可分割的。苏珊·朗格把艺术定义为“艺术乃是象征着人类情感的形式之创造”①。音韵优美之形式美，蕴含着创作主体独特的人生况味，渗透着主体细腻的生命感念，折射着主体高远的人生境界，因此，它焕发着有声语言的独特魅力。但在语言传播实践中，我们经常听到的是既没有多少语言天赋，又没经过训练的人在“播音”，在“主持”。那浓重的方音、粗糙的声音、暗哑的声音、单细的声音、干涩的声音、尖厉的声音、混浊的声音、毫无生气的声音……在语言传播的天空中飘浮，冲击着我们的耳鼓，折磨着我们的神经，败坏着我们的语言形象。那呕呀土气、啁哳小气，在无情消解着汉民族共同语的端庄厚重、深沉刚毅、一字千钧、胸襟开阔、大气磅礴、灵动畅达、元气淋漓、音韵优美、怡神荡气的民族性特质的魅力。

意碎情跛，生硬外在，毫无蕴藉。有声语言高雅品位的魅力还应表现为语流的运动，如春日融雪，春水淙淙，转秀峦，穿幽谷，过丛林，顺势而行，毫无阻滞，元气内聚，活力外现，沿途传递着春的消息，播撒着新的希望，不断接纳着新的溪流，最后竟至浩浩荡荡，直奔海之澹澹——传播目的。语意明晰，语感具体，转换自如，不梗不塞，从容畅达。而在语言传播中，那语流的梗塞、语意的破碎、语感的苍白、语势的单一、语境的缥缈，那语言处理的随意、语言韵致的鄙陋、语言文化的贫乏，则如暴饮燕窝、暴食鱼翅，饕餮着民族文化的精髓而不问其味，挥霍着宝贵的文化资源而无视其珍。

中央电视台有一个朗诵名篇佳作的审美欣赏类栏目叫《子午书简》，其中所选的篇目大多出自大师巨匠之手，笔法细腻，视角独特，感触独到，蕴意深远，尺水狂澜。这个节目立意高远，切中时需，意在传播高雅品位的文化精华，以情感人，以境引人，以美怡人。但遗憾的是，由于有声语言创作质量不高，我们并不能领略到其中一些作品那令人神往的神采、那摄人魂魄的灵魂张力、那生动具体的生命活力。若再想领略有声语言创作主体自身的生命情致、美感境界，则如缘木而求鱼——非讥求者，唯言供者之失职。现择节目中所朗诵的鲁迅先生的散文《雪》中的一段来分析：

暖国的雨，∧向来没有变过∧冰冷的∧坚硬的灿烂的∧雪花。博识的人们∧觉得他单调，∧他自己∧也以为∧不幸否耶？∧江南的雪，∧可是滋润∧美艳之至了；∧那是∧还在隐约着的青春的消息，∧是极壮健的∧处子的皮肤。∧雪野中∧有∧血红的∧宝珠山茶，∧白中隐青的∧单瓣梅花，∧深黄的磬口的腊梅花；∧雪下面∧还有冷绿的∧杂草。蝴蝶∧确乎没有；∧蜜

① 蒋孔阳. 二十世纪西方美学名著选[M]. 上海：复旦大学出版社，1988：45.

> 蜂∧是否来采山茶花和梅花的蜜，∧我∧可记不真切了。∧但我的眼前∧仿佛∧看见冬花开在∧雪野中，∧有许多蜜蜂们∧忙碌地飞着，∧也听得他们∧嗡嗡地∧闹着。

标有“∧”的地方全是停顿。本来鲁迅先生这篇散文的文气运行如山溪行涧，疾徐有致，缓而不滞，蕴藉幽远，深沉内在，而现在却如檐上滴水，时有时无，断处音断意亦断，语停韵亦停，生机全无，灵性顿失。情思则如寒冰塞水，幽咽难行。中医说：“通则不痛，痛则不通”，语梗音塞，意踧情滞，百病丛生。不客气地说，创作主体把秉承鲁迅先生之生命精气的一条健硕大汉，“还原”（不如说是“创造”？如果这是一种“独特的风格”的话，那确乎应归“创造”之功）为一个骨瘦如柴、气喘吁吁，连站立都困难的病夫。

文中加“·”部分全是重音，顽石夯土，既重且硬，如鲠塞喉，却又吐之不出；如块垒积胸，他人之酒杯又遥不可及，真是苦不堪言，“有口难言”！

散文形散神聚。这里又说雨，又说蝴蝶、蜜蜂，又说梅花、“冷绿的杂草”，但都是围绕“孤独的雪，是死掉的雨，是雨的精魂”这一核心而起铺垫、陪衬作用的，处于隐、次地位，所以要读出蕴藉，留有余味。而主体在朗诵的时候却用力平均，就如弃耀眼的珍珠于土中，却没有用“神”这根金线来串联。

含混模糊，缺乏生气，了无意境。有声语言，意境之生，在于虚实相生，实境逼而虚境生，实境须入虚境才得其妙，虚境看似虚，实则实；意境之生，在于动静相得，静中蕴动，以静衬动，动极而静；意境之生，在于情景交融，景因情显，景中须含情，否则如无魂之躯、行尸走肉，情因景彰，情须蕴于景，否则如空中楼阁、心造幻影；意境之生，在于万有一体、一气贯通、元气淋漓、生机盎然、生气勃勃、生生不息……有声语言创作，需实境清晰、动静相生、景真情挚、元气充沛，才会彰显汉民族共同语的意美、境美、情美、意境美之神韵魅力。在语言传播的实践中，我们听到更多的却是实境的模糊、虚境的缥缈、动静的分割、生气的阻滞甚至缺乏。现以中央电视台的教育审美类节目《岁月如歌》之《江南行·兰亭小记》中的一段为例，剖析之：

> 在兰亭，你会看到一处修竹环抱的开阔平地，一“之”字形小溪蜿蜒于其中。这里就是《兰亭集序》中所写的曲水流觞处。中外书法爱好者常来这里效仿王羲之当年的曲水流觞雅事。流觞亭内那幅扇开的兰亭修禊图，描绘了王羲之等四十二位名士当年在兰亭曲水流觞的情景。永和九年，暮春之初，会于会稽山之兰亭。群贤毕至，少长咸集，列坐其次，虽无丝竹管乐之盛，一觞一咏，亦足矣畅抒幽情。是日也，天朗气清，惠风合畅，（此处应有一“仰”字——笔者注）观宇宙之大，俯察品类之盛，所以有（为“游”之误——笔者

注)目骋怀,足以极视听之娱,信可乐也。《兰亭集序》文采灿然,字字珠玑。但其更大的成就在其书法艺术,通篇气息淡和空灵,潇洒自然,用笔遒魅飘逸,自然天成,是王羲之书法艺术的代表作。

即身兰亭,天清气朗,眼前地平野阔,竹林扶苏,清流潺潺,追忆当年四十二位雅士,良辰、美景、赏心、乐事,四美俱,风雅随曲水流转,神气伴清风飞扬。但在电视片解说者平直如线的语流中,所有这一切皆列于平面,听者眼中全无画面,茂林修竹之幽不见其踪,曲水流觞之雅亦难觅其影。画面既失,美感已泯。实境模糊,则虚境无从生,动静无间,如池塘死水,波澜不兴。

另,《江南行·兰亭小记》以书圣王羲之那篇著名的《兰亭集序》为核心,抚今之鹅池碑亭、茂林修竹,追昔日之曲水赋诗,溯后世帝王墨客之追附效仿。而《兰亭集序》通篇紧扣"死生"二字,叹当时之士大夫空谈死生,不尚实务,俯仰天地,气贯寰宇,感叹苍凉,逸趣无穷。而在电视片的解说中,创作主体气滞声凝,元气不足,生气奄奄,灵气缥缈,贯通动与静、虚与实、有与无、远与近,情与景、意与境的贯穿线断了,景单情欠,意涩境幻,那蕴藉、那韵味、那境界就全都无迹可寻了。

总之,在高雅品位节目的创作过程中,部分创作主体实际上是以初级水准的语言功力驾驭高难度的艺术创作,是对高雅品位和高层次审美理想的浅表化、庸俗化。这种对高雅品位的庸俗化理解和庸俗化操作,对人们欣赏水平的提高、对人们精神文化生活水平的提高、对人生境界的提升所造成的负面影响是不容忽视的。在一定程度上,它要比那些旗帜鲜明地反对高雅品位、鼓吹媚俗流俗的理论与实践的危害更大。它就像当年被马克思所严厉批判的形形色色的庸俗化的社会主义思潮一样,败坏了科学社会主义的声誉,混淆了人民的视听,误导了人民群众的思想。这种庸俗化的高雅品位损坏了受众对真正高雅品位节目的胃口。既然"高雅品位"如此索然无味,远不如那些宣扬官能刺激、刺激消费欲望的真正低俗的东西来得方便,"可感""可听""可看",那些缺乏辨别力的人就会由此弃绝高雅,心安理得地去吸食鸦片,拾人牙慧,捡拾垃圾。

造成高雅品位庸俗化现象的根源在于创作主体语言功力的不足,甚至语言功力的缺失。至于以此自诩、自矜、自得,甚至于美其名曰为"新风格"的,其背后就是"自然主义"语言观、艺术观在作祟了。

在这里需要指出的是,在当下语言传播的现实中谈"高雅品位的无味"或美学品格的缺乏确乎有些"超前"。因为,我们现在仍然在为清除语言传播中假、丑、恶的东西而呼吁,而美的境界还只是一种理想。但臻美毕竟是语言传播人文精神不可或缺的组成部分,所以我们在这里还是把高雅品位存在的问题提出来,与广大同仁一同自省、自励。

第四，关切不切。

这里的第二个“切”是贴近、殷切、切实之意。语言传播最终是要为受众服务的，要关注、关心、关爱受众，在这一点上，应该没有歧见，前文所讨论的人文精神关怀主体缺席的情况毕竟尚属少数。但在如何实施关怀的问题上，有多种不同的看法和做法。我们认为，广播电视及其语言传播对受众的关怀是在“以事醒人”“以理服人”“以情感人”的过程中，通过“以科学的理论武装人，以正确的舆论引导人，以高尚的精神塑造人，以优秀的作品鼓舞人”而实现的。语言传播对受众的关怀是全方位、多层次的，是高标准、高要求的。既提供萝卜白菜，更提供鱼翅熊掌；既关心物质，更关心精神；既关心温饱，更关心发展。要以前者为基础，以后者为发展的方向乃至关怀的重点。

在这里需要强调的是，广播电视及其语言传播中的人文关怀是对党和政府负责与对人民关怀的统一，而不是片面强调一方面而忽视另一方面。理论上的明晰有助于我们在实践中明确方向，不论遇到什么情况，信心都不会动摇。其中的道理很简单，中国共产党及人民政府的利益与最广大人民群众的根本利益是一致的，中国共产党人没有自己的特殊利益，更不寻求自己的特殊利益。这是中国共产党的战斗力之所在，先进性之所在，力量源泉之所在，希望之所在。在一项新方针政策的具体落实过程中，可能会有极小部分人的利益受到影响，但语言传播者一定要看到其为绝大多数人服务的终极方向。当然，我们也反对个别人打着为人民谋长远利益的旗号，故意损害群众利益的情况。

所以，达不到以上要求的关怀就不是切实的关怀，即我们所说的“关切不切”，就是人文关怀缺失的一种表现。目前，“关切不切”主要表现为：

一是，片面的关怀。

我们说语言传播的人文关怀是全面的人文关怀，意指我们关怀的对象是最广大的人民群众，关怀他们生产生活的一切方面。片面的关怀，首先表现为只关怀部分人。有的论者在谈到人文关怀的时候，注意力几乎全都在关心残障人士、弱势群体上面，浙江卫视的《亚妮专访》是人们常提的例子。《亚妮专访》是一个能够在节目中体现广播电视及其语言传播人文关怀比较不错的栏目。我们在这里丝毫没有批评这个栏目的意思，而是想说明是不是我们要把所有的节目都办成《亚妮专访》呢？当然不是。残障人士需要关怀，其他人士也需要关怀呀！节目分工不同，只要大家都能在每个人的节目中为一定的受众群体服好务，那我们广播电视作为一个整体不就能为所有人服务了吗？

片面的关怀，还表现为只关怀受众一方面的需求而不及其余。在美国故意轰炸我国驻前南斯拉夫联盟共和国大使馆并致三名中国公民失去宝贵的生命之后，众多媒体为了抢新闻，制造所谓的“看点”，都纷纷把镜头对准罹难者家属之悲痛表情，并以特写镜头放大之，公示之。在采访中，如果只是强求其回忆死者生前之亲情，而不去关怀其道德——情操的高尚,工作、生活、学习等的历练,自强不息、无私奉献等,那就是对关怀的片面理解。我们古人就讲"人皆有不忍人之心"①,以上所述人文关怀并没有超出这一层面,而那全面的人文关怀至少还包括"己所不欲,勿施于人""舍生而取义"呢!

二是,浅表的关怀。

关怀是有层次的,从受众的需求角度讲,有从生存到发展,从物质到精神,从怜恤之心到舍生取义的志士之心,从市井之音到高山流水……在关怀的层次上,应该是以浅层关怀为起点,必须深入进行更深层的关怀。人文关怀浅表化表现为:只注重低层面、浅层面的关怀,而有意无意地忽视,甚至漠视人民大众对深层关怀的深情呼唤、殷切期望。

只停留在对受众生存需要的关怀上面。我们认为,人的存在及由语言所反映的人的存在状态至少有三重空间:存在空间、规范空间、审美空间。但有些人只愿意关怀受众的生存空间,而且是生存空间中个别的、低层的东西,"自然些,再自然些""说,要像说话""扔掉播音腔"……含混的吐字、粗糙的声音、丑陋的容颜、怪异的表达,满足于街谈巷议、道听途说、追逐时尚、进入流行……甚至使用乡音俚语,张三李四、个人隐私、飞短流长,自给自足、自娱自乐却非要进入大众传播,津津乐道,乐此不疲。

只停留在形式的关怀上面。"再亲切些",软语轻声,嗲声媚气,低声下气,轻浮飘忽,但却恰恰不去重视如何充实节目的内容,提高节目的质量,提升节目的品位。

只注重基础品位的关怀,忽视高品位的关怀。名人轶事、个人隐私,居家休闲、吃喝用度,股市风云、商海狂潮,神气完足、滔滔不绝;及至文化经典、民族精粹、怡情励志,则仓促上阵、力不从心、敷衍应付。

三是,偏执的关怀。

表现为低估受众的欣赏水平、文化水平、认识水平、认知水平,甚至生活自理能力。如天气变化、加衣戴帽,须加叮嘱;雨大路滑、多加小心,刻意提醒;平白道理,唯恐难懂,七绕八绕;简明消息,只怕不解,掺水加料。

四是,畸形的关怀。

主要表现为只讲"迎合",回避"引导"。只要是受众需要的,就可不管层次、不问品位、不论内容、不讲质量、不讲责任,"热情服务"、送货上门。封建的、迷信的、唯心的、宿命的、原欲的、庸俗的、粗俗的、滥俗的,"包你满意"。至于"引导"与"灌输",那是"政治宣传",已不适应"平民化时代的需要",弃之如敝屣。

如果我们放任以上现象蔓延,就会只认经济效益,回避社会效益,就有可能加剧道德的滑坡,人文的失落。但作为社会主义国家的传媒,作为党和人民的喉舌,广播电视

① 孟子·公孙丑上[M].北京:中华书局,2014.

的社会效益永远都应放在第一位。这已不需理论阐释，而必须真正化为广播电视及其语言传播实践中的实际行动。

引发上述关切不切现象的原因，除了前文所提到的几个原因之外，还有对受众的低估与对引导之责的懈怠。这二者是合一的。你不去引导，受众的科学文化、思想道德、教育审美水平当然不会在一夜之间提升。另一方面，受众也并非如有些人所推想的那样，都喜欢集怪猎奇、招欢买笑，他们是分层次的，况且就是文化水平不高的人也会有高水平的文化需求。还是让我们再次聆听鲁迅先生在几十年前对此问题所做的经典论述："说起大众来，界限宽泛得很，其中包括各式各样的人，但即使'目不识丁'的文盲，由我看来，其实也并不如读书人所推想的那么愚蠢。他们是要智识，要新的智识，要学习，能摄取的。如果满口新语法，新名词，他们是什么也不懂；但逐渐的捡必要的灌输进去，他们也会接受；那消化的力量，也许还赛过成见更多的读书人。"

好的！"逐渐的捡必要的灌输进去"，灌输就是教育，就是引导，就是"汇天下之精华，扬独家之优势"！这就是广播电视及其语言传播的责任，这就是语言传播人文精神的特点。关键是要看你怎么去灌输。这将是本书后面要解决的问题。

第二节　语言传播人文精神的主体性建构

在分析了语言传播人文精神缺失的现象和原因之后，我们认为，语言传播人文精神缺失的哲学本质是语言传播者作为创作主体和传播主体，其主体性的膨胀、缺失与主体的自我放逐、自我矮化。语言传播主体性的膨胀表现为：自我感觉良好，刚愎自用，听不进别人劝告，只顾一味宣泄自我感受而全然不顾受众的需求，把广播电视这种大众传播媒体当作自我表演的舞台。语言传播主体性的萎缩表现为：不讲求声音质量，不过问意思清晰，无感受、无感情、更无神采、不死不活地"说"。语言传播主体性的自我放逐表现为：放纵物欲，鼓吹感觉刺激，无视传者责任，一心为名为利。以上所言均属极而言之的情况，但在语言传播实践中，它们都不同程度地存在着，并直接导致语言传播中人文精神的失落，正在影响着甚至毒害着广大受众，加剧了全社会范围内的人文精神失落现象。因此，语言传播中人文精神的建构必须从真正确立语言传播者作为人的主体性开始。

人文精神是人的个人意识及社会意识对人作为社会存在的存在状态、生存水准、情感表现、价值选择、精神追求、生产活动的综合反映。因此，人文精神的起点、核心和目标都是人，即所谓"首在立人"。人文精神之"所立"，为人的全面发展，而人的全面发展是在人对自己主体性的自觉和对主体性的不断完善过程中进行的。语言传播的人文精神，由于其在整个社会中所占的位置、所负载的社会使命、所从属的传播媒体而呈现出了主流性、主导性、情感性、实践性等特征，这也就使得语言传播人文精神的建构具有在传播主体与接受主体、个人主体与社会主体、个体主体与共同主体之间共建——即主体间性的特点——既要确立创作主体的主体性，同时又要与接受主体一起共同确立蕴含着丰富人文精神的人的主体性。因此，我们将在这一节和下一节中，分别讨论语言传播创作主体人文精神的主体性重构和语言传播人文精神在主体间的共建。

主体性是主体的本性或属性，人们对主体性的认识是从主体开始的。主体是相对于客体而言的，主体与客体是相联系而存在的，因此，只有在主客关系中才能真正理解主体以及作为主体的人，进而明确主体性，确立主体性。其实，“主体”并不是专属于人的概念，物质世界中每一个有限的物质存在物都与其周围的存在物发生作用。在这种作用中，作用的发出者、主动者就是作用的主体，作用的接受者、被动者则是作用的客体，主客体是相对而言的，这是广义的主客体关系。因此，从这个意义上说，人与其他人，甚至人与世界万物的关系都是互为主客体的关系。这也就为下一节我们将要重点讨论的语言传播人文精神在主体间的共建打开了思路。

从本体论的层面上说，主体离不开客体，因为人归根到底是产生于并且最终依赖于客观物质世界的。但如果没有人存在，就没有人去意识到和理解客体的存在了，也就无所谓客体了，客体的存在也就没什么意义了。当我们进行这样的讨论的时候，这时的主客关系其实已经从存在论层面转入到了价值论层面。所以，语言传播的主体问题在这个意义上是一个价值问题。这也是我们讨论语言传播人文精神主体性建构的最终落脚点。

人的主体性不是先天确定的，而是在历史的发展过程中与语言一起，通过语言而确立并不断发展乃至趋于完善的。自然界中除人以外其他的自然事物之间的相互作用也有能动和受动、主动和被动之分，但唯有人能够意识到自己对客体的作用是能动的、主动的，并能在作用实际发生之前，首先在观念中模拟这种作用及结果。这也就是人作为主体的自觉性。人类的祖先在共同劳动中，由于协作的需要而感到“有些什么非说不可”[①]的时候，语言就产生了。语言在这里的必要性就是要表达意图，取得共识，协调动作，以便达到共同目的。这样人的主体性便初步确立。所以，人的主体性的确立与语言的产生几乎是同时发生的。劳动及语言和思维的产生，使人初步确立了在自然界的主体地位。我们在这一节将要讨论的问题是：人的主体性所体现出来的人之为人的人文精神，会随着人的语言的丰富而不断完善，同时语言传播对人的主体性的完善及人文精神的丰富也在发挥着非常重要的作用。

---

① 恩格斯. 马克思恩格斯选集[M]. 中共中央翻译局，译. 北京：人民出版社，1972：510.

语言传播中的创作主体就是语言传播者，他是主要以有声语言为手段进行传播的主体。语言传播中创作主体的主体性是指创作主体在与客体——创作依据（有文字形式的稿件、提纲和没有文字形式的腹稿）的矛盾中处于主动地位，发挥主导的、能动的创造性作用，对创作依据进行改造，“形之于声”，驾驭节目进程，“及于受众”，实现创作主旨，达到传播目的。

语言传播人文精神的主体性建构表现为，语言传播主体要不断检视自己的人生状态，自觉继承、传播人文精神的精华，充实与时代发展同步的、先进的、主流的人文精神，并最终使之“浸透”自己的有声语言（当然还有副语言），使有声语言充满人文精神的魅力、人文关怀的张力、可见可听的感染力、由己达人的亲和力，在“信息共享”“认知共识”“愉悦共鸣”中，共同感受到真的震撼力、善的牵引力、美的感染力、准的适切力、新的跃动力、雅的提升力、精的关怀力。这其中要解决的关键问题是，语言传播主体如何使有声语言尽可能地去体现传统承继与时代精神精华相结合的、主流引导与大众选择相结合的、自我完善与服务大众相结合的人文精神。一句话，如何使主流、主导的人文精神“音声化”，如何以有声语言实现人文关怀！

建构人文精神、实现人文关怀，对于传播主体来说是情与理的融合、理与趣的交汇、知与行的统一、人与己的通达，是理想与行动的契合，是个人与社会的互进，是“格物、致知、诚心、正意”与“修身、齐家、治国、平天下”（当然是剔除了封建余垢，贯注时代新意之后的）的水到渠成、身心俱悦……

但那过程对于语言传播主体来说，绝对是一个“精神的苦旅”，是“灵魂的拷问”，是“凤凰浴火后的重生”。但对众多有志者来说，这又何尝不是一件幸事？——对于一滴水来说，还有什么能比汇入江河，与其他水滴一起掀起滔天巨浪，奔向大海更为快慰的事呢？

语言传播的人文精神究竟是如何通过创作主体的主体性而实现的呢？

一、有声语言创作实践——语言传播人文精神主体性生成的现实基础

“要想照亮他人，必先燃烧自己”，这“燃烧”即是实践。语言传播人文精神的最大特点之一就在于其关怀性。这关怀是付诸实际的行动，而不能仅仅是“心造的幻影”，而这行动就是有声语言的创作实践。要“以科学的理论武装人，以正确的舆论引导人，以高尚的精神塑造人，以优秀的作品鼓舞人”，不落实在语言传播的实践中怎么能行呢？受众也只有通过语言传播才能得到信息，分享知识，得到愉悦，受到感染，得到提升。

语言传播创作的实践是语言传播主体得以体现和完成的唯一方式。语言传播创作主体的主体性是语言传播者作为语言传播活动的质的规定性，是在与客体——创作

依据的相互作用中得以展示、得到发展的人的自觉、自主、能动和创造的特性。人本身是社会性的存在物，而“社会生活在本质上是实践的”①，“环境的改变和人的活动的一致，只能被看作是并合理地理解为革命的实践”②。只有在具体的创作实践活动中，语言传播主体利用自己的感性、知性、理性、思维与情感、意志，通过有声语言这一中介，直接作用于创作依据，使创作依据发生改变，并且把自己的世界观、人生感念、生命体验贯注到创作依据中去，最终使有声语言作用于受众。在这里“环境的改变”既指创作依据的改变，又应该指受众在听到、看到节目之后所发生的改变，比如对信息的掌握增加了，对事物的态度变化了，对某个道理认同了，身心得到愉悦了，审美趣味发生变化了，等等。当然这种改变不是通过一两个节目就能完成的，而需要日积月累，潜移默化。

在有声语言的创作实践中，主体与客体的关系在这里发生了转向，成了语言与世界的关系，而创作主体与创作依据的关系也由主客对立走向了主客融合。传统的观点认为，语言是人认识和把握世界的工具，天下万物皆不能言而只有有意志的人才能言。我们认为，语言“工具论”有其合理性，但是语言这种工具又远远不同于人使用的任何其他工具，因为语言几乎就是人本身，所以，我们也应该从“文化论”的角度对语言进行重新认识，它传承着文化的积淀，它折射着文化的水准，它占据着文化的高度，它引领着文化的方向。语言尤其是语言传播的本质是先进文化的灵魂——人文精神的音声化。西方哲学“语言学转向”后的哲学观与语言学观认为，人与世界是融合为一体的，这融合的关键在于语言。我们认为这种说法是很有道理的。语言使人与世界相融合沟通，语言开启了世界，建构了世界，当然也就建构了人的主体性，从而在语言传播活动中向受众呈现人文精神的魅力，闪耀人文精神的光芒。

二、由自发受动到自觉能动——语言传播主体性在矛盾中觉醒

语言传播主体的觉醒首先表现为从自发到自觉的提升。语言传播人文精神的实现是以“非说不可”的强烈创作愿望的取得为基础的。但这种冲动是生理与心理、个人与社会综合作用的结果，是自发性与自觉性相结合的结果。自发性是人的意识停留在感性认识阶段，人的活动受感性意识支配，或者是没有明确的自我意识的一种精神状态和行为状态。创作主体的自发性在语言传播中就表现为，创作主体在接触到创作依据之后的最原初的触动、感念。比如采访生活在农村而又深受现代文明冲击的一位女性，她那被田野的冽风吹得黑红的面颊，因做饭被柴草熏黑的双手，那高高的院墙，

---

① 马克思. 马克思恩格斯选集[M]. 中共中央翻译局，译. 北京：人民出版社，1972：18.

② 马克思. 马克思恩格斯选集[M]. 中共中央翻译局，译. 北京：人民出版社，1972：17.

堆在墙角的木柴，墙外厚厚的黄土，耕牛不紧不慢的步伐……这一切都因与传播主体生活体验的不同而对其心理产生了强烈的刺激，但这些刺激都是零散的、易碎的、随机的，是对自觉性的否定，其中也内在地蕴含着转为自觉性的可能，“‘自发因素’实质上无非是自觉性的萌芽状态”①。创作主体要把这些零散的、稍纵即逝的但却是真实鲜活的感触进行综合和提升，按照一定的传播目的对其进行驾控，使其在一定的轨道上运行。“工人阶级单靠自己本身的力量，只能形成工联主义的意识”，社会主义的意识“只能从外面灌输进去”，“俄国……社会民主党的理论学说也是完全不依赖于工人运动的自发增长而产生的，它的产生是革命的社会主义知识分子的思想发展的自然和必然的结果”②。列宁所讲的这番话对于处理语言传播中创作主体的自发性与自觉性的关系同样非常具有指导意义。因此，创作主体要促使自发性向自觉性提升，这种提升是创作主体在明确传播目的之后，在明确的意识引导、指导下的行为，是其自己“思想发展的自然和必然的结果”。他要在感性触动的基础之上（注意：绝不是抛弃感性触动，而是扬弃感性触动）使之上升为理性的自觉，认识到事物、事件的内在本质的联系和规律。这反映在语言传播实践中就是创作主体按照传播目的的要求对以上所说的感念、感触进行归纳、提升。就拿刚才所举的例子来说，创作主体就是要在那其中进一步看到、想到：这就是展现在一条高速公路边上的景象，高速公路的那一头连着都市，连着高楼大厦、商场、书店、音乐厅、时装秀，连接着紧张而有活力、充满压力却又富于变化的现代文明，在悠悠行走的黄牛与呼啸而过的汽车之间，在被柴火熏黑的双手与纤纤玉腕之间是怎样的咫尺之隔而又天地之遥啊！而这就是占全国总人口70%的农民的现实生活图景。他们背负着土地的沉重，但他们的心中是多么向往文明的轻松啊！他们需要怎样的人文关怀呢？这样，自发性就被引导到了通向传播目的的道路上，推动着创作主体调动所有的人生经历与人生感悟向传播目的快速前行。

因此，在语言传播中，创作主体发挥自觉的主体性的含义，首先就是确证自我意识，即“意识返回自身，是在它的对方中意识到它自身”③，也就是全身心地投入到创作依据中去，集中精力，反复体味，开掘意义，但那是“我”在感受，“我”在认识，“我”在评价，“我”在开掘，“我”在体味，“我”在创作依据中发现了“我自己”，并且使创作依据成为“我”要说的话，发“我”之心，融“我”之血，出“我”之口。与此相反的情况，就是“我”既不去深入认识创作依据、创作要求，也不设身处地去感受其中的场景、情感，更不去以“我”的世界观、人生观、价值观、审美观对创作依据进行全面整合。及至创作则表现为动口不动脑，过手不过心，无感受、无意思、无认识、无感情。那“创作”（如果这也算创作的话）的结果自然与真善美无关，去“新雅精准”远甚，连最起码的表意

① 列宁．列宁选集［M］．中共中央马克斯恩格斯列宁斯大林著作编译局，译．北京：人民出版社，1995：317．

② 列宁．列宁选集［M］．中共中央马克斯恩格斯列宁斯大林著作编译局，译．北京：人民出版社，1995：318．

③ 黑格尔．精神现象学［M］．贺麟，王久兴，译．北京：商务印书馆，1979：113．

性都达不到，就更遑论主导性与引导性了。所以，我们认为，自我意识的确立是语言传播人文精神建构的一个底线。当然这还只是语言传播主体自觉性的开始。

其次，要形之于声。作为语言传播主体自觉性的成果是在有声语言“及于受众”的过程中实现的，否则，不论“我”在对象——创作依据中如何显赫、意思多么清晰、思想多么深刻、认识多么独到、感受多么细腻、感情多么饱满，都还只是“理想的意图”，还要把这变成“理想的力量”，还要把这变成有声语言。也只有通过有声语言，那“意识返回自身”的成果也才能得以显现。在这一过程中，对气息深浅自如的调整、吐字力度大小咸宜的控制、语感精密丰富的开掘、语气异彩纷呈的调配、节奏律动如舞的把握、韵律飞泉流淌的展现、意境生气氤氲的酝酿……都必须而且只能通过创作主体的有声语言来实施，使之成为“理想的图式”。创作主体宛若只身入林，那状态全神贯注，形神合一；那历程，蜿蜒曲折，攀爬艰辛，峰回路转，曲径通幽；那景色，美不胜收，无限风光在险峰。这都源于主体的自觉。

再次，要由己达人。形之于声了，但若只是空谷回音、大漠驼铃、高山流水响、应者无一人，那还不是自觉。语言传播主体的自觉性还要表现在“钟期既遇”上，把那“理想的意图”“理想的图式”变成“理想的力量”。满足于自我陶醉只能算是自娱，而语言传播作为大众传播的本性，却要求创作主体在创作过程中心中一定要想着那千千万万的“子期”正在翘首苦盼，其情可感，其状若现，于是创作主体心有戚戚，灵犀既点，豁然开朗，相见恨晚，惺惺相惜。

复次，要细密监控，确保效果。在实现“理想的意图”，取得“理想的力量”的过程中，难免会有些疏漏，会有蹉跎。此时语言传播主体的自觉性就表现为，对音声化过程中可能出现的意外和问题时刻保持高度警惕，那“第二自我”一直处于整装待发状态——声音高了，调低一点；状态冒了，收回一点；语势平了，抑扬起伏的力度大一点；语气单了，色彩再调得丰富一点，等等。兵来将挡，水来土掩，那跑冒滴漏尽在监控，狼奔豕突消于无形。

最后，要强化责任。语言传播不是自娱自乐、自我欣赏、自我展示的舞台，更不是向社会横征暴敛的工具，绝不是流俗、媚俗、贩俗、滥俗的名利场。语言传播者是党、政府和人民的喉舌，语言传播是为最广大人民群众的根本利益服务的。语言传播主体的自觉性就表现为：召我以“责任”，趋“我”以真善，唤“我”以美感，醒“我”于喉舌，融“我”于社会，远“我”于物欲，浸“我”于高雅，励“我”于经典。但这一切也还都是为了使“我”与“你”共沐真善美的甘霖，共赴“新雅精准”之圣地。

在语言传播主体性的天平上，自发性是不能与自觉性相提并论的。在实践中，我们要警惕那些人为抬高自发性，甚至推崇自发性的倾向。有人认为语言传播越远离“播音腔”、越“生活化”、越“自然”就越好，稀释、加零碎，不管大事小事都把它说成鸡毛蒜皮的琐事才好。这种现象的根源，就是对受众当中自发性的盲目崇拜和媚悦，进而放纵创作主体的自发性。放任自发性，放逐自觉性是语言传播中人文精神缺失在语言传播主体性认识上的一个重要根源。

语言传播主体的觉醒还表现为对“为我”与“我为”的清醒，是“为我”与“为人”的统一。从人的主体性实现的过程来看，“为我”是主体性实现的目的性的前提和结果，而“我为”则是主体性实现的状态和过程。从学理上讲，二者是一枚硬币的两面，并且二者互为因果，只有“为我”的前提才会有“我为”的状态，只有“我为”的过程才会有“为我”的结果。那细节是哲学家们的事，我们关心的是语言传播中的“为我”与“我为”是如何实现其人文精神主体性建构的。

语言传播主体的“为我”应该是“小我”与“大我”的统一，并且以“大我”为目的，而绝非以“小我”为目的。即语言传播者的传播行为的终极目的绝不是满足个人的一己之私欲，而是为了实现最广大受众即人民群众的根本利益，当然，语言传播主体作为“小我”也是这“大我”的有机组成部分，他的利益的实现是建立在最广大受众的利益得以实现的基础上的。即语言传播主体是广大人民群众及党和政府的喉舌，在语言传播过程中他的喉舌只有成为人民的喉舌才有其存在的意义，如果那只是他谋一己之私利的喉舌，就不能称其为喉舌。以“小我”之须臾，融“大我”之无穷，与大化同行，畅游天地间，集古今中外人类精神之精华，献华夏九州之人民，有限与无限，瞬间与永恒，达到统一，身心俱悦，神契形合，生当如此，夫复它求？

语言传播人文精神缺失的原因之一在本质上就是“我”之迷失，“小我”之膨胀。语言传播主体首先是一名党的新闻工作者，不论在任何一种节目形式中、节目样态中（即使是在表面上离“新闻性”最远的综艺娱乐类节目也是如此），他都是以“我就在”的真实身份，以真诚的态度、真挚的语言向广大受众传达他的所见所闻，发表他的所想所感，而绝不是一位“艺员”（当然，我们在这里不是说“艺员”就假，而是指当下语言传播中部分人的“演艺化”倾向。在当下的语言传播实践中，一些语言传播者为了提高收听率、收视率，以“我就贫”的姿态，扭捏作态，嗲声嗲气，自我炫耀，大肆“表演”，招欢买笑，搔首弄姿，媚态百出，令人生厌。在理论领域中也有一些“理论家”们为各种形态、或隐或显的“表演化”摇旗呐喊，大声鼓噪。“非角色化表演”“表演自我”已经不新鲜，主持人的“是我”“非我”又粉墨登场。语言传播中“我”的膨胀表现为，或高高在上，以“无冕之王”抑或“先贤圣哲”自居，昂首扬颏，指点迷津，感觉良好；或者超然物外，冷眼旁观，绝对“客观”，貌似公允，实为冷血。

“我为”就是要强调创作主体对传播结果和传播目的的手段性。语言传播中的“我为”即创作主体要有所作为，把握创作状态，驾驭传播过程，优化传播结果。把握创作状态的关键是，正式创作之前的精心准备最后全都要凝结为“非说不可”的强烈播讲愿望。既然“小我”是“大我”中的一分子，“我”的职责就是要以一名新闻工作者的特有敏感，把那新事物、新发明、新经验、新成就、新场面、新风貌、新风尚、新思想、新认识、新政策、新方向等，传达给急需了解、掌握、分享、分担它们的广大受众，让时代主流的宏伟叙事、英雄伟业的激情诗篇召唤那些想建功立业、有所作为、建设美好生活、追求美好明天的人们。个人与社会、中国与世界、历史与今天、传统与现代、权利与责任、瞬间与永恒、光荣与梦想、理想与奋斗……全都涌上心头，热烈而有序，积极而松弛，那发音器官已潜流暗涌，那气息已呼之即来，那感受已精如毫发，那思维已精骛八极，那情感已惊涛拍岸……一切都已整装待发，万事俱备，只等创作主体一声令下，东风既至，千舰齐发，万舸争流。攻城拔寨，挥洒于须臾之间；风云际会，卷舒于九天之外。及至将令已至，千军万马，卷地前行，创作主体就要集中精力，全神贯注，密切关注，驾驭节目进程，察觉方向偏差，马上矫正；发现有小股部队游离大部队，赶快召回；发现受阻，立即增援；胜利将至，宜将剩勇追穷寇，一鼓作气。

语言传播主体的“不为”，是语言传播人文精神缺失的根源。没有创作状态的调动和把握，没有对节目进程的因势利导、灵活驾控，就难以做到真挚真诚、善意关怀、美感创造，更谈不上“新雅精准”了。

语言传播主体的觉醒还表现为受动性与能动性的融合。主体性意味着能动性，但同时也意味着受动性，并且受动还有着某种前提性的意义。我们对受动也不能完全从被动、受作用的角度去理解。主体的受动性表现为，人既然是生命的、感性的、现实的、对象性的存在物，他必须凭借现实的、感性的对象才能表现自己的生命。说一个东西是感性的，就是指它是受动的。[①] 这一点对于语言传播的创作活动来说，也有本体论的意义。[②] 语言传播是创作主体以一个新闻工作者的身份，用自己饱含生命体验的有声语言，向受众传情达意、言志传神的大众传播行为，这一过程是充满主体人生诉求和生命感念的。那声音应该是富有感染力的，因此，“感受是关键”[③]。在随后的论述中，我们还会讲到这种感性要上升为理性，但那也是“被感受之水浸透了的理性”，那理性也是以感性的形式呈现的。语言传播对于真善美的吁求，对于“新雅精准”理想的传播，都是以可感的、亲切的方式进行的，那效果应该是受众乐于接受，甚至欲罢不能的，而绝不像有些人说的那样“高高在上”“呆板”“僵硬”“无生气”地“进行政治宣传”，拒人于千里之外。因此，语言传播主体一定要敞开襟怀，调动所有的器官，全身心地投入到语言传播过程中去。不仅如此，语言传播主体在其生活中也一定要注意感受的积累、沉淀、存储，以便到需要时招之即来，来之能战，战之能胜。因此，人作为对象性的、

---

① 中共中央马克斯恩格斯列宁斯大林著作编译局. 马克思恩格斯全集[M]. 北京：人民出版社，1979：169.

② 当然，语言传播中的感受与人们常说的“感性”的含义是不完全一致的。其不同之处在于：一、语言传播中的感受是创作主体的“感之于外，受之于心”，是含有一定程度主动意义的；二、语言传播中所说的感受不仅包含人们常说的眼、耳、鼻、舌、身等器官所接受的形象感受，也包括对关系的逻辑感受，还包括对创作依据的形式、体裁、风格等的感受；三、现实生活中所说的感性大都实指，而语言传播中所说的感受是创作主体透过“言”而得“象”，再透过“象”去感受人、事、理、景、物、情的，这一过程都是通过想象完成的，为虚指。

③ 张颂. 朗读美学[M]. 北京：北京广播学院出版社，2002：171.

感性的受动存在物：是一个受动的存在物，因为它感到自己是受动的，所以是一个有激情的存在物。激情、热情是人强烈追求自己的对象的本质力量。① 有感受才会有热情、有激情，有热情才会吸引人，有激情才会出精品。语言传播主体在这个意义上的受动性是其在创作过程中发挥能动性的前提、基础乃至动力源泉。

在语言传播中那种无感受、无感情、"零态度"的有声语言表达，连"意思的沟通"都谈不上，更进入不了"真、善、美、准、新、雅、精"的层面，毫无人文关怀可言，其根源就在于语言传播主体受动性的缺乏。

能动性是人的主体性最重要的内涵和最鲜明的表现。毛泽东说得好："思想等等是主观见之于主观的东西，做或行动是主观见之于客观的东西，都是人类特殊的能动性。这种能动性，我们名之曰'自觉的能动性'，是人之所以区别于动物的特点。"在语言传播过程中，人文关怀的实现情况，甚至创作的顺利完成都要取决于创作主体主观能动性的发挥程度。语言传播主体能动性的发挥及其对于人文关怀的作用应有以下表现：

从潜能到效能。创作依据在与语言传播主体发生作用之前，其实现的方式、表现出的风格，存在着多种多样的可能性。创作主体由于其语言功力、生活历练、理论文化修养、审美趣味的积淀而拥有巨大的潜在能力。正是由于创作主体的创作活动改变了创作依据的存在方式，使其以一定的节目形态呈现在受众面前且对受众产生影响。把潜在的变成现实的，把纸上谈兵变成在战场上奔袭的千军万马（那战斗力倒可先不论，因这只是创作主体能动性之初现）。

从消极被动到积极主动。消极被动就是简单地念字出声，积极主动就是创作主体调动分析理解力、词语感受力、思维反应力、观察力、表现力、感染力等，深入创作依据，进入创作状态，驾驭节目进程，直奔创作目的。

从理解感受到及于受众。这一过程的实现已在"主体的自觉性"当中做过详尽论述，在这里不再重复。这里需要强调的是创作主体在创作过程中要尽量做到状态一致、善始善终，避免左冲右突，进进出出。记住魏征的忠告："善始者实繁，克终者盖寡。"②

从完成到完善。此为语言传播若想达于"准、新、雅、精"之境界，创作主体所必须发挥出的最高的能动性。古希腊哲学家苏格拉底对后人有一句言简意赅的告诫："应当努力追求把事情做好。"③完成理解感受到形之于声、达于受众的过程，创作主体就完成了创作预想，基本上达到了创作目的。但是预想与目的是总体性的，它不可能穷尽全部细节，而细节是需要完善的。理解表达及主体定位的准确把握、崭新风貌的体

---

① 中共中央马克斯恩格斯列宁斯大林著作编译局. 马克思恩格斯全集[M]. 北京：人民出版社，1979：169.

② 吴楚材，吴调候. 古文观止[M]. 北京：中华书局，1997：278.

③ 色诺芬. 回忆苏格拉底[M]. 吴永泉，译. 北京：商务印书馆，1984：119.

现、离俗趋雅的品位提升、精益求精与创造经典的追求都要求创作主体在一个细节、一个细节的细化过程中实现，创作主体要调动自己的最大潜能，发挥最佳水准，力争在每一次创作中都有新的提高，积水成渊，积土成山，积小善成大德，就一定能创作出有声语言的时代精品、世代经典。

语言传播中“准、新、雅、精”的鲜见，其主体性的根源就在于尽善尽美、精益求精的能动性的不足。频道越开越多而节目源匮乏、节目制作周期短、时间紧张、准备不足等似乎都是不可抗拒的理由，但是我们相信，随着广播电视事业的良性发展，随着大量有才华年轻人的加入，随着受众欣赏品位的不断提高，那些粗制滥造、疲于应付的节目以及语言传播会越来越没有容身之所。

崭新的时代、先进的文化强烈召唤着语言传播主体发挥出最大的能动性，创造出越来越多的有声语言时代经典。

三、由占有重复到生产创造——语言传播主体性在对象化过程中提升

语言传播人文精神的主体建构需要在有声语言创作过程中完成，即在“对象化”的过程中完成。我们虽然曾谈到语言传播主体对创作依据的能动作用，但那大多是从创作主体的自身视角去观察问题时所得到的结论。在此，我们将从创作过程本身的角度，来挖掘语言传播主体性的建构对人文精神重建的作用。

语言传播主体从占有性向生产性提升。占有性的主体性是指主体对物质或精神的占有。人对物的占有的需要，归根到底是对消费的需要。人要生存，总是要吃、穿、行、住，要消费，这是很正常、正当的。但对于语言传播主体来说，在有声语言创作过程中，任何占有性的主体性都应该被扼制，而不应该被宣扬、张扬。因为语言传播活动性质从根本上说是生产性的，是为受众生产文化和精神产品的。

语言传播主体占有性的主体性的显现甚至公然张扬是语言传播中物欲化、庸俗化、演艺化的深层原因。为什么要媚俗呢？为什么要“表现”呢？原因只为了迎合部分人的低级欣赏趣味，为了提高收视率、收听率。提高收听率、收视率所为何用？吸引广告。吸引广告越多当然钱越多。因此，要重构语言传播的人文精神，必须制定相应的法律法规，严厉抑制语言传播主体的占有性的主体性，直至彻底把它清除出语言传播领域。

在主体的占有与生产的关系上，高扬语言传播主体生产性的主体性是唯一的选择。语言传播活动是精神性生产活动。语言传播主体的生产性是指他在使其本质对象化，即融入和驾驭节目过程中所表现出来的能力。与占有性不同，主体的生产性不是向客体索取，而是对客体付出。在语言传播过程中，创作主体通过其生产性的活动，付出智慧、情感、意志，使创作依据按照它自身的规律以及社会主流的价值取向、政策

方向、舆论导向而发生改变。创作主体在这语言传播活动中生产的是“真、善、美”，奉献的是“准、新、雅、精”，其目的是“以科学的理论武装人，以正确的舆论引导人，以高尚的精神塑造人，以优秀的作品鼓舞人”，最终的目的是使人与自然、人与社会、人与人、人与自身之间的关系趋于和谐，人自身获得全面发展，人不断地获得自由和解放。

语言传播主体生产性的主体性到底有多大的力量？美德与人所实现的生产性程度成正比。社会如果关心人之美德的培养，它必然关心人之生产性的培养，并因此而为人的生产性创造条件，“生产性取向是自由、美德及幸福的基础”[①]。

一个人越是意识到自己的能力，并生产性地运用这种能力以增进他的力量、信仰及幸福，他与自身异化的危险就越小；由此我们可以说，他创造了一种“善循环”。[②] 不断增进生产性的主体性，向受众与社会奉献精神的精品，这是语言传播主体人文精神自我完善的最好途径。生产性使他感到生命的充实、欢乐和真正的幸福，而这种欢乐和幸福又在不断强化着他的生产性的主体性。他的人文精神也就日趋主流、完善，他也就越能更加淋漓尽致地进行人文关怀。

语言传播主体的生产性的主体性能够使他自己的内在本质对象化，使个人行动与社会效果圆融无碍地融为一体。这也就使他能够感到自己作为主体的存在意义，因此，他是幸福的。弗洛姆下面的这段话对于说明语言传播生产性的主体性的发挥是再恰当不过了：“幸福象征着人找到了人类存在问题的答案：生产性地实现他的潜能，因此，他既与世界同为一体，但同时却又保持着他自身的人格完整性。在生产性地运用他的精力时，他提高了自己的能力，他‘燃烧自己，却不化为灰烬’。”[③]

语言传播人文精神的一个重要特征就是其情感性。情感的丰富与真挚本身也是人文精神的一个重要方面。在语言传播过程的始终，传播主体的情感一直都在运动着，如空气一般浸润着他所发出的每一句话，也浸润着他所送达的“真、善、美”、他所倡导的“准、新、雅、精”。“感人心者，莫先乎情。”（白居易《与元九书》）这样，他所倡导的人文精神中那些主流的、先进的、高尚的、高雅的东西就会具有强大的感染力，对受众人文精神的提升起到潜移默化的涵化作用，如盐之入水，化于无形，但它已经随水进入你的血脉、你的肌体，最后与你融为一体。因此，在这里我们要强调的是语言传播主体情感的生产性。主体情感的生产性的含义首先是语言传播主体要主动生产情感。其次是他的情感是真挚的、发自内心的，而不是职业化的、商业化的、快餐化的、掩藏在华丽辞藻后面的、廉价的、虚假的情感。那种“表演”出来的情感是消费性的情感，是语言传播人文精神浅表化、庸俗化的主要根源。

语言传播主体的这种生产性的情感就是爱。当然我们所倡导的不是通常意义上

① 弗洛姆. 为自己的人[M]. 孙依依，译. 北京：生活·读书·新知三联书店，1998：208.
② 弗洛姆. 为自己的人[M]. 孙依依，译. 北京：生活·读书·新知三联书店，1998：209.
③ 弗洛姆. 为自己的人[M]. 孙依依，译. 北京：生活·读书·新知三联书店，1998：176.

所讲的爱,而是主体对于自己的民族、对于自己的文化、对于自己的传统、对于自己所在的社会或团体、对于自己国家乃至全世界人民的由心底升腾的爱。这爱的力量的源泉就是共产主义的世界观、为人民服务的人生观、无私奉献的价值观。

语言传播主体人文精神在主体对象化即创作过程中的重构,还表现为语言传播主体从重复性向创造性的迈进。重复性活动是简单再生产的活动。在语言传播中,这种主体的重复性首先表现为主体的基本功的积累、涵养、强化是通过大量的、不断重复的系统训练而完成的。有声语言表达的基本功是语言功力的基础,那咬字的精度、唇舌的韧度、喷弹的力度、抑扬的幅度、快慢的速度、疏密的张度、模糊的向度、明暗的限度、虚实的化度、刚柔的强度,甚至于主体感受的细腻度、情感的真挚度,等等,细密层级的精妙变化和调控能力的获得,都必须通过主体大量的、不间断的、刻苦的、潜心的、用心的、反复的训练。当然,在训练的过程中,我们强调训练者要用心重复。而不能像练习长跑那样简单重复,即使在练习最简单的单音节时也要发"暖声","以情带声"一直是我们进行语言基本功训练的首要原则。但是在基本功的训练阶段,占据主导地位的还是其恒久性、重复性、艰巨性、基础性。在语言传播中,主体的重复性还表现为,我们的语言传播实践和理论研究是在充分学习、吸收前人的理论成果和训练体系的基础上进行的,是"站在巨人的肩膀上"去看世界。现有语言传播的理论体系,是广大理论工作者在一代又一代播音专业人员几十年的辛勤实践基础上,进行艰辛总结、不懈探索、深刻反思之后的结果,虽然相对于不断发展的实践来说,它是"灰色的",但那毕竟是几代人汗水、智慧乃至生命的结晶。因此,"重复性实践和重复性思维形式,是人的活动和思维的必要的和积累性的基础"①。

吸收了前人的成果,就像从互联网上下载了一个有用的软件,作为今后处理浩繁事务的工具,我们就能把更多的精力放在只有用创造性的思维和实践才能解决的问题上去。这何乐而不为呢?为什么非要自惭形秽,甚至弃之若敝屣呢?抛开学术以外的别有用心、利益驱动以外,对主体的重复性的主体性的漠视也是导致语言传播人文精神缺失的深层根源之一。唇舌无力、气短声促、吐字含混、停连无节、轻重无数、明暗无着、刚柔无度、虚实无矩、削平波浪、一马平川,争取把稿子念顺就已经勉为其难了,哪里还有精力和心思去顾及更多?如果不以为耻,反以"贴近受众"的"新风格"自居为荣,就更危险,其危害就更大。而今天像这样的"主持"在语言传播实践中却似乎并不鲜见。于是就有理论家说,那种"僵硬呆板""冷冰冰"的"播音腔"的"政治宣传"当休矣,取而代之的将是"完全平民视角的""亲切的""人际化传播的",甚至"代表了社会民主趋势的""说"才是"主持人发展"的"新方向"。若如此"主持"下去,若如此"理论创新"下去,语言传播的人文精神就很危险了!

---

① 赫勒. 日常生活[M]. 衣俊卿,译. 重庆:重庆出版社,1990:140.

语言传播主体重复性的主体性虽然很重要，但就像在上面的引文中阿格妮丝·赫勒所讲的那样，其最终目的还是创造性的主体性。

在语言传播过程中主体的创造性表现为，其传播活动是有明确目的的。创作主体设身处地地进入到所传播的人、事、理、景、物、情当中，联系当前的政治、经济、文化等背景，把自己在创作依据中或现场的所见所闻、所感所想真切地告诉受众，"以事醒人""以理服人""以情感人"。

创作主体的创造性还表现为，他要把自己的感性、知性、理性、情感、意志、理想全部"浸入"到创作依据中。有稿的，要理清思路，调整心路，化人为己，使人言如己言，使人思如己思，使人情如己情；无稿的，要理顺脉络，组织材料，设想细节，力争做到胸有成竹，从容自如。

主体的创造性更表现为由文字语言转化为有声语言，或者由内语言外化为有声语言，我们称之为"音声化"过程。有稿件依据的，要"锦上添花"，不但能言人所欲言之理、之情，而且能言人所欲言而未能言之理、之情；没有稿件依据的，要"出口成章"，思路清晰，状态自如，语言流畅，重点突出，详略得当，在此基础上尽量能做到讲究韵律，语言精当，庄重大气，能有回味。

主体的创造性最后还表现为成果显现前后一致，全神贯注，善始善终；有声语言，达于受众，那信息、那知识、那道理、那情感，供人分享。

在语言传播主体的创造过程中，其人文精神也同时得到建构。那真诚与真挚在主体全身心的投入中自然流露；那关注、关心、关怀在以己心贴人心、通人心的心路历程中显现；那美就在创造中不期而至，因为美的创造就是艺术的灵魂，追求艺术的核心就是追求创造；那新鲜与跃动就随创造而生，伴创造而舞；那雅的趣味则因主体文化底蕴的全力支撑而水涨船高；那精心之作必然是创造性劳动的结果。创造性的主体性，乃语言传播人文精神躯体之神经中枢。

四、由感受主体到感悟主体——人文精神"音声化"的核心

就创作主体在语言传播中从求真到臻美的具体历程来看，有声语言创作主体之主体性的独特之处就在于，它是在感性—知性—理性—悟性[①]的渐进过程中走向完善的。

（一）语言传播人文精神感受主体的内省化建构

语感是人文精神音声化过程中主体内部与外部相贯通的桥梁。说到"音声化"，

① 张颂. 朗读美学[M]. 北京：北京广播学院出版社，2002：3.

肯定最先涉及声音规格与声音标准的问题，对此我们在前面已做过论述，此处不再浪费笔墨。“音声化”的另一个含义就是内部语感的支撑。因为，我们所说的声音不是像有些人所理解的那样，仅仅是生理意义甚至物理意义上的声音，是“花瓶”，而是生理、物理、心理、个人、社会都融入其中的，充满感情、充满人文关怀、目的明确、有魅力的声音，它就是“鲜花”本身！如上所言，对所有这些进行重新整合的，使花儿充满盎然生机的阳光雨露就是语感。

我们认为，语感是语言传播人文精神主体性建构的基础，它对语言传播人文精神的建构也具有本体性的意义。因为那“真、善、美”的追求，那“准、新、雅、精”的关怀必须通过主体的认知、选择、吸收、深化、发出而成为有声语言的现实——音声化是核心。在语言传播中，这一切行为都是在语感的催化下完成的，无之，则如同少了催化剂的化学反应，那化合物的溶液已经被加热得沸如岩浆，而参与反应的各物质却仍泾渭分明，各行其是，那“真、善、美、准、新、雅、精”的人文理想就只能停留于“理想的意图”阶段，化不成“理想的力量”。

我们说，语言功力是主体表情达意、言志传神的根基。而语感，是主体对语言功力的内容所进行的可以被音声化的改造与重构，是使其真正能为“形之于声”服务的可实现的、现实的力量。

语感并不神秘，它是对语言刺激“感之于外，受之于心”的综合感受。它不仅包含了主体的感觉，而且还涵盖了主体的认知、直觉、美感、积淀，还包括听觉、视觉、嗅觉、味觉、时间觉、空间觉、运动觉、筋肉觉等；它不仅包括我们前面所提到的形象感受、逻辑感受、具体感受、整体感受、内容感受、形式感受、风格感受、语体感受，还包含感觉器官的锐度、内心反应的强度、经验积累的丰富度、文化修养的深厚度等在语言感受中的折射。它是对语言功力的整合、酝酿与显现，即不论是语言功底还是语言能力，都必须涵化为语感，由语感渗透、贯穿到有声语言表达的整个过程中去，那功底中先天的资质、语言神经、遗传积淀、发音器官，那后天的习得、文化修养、知识的深广度、审美趣味的陶冶、语言环境的熏陶等，全都要进入语感的范围。语感就像是计算机的内存一样，主体把上面所有潜能从硬盘中调出来，在语感的内存中酝酿，变成能与音声化兼容的、可感的发音器官的跃跃欲试，主体在心理和生理上都已做好准备，随时准备响应“形之于声”、“及于受众”的召唤。那能力中的观察力、捕捉力、理解力、思辨力、表现力、鉴赏力、调控力、回馈力都要先融解到感受力当中去。那感受力如同水一样，以上所说的除了感受力以外的其他诸能力，就如同各种营养物质，主体需把它们融化到水中，及至创作，主体则以这种“混合营养液”去浇灌有声语言之花。

在语言传播主体的建构中，语感建构的关键是内省的可感性与外放的可听性，以及主体对二者之间的张力所进行的细微调节。丰富语感，主体首先要内省。“省”就是省察、检查并且觉悟，要在内心对“听”与“说”的过程进行细密的甄别、监控。在主体“听”的过程中,要对信息接收、判别、储存,要“眼观六路,耳听八方”、去粗取精、去伪存真,要择其善者而存之,择其不善者而为鉴,及至用时,信手拈来,卯适榫合,天衣无缝,得来全不费工夫。主体在“说”的时候,要“外师造化,中得心源”,引发强烈的愿望,对节目的起承转合进行预设,成竹在胸,目的明确,对象清晰,由己达人,畅达自如。

语感还要“可感”。化平面化的文字、浓缩的提纲为心中立体的、生动的、生气氤氲的、浸透了主体性灵体验的意象,要把简要的、压缩的、星光闪烁的内语言进一步展开为丰富的不但自己可感而且别人也有迹可循的有声语言的准备。即使是抽象的逻辑关系,也要用具体可感的想象把那断续的空间填满,使之丰润,逻辑感受也不应只是硬硬的筋骨,而应化之以丰满血肉。比如:“我已经说过,我向来是不惮以最坏的恶意来推测中国人的,但这一次却颇出乎我的意料。”(鲁迅《纪念刘和珍君》)这句话在表达时需运用转折性的逻辑感受,转在“但”,而感觉上的“折”应在其后的“这一次”:当政者的凶残早已熟知,流言家的卑鄙也已无数次领教,可是那似乎都还是人之所为,而这一次,那淋淋鲜血、那无耻谰言却已明示,那凶残与下流竟然没有底线,远甚于禽兽……那转折之间竟有如此丰富的内心感念,绵绵不绝,形之于声,不仅凸显了逻辑的潜力,而且张扬了情感渗透力,强化了共鸣中的感染力。可感的范围在有声语言表达当中是非常宽泛的,如上所述,内容与形式、题材与体裁、目的与要求、韵律与意境、特色与风格、道德与认知、时代与审美……都要在主体的内心涵化,改变形态,如同强健小伙应征入伍,必经军营的特殊训练,才可以成为随时响应“音声化”动员令的战无不胜的精兵强将。

语感更要促成涵化成果的外化、外溢、外射、外张,真正实现“音声化”,成为可听可感的声音。语言传播人文精神表达出来以后就是一种人文关怀,那“关怀”就是给予,就是付出,其目的就是要使受众收到,虽然方式可以是酣畅淋漓的倾盆大雨,也可以是润物无声的绵绵细雨,但那“雨”是一定要下的,因为那“田”正在期待着!在创作实践中,语感的内省与外放是一对矛盾,如果内省大于外放,表达出来的效果给人的感觉就是:自我陶醉的成分多一些,而“及于受众”的“共感共鸣”感染力、感召不足。所以,创作主体要注意,语感的内省是为了外放,燃旺星星之火就是为了形成燎原之势,要用人文精神精华之火种点燃所有受众心中的火炬。如果语感的外放大于内省,就会虚假做作、生硬外在,甚至招欢买笑、令人生厌。语感内省与外放的关系类似于供暖系统的运行。如果输送系统运行不畅,尽管炉火烧得很旺,也只是徒耗燃料,用户仍会喊冷,这就是内省大于外放。如果水通气畅,但就是供热的锅炉没有烧旺,水温、气温不够,受众也仍无暖意,这就是外放大于内省。那语感生成与运用的理想状态当然是煤足火旺,输送通畅,源源不断,绵绵不绝,暖通人心,人文精神,泽被九州。创作主体,幸也,乐哉!

语感生成的方向是丰富、精密、具体、独特。丰富就是创作主体要善于把握不同样式，尤其是不同样态的处于不同语境中的有声语言表达语感。精细就是主体能够体察和掌控不同样式、样态的语言感觉落实到每一句话中去的时候所体现出来的细微差别，比如“笑”，粗略区分一下就会有狂笑、大笑、狞笑、讪笑、微笑、皮笑肉不笑、笑里藏刀、不怒反笑……而那其间的差别又要落实到语气上，毫发之间，天壤之别，只可意会，难于言传。而那具体独特，一是和具体的语境相连，一是和主体的人生经验、生命体悟相通，缺一不可。对于语感的丰富、精密、具体、独特，张颂教授已在有关著作中做过精到的论述，在此不再赘述。

语感要渗透和导向人文关怀。语感初级阶段的原初形态是随机、散乱、偶发的，主体要善于对它们进行辨别、梳理、引导，对于那些渗透着人文关怀的内心感念要“重点保护”，细心剥离，存入心中；对那些不利于涵养人文关怀的，则应弃之、抑之。从“乍见孺子将入于井”而生的人最原始的“怵惕恻隐之心”①，到“己欲立而立人，己欲达而达人”②的仁人之心，再到“生，吾所欲也，义，亦我所欲也，二者不可得兼，舍生而取义者也”③的圣人之心，都要精心呵护，培养之、导引之，化为心中感念，渗透到对人、事、理的感悟中。

（二）语言传播人文精神思维主体自觉的建构

在语言传播人文精神主体的感性—知性—理性—悟性发展链条中，知性和理性无疑也是关键性环节。在这里，我们将这二者合称为“思维”。如果说语感是语言传播人文精神主体生成的肉体基础，知性和理性则是语言传播人文精神主体性建构的灵魂，二者互相依赖，缺一不可。在西方哲学史上，第一个区分知性和理性的是康德，他把人的认识能力区分为感性、知性、理性三个方面。在我国的认识论传统中，人们对于感性和理性已经熟知，但对知性却没有给予应有的重视。人们在谈认识的时候，也只是说人的认识要从感性认识上升到理性认识，而绕开了知性。知性是对感性直观的对象进行思维的能力，是产生概念并对概念下判断的能力。知性重怀疑，重实证，重分析还原，重公理和逻辑，其目的就是取得对某一事物、领域的确定性的认识。这恰好是以“新闻性”为其根本属性的语言传播所最需要的。“新闻性”所要求的真实、准确都要靠主体最大限度地发挥知性而取得。语言传播要脚踏实地站在现实生活的土地上，投入国家经济、政治、文化建设的实践中去，以真诚的态度、求真的信念、实事求是的知性精神，把人们生产生活各领域的真实成绩、真实风貌、实践中的真理、平凡人的真情等，真实无误地传达给急切想了解这些情况的人们。这是语言传播的立身之本。对语言传播人文精神的建构来说，求真是“善、美、准、新、雅、精”的基础，在语言传播中，那理、事、

---

① 孟子：公孙丑上[M]. 北京：中华书局，2010.

② 论语：颜渊第十二[M]. 北京：中华书局，2016.

③ 孟子：告子上[M]. 北京：中华书局，2010.

情只有首先是“真的”，才会真正对关心它的人们有用，才可能是“善的”；只有感情真挚，才能创造和谐以生美。在语言传播中，知性还是主体理解稿件和明确创作目的的基础。主体只有充分发挥知性的求真、重逻辑、重实证、重还原的能动性，才可能理清脉络，分清层次，确定主题，抓住目的。我们说，在有声语言创作中“理解是基础”，知性则是“基础的基础”。

语言传播主体知性不足，就有可能在人生观、审美观、语言观上无个性、不分是非、无抱负、无理想、随波逐流、流俗媚俗、和光同尘。有些无追求、无理想、粗俗滥俗、粗制滥造的节目就是这样生产出来的。主体知性的缺失实为语言传播人文精神失落的认识根源之一。

理性与知性既相区别，又有内在联系。知性的方法，是求得关于个别、特殊事物确切可靠认识的方法，运用的是形式逻辑；理性的方法，则是认识客观世界的普遍联系和永恒发展之规律的方法，运用的是辩证逻辑。因此，主体运用理性就是要从普遍联系、辩证关系、本质规律的角度和层面去认识理、事、情，然后再将之付诸语言传播的实践。知性往往容易拘于一隅，窥一斑而不见全豹，而理性则能帮助创作主体分清主流和支流、现象和本质、表层和里层，最后为受众奉上最接近相对真理的事物本真的认识。对于受众来说，越是接近本质真实的，就越有可能接近善。

创作主体只有充分发挥理性的整合辨析能力，对语言传播的内容与形式、理解与感受、声音与情感、内省与外放、技巧与表达、个人风格与节目风格、创作主体与接受主体……这些矛盾，以及每一对矛盾内部更细小的矛盾进行整体把握，多重整合，不断推进由个别到一般、由一般到个别的反复协调，时时校正，最后才可能达到“整体和谐”的语言传播审美境界。①

创作主体只有更好地发挥理性在事物的普遍联系、在错综复杂的矛盾统一体中把握事物本质的能力，透过纷繁复杂的社会现象，准确把握整个时代发展、跃动的脉搏，才有可能使有声语言真正充满崭新的时代精神。

主体需要运用自己的理性，深入辨析形形色色的节目形式和风格样态，分清哪些是流俗的、媚俗的，哪些虽然一时受到冷落，但却是符合时代发展潮流的高雅或俗雅，从而坚定不移地追求、坚持。

主体只有发挥理性的能动作用，把握事物与时代的内在规律，挖掘形式的运动规律，才能创作出思想精深、艺术精湛、制作精良的有声语言艺术精品。

语言传播主体理性不足，就有可能在新闻观、真理观、艺术观、价值观上木偶探海，满足于管窥蠡测、一知半解，甚至会以讹传讹，以至于谬种流传，毒害世人，贻害后人。个别节目中的胡言乱语、打情骂俏、勾肩搭背则是创作主体理性约束不力的结果。主

---

① 张颂. 朗读美学[M]. 北京：北京广播学院出版社，2002：8.

体理性的失控、“退场”，是语言传播人文精神缺失的深层认识根源。

语言传播中的人文精神是理性与非理性相统一的结果。古希腊人重理性，这一传统一直持续到西方的近现代。对于理性的崇尚使西方的科学得以昌明，生产力在近三百年间取得了有史以来前所未有的发展。但西方理性发展到极端之后就是工具理性的泛滥，是技术对人的奴役。所以在19世纪与20世纪之交，存在主义者以及尼采、叔本华等人又大力倡导非理性，努力把人从工具理性的禁锢中解放出来。但是非理性后来也走向了极端，以至于完全抛弃人类的理性，崇尚人类非理性的随机性、任意性。所以，我们今天在语言传播的人文精神建构中谈到的理性与非理性，是吸收二者长处的理性与非理性。

在语言传播的实践中，二者对创作主体的主动性、能动性、创造性的不断完善与提高所发挥的作用也是相辅相成、不可彼此替代的。比如，语言传播的一大特点就是其传播活动的情感性，传播结果的可感性、可近性、可亲性，作为其基础的感性与感情，就属于非理性的范畴。当然，在有声语言的创作实践中，二者的关系要更为复杂一些。创作主体对于感受、感动、感情的积累、涵养、深化是在理性的调控下进行的；而那感受与感情的发出也是在理性的召唤下，经过理性精心挑选的而非率性随意的，那些有利于实现传播目的的部分得以存留，那些不利于实现传播目的的部分则被剔除；感性、感情等非理性因素也要接受理性的引导，要通向理性，否则就会感情泛滥，失去控制。另一方面，语言传播中的理性是以可感方式存在的，在这种意义上，语言传播中的理性成分在一定程度上是以非理性的方式存在和呈现的。

与理性处在同一个逻辑起点上的概念是反理性，理性与反理性的关系是完全对立的。反理性的理念是西方在理性尤其是科技理性和政治理性对人的极度压抑的背景下提出的。人在科技理性的支配下单一地发展了科技所需要的那一部分能力，成为“单向度”的人，作为对科技理性和政治理性对主体压迫的反拨与反抗，西方学者尤其是后现代主义的学者提出了“反理性”，但却走向了另一个极端，即连理性的合理成分的命也一起革掉了，把孩子同洗澡水一起泼掉了。语言传播的人文精神建构要完全摒弃反理性的干扰。在语言传播中，纯粹的反理性是很少见的，但在个别节目中却会或多或少地渗透一些反理性的因素，对此我们要保持警惕，千万不能让反理性在语言传播中泛滥。

(三)语言传播人文精神悟性主体的陶铸

“我们的前沿在哪里？一言以蔽之：悟性。”①说的是朗读美学的前沿，我们认为，语言传播人文精神主体建构的前沿也在于“悟性”。悟性是有声语言境界提升之“深

① 张颂. 朗读美学[M]. 北京：北京广播学院出版社，2002：3.

不可测”“幽眇难知”的深层动因，也是形成语言妙不可言魅力的根本原因。“悟”之常义为“了解；领会；觉醒”（见《现代汉语词典》）。这三个义项是层层递进的：理解之后，化之于心，后豁然开朗。这也是悟性形成的过程。有声语言之中的悟性是建立在感性、知性、理性基础上，对三者进行整合、升腾的一种认识乃至实践能力。

语言传播中悟性与感性的联系最为紧密，感性是悟性的孵化场，因此有时“感”与“悟”并提，称“感悟”。[①] 它是主体在感性中对知性成果进行加工、分类、消化，然后由理性进行引导、提升，再经过感性的反复酝酿，最后达到一种心灵的豁然开朗、灵光四射状态。在有声语言中，悟性的最终形态是“语感通悟”[②]。语感通悟，是一种通感中的悟性。[③] 这里所说的“通感”比之我们通常修辞意义上的通感要宽泛得多，它不仅是不同感官之间的感觉互通，而且是不同的语言样态、样式、情境、语气之间的融会贯通。它，仰，能上九天之上；俯，能下九泉之侧——“上穷碧落下黄泉”是也。

它是一种感通能力，具有生发力、辐射力、点染后的化通力，举一反三，点石成金，一通百通，就像是“多米诺骨牌”效应一样，推倒一个，其余则砉然顺遂，且力量会越来越大，甚至会出乎主体的意料。

它是一种语感的全息能力，见微知著，洞幽发微，以一当十，滴水见太阳，能在一种语言样态中生发出对所在语言样态的把握能力，主体对一个字音、一个语调的处理竟融入了他全部的人生感悟、生命体验、价值理想、意识形态。

它是一种化合能力，具有选择性和凝聚力，它会自动地撷英集萃，剔除糟粕，强健体魄。

它是一种自新能力，具有开拓性、开放性、动态性，它不会拘于一时，当主体驻足不进、孤芳自赏时，它就已经从主体身边悄然飘过，一去不返。

悟性最终要落实到语感、语气上，如果迷于蹈虚运玄，则会陷入唯心论、神秘论而于有声语言表达无益。至于如何“形之于声”，则会凸显主体的个体差别，无法划一，也不用划一，这也正是悟性的魄力。

悟性的取得与先天的因素有关，如语言中枢神经、家庭社会的影响、语言的历时积淀等。但主体悟性的陶铸更需后天的不懈求索，“需要真正投入，动脑、动心、练耳、练口”[④]。专心致志，心无旁骛，“为伊消得人憔悴，衣带渐宽终不悔”。主体要“积学”，

---

① 张颂. 朗读美学[M]. 北京：北京广播学院出版社，2002：278.

② 由张颂教授提出的这一概念对于有声语言来说，是有划时代意义的，正像张颂教授在《播音语言通论——危机与对策》中所说的那样：“其意义与作用，必将成为语言心理学中的重要支柱，成为播音美学的一条重要规律。”（北京广播学院出版社，1994：144-145）因为它不仅是一个关乎表达的问题，更重要的是它把有声语言提升到了一个新的境界，使创作主体达到了一个新的人生境界。因此，“语感通悟”理念的提出对于语言传播人文精神的建构来说，甚至对中国播音学来说，具有存在论、本体论意义。

③ 张颂. 播音语言通论：危机与对策[M]. 北京：北京广播学院出版社，1994：144.

④ 张颂. 朗读美学[M]. 北京：北京广播学院出版社，2002：279.

古今中外的文化经典、文明精粹，亲之近之，融入心宅，融入性灵，融入感念，化为语感，随口唾出，一字千钧。主体还要“感物”，生产生活、新人新事、时代风貌、方针政策、优秀传统，感之以心，暖之以情，入于心灵，成为“本能”，皆若出己之心，呼之而欲出。清代袁守定在《占毕丛谈》中将积学与感物视为触发通悟的两个途径：“然须平日餐经馈史，霍然有怀，对景感物，旷然有会，尝有欲吐之言，难遏之意，然后拈题泚笔，忽忽相遇，得之在俄顷，积之在平日。”对于悟性的形成很有借鉴意义。

悟性按其产生的方式又可分为“渐悟”和“顿悟”。渐悟是主体对悟性自觉进行的、滴水穿石的积累历程的体现，积小悟成大悟。顿悟是主体对一种语感长时间求索而不得，但一直把它保持在注意力的范围之内，甚至沉淀在潜意识中，“暖之以日月”，当主体遇到外界与之相关的某个因素的触发后的豁然开朗、灵光突现、一通百通的灵感状态。语言传播中的悟性是对直觉、灵感和顿悟的深化，创作主体要把顿悟的成果稳定化，长期化。作为创作主体不能满足于灵感与顿悟的偶尔光顾，要对语感通悟切近之，精研之，求索之，把自己的悟性不断提升到新的境界。语言传播创作主体要融渐悟、顿悟为“通悟”，这才是创作主体人文精神建构的理想境界。

对语言传播人文精神的建构来说，悟性本来就是在有声语言的美学追求中提出来的，要“致美”，如果没有悟性的感发那就等于缘木求鱼，感悟以主体的性灵之真为前提，这是主体求真的根本，任何小小的虚假都会关闭通向语感通悟殿堂的大门，一字之失，一句为之蹉跎。悟的性灵之真又是至善之基，“疏瀹五藏，澡雪精神”[①]，主体离欲去利，心灵得到升华，则善念自生；悟性是开放的，它对一切优秀、精华的东西敞开胸怀，故能不断吐故纳新，创新几乎是悟性主体的一种本能；悟性主体心境澄明，一尘不染，远离物欲，而庸俗、流俗与物欲本互为因果，主体由悟而去俗，如择芝兰之室而居，日久则心香自生，此为趋雅之途；悟性之存以及悟性之进，主体必须时时涤荡心胸，“湛怀息机”[②]，内心清净，故能求精于毫发之尖；悟性的生成是以主体准确自我定位为前提的，能融会贯通，自然易于把握分寸，所以能至“准”。主体悟性的陶铸，是语言传播人文精神建构的方向。

五、由责任主体到关怀主体——人文关怀在由己达人中完成

前面所论都是语言传播人文精神创作主体着眼于其内倾性属性的建构，虽然这些因素最后也都要形之于声，达于受众，但对于语言传播来说，这种“由己达人”的外张力还是要强调的。并且，语言传播在整个社会中所担负的主流性人文精神建设的职

① 刘勰.文心雕龙[M].上海：上海古籍出版社，2015.

② 朱志荣.中国艺术哲学[M].长春：东北师范大学出版社，1997：11.

责，也就决定了在语言传播人文精神的主体建构中，必须强调责任主体与关怀主体的建构。

（一）语言传播人文精神的责任主体建构

人文精神责任主体的建构是由语言传播人文精神的主流性和主导性决定的。责任重大，影响重大，要求也就越高。

喉舌主体意识的内化。语言传播是以有声语言（包括副语言）为工具，代表电台、电视台“出声露面”“出头露面”为广大受众服务的新闻工作。语言传播者是党的宣传员，是党和人民须臾不离的喉舌。甘为喉舌，勇为喉舌，善为喉舌，这是强化语言传播喉舌主体意识的关键。

甘为喉舌。我们站在广播电视宣传的最前沿，必须时刻体现对社会主义现代化建设和为实现中华民族伟大复兴历史使命而奋斗的强烈的事业心和责任感；就是要准确、及时、高效地把党的纲领、路线、方针、政策送到广大受众的眼前、耳畔、心中，汇聚全民族的力量为巨大洪流，在全面建设小康社会、建设中国特色社会主义的河道上，冲破一切艰难险阻，滚滚向前；就是要永远关注、代表、维护最广大人民群众长远的、根本利益，热情宣传先进生产力的巨大作用，踏踏实实地融身于人民群众的生产和生活实践中去，真正和他们同呼吸，共命运，言其所欲言，发其所欲发，心心相印，息息相通。

勇为喉舌。在喉舌意识的问题上，我们不能有丝毫含混，要立场鲜明，观点明确，尤其是对有人打着“改革”旗号所鼓吹的“打破喉舌论”，要保持清醒的头脑，以作为党和人民的喉舌为荣，在重大问题上勇于挺身而出，讲政治，讲正气，讲正义，讲真话。

善为喉舌。语言传播者的职责就是要成为一个“善于传播的人”，而我们又处于喉舌要位，因此，我们要善为喉舌。为此，我们要努力学习，勤于实践，使自己具备新闻工作者的新闻敏感、职业道德、自律意识，努力学习马列主义、毛泽东思想、邓小平理论、“三个代表”重要思想和“科学发展观”，不仅要挂在口头上，更要融入心中，融入性灵中，化为潜意识，体现在举手投足、一颦一笑、一字一音之中。只有这样，才能体现和传播属于我们这个时代主流的“真、善、美”，由此所体现出来的“准、新、精、雅”也才有意义。

先进文化建设主体意识的显化。首先，要教育、鼓舞、激励全党、全军、全国人民建设社会主义物质文明和精神文明的主动性、积极性和创造性。其次，要自觉承担起建设先进文化的历史重担，不甘于流俗。我们不能同意有些人所说的“电视就是没文化的俗传媒”的观点，可能在现实中确实有很多人、很多节目是这样做的，但是我们坚信，语言传播以及广播电视的文化品位不应如此，也不会如此。因为受众的文化要求、欣赏品位在不断提高,语言传播没有把文化中的残品、次品传播给受众的权利,只有把科学的、民族的、真正的大众的文化传播给广大受众的义务。我们要认清,“大众的文化”并不就是随着西方消费产品一起涌入我国的以工业化生产为基础,以消费为中心,以媚俗为手段的所谓“大众文化”或“俗文化”,而是在考虑了大多数人欣赏品位基础上进行的提高了的雅俗共赏的代表最广大人民群众根本文化追求的文化。要深深扎根于中华传统文化的土壤中,充分汲取本民族文化的精华,敞开胸襟,融会世界上一切民族文化的精髓,不断丰富人们的精神世界,增强人民的精神力量,创造清新舒畅的社会文化环境,凝聚人们的力量,激发人们的建设热情,鼓舞人们的奋斗豪情,万众一心,齐心协力,建设富有生机和活力的、独特的、充满魅力的社会主义先进文化!让中华文明在新的世纪焕发新的生机,闪耀新的光芒!语言传播者欣逢此重振中华文化雄风的历史佳期,我们又怎能留下遗憾?又怎能错过?

民族精神主体的深化。民族精神是先进文化的重要组成部分,民族精神更是新时代人文精神的主体、主流,是人文精神在群体范围内最集中的体现。民族精神是一个民族顽强生存、继续发展的精神支柱,尤其是在经济全球化的时代,一个民族如果没有振奋的精神、强大的凝聚力和高尚的民族品格,是无法自立、自强于世界的。在五千多年的发展中,中华民族形成了以爱国主义为核心的团结统一、爱好和平、勤劳勇敢、自强不息的伟大民族精神。民族精神的弘扬体现在语言传播中就是豁达开阔的胸襟、厚重稳健的底蕴、恢宏大气的风度、控纵自如的风范、饱满真挚的热情、真诚恳切的态度、字正腔圆的声音、一字千钧的力度、掷地有声的风度、昂扬向上的朝气、高雅精深的追求、“我以我血荐轩辕”的精神境界……个人与社会、价值与理想,完美融合,天人合一,充盈畅达。创作主体,多么幸运,多么幸福!

思想道德主体的强化。语言传播主体要主动醒察,不断提升自己的思想境界,牢固树立共产主义的世界观、为人民服务的人生观、无私奉献的价值观,引导人们树立中国特色社会主义的共同理想,弘扬爱国主义精神,倡导社会主义、集体主义、爱国主义,恢复和巩固诚实守信原则,强化公德意识,加强职业道德、家庭美德建设。

启蒙主体的涵化。语言启蒙的呼声清晰可闻,声震寰宇。[①] 这是在语言传播领域发出的启蒙呼声。启蒙运动就是人类脱离自己所加之于自己的不成熟状态。不成熟状态是不经别人的引导,就对运用自己的理智无能为力。要有勇气运用你自己的理智!这就是启蒙运动的口号。[②] 邪教的猖獗、封建思想的沉渣泛起使我们不得不再次考虑康德这番话在今天的意义。启蒙就是要求启蒙者以先知教育后知。启蒙者须自我启蒙,正如鲁迅所言,“我从别国窃了火种回来,是为了煮自己的肉的”,语

① 张颂教授的《语言启蒙行动宣言》,洋洋几千言,言之凿凿,情之切切,期之殷殷。语言传播的现实不容乐观,有志于斯者,当以此自醒、自励、自行!详见张颂.语言传播文论[M].北京:北京广播学院出版社,2002:13.

② 康德.历史理性批判文集[M].何兆武,译.北京:商务印书馆,1990:22.

言传播者自己要不断汲取新知识，使思想不断达到新境界，以此影响受众，使他们自觉地动用自己的理性，自觉追求进步。人文精神的终极目标是人的解放与全面发展，而这一历程也是理性不断自觉的过程。在这一进程中，语言传播者的责任是无可推卸的。

（二）语言传播的人文精神在关怀主体的建构中最终实现

语言传播的人文精神具有外张性、行动性和实践性，它以对受众施加影响为最终目标，即要达到“以科学的理论武装人，以正确的舆论引导人，以高尚的精神塑造人，以优秀的作品鼓舞人”的目的。而这一目的是语言传播创作主体通过有声语言，在服务人、熏陶人、影响人、关心人的过程中完成的。

语言传播创作主体必须真正深入到人民的生活中去，体察他们的疾苦，了解他们的困难，分享他们平凡而真切的快乐，而不是以白领自居。语言传播者要扪心自问：我对中国最普通百姓的生活，尤其是生活在边远地区的最困苦的人的生活又了解多少呢？我是为极少数的“大款”“大腕”们服务，还是为占总人口大多数的生活还不太富裕正在为生计而奔波的人服务呢？语言传播创作主体要深入到生产和建设的第一线去，去体味那创造生活、创造价值的快慰，去体味劳动的艰辛与收获的快乐。语言传播创作主体要深入到现代化建设的各个领域的实践中去，感悟生活，接受教育，锤炼意志，捕捉感动，积累经验，培养敏感，强化责任，引发愿望。

语言传播主体要涵养关爱之心。关爱是使彼此分裂的东西达到统一的一种力量，是一种推己及人的“移情”。[①] 孔子说“己所不欲，勿施于人。”“夫仁者，己欲立而立人，己欲达而达人。能近取譬，可谓仁之方也已。”说的就是推己及人的“同情”，并称之为“忠恕之道”。关爱就是一种付出和给予，在语言传播中，创作主体在给予受众关爱之后，反而在精神上变得更富有，更充盈。给予是潜能的最高表达。正是在给予的行为中，我体验到我的力量、我的财富、我的能力。[②] 创作主体正是在这种爱的给予中，精心关注受众的需求，真正尊重受众，而他在这一过程中，精神变得更充盈，内涵变得更丰富，人生境界逐渐提升。

这样，语言传播创作主体在话筒前和镜头前就能够急受众之所急，想受众之所想，爱受众之所爱，恨受众之所恨，真正做到与受众心心相印、息息相通，他所传播的内容也才真正达于耳、入于心、渗于行。语言传播的人文精神才能实现。

---

① 彭峰．生与爱［M］．长春：东北师范大学出版社，1997：191．

② 弗洛姆．为自己的人［M］．孙依依，译．北京：生活·读书·新知三联书店，1998：247．

第三节 “进入澄明之境”
——语言传播的人文精神在主体间共建

语言传播人文精神的确立和发展不仅是个人的问题,而且还是人与人之间的问题,即是在“交往”中实现和完善的。处于从猿到人转化阶段的人类祖先逐渐意识到,单凭个人的力量是无法与强大的自然相抗衡而求得生存的,这就促使他们联合起来,以群体的力量向大自然抗争,这也就是人与人社会交往的开始。在共同劳动中,人类祖先需要互相协作与帮助的场合越来越多,他们也越来越意识到这种交往与协作给每个人所带来的好处,也就到了“非说不可”的地步,人类祖先的发音器官开始适应这种需要而发生变化,逐渐能发出“杭唷、杭唷”的劳动号子声,语言就产生了。这也就是最初的语言传播。首先是劳动,然后是语言和劳动一起成为最主要的动力,使猿脑向人脑转化,人猿揖别,人开始从动物界中走出。这也是人文精神的发端。劳动和语言是在人与人(这里就应该是原始人了)的交往中实现的。而人文精神尤其是语言传播的人文精神的实现与完善特别需要在人与人(至少是在创作主体与接受主体之间)的交往、互相影响中实现。因此,本节将论述语言传播人文精神在人与人的交往中,也就是“主体间”的共建。

主体间性(intersubjectivity)不能脱离开主体,不是如其字面所示,是在主体与主体之间的在人之外的某种性质,即人的属性,因此,称其为“交互主体性”更为合适,即含有主体与主体互相承认、互相沟通、互相影响的意思。我们在这里为了简便,从俗而称其为“主体间性”。我们在讨论语言传播人文精神主体间共建的时候是以客体即创作依据的存在为前提的,或者说是以主体与客体的关系为背景的,即是在前一节所述语言传播人文精神主体性建构的基础上进行的。没有以主客关系为基础的语言传播人文精神的主体性建构,也就谈不上其在主体间的共建。

一、语言传播人文精神在创作主体与文本主体间共建

我们在这里所说的“文本主体”指的是创作依据,包括有文字依据的稿件和没有文字依据的提纲或腹稿。主体间性思维的特点是在扬弃了主客体关系的基础上,把世间万物都当作平等的主体来看待。所以,创作主体对创作依据(为了使语言表述对称,以下均称“文本主体”)的理解、感受以及调动思想感情使之处于运动状态,都可以看作是创作主体与文本主体之间的交流与对话。

我们认为语言传播的本质是人文精神的音声化。根据我们在前面的论述可知，人文精神是一个中性的概念，有高下之别、精粗之判、主次之序、文野之分，语言传播的人文精神是处于时代主流的、位于主导地位的、先进的人文精神通过优美的有声语言的显现，并且，这种人文精神是指向受众的，是期待着受众对其有所反应、产生共鸣并化之为己的人文精神。我们是从“文化论”的角度去考虑语言对于人的存在的意义的。在这种意义上，我们同意海德格尔的说法“语言是存在之家，在它的住处住着人”。语言不仅仅是表达思想的工具，语言本身就是人的存在方式，人的全部理解都是以语言的形式实现的。因此，语言传播就是人的存在之家，是人文精神之家。哲学解释学也为我们解决语言传播人文精神的建构提供了一个新的视角。哲学解释学认为，人的“理解”这种存在方式，也就是关于存在的普遍真理，能被理解的存在就是语言，因为语言是理解的普遍媒介，我们只能在语言中进行思维。不仅理解的对象是语言的，而且理解本身也是语言的，对存在的解释是理解的实现，而一切形式的解释都是语言的解释，理解和解释都是用我们自己的语言来说明存在的意义。伽达默尔使语言成为哲学研究的中心，并上升到本体论的位置，的确夸大了语言作为一种文化现象的地位，但是它却为我们研究语言传播的本质提供了一个新的视角：语言本身就是一种文化现象，我们不能再仅仅从“工具论”的视角去看待语言，语言是对人的存在的全面的反映。语言传播作为一种集中了党和政府对人们的引导的传播，作为一种语言传播者自身不断对人文精神的主流和精华进行内省、内化和外化的传播，其本质就是人文精神的音声化。

创作主体对文本主体条理化、内化、强化、目的化的过程就是一个广义的“理解”过程（我们说是广义上的，就是因为，在语言传播过程中，创作主体对文本主体的改造不仅是理解，还有感受、形成态度、调动情感等。下文将要说到的“理解”也是这种广义上的理解）。这一理解的过程就是创作主体对“此在”即人自身的领悟的实现，这一理解的过程就是意义展开的过程，就是人文精神在语言中展开的过程。因为语言在本质上属于人的生活世界，“它并不是一种工具，或者是人类天赋所有的一种特殊的能力；宁可说它是中介。我们一开始就作为社会的人生活在这种中介之中，这种中介展示了我们生活于其间的那种全体性”。[①] 语言传播中，这种“全体性”就是人之为人的人文精神的全部。因为语言传播是通过语言创造价值对象和意义的（即要实现“信息共享”“认知共识”和“愉悦共鸣”的功能），在语言中蕴含了人的文化建构。从语言传播人文精神建构的意义上讲，有声语言的创造是创作主体与文本主体之间的交往活动，是创作主体作为人的主体间的生存方式。

文本主体是关于意义的世界，是人的世界，那里面有着无数的生灵需要我们去关

① 潘德荣. 从主客体间性到主体间性[J]. 安徽师范大学学报，2002(5)：15.

心、关注,那个世界是与我们的现实相连接的世界,即人文精神的世界。在创作主体对文本主体的理解过程中,按照传统的认识论观点,样式是创作主体向客体(即这里所说的文本主体)的单向运动,在语言传播的人文精神建构过程中的理解,应该是扬弃了认识论概念上的理解的基础上的主体间的对话与相互理解。创作主体所面对的创作依据也是主体,要不断地向它提问:你要传播的是什么信息?你要表达的是什么情感?你要传递的是什么认识?创作主体要与文本主体中的人物对话:你在做这件事情的时候是怎么想的?面对这样的情况你的心情如何?创作主体与文本主体的这种主体间的交流,不仅要有问,还要回答文本主体所提出的问题:身处这样的良辰美景之中,你的心情如何?面对生产战线上如此鼓舞人心的成就,面对各行各业劳动者所创造的巨大成绩,你打算怎么办?你对文本主体所讲的道理是如何认识的?理解之后你打算怎么做?面对其中人物所遇到的困难或困境,你是怎么想的?如果你碰到其中所说的英雄人物所面对的情况时,也会挺身而出吗?……创作主体对文本主体要尊重、同情、设身处地、将心比心,通过互相倾诉和倾听对话,进入文本主体的内心世界,充分理解文本主体。同时也意味着向文本主体敞开了自己心灵的世界,文本主体也理解了创作主体。创作主体与文本主体惺惺相惜、相见恨晚,自我与对象融合,自我消失了,都进入了传播的内容当中去了。这也就是我们所说的创作主体对创作依据进行内化和改造时的忘我—有我—无我的过程:创作主体进入到创作依据所提供的人文精神的意义世界,被里面"真、善、美、新、雅、精"的绚丽风景所陶醉,创作主体与其中的人物甚至花草鱼虫对话,目的是为了把它们的美传达给对这迷人风景同样满怀期待的受众。

创作主体与文本主体的对话不仅是与他人的对话,而且是与文本主体中一切对象性东西的对话,在这个对话过程中,作为意义的人文精神就展现、生成了。所以,在语言传播中,人文精神不仅是一种认识论意义上的有待于我们去认识的对象,它更是一种需要我们在与文本主体的对话与互相理解过程中不断生产、生发出来的东西。语言传播人文精神的取得需要创作主体用心去体悟,去领会,变成一种心灵上的交流,这样,文本主体中的世界就不再是自在的世界,而是与创作主体密切相关的世界,它同我们一样享有人性、主体性:"溪水无情似有情,入山三日得同行。"(温飞卿)文本主体本来是没有生命的,但创作主体赋予它生命;创作依据本来是没有人的性情的,创作主体赋予它人的性情,于是创作主体就可以与文本主体所包含的万事万物对话、交往,同喜同悲,心心相印。"我看青山多妩媚,料青山见我应如是。"(辛弃疾)在创作主体与文本主体之间的交往中,文本主体中的一切都化为"你"与创作主体——"我"进行交往、交流、对话,即"人看花,花看人。人看花,人到花里去;花看人,花到人里来"①。创作

① 金圣叹. 金圣叹全集[M]. 台北:台北长安出版社,1986:115.

主体与文本主体的交往是自由的交往，创作主体参与创造了对象——即有声语言，但却不据有它，而是要与受众分享它。文本主体也不再作为“对象”而存在，由于创作主体的态度，它转而也成为自由的主体。这也就是马丁·布伯所说的“我—你”关系：“他不是‘他’或‘她’，不是与其他的‘他’或‘她’相待的有限物，不是世界网络中的一点一瞬，不是可被经验、被描述的本质，不是一束有定名的属性，而是无待无限、纯全无方之‘你’，充溢穹苍之‘你’。这并非意指：除他而外无物存在。这毋宁是说万有栖居于他的灿烂的光华中。”①在创作主体与文本主体这种“我—你”的理解、对话与交流中，“我”凝神观照，醉心体验，尽最大努力去发现，全身心去感受“你”的真善美，而“我”也被“你”观照，与“你”共同栖居在真善美灿烂的光华中。

在创作主体与文本主体的相互理解、相互交流过程中，必然要带有创作主体的人生经历、生命感念、审美追求、文化积淀、当代的心态、思想感情，即所谓“前理解”“前感受”。当创作主体带着这样的“前理解”和“前感受”与文本对话、交流的时候，就必然有一个“视域融合”的过程。理解其实总是这样一些被误认为是独自存在的视域融合的过程。② 在创作主体与文本主体视域融合的过程中，至少有这样几个视域进行了融合：创作主体的视域，如上所述；时代精神的视域，即时代发展的特征、时代的经济、政治、文化、审美、生产生活方式、思维方式等；党性的视域，即马克思列宁主义、毛泽东思想、邓小平理论、“三个代表”重要思想的要求，党的方针、路线、政策等；媒体的视域，即电台、电视台的要求、新闻工作者的纪律与自律、栏目与节目的宗旨、这次节目的主题与目的；文本主体的视域，即其中所展现的时空、场景、人物的心理等。当然如果再继续划分的话，还可能有其他的视域。

在视域融合的过程中，语言传播的人文精神就变得越来越清晰，越来越丰富，越来越先进。因为这些视域的融合不是把一个移入另一个中去，也不是使另一个受制于我们自己的标准，而是意味着它们共同向一种更高的普遍性提升。这种普遍性就是作为语言传播人文精神的普遍性、先进性、主导性、主流性。这种普遍性不仅克服了我们自身人文精神的个别性、不完善性，也克服了其他视域中人文精神的个别性、不完美性。获得一个视域，这总是意味着，我们学会了超出近在咫尺的东西去观看，但这不是为了避而不见这种东西，而是为了在一个更大的整体中按照一个更正确的尺度去更好地观看这种东西。③ 上述不同领域的人文精神互相补充、交融，这也就使我们能在更广阔的范围内、更高的程度上获得新的人文精神的提升。

创作主体与文本主体的主体间的视域融合是一个筹划与分享相统一的过程，即以创作主体已有的人文精神去融会各个视域中的人文精神。这就要求创作主体要尽可

---

① 布伯.我与你[M].陈维钢，译.北京：三联书店，1986：23.

② 伽达默尔.真理与方法[M].洪汉鼎，译.上海：上海译文出版社，1994：393.

③ 伽达默尔.真理与方法[M].洪汉鼎，译.上海：上海译文出版社，1994：392.

能地、不断地拓展自己的“视域”，要具有宽广的文化积淀和丰富的人生历练，要有更扎实的理论和政策功底，要更紧密地与现实、与世界相联系，要砥砺更敏锐的新闻敏感，要涵养更深厚的语言功力，要有更高远旷达的人文精神境界。只有这样，创作主体才能确保能够全面领会、切近感悟、深刻把握各视域中的人文精神，也才能在各视域的融合过程中以高起点去“筹划”人文精神，在更宽广的范围内去分享、整合人文精神，正所谓“入之愈深，其进愈难，而见之愈奇”。

创作主体对文本主体的理解总是在一定的历史背景下进行的，而且文本主体也是在一定的历史中存在的，有些文本主体本身就是历史性的，与现在有一定的时间距离的。因此，创作主体对文本与文本主体间的理解、对话都要在历史中进行，所以创作主体还需要有一种历史的视域。这在语言传播中就体现为，我们要在中华民族的传统文化中，在与历史留传下来的文化典籍、经史子集的倾心对话中，去亲近历史，了解传统文化。这其实就使创作主体获得了一个融合古与今、过去与现在为一体的、连续性的统一体，这是由现在的视域与过去的视域有机结合在一起的“大视域”，“一种唯一的视域”。真正的历史对象根本就不是对象，而是自己和他者的统一体，或一种关系，在这种关系中同时存在着历史的实在以及历史理解的实在。一种名副其实的诠释学必须在理解本身中显示历史的实在性。理解按其本性乃是一种效果历史事件。①

“效果历史”原则对于语言传播的借鉴意义以及语言传播人文精神建构的作用是巨大的。它启发我们：任何语言传播都不是在虚空中进行的，而是在一定的时间历史和民族传统中进行的，语言传播也是历史地演进着的，我们是在文化传统中进行语言传播的，当代是植于传统的，这当然也包括人文精神中好的传统因素。要使语言传播更为有效，语言传播者就必须亲近文化传统，切近之，仰慕之，倾心之，温习之，撷取之，暖之于胸，化之于心，融之于血，诵之于口，托之于言。这样，语言传播者就会深切地感受到自己的根之所在，力量源泉之所在，当我们对传播的内容与形式化之于心，形之于声的时候，那深厚的文化底蕴，那中华民族的恢宏大气、落落大方、胸襟开阔、庄重质朴、融通畅达、豪迈进取、意气风发……无不发于己心，出于己口，那“中国气派”和“中国作风”又怎能不为中国的受众所喜爱。创作主体，多么畅快，多么骄傲，多么自豪！

更重要的是，传统文化、人文精神传统的精粹也就被语言传播带入了当代，也就通过受众而成为当代人心中的文化根基。而语言传播者通过这种方式进入了历史，我们的视域就与历史的视域相融合，在这种融合中，我们的视域和历史的视域都不会被消解，而是形成了一个更为广阔的、贯通历史和现代、融通中国与世界的“整体视域”。人文精神、传播的意义在这整体的视域中获得了更为普遍的意义，也被提升到了更高的层面。我们创作主体自身内部的一些不真、不善、不美的特殊性也在这种大的“视

---

①② 伽达默尔．真理与方法［M］．洪汉鼎，译．上海：上海译文出版社，1994：385．

域融合”中被消解、修正，从而获得了更高的普遍性，创作主体的人生境界、人文精神境界在与文化传统、与历史大的“视域融合”中潜移默化地提高了。在传统的支配下，这样一种融合过程是经常出现的，因为旧的东西和新的东西在这里总是不断地结合成某种更富有生气的有效的东西。[②]语言传播创作主体在与文本主体的理解、对话中，在诸视界的“视域融合”中，在与民族文化传统的“效果历史”的生成中，语言传播的人文精神升华了，丰富了，可感了，并内化为语言传播者的生命感念、心理依据、创作冲动，只等创作主体一声令下，千帆竞发，奋勇争先，开赴对之热切盼望的接受主体的港湾。

二、语言传播人文精神在创作主体与接受主体间共建

语言传播人文精神的完全生成是在创作主体与接受主体之间完成的。创作主体在集中、萃取了各个视域中的人文精神的精华后，是要与接受主体共同分享的。从传播过程的完整性来讲，接受主体是目的地和归宿。如果创作主体精心奉上的人文精神没能被接受主体所接纳，所分享，所心领神会，默然于胸，那么就可以说，语言传播的人文精神虽然倾力音声化了，但却没有最终实现。

因此，创作主体首先要了解受众的人文精神状况和人文精神期待。受众当中的人文精神状况是良莠不齐的，有“真、善、美、新、雅、精”，也夹杂着假恶丑与陈腐、庸俗和粗滥。但那主流应该是“真、善、美、新、雅、精”，绝大多数受众都对先进的、符合个人与社会发展方向的、高层次的人文精神充满向往和期待。这也是创作主体张扬人文精神主流与精华的精神支柱与心理动力。那绵延群峰、流泉飞瀑、红花绿草、飞鸟牧牛、雾霭流岚、亭台楼榭……良辰美景，怎能虚度？一定要邀人同赏，畅游其间，流连忘返，身心俱悦，涤荡心胸，陶冶性情……受此美景美情的吸引，原来对此并不感兴趣的那少数人也欣然前往，最后竟至乐而忘返，徜徉其中。如果真能达到如此效果，那语言传播的贡献就是历史性的。而这也应该是每一位语言传播者的责任、追求、人生乐趣、生命境界。创作主体一定要相信大多数，相信主流，相信五千年的人文精神的精华肯定会积淀在人们的心中，融人骨髓中，流淌在血液中，即使中间经历了千年礼教的异化、百年列强的压制、十年“文革”的戕害，但那历史的悠远以及它通过当下而奔向未来的滔滔洪流，是不会因为小小的决堤而彻底改道易向的。但是另一方面，创作主体也要对那决堤所造成的后果保持足够的警惕性，因为洪水过后往往会暴发大规模的瘟疫，那堤坝上不显眼的蚁穴极可能会导致决堤。这样一来，创作主体所面临的现状与责任就非常明确了：明察秋毫、细心灌堵那危害大堤的蚁穴；小心自己不被瘟疫所染；更要导引主流人文精神的甘霖，消灭洪水泛滥后滋生的病菌……

创作主体要对每个“这一次”传播过程中的受众进行具体的设想：对于这样的内容，哪些人最感兴趣？哪些人最有可能对这一次传播中所焕发出来的真善美达成共

识，产生共鸣，进而心驰神往，共同“栖居于其灿烂的光芒中”？要紧紧抓住这些人，排除那些对这一次传播所蕴含的人文精神不感兴趣的人。创作主体要更具体地设想他们的人数、年龄、性别、职业、文化水平、欣赏心理，甚至设想收听收看的环境、场景、氛围，等等。这样，接受主体，呼之欲出，如在眼前，音容笑貌，清晰可感，高山流水，钟期既遇，相见恨晚，一见倾心，“非说不可”。创作主体，乐莫大焉。创作主体对接受主体的设想决不能笼而统之，“谁听（看）就播给谁”或者“播给最亲近的人”。如此则模棱两可，含含糊糊，飘忽不定，最后将会彻底失去知音，传播就成了对宝贵信息资源的浪费。

创作主体要与接受主体对话、交流，才能共享，进入共识，达到共鸣。完整的主体间性是相互自由承认的对称关系的表现。① 在创作主体与文本主体对话的时候就隐含了创作主体对接受主体的观照（并且，那文本主体中的“你”与作为接受主体的“你”在有些情况下还是重叠的）。因为创作主体对文本主体的关注是不同于普通读者或观众、听众对文本（节目、文章等）的欣赏的，他与文本主体对话的最终目的是他自己与文本主体一起同接受主体“对话”。因此，到了话筒前和镜头前的时候，创作主体就是偕同文本主体一起与接受主体之“你”进行对话。创作主体融会文本主体一起完全向接受主体敞开心扉，他在语言传播的创作过程中完全投入了自己的性灵、自己的“童心”，而期待着接受主体的回应。这时候，创作主体与接受主体完全是“我—你”的对话关系。创作主体涵化了丰富人文精神的有声语言表达对接受主体具有巨大的感染力、感召力，接受主体乐于同创作主体进行对话与交流。接受主体通过与创作主体富有魅力的有声语言的对话，感受到他所要传达的人文精神，从而与创作主体会心会意，产生共鸣，共同分享那人文精神的精华。

创作主体与接受主体能够就人文精神进行对话、交流、沟通乃至相见恨晚、惺惺相惜、共同提高，其基础是有声语言中人文精神的生命韵律和节奏的可感性。这种生命的可感性对于创作主体与接受主体是同一的，他们只不过是生命之树上不同的树枝上彼此形状相同的叶子，同气连枝，故能相通。夫声律所始，本于人声也。声含宫商，肇自血气。② 人声中的音韵特征本于人的血气，人的自然特征也体现了自然的生命节律。有声语言所体现出来的韵律与节奏暗合了生命的内在节奏（人的生命本身不也是有节奏和韵律的吗？如心跳、呼吸、生物钟等），而有声语言的这种浸透了人文精神与生命意识的形式之美又与人的情感相通，“故闻宫音者，使人温舒而广大；闻商音者，使人方正而好义；闻角音者，使人恻隐而爱人；闻徵音，使人乐善而好施；闻羽音，使人整齐而好礼”③。音乐如此，有声语言也一样。按黑格尔的看法，语言比音乐更能表

---

① 哈贝马斯. 后形而上学思想[M]. 曹卫东，付德根，译. 南京：译林出版社，2001：185.

② 刘勰. 文心雕龙[M]. 上海：上海古藉出版社，2015：8.

③ 司马迁. 史记[M]. 北京：中华书局，1982.

达精神性的东西。[1] 我们认为，至少对于人文精神而言，这样说是很有道理的。在有声语言中，情感的节律与语言的形式节律内外合一，就构成了有声语言的节奏与韵律。而有声语言的这种内在的人文精神与外在的韵律（这里只是相对而言，有声语言的韵律本身又何尝不是蕴含了内在情感的形式呢）的合一，也会使接受主体感到其中的宛若天成之妙，“缀文者情动而辞发，观文者披文以入情”[2]。在创作主体与接受主体的这种“悠然心会”中，语言传播的人文精神就融入了双方的血液里，化入了双方的性灵中。

上文所说的“视域融合”同样也发生在创作主体与接受主体之间。创作主体有自己的人文精神视域：对真善美的理解、对新雅精的追求等。接受主体也会有自己的人文精神视域：不同的文化积淀、不同的人生际遇、对生命不同的理解和感受、不同的人生追求等。一方面，创作主体在创作过程中要充分考虑到自己与接受主体之间人文精神视域上的差别，尽量整合、提升接受主体的人文精神境界；另一方面，对于接受主体而言，他与创作主体的人文精神的视域融合也意味着向一个更高的普遍性提升，而且这种普遍性是克服了接受主体在人文精神上的个别性与片面性之后的一种提升。在这种人文精神的普遍性之中，创作主体与接受主体都在真善美灿烂光芒的沐浴中找到了栖居之所。本文的意义超越它的作者，这并不是只是暂时的，而是永远如此。[3] 创作主体的创作成果，即有声语言成果，所富有的人文精神在其丰富性和可感性上要超越创作依据本身所提供的，这是语言传播的创造性的体现；接受主体由于他的特殊人文精神背景，在他与创作主体对话之后，他的人文精神视域肯定也更加开阔，从而超越了语言传播本身所展现的人文精神。

“同声相应，同气相求”，在人与人之间，只有知识、智慧、情趣、爱好、才能、志向、历练都相近的人之间才能形成和保持交往。在交往之初，人们也是在寻找共同点，这既是在寻找相互联系的中介，也是寻求平衡的条件。主体间交往的稳定与发展，需要主体间保持一定程度的均衡或平等，并且主体间性的发展程度也与主体间的交往程度成正比，充分发展的主体间性需要充分的主体间的交往。创作主体与接受主体在分享人文精神方面的对话与交往也是如此。因此，创作主体要真正地深入生活，深入到接受主体中去，深入到人民群众中去，了解他们，倾听他们的心声，与他们交往。这种交往不是让自己超然于物外、事外、人外的所谓“纯客观”“极冷静”的冷漠的“我—他”式的交往，这种交往是发自内心的、同呼吸、共命运、同甘共苦、风雨同舟、荣辱与共、热情的“我—你”式的交往。创作主体要深入生活，深入群众，不仅要“身入”生活，“身入”群众，更要“心入”生活，“心入”群众。要理解人，就必须深入到其内心世界，就只

---

① 黑格尔. 美学[M]. 朱光潜，译. 北京：商务印书馆，1997：60.

② 刘勰. 文心雕龙[M]. 上海：上海古籍出版社，2015：10.

③ 伽达默尔. 真理与方法[M]. 洪汉鼎，译. 上海：上海译文出版社，1994：380.

有通过推心置腹的对话，设身处地，将心比心。只有这样，创作主体才能获得同样的体验。这不比所谓的“平民化”的“大众情人”更贴心？这不比所谓“邻家大妈的儿子”更知己？

创作主体与接受主体之间的主体交流与对话不是一种现实意义上的交流，而是虚拟的“交流”，所以，我们在语言传播的基础理论中谈到传受关系的时候，是说创作主体要获得“对象感”，而不是说“对象交流”。即使有些节目有现场的听众或观众，从而有利于从实际上调动创作主体与接受主体面对面交流的感觉，但是，对于语言传播来说，那占主导地位的接受主体是广大“不在场”的受众，创作主体与“在场”受众的对话、交流、相互理解与沟通最终的目的还是为了“不在场”的绝大多数。因此，本书中所说的创作主体与接受主体的交流是带引号的“交流”。

当下的交流与在场的交流更要注意普及性、普泛性，因此创作主体不要满足于或沉溺于人际传播的零散性、随意性、个别性、特殊性；当下的交流与在场的交流更要注意可感性和互动性，这种互动不仅是发生在创作主体与在场的接受主体之间的互动，更指与更广大的“不在场”的接受主体之间的“互动”。如此，才会产生引导、提升的“不在场效应”。

因此，在创作实际中，创作主体的主要任务还是要把人文精神送达于接受主体，要“及于耳”，“达于心”。这种“送达”要具体地体现在语气中，而把握送达的语气，关键是要把握住最能体现创作意图的重点句子，以及一个意群结尾句子的句首、句中、句尾的走向。①

创作主体与接受主体之间的交往是一种精神交往，尤其是二者关于人文精神的交往更是如此，但这种交往同样也是实践性的。从语言传播所依靠的制作与传输过程来看，整个过程都是实践性的活动。语言传播人文精神生成的唯一基础是语言传播实践。更重要的是，接受主体会对创作主体的人文精神召唤做出反应，化为行动，形成改造社会的实践力量。

具有交互主体性的创作主体与接受主体共同面对特定的客体或客体世界，他们就形成了一种共同主体，他们所面对的是共同的客体，语言传播人文精神的建构最终要在共同主体中完成。共同主体性的基础就是人们共有的实践生活和人文精神世界。海德格尔说：“由于这种共同性的在世之故，世界向来已经是我和他人共有的世界。此在的世界是共同的世界。‘在之中’就是与他人共同存在。他人的世界之内的自在存在就是共同此在。”②这里所说的“共同性”是指我们都生活于其中、交往于其中的生活集体或共同体，对于语言传播来说就是国家与社会。由于我们有共同的历史、共同

① 张颂. 朗读美学［M］. 北京：北京广播学院出版社，2002：55.

② 海德格尔. 存在与时间［M］. 陈嘉映，译. 北京：三联书店，1987：146.

的文化、共同的社会政治、经济文化生活，我们要为建设中国特色社会主义的共同理想共同努力，即创作主体与接受主体共同分享着经验，这是一切人们所说的“意义”——人文精神的基础，由此也才形成了主体之间相互理解和交流的信息平台。而意义——人文精神也只有在创作主体与接受主体的交往与交流中才能达到共享。通过语言传播，人文精神在主体间传递，并以此将众多的主体连接起来，整合、形成社会共同的、主流的、符合时代发展潮流的人文精神。语言传播的人文精神要在创作主体与接受主体之间，通过语言传播活动而形成。

在这里必须要强调指出的是，我们所说的“交互主体性”对语言传播人文精神建构的巨大作用不应该被不适当地夸大，它只有在创作主体充分发挥其主体性的前提下才有意义。因此，在语言传播人文精神重建的过程中，接受主体的作用更不应该被夸大为“传播的中心”。在语言传播人文精神主体的建构过程中，创作主体必须占据主导位置。

三、天人相分与主客浑一——语言传播人文精神主体及主体间生成的哲学基础与深层动力

语言传播人文精神的主体性建构与主体间生成的深层动力要到其所依赖的哲学基础上去寻找。我们认为，语言传播人文精神主体及主体间生成的哲学基础和深层动力应该是扬弃了主客二分之后的主体浑一、物我一体的认识论、实践论和宇宙观。但是这种主客合一必须是建立在主客二分基础之上的主客合一。在主客二分阶段，创作主体运用知性和理性对对象世界进行认识，获得了信息，达成了认识。这些是语言传播人文精神生成的基础。没有科学而清醒的认识指导的人文精神是盲目的“人文精神”，其实践也将是有害的。

人与自然、世界、世间万物的关系本来就是浑一的，不分彼此的，人即是自然。这是语言产生以前的状况。后来，由于劳动和语言，人猿揖别，人与自然分离，人走上征服自然的道路。几千年来，尤其是工业革命的这三百多年来，人类利用大自然所赐予的智慧，把自然作为与自己异在的，甚至是对立的存在物，不断进行更加深入的认识，并利用认识的成果进行大规模的改造，人类的文明取得了空前的进步。在人对自然的深入认识与改造过程中，人自身的存在状况，人对于自身的认识，人对真善美的理解与追求，也在不断地发生变化，这就是人文精神的发展轨迹。进入 20 世纪以后，人类经历了两次惨绝人寰的世界大战，人们开始意识到科技所产生的负面作用以及人类本身的贪婪所造成的严重后果。及至后来，随着科技发展水平的不断提高，人类对自然进行征服所带来的后果也越来越严重：全球性的环境恶化、日益严峻的水资源危机、高科技对人类伦理所带来的一个又一个冲击……在人与人的关系领域也存在着一个问题，

那就是“他人不是客体”。由于主客二分思维的影响,人们自然而然地以自我为中心,把除自己以外的一切都作为与自己相对立的客体,也就把他人也当作了客体。“我”把他人当客体,他人也会把“我”当客体,如此一来,全世界都是他人眼中的客体,则无“主体”存在。而人,本来应该是主体啊!以至于西方的学者不断惊呼人面临着危机,尼采说“上帝死了”指的是西方社会的信仰危机,福柯说“人死了”指的是人的主体性所面临的危机。人文精神再一次面临危机。人类不得不重新考虑一些本以为已经解决了的问题:人到底是什么?(这在“克隆人”问题上就显得更加迫切)人与自然、人与人的关系到底应该是什么样的?于是就有了主体间性问题的提出。而主体间性的背后则是人与自然、人与人、人与社会、人与自身相和谐的主客合一的问题。

我们在这里要强调的是,语言传播人文精神建构的哲学基础和深层动力是中国传统的天人合一与西方传统的、马克思主义传统的主客二分哲学思维的融合。中国的传统思想是讲究天人合一的,这也给广大炎黄子孙带来了人与物、人与自然和谐交融的高远境界,但缺乏主客二分思想和主体性原则也相应地带来了中国科学欠发达的弊病,主客二分思想如上所述也带来了人与自然的异化、人与人的异化。语言传播人文精神的建构既需要创作主体在主客二分的哲学思维的基础上,发挥人的主体性、知性和理性,执着追求,豪迈进取,也需要创作主体在“天人合一”的哲学思维的基础上,与世界万物融为一体,涵养悟性,提高境界,努力达到至真、至善、至美的人生境界。

对于主客二分思想对语言传播人文精神建构的深层推动,前面已有论述,在这里就不再多费笔墨,本书要着力论述的是物我交融思想对语言传播人文精神建构的根本性的影响。

从新的主客浑一的视角去看人与世界、人与他人的关系是这样的:整个宇宙,包括自然、人类社会和人的精神领域都是一个普遍联系之网,宇宙间的任何一个事物,任何一个现象,包括人在内,都是这张网上的一个交叉点,每一个交叉点都与宇宙间的其他交叉点有着或远或近、或直接或间接的联系,这些联系既有空间上的,又有时间上的。世间的山川河流、幽谷流岚、一草一木也都是这个普遍联系大网上的一个交叉点,只不过它们没有自我意识,而人有自我意识,并能超越自我。对于人来说,每个人都生活在这个交叉点上,这个点就是每个人的世界或境界(此境界不专指高尚的境界,而是指视域、思路、心态)。人作为这个网络上的一点,他的境界也是一个天人合一的整体,这个整体又是全部宇宙的整体,它汇集着宇宙整体的每一个角落并且与它们息息相通。因而它既是无所不包的世界整体,又有各自的独特性,因为每个人与之发生联系的事物是不一样的,即每个人都有自己的生长环境、文化积淀。①

我们古人从培育生命的农事活动中体会到,宇宙并不是杂乱的物质对象,而是有

① 张世英.天人之际:中西哲学的困惑与选择[M].北京:人民出版社,1997:90.

机的生命整体。人只是宇宙生命中的一部分。在宇宙的生命整体中，山川、草木、动物与人在生命的角度上是没有本质区别的。宇宙的本质就是生命的大化流行。在中国传统哲学、文学、美学理论中，“道”与“气”处于核心与源头的地位。“道”与“气”既不是某种具体的、一成不变的物质，也不是某种抽象的、一成不变的道理，而是宇宙间活泼的生命力及其生生不息的生命节奏。老子说：“大道泛兮，其可左右。万物恃之以生而不辞，功成不名有。衣养万物而不为主，可名于小；万物归焉而不为主，可名为大。以其终不自为大，故能成其大。”[①]老子在这里所说的“道”就是万物生命的源泉和动力。在中国古人的眼中，宇宙是一个生机勃勃的宇宙，气化流行，衍生万物，气聚而为实体，气散而形失。天上的日月星辰，地上的山川河流、花草树木、走兽飞禽、悠悠万物、芸芸众生，皆由气生，人更是禀气而生。从本体论的角度看，人、万物同为宇宙生命大化流行中的一部分，在这个意义上说，人与万物没有区别。人与他人，乃至人与动物、与树木，甚至与无生命的山石都因鼓荡于宇宙间的勃勃生气而联成一个整体。在这个有机的整体中，部分与部分之间就如同有血脉相贯通一样，能互相通达、对话、交流甚至转化。气化运行既然是生命之常，所以艺术作品的本源、内核就是“气”。我们中国传统艺术讲究“师造化”，其实就是“师生命”本身，因为万物一体相通，生气相连，造化与人同气连枝。“师造化”就如同天地化生万物，就能使作品有生气。因此，作品不仅要描写物象，更要传达宇宙万物本体的生命之气，即刘勰在《文心雕龙·序志》中所说的“写气图貌”，王微在《叙画》中说的“以一管之笔，拟太虚之体”。艺术作品之气与创作主体之气，在生命力上是一致的，如韩愈在《答李翊书》中所说的“气，水也，言，浮物也。水大而物之浮者大小必浮。气之与言犹是也，气盛则言之短长与声之高下者皆宜”。

以上所言对于语言传播者人文精神的生成都是适用的。而其关键正在于，那生命活力的充盈与生命节奏的律动贯穿了整个宇宙。这也是最彻底的人文精神。人文精神本来就是对人的存在状况，也即“此在”的反映，语言传播对它的传达就应该是生意盎然、生机勃勃、气脉贯通的，这样才能与接受主体的承宇宙生气于自身的生命活力相激荡，才能产生共鸣，才能使创作主体与接受主体都被那勃勃的生气所感染，共同提升生命的境界、人文精神的境界。语言传播中的“气”就是创作主体的生理、心理之气，也就是气息，就是创作主体的生命活力，就是创作中具体的语气，就是创作主体与接受主体息息相通的生气，就是创作主体与宇宙万物气脉贯通的宇宙生气。因此，创作主体要“养气”，也就是时时刻刻都要为创作做好生理、心理上的准备、储备。

创作主体要在科学理论的指导下，刻苦、精心、坚持不懈地锻炼气息，使之稳劲持久、调控精细、收放自如。

---

① 老子[M].北京：中华书局，2014.

创作主体要涵养浩然正气、与宇宙天地相贯通的勃勃生气。孟子说“吾善养吾浩然之气”指的就是道德之正气。

创作主体还要涵养山川大河和社会生活对心灵的感动、感发，即苏辙在《上枢密韩太尉书》中所说“太史公行天下，周览四海名山大川，与燕赵间豪俊交游，故其文疏荡，颇有奇气”。

创作主体还要“内游”，这就是对“气”的“内养”，通过神思而超越时空。元代的郝经在《内游》中说司马迁“身不离衽席之上，而游于六合之外；生乎千古之下，而游于千古之上”。能够内游、内省，创作主体就能在创作中充分调动时空，以今日之心统摄宇内，思接千载，视通万里，心游万仞，精骛八极，再现情景，升发意境，自由畅快，由创造而生自由。

语言传播创作主体能“养气”，能“虚静其心”，就为涵养语感、“感物动情”打下了基础。创作主体作为宇宙生气的体现，是一种气积。气积静而成体，静是生命的本性。这种本性受外物自然之气、社会之气的感发，就产生了情感，情感则通过有声语言加以外化。

所以创作主体要善于“感于物”，并把感受、感动、感发深纳于心，酝酿之，升发之。自然景物会对我们的心灵有所感发，“遵四时以叹逝，瞻万物而思纷，悲落叶于劲秋，喜柔条于芳春”[①]。外物与内心之气契合，如他乡遇故知，一见倾心，心物交融，创作主体的心灵便得以提升，所谓“万物静观皆自得，四时佳兴与人同。”纷繁复杂的社会生活也会对创作主体的内心有所感发，其效果更是直接而激烈的。钟嵘有感于此：“嘉会寄诗以亲，离群托诗以怨。至于楚臣去境，汉妾辞宫；或骨横朔野，魂逐飞蓬；或负戈外戍，杀气雄边；塞客衣单，孀闺泪尽；或士有解佩出朝，一去忘返；女有杨娥入宠，再盼倾国。凡斯种种感荡心灵，非陈诗何以展其义？非长歌何以骋其情？”[②]社会生活，喜怒哀乐，激荡内心，箭在弦上，不得不发。

以上所论为主客浑一、万物一体的气化宇宙观对引发、触发创作主体的感受、情感所起到的奇妙作用。这种生命宇宙观更是创作主体悟性渐修顿至的深层动力。语言传播的悟性是在一种语言样式、样态所积累的语感能折射、辐射、升发到其他样式、样态中的一种能力，也表现为以滴水映射太阳光辉的以微显著的能力。我们认为，创作主体悟性渐修顿至的关键在一个“通”字，而“通”的状态只有在大化同一的前提下才能达到。前文已述，自己、他人、万物都是禀宇宙之生气于自身的生命体，在生命本体层面上，人与万物是一样的，那么人其实就是与万物相连的一个生机勃勃、生机盎然、元气淋漓的连通点。因此，人在宇宙中的理想状态就是“通”，通古今、通中外、通理

---

① 陆机. 文赋[M]. 北京：中华书局，1988.

② 钟嵘. 诗品序[M]. 北京：人民文学出版社，1961.

论、通政策、通社情、通民意、通人心、通经典、通物我、通感受、通样态、通样式……创作主体把以上所述各项都看作是有生命的，所以就能全身心投入，与之一气相通，同气连枝，他就会把自己的小生命融入社会、宇宙的大生命中去，安适快乐。那渐悟便是渐通，那历程是“为伊消得人憔悴，衣带渐宽终不悔”，那成果便如击燧取火，星星点点，“故画竹必先得成竹于胸中，执笔熟视，乃见其所欲画者，急起从之，振笔直遂，以追其所见，如兔起鹘落，少纵则即逝矣”。而积小通、积渐悟便可成全通、顿悟，那情形是“蓦然回首，那人却在灯火阑珊处”，那效果如星火燎原，势不可当，思接千载，视通万里，尽在神思。

创作主体与文本主体间的“对话”与“交流”，也必须以主客浑一、物我交融为前提。按照主客二分的思维取向，创作依据就是客体，是不能“言说”的，它只能等待创作主体对它进行认识、改造。在主客浑一、物我一体的存在论关怀中，创作依据中展现的花草树木、山川河流、道路房屋都是与宇宙的元气、生气相联通的，都是有生命的，它们也仿佛都能“言说”，在那里等待着创作主体去过问，去关心，去与之“交流”。创作依据中的人物就更是活生生、有血有肉、有情有义、性情饱满的另一个“我”，这个“我”在等待着创作主体去深入他的内心世界，分享他的酸甜苦辣，领略别样的、更高尚的人文情怀。创作依据中的道理也仿佛是由一个沧桑老者或谆谆智者在讲述之，在等待创作主体去与他交流、辩论……这样，文本主体就不再是枯燥的文字或抽象的提纲了，就完全“活”起来了，那人事理、情景物便都变得活生生，跃入眼前，可亲、可近甚至于可触、可感，那感觉就如同雕塑家深情抚摸着冰冷的大理石的维纳斯雕像，口中喃喃道：“这是多么温暖而富有弹性的肌肤啊！”创作主体与文本主体，一气贯通，倾心“交流”，圆融无碍。创作主体，幸甚至哉！

创作主体与接受主体之间的“交流”就更需要强化这种人我合一的思维取向和存在状态。我们在这里首先要强调的是“他人不是客体”。如果创作主体冷漠孤傲、自命高明，或高高在上，或远远在外，那么他从接受主体那里所得到的反馈就一定是别人也会无一例外地把他当作客体。正所谓“卑贱者最聪明，高贵者最愚蠢”。创作主体一定要卑己尊人，倾心相交，全心全意，但又不能走到另一极端，即谄媚庸俗，招欢买笑。实质上，这也是把接受主体当作客体，谄媚的目的是吸引目光，吸引目光的目的是收视率，收视率后面是广告，广告后面是钱，即接受主体只不过是钱（即物）的诱饵，还是物，即客体。其结果是，稍清醒的接受主体，都会对他避之如瘟疫，弃之如敝屣——创作主体被客体化。创作主体所要做的就是想接受主体之所想、急之所急、恨其所恨、爱其所爱，把最精美的精神食粮、最高尚的人文精神送到接受主体的耳边，传到他的心里，既做挚友，更做诤友，言之凿凿，一字千钧，关之切切，期之殷殷，爱之拳拳。这样，创作主体也一定会得到一致的回应，二者互相激励，互相爱护，惺惺相惜。

在万有一体相通的境界，语言传播要能把握万物相通整体，做到“大人能以天地万物为一体”①。而那途径就是——精妙的有声语言创作！

四、精妙的有声语言创作——语言传播人文精神主体间生成的唯一途径

语言传播的人文精神在创作主体的主体性的确立和发展中孕育、成长，在创作主体与文本主体、接受主体的主体间“交流”“交往”中实现、完成。

运用语言进行交流、交往几乎是人类的本能，因为这是人生存与发展的需要。在语言产生阶段，人类的祖先也是由于共同的劳动所需，到了“非说不可”的地步时，这种内在的心理需要才使原始人的生理结构发生了变化，逐渐能发出清晰的音节，语言产生。此时的语言是为了通过交流，协调动作，汇聚更多人的力量以形成合力，这样人类就能与比自己强大得太多的大自然相抗衡，获取食物，取得自身生存与发展的空间和时间。可见，语言以及语言的交流与传播（不过这只是最广义的“语言传播”）初始动力是为求生存、求温饱。这其中的关键之处在于“意义”的主体间生成，即不同人能听得懂对方在说什么，明白意图之后才能采取相对协调一致的行动。意义共存的前提就是“契约”的逐渐形成与共同遵守，以至于契约所覆盖的范围越来越大，越来越多的人遵从共同的规则。这样人与人之间对话与交流的广度与深度就向横向与纵向两个维度扩展。在这一过程中，人离动物界越来越远，人文精神也越来越丰富、充实，人与人之间的联系与协调也越来越多，氏族、部落乃至国家逐一出现，法规律令、伦理规范都需要通过语言这一“契约”而生效。

经济与社会的发展程度和人与人之间的交往程度互相促进。经济社会的发展，尤其是科技进步为人与人之间的交流与交往提供了越来越先进的手段，交往的范围不断扩大，交往的深度不断加深，人们对于共同“契约”的完善和对其更严格遵守的内在需求就越来越迫切，其内在动力是求富足、求发展。因为主体与主体之间信息的准确传递、认识的互相交流，以每个主体对语言的意义和规则的共同掌握为前提。在共同规则映照下的广阔空间内，人与人的交流与交往日趋自由，主体也就能在可能达到的最大限度内分享国家的、民族的乃至世界的政治、经济、文化、教育、科技发展所带来的共有资源。由于规范的日趋稳定和影响力的扩大，主体的存在状况发生了根本性的改变，主体可以通过便捷的语言传播了解古代的、当代的、中国的、外国的人文精神的精华。在规范光辉的照耀下，主体的人文精神应该通过语言传播得以最大程度的提升和弘扬。问题的关键就集中到了语言传播本身：你要传播什么样的人文精神？你要怎样传播人文精神的精华？通过前面的论述，我们已经能够对此问题有一个比较明确的回答了。但语言传播中的创作主体怎样才能从根本上做到用生机盎然、生气勃勃的有声

---

① 王阳明. 大学问[M]. 上海：上海古籍出版社，1992.

语言（即富有人文精神的有声语言）去传播传统的、时代的人文精神的精华呢？

我们的回答是：用精妙的有声语言。什么是精妙的有声语言？曰：剔除了日常语言芜杂、散乱与模糊的，涵化了规范于自身的诗性有声语言。

精妙的有声语言是剔除了日常语言的随意、零散、芜杂、单调、刻板、生硬、冷漠的有声语言；精妙的有声语言是生动、准确、规范、精心、集中、丰富、亲切的有声语言。日常语言所渗透的人文精神也必然是主观随意的、浅表的、繁杂的、良莠不齐的。现在语言传播中"拉家常"式的"说"，不仅蔓延于谈话类节目中，更渗透到了新闻性节目中，一句话说不清楚，就多几句解释，加零碎、兑水，鼓吹"语言创新"，实则语言功力太差，貌似"尊重受众"，实则矮化大众传播。

语言传播的人文精神在主体间的交往中生成，它是创作主体与文本主体、接受主体之间生气勃勃、元气淋漓、生机盎然、生动活泼的交流与交往，所以它不能仅仅满足于符合规范。一般化的、概念化语言（即仅仅满足于规范的有声语言）通过普遍性的概念和推论展开，它作为主体间交流的中介是不透明的，它把主体间的关系降为主客关系，它具有抽象性、工具性，不能充分实现主体间性。① 进入规范空间和审美空间以后的诗性有声语言是真正主体间交流的透明的语言。这种诗性的有声语言是充分发挥了汉民族共同语特点的，真正具有"中国作风"和"中国气派"的精妙的有声语言。它以具象铺排克服了语言的抽象性，以内涵的充分释放超越了语言的工具性，把抽象的文字化成个性化的、有生命的意象，从而消除了主体间交流的障碍。使用诗性有声语言进行交流的创作主体与接受主体、文本主体之间的沟通是一种心灵的默契，是充分的、自由的交流，从而获得了直接的生存体验。

只有把人放到抛弃了主客二分的主客浑一的、元气贯通的、万有相通的、整体的、主体间的世界中的时候，按照我们今天人类精神所达到的高度，我们的人文精神才会是充分的、先进的。世界上的每一个事物都是相互联系、相互作用、相互影响、相互投射的一个聚焦点，这个点，包括人也包括物。万有相通、万物一体、气脉贯通的关键在于语言。旧的形而上学的认识论把人看作主体，把万物作为客体，语言就被看作是反映天地万物的工具和镜子，万物不能言，只有人能言，但现在，不仅是人能言说，而且万物也都能"言说"（当然，万物不是真的会张口说话，还是要通过人的语言来"言说"）。世界因人而有意义，无人的世界是谈不上意义的，也不能称其为世界（这是在世界物

① 列宁的著名论断"语言是人类最重要的交际工具"（《列宁全集》第20卷，第396页）就是建立在主客二分的思维向度基础上的。因为在这种思维取向中，人之外的一切都是与人对立的对象性的存在，这其中也包括语言。相应地，这种语言观下的语言所传递的人文精神也是以主客二分、无限征服客体为代表的精神。提倡这种精神对于缺乏科学精神传统的中国是很有必要的。但是当今语言传播人文精神的重构应该建立在扬弃"工具论"语言观的基础上。我们认为，要从"存在论"的角度去认识语言的根本属性，认为语言的根本属性是其人文性。其哲学基础是主客浑一的宇宙观。汉语所具有的意象铺排、辞约义丰等特点，本身就有主客浑一的特点，也更具人文精神的先进性。这是本书所要着重论述的。

质统一的本体论基础上的价值论，而不是唯心主义本体论）。使意义和世界得以表现的就是语言，所以伽达默尔说“世界本身在语言中得到表现”，“能被理解的存在就是语言”，“谁拥有语言，谁就拥有世界”①。但这种语言不是概念化的语言，即建立在主客二分基础上的语言，因为这种语言只能表述“在场”的东西。但是，如上所述，每一个事物、每一个人都是一个天人合一的整体，是一个时间与空间的“集合”，它横联万物，纵接古今与未来。每一个“这一个”都是一气贯通、普遍联系的宇宙中的一个点，它又都能以滴水显太阳，都是能于个体见宇宙整体的“通透”的点，所以是“在场”与“不在场”的结合体。这种语言就是诗性的语言。对于语言传播来说，就是恢复了汉民族共同语之本来面貌，充分发挥了汉民族共同语魅力的有声语言！这样的有声语言是能够充分调动接受主体能动性的语言，它需要接受主体充分发挥想象、知识储备、文化积淀进行补充，以领会“言有尽而意无穷”之佳妙。这样，语言传播人文精神建构的主体间性、互动性就得到了充分的体现。精妙的有声语言是能够从看到的东西中体会和抓住未看到的东西，从说到的东西中体会和抓住未说到的东西，从而能使创作主体个人独特的人文情怀、人生感念被接受主体所理解，也更能激发接受主体独特的人文情怀。② 刘勰在《文心雕龙·隐秀》中说：“情在词外曰：‘隐’，状溢目前曰‘秀’。”这里所说的词外之情就是言外之意，即所谓“言有尽而意无穷”，即能够以在场的东西显现隐蔽的东西，以有限言说无限的东西，以“有尽”表现“无穷”，而这“无限”和“无穷”的东西又不是抽象的本质或概念，而是现实中的人事情理、人生的感念等，能够以“这一个”折射出宇宙万有的整体。

精妙的、充分发挥了汉民族共同语魅力的有声语言，正好能够使在场与不在场的主体连成一体，一气贯通，元气生动。但是，创作主体要涵养如此深厚的充满民族美的语言功力，是“非下苦功不可”的，这与某些人急功近利的想法是极不相容的，因此，就被“锐意创新”的“改革家”们当作“节目就办不下去了”的绊脚石，一脚踢开，转向“像说话”的“语言自来水”和“语言快餐”，甚至不惜制造“语言垃圾”。这正是语言传播缺乏先进的人文精神的根本原因，这也是笔者在语言传播的实践中难以找到合适语言实例的原因，因此，在进行论述的时候，只能到传统的语言经典中去寻找力量的源泉。但是我们认为，语言传播的现实“不应如此”。我们坚信，语言传播的未来“不会如此”。因为，我们清楚地看到了语言传播人文精神的发展方向。因为，“我们不能把语言看作是一种僵死的生产品，而应视之为一种生产过程，不能只注意语言作为对象之描述和理解之中介的语言的作用，而更应当谨慎地回到语言的与内在精神活动紧密交织的本源和语言与这一本源的相互影响上去”③。

① 伽达默尔．真理与方法［M］．洪汉鼎，译．上海：上海译文出版社，1994：570.

② 张世英．进入澄明之境：哲学的新方向［M］．北京：人民出版社，1999：89.

③ 海德格尔．在通向语言的途中［M］．孙周兴，译．北京：商务印书馆，1997：210.

作为体现这种先进人文精神的精妙有声语言应该是这样的：

它是充分体现汉民族共同语韵律美的有声语言。有声语言韵律美的内部是蕴含着生命活力的，而不仅仅是形式美，这种形式美本身是体现生命律动的形式。生命是一种气的积聚，而韵是创作主体与文本主体、接受主体所共有的生命的灵性，是主体生命的情调、风神、风韵。有气韵才能生动，所以杨维桢才说："传神者，气韵生动是也。"它是充分体现汉民族共同语节奏美的有声语言。在有声语言中，相同或相似的语气、语势、转换所形成的回环往复即为节奏。有声语言的节奏体现了万物相通的生命节奏，没有节奏就没有生命。时光昼夜交替，春秋往返；人的呼吸、心跳莫不循环往复而成节奏。宇宙大化就是一个气脉贯通、阴阳相生的生命整体，创作主体内在的生命节奏与宇宙中对象主体的生命节奏相合，外师造化，中得心源，则有声语言便会体现出生命整体勃勃的内在生命力。创作主体以生命去体悟生命，然后把它变成可听可感的、鲜活生动的有声语言。接受主体也是有着内在生命节奏的主体，他一定会与创作主体所发出的生命节奏产生共鸣，从而一气贯通，共同提升人文精神的境界。这才是有声语言人文精神重建的灵魂。

它是充分体现汉民族共同语辞约意丰、言近旨远之含蓄美的有声语言，也就是能通过"在场"的使人联想到"不在场"的事物和情怀。创作主体充分运用有声语言的特点，通过说出的东西折射出没有说出的东西，在空间上纵横宇内，在时间上贯通过去、现在和未来。魏庆之编《诗人玉屑》引述了《漫斋语录》中的一段话很能说明这个问题："诗文要含蓄不露，便是好处……用意十分，下语三分，可几风雅；下语六分，可追李杜；下语十分，晚唐之作也。用意要精深，下语要平易，此诗人之难也。"这也是有声语言之难，却是汉民族共同语之魅力所在。柳宗元的《江雪》："千山鸟飞绝，万径人踪灭。孤舟蓑笠翁，独钓寒江雪。"仅 20 个字，一幅"寒江垂钓图"豁然"秀"于目前，但创作主体如果只看到这些，那可以肯定地说，他的表达一定是索然无味的。关键是创作主体要"看"到那画面背后柳宗元虽谪居异地，但却不畏雪寒风冷、人寂物静、与世相隔而泰然自若的神情；要看到那种遗世独立的孤高人生气节；要联想到更多的不以身之察察、受物之汶汶的崇高风骨；要联想到做人要有气节，有理想，要信念坚定……如此，胸中若有块垒，夺他人之酒杯而浇之，"非说不可"。对于接受主体来说，由于我们有共同的文化背景、相近的生命体验，胸中浩然正气则陡然升起，高远的人生境界、高尚的人文情怀在主体间生成。创作主体通古人，通今人，通境界，通人格，崇高的人文精神氤氲于胸，人生至此，夫复何求？

它是充分体现汉民族共同语言此及彼、象征暗喻之蕴藉美的有声语言。这样的语言能以表示具体事物或实景的语言暗示深远的意境。对有声语言的这种特点给语言表达所带来的奇妙效果，亚里士多德早在两千多年前就已经说得很明白了，他在谈到"巧妙的话和受欢迎的话是怎样造成"的时候说："我们的基本原则是这一条：不费劲就能有所领悟,对于每个人说来自然是件愉快的事情;每个字都有一定的意思,所有能使我们有所领悟的字都能给我们以极大的愉快。奇字不好懂,普通字的意思又不太明白,所以只有隐喻字最能产生这种效果。……只有那些一说出来就能被领悟的修辞式推论,或是那些先前还不明白,过一会儿就明白的修辞式推论才能受欢迎。"[①]如张九龄的《感遇》:"江南有丹橘,经冬犹绿林。岂伊地气暖,自有岁寒心。可以荐佳客,奈何阻重深。运命唯所遇,循环不可寻。徒言树桃李,此木岂无阴。"丹橘经冬不谢,其状溢于目前,但通篇所说,都是诗人以丹橘自喻,叹命运弄人,怀才不遇,但又胸怀高洁,不屈于俗,伟岸人格,显于橘后。由于创作主体与诗人、与接受主体有共同的传统文化背景,生活于古今一体的宇宙生命体之中,所以今人也能理解丹橘的品质,从而理解诗人的气节,也会受其感染,共同提升。

五、机制与制度保障——语言传播人文精神在群体主体与创作主体间建构

语言传播人文精神主体间的建构不仅包括创作主体与文本主体间、创作主体与接受主体间,还包括社会群体主体与语言传播创作主体间的建构。我们认为,社会群体主体,即国家的相关管理部门、电台、电视台。群体主体要为语言传播的人文精神建构营造良好的外部环境与制度保障,具体体现在以下几个方面:

(一)全国人大应尽快为传媒立法,以法律保障语言传播人文精神的主流性和主导性,这在"依法治国"、建设社会主义法治国家的现代文明大背景下显得尤为迫切。这应表现为,传媒法要从原则上积极倡导健康格调、高尚人格、高层次的人文精神,同时,为人文精神的传播制定下限,即不准在语言传播中传播、散布假恶丑、低俗、粗滥的东西,给接受主体以一定的监督权,一经发现立即举报,国家也要建立相应的节目监控体系,为法院提供证据库,以便查证,一经查实,应给予处罚,如罚款、停播乃至吊销执照等。台湾《广播电视法》的一些条款可资借鉴。比如,它在第一章《总则》中说:"为管理与辅导广播及电视事业,……推广社会教育、发扬中华文化、提供高尚娱乐、增进公共福利,特制定本法。"在第三章"节目管理"的第21条中说:"广播、电视节目内容,不得有下列情形之一:

1. 损害国家利益或民族尊严。

……

4. 伤害儿童身心健康。

5. 妨害公共秩序或善良风俗。

……"

---

① 亚里士多德. 修辞学[M]. 罗念生,译. 北京:生活·读书·新知三联书店,1991:177.

应该说还是很粗略的，但毕竟有相关的法律法规可循，解决起来，有法可依。

（二）严格执行已有的《中华人民共和国通用语言文字法》中对语言文字应用的相关规定，在节目中使用规范的普通话。语言传播创作主体要善待每一个字、每一个音，坚决杜绝方音俚语、港台腔，从小处入手，先做到"准"，以导向雅和美。

（三）健全知识产权和著作权法律法规中对节目的知识产权和著作权的保护，使具有首创性的、精品节目的创意、形式、策划方案等知识产权得到应有的保护。这样就能从根本上杜绝节目无限制的克隆与简单复制，为制作精品保驾护航，在全社会范围内形成崇尚精品、尊重精品、倡导精品的氛围。

（四）各电台、电视台制订自己的"精品节目制作计划"，精选人马，精挑选题，弘扬文化精粹，精心撰稿，反复修改，精益求精，及至话筒前、镜头前的创作，更要精心准备，尽量涵化，力争字字珠玑。关键是要从制度上给予适当的倾斜，不能延用"干好干坏一个样"的"大锅饭"体制，也不能完全跟着广告收益走。

（五）各电台、电视台在对播音员、节目主持人定期培训、考核的过程中，要多从涵养人文情怀、强化人文关怀方面下功夫，认真考察其是否真正能全身心为受众服务，是否能做到"以正确的舆论引导人，以科学的理论武装人，以高尚的情操塑造人，以优秀的作品鼓舞人"，是否真能倡导主流的、主导的、先进的人文精神。

如果群体主体能从以上几方面提供有力的保障，再加上创作主体的自身努力，内外兼修，那我们就已经走在弘扬中华民族优秀人文精神传统，建设社会主义新时代人文精神的阳光大道上了！

六、人的全面发展与彻底解放——语言传播人文精神主体与主体间建构的最终目的与结果

语言传播人文精神建设的最终目标是人的全面发展、人的彻底解放和人自由自在的创造性的发挥。这与人类最远大的社会理想是一致的，"代替那存在着阶级和阶级对立的资产阶级旧社会的，将是这样一个联合体，在那里，每个人的自由发展是一切人发展的条件"。[①] 在语言传播人文精神主体性建构的过程中，人的感受越来越丰富、细腻，人的知性越来越全面、缜密，人的理性越来越自由，人的悟性越来越通透、明澈。在创作主体本质力量的对象化过程中，"只是由于人的本质的客观地展开的丰富性，主体的、人的感性的丰富性，如有音乐感的耳朵、能感受形式美的眼睛，总之，那些成为人的享受的感觉，即确证自己是人的本质力量的感觉，才一部分发展起来，一部分产生出来。因此，不仅五官感觉，而且所谓精神感觉、实践感觉（意志、爱等等），一句话，

① 中共中央马克思恩格斯列宁斯大林著作编译局. 马克思恩格斯全集[M]. 北京：人民出版社，1979：189.

人的感觉、感觉的人性，都只是由于它的对象的存在，由于人化的自然界，才产生出来的”①。

创作主体的感性、知性、理性、悟性的涵养和磨砺过程是艰辛而愉快的。创作主体对语感的渴望、对“善于传播”的追求、对高尚人文精神的神往都必须是发自肺腑的，要上升到“存在论”和世界观的角度上来认识。如今，由于语言传播事业的繁荣和其社会影响力的不断增大，越来越多的人准备投身于语言传播事业，对此我们当然感到由衷的欣喜，但是我们在这里想要提醒有志者的是，除了先天条件以外，更应认真考虑“我是否真的愿意倾全部身心于这一事业”，否则就会在主体以语感为中心的人文精神的丰富性的涵养上叶公好龙，最后竟致缘木求鱼、南辕北辙。语言传播创作主体人文精神的丰富性是拒斥追名逐利的机会主义者的，是远离表面的喧嚣与浮华的，需要的是真心的、全情的、全身的投入。在这个过程中，不仅要动口，更要动心、动情，甚至要动信念、动信仰，那细密的感受，那敏锐的思维，那细腻的感情，那鲜明的态度，那澄明的悟性，竟与坚定的信念、崇高的信仰、高昂的生活热情、高尚的人格、高雅的品位、高远的境界，水乳交融，浑然一体！这正是语言传播人文精神生成的独特性，是身心合一、形神合一、天人合一、知行合一、言行合一、德识合一、性命合一、个体与社会合一、信仰与行动合一。因此，创作主体要从存在论与世界观、人生观、价值观的高度与深度去认识、去体悟、去检验自己的选择与自己的行为，因为，这不仅仅是一种职业，还是一项事业，更是一种人生选择、生存方式、生命理想。对于站在门槛前的有志者如此，对于那些正在众声赞扬中的从业者不是更应加强自我调检吗？在历史长河的奔流中，浮在上面的绚丽泡沫转瞬即会被激流击碎，而推动历史滚滚向前的是沉在下面的中流与主流。但是如果有人不愿讲“沉重的历史”，不愿发展“属人的感觉”，只求货币，定会遭到社会和历史的唾弃。

创作主体所有经过艰苦训练与求索而日益丰富的感性、知性、理性、悟性，即所有属人的本质，与人文精神的先进性都必须集中到话筒前和镜头前，化为精妙的有声语言，化为韵律优美的声音，化为丰富感人的语气，化为体现着生命律动的节奏，甚至要具体化为一个声、一个韵、一个调的处理，当然还有眼神等副语言的处理。整体把握，胸有全局，运筹帷幄，胸中自有百万兵；细微处入手，见微而知著，尘粒中见宇宙，滴水显太阳，一字之失，全句为之蹉跎，一句之误，通篇为之梗塞；而细微处与整体又是一气贯通的，“亚马孙森林里一只蝴蝶抖一下翅膀，就会引起西印度群岛一场狂风暴雨”②。创作主体人文精神的先进性与丰富性、人文关怀的广阔性与细腻性与有声语言创作的音韵优美、声情并茂完全融合为一体。

---

① 中共中央马克思恩格斯列宁斯大林著作编译局. 马克思恩格斯全集[M]. 北京：人民出版社，1979：126.

② 彭峰. 生与爱[M]. 长春：东北师范大学出版社，1997：180.

创作主体及其人文精神的全面发展还表现为，在创作主体与文本主体的“对话”中，他始终是作为一个自由自主的主体与文本主体进行交往。文本主体的每一次生命的经历都会化为创作主体的切身体验；文本主体的每一个细微的情感波动都会掀起创作主体内心的狂澜；文本主体讲述的每一个道理都会化为创作主体深沉的思索。创作主体的内心感受、价值信仰全都向文本主体开放，完全实现了对文本主体的认同，最后都化为主体的自我意识，是创作主体的自我觉醒。创作主体不仅与文本主体达成了理解，而且也获得了对于自我的认识。通过与文本主体的“对话”，创作主体的视域与文本主体的视域相融合。通过这种交流与对话，创作主体的生命视野、感悟视野、经验视野、精神视野、文化视野得到了拓展，创作主体的感受精度、经验厚度、文化向度、精神纯度、境界高度都被提升到了一个新层面。这二者视域的融合不是以一个代替另一个，一个支配另一个，而是二者通过“对话”与“交流”，向着共同的意义提升：生命的意义、劳动的意义、创造的意义、关怀的意义、奉献的意义、人生价值、创造价值都得到了完全的体现。

对于接受主体来说，在与创作主体的“对话”中，其属人的本质也得到了发展。因为“如果你想得到艺术的享受，那你就必须是一个有艺术修养的人”①。只有音乐才能激起人的音乐感；对于没有乐感的耳朵来说，最美的音乐也毫无意义。② 在与创作主体“有艺术修养”的、“能制造音乐的嘴巴”的“对话”过程中，一方面，创作主体所创造的韵律优美的有声语言对接受主体是一种“耳濡”的熏陶，长此以往，接受主体的耳朵也会变得“能分辨音律”，“熟读唐诗三百首，不会作诗也会吟”；另一方面，既然是“对话”，就要有来有往，来而无往，就失去了“对话”的资格，与亲人、朋友谈论起来也不免会缺少底气，因此，接受主体也会主动地去学习音乐，培养“有乐感的耳朵”，虽不能人人都成为音乐家，但对于欣赏音乐，进行“对话”，还是绰绰有余的。如此，接受主体属人的感觉、属人的本质的丰富性也就充分地展开了。必须指出的是，创作主体在这一过程中始终是矛盾的主要方面，如果创作主体不能制造音乐，不能发挥有声语言音韵优美的魅力，也就怪不得接受主体中没有钟子期。如果真是这样的话，创作主体就没有尽到塑造人文精神、实施人文关怀的责任。

在语言传播创作主体与接受主体“对话”“交流”的过程中，创作主体是完全敞开胸怀的、真诚关切的、充满期待的、通透明澈的，这实际上就形成了一个自由、坦诚的“语言场”或“对话场”，创作主体充满期待的交流语气会彻底疏通双方“交流”的渠道。在这种真诚的“语言场”中，接受主体也会不由自主地敞开胸怀，沿着创作主体所架起的语气桥梁，向创作主体敞开心扉，就“真、善、美、新、雅、精”进行交流。随着交

① 中共中央马克思恩格斯列宁斯大林著作编译局. 马克思恩格斯全集[M]. 北京：人民出版社，1979：155.

② 中共中央马克思恩格斯列宁斯大林著作编译局. 马克思恩格斯全集[M]. 北京：人民出版社，1979：126.

流的深入与心路的畅通,接受主体也更深入地认识和检验了自己的内心世界,那世界观、人生观、价值观、审美观如三月丝雨,随风而至,渗入心田,接受主体也就在不断深化、开拓着自己属人的、类的本性。在语言传播接受主体与创作主体的视域融合中,双方(实际上,这其中也包含其视域已被融合了的文本主体)共同向一个更高的人文精神的普遍性提升,这种普遍性不仅克服了自我的局限性,而且也克服了他人的局限性。这种普遍性又是保持个性的普遍性,是在日益丰富的个性中折射出的普遍性。

总之,语言传播活动,不是孤立的个体的活动,而是主体间的活动,创作主体不是孤立的个体,而是共在的自我。语言传播人文精神的生成与建构也不是语言传播创作主体个人孤立的活动,而是与文本主体、接受主体就"真、善、美、新、雅、精"进行交流、沟通、达成共识,向更高的普遍性提升的过程。创作主体的语言创作实践与其他主体的实践紧密相关,创作主体的人文关怀也会催化全社会所有个体主体共同的人文精神追求。

如果真能这样,语言传播的人文精神建构就幸福地融入了全社会的人文精神建构中去了。

如果真能这样,语言传播创作主体就真的能做到"大人能以天地万物为一体"[①]了。

如果真能这样,那就是语言传播之幸,社会之幸。

知识梳理

语言传播人文精神的缺失是我们必须面对的现实,这主要包括以下几个方面:

其一,引导失当。广播电视语言传播实践中的"引导"应该是广义的,应体现在生存的、价值的、政策的、审美的、文化的等方面。在某些节目及一些主持人的语言传播中,却存在着引导失当的现象,包括人生态度引导失当、生存境界引导失当、价值引导和精神引导失当、政策引导失当、文化引导失当。

其二,主体缺席。语言传播人文精神是通过创作主体充分发挥其主体性,在对创作依据进行创造性地改造和内化的过程中表现出来的。其核心是创作主体的主体性的发掘、发挥、实现及其程度。而语言传播人文精神缺失的核心表现之一也就是创作主体的缺席。包括主体的萎缩与矮化、主体膨胀、创作主体缺席、关怀主体缺席。

其三,品位无味。在广播电视中,节目处于主体地位。语言传播要通过不同品位的节目达到服务受众、引导受众、鼓舞受众的传播目的。语言传播人文精神缺失现象主要发生在通俗品位和高雅品位的节目之中。通俗品位,浅薄庸俗,当前表现为迎合

---

① 王阳明. 大学问[M]. 上海:上海古籍出版社,1992.

和媚俗。高雅品位,模糊笼统,生硬外在,似是而非。

第四,关切不切。广播电视及其语言传播中的人文关怀是对党和政府负责与对人民关怀的统一,而不是片面强调一方面而忽视另一方面。目前,“关切不切”主要表现为片面的关怀、浅表的关怀、偏执的关怀、畸形的关怀。

语言传播人文精神的确立和发展不仅是个人的问题,而且还是人与人之间的问题,即是在“交往”中实现和完善的。语言传播的人文精神在创作主体的主体性的确立和发展中孕育、成长,在创作主体与文本主体、接受主体的主体间“交流”“交往”中实现、完成。总之,语言传播活动,不是孤立的个体的活动,而是主体间的活动,创作主体不是孤立的个体,而是共在的自我。语言传播人文精神的生成与建构也不是语言传播创作主体个人孤立的活动,而是与文本主体、接受主体就“真、善、美、新、雅、精”进行交流、沟通、达成共识,向更高的普遍性提升的过程。

第五章

有声语言大众传播的生命活力

有声语言大众传播的生命活力提倡尊重人、关怀人、引导人、鼓舞人，反对鄙视人、冷落人、腐蚀人、误导人，在这里，人的感受、体验、感情和对意义的追求从“无意识”中被激活，走到传播的前台来；在这里，人是真实的、具体的、血肉丰满的、不断创造、不断发展的主体。通过对有声语言大众传播中创造的、进取的、积极的方面的突出、强调和追求，我们将不断把生命推向丰富和自由！

第五章 有声语言大众传播的生命活力

- 主体意识的自觉
  - 传播身份的自觉
    - 认识传播工作的重要性
    - 认识播音主持工作的重要性
      - 播音主持形态反映了文化选择
      - 播音主持行为呈现为文化流传
      - 播音主持活动是一种文化建构
    - 传播身份自觉
      - 传播意识
      - 精品意识
      - 社会意识
      - 群体意识
      - 主体意识
  - 承担话语责任
    - 话语责任的社会层面
    - 话语责任的传播层面
      - 明确大众传播的实现途径
      - 深谙大众传播活动的方向性
      - 落实传播目的
    - 话语责任的个体层面
      - 主体必须“出席”
        - 在场
        - 发言
      - 善于传播
        - 传播主体不断提高自身素质
        - 传播主体不断强化语言功力
- “生气远出”的有声语言创作
  - 积极的创作状态
    - 积极的创作状态
      - 传播愿望是一种内在驱动力
      - 传播愿望是一种外在表现力
    - 有声语言创作的“精气神”
      - 主体的精神面貌
      - 表达中的态势和力感
  - 高超的语言功力
    - 观察力
    - 理解力
    - 思辨力
    - 感受力
    - 表现力
    - 调控力
    - 鉴赏力
  - 富于意趣的语言
    - 情趣
      - 来自情感的明确、真切
      - 表现在情感的感受、兴发上
    - 理趣
      - 认知方面的省察和旨趣
      - 寓情于理
  - 传播个性及其辨析
    - 正确理解个性
      - 个性是主体生存的重要表征
      - 个性特点的界定是相对的
      - 鼓励有助于社会进步的个性
      - 个性的流露与展现应适度
    - 播音主持的个性
      - 传播个性不等同于传播个体性
      - 传播个性与独特性
      - 个性与真实
      - 个性与群体性
  - 创造性地传播
    - 创造的实质及创新的内涵
      - 创新的当下性内涵
      - 创新的突破性内涵
      - 创新的批判性内涵
      - 创新的相对性内涵
    - 有声语言大众传播的创造性
      - 反定势
      - 关切
- 实现传受主体间的交流与共建
  - 以“生存交往”理念来要求有声语言大众传播
    - 主体间的交往行为
    - 以“生存的交往”来引导和提升大众传播
  - 心灵对话
    - “慈故能勇”
    - “仁者爱人”
- 整体和谐
  - 生命活力的传播意义和社会意义
  - 生命活力的多样性和目标性
  - 情感与表达的一致性

当前的社会是一个不断前行又不断变化着的社会，处于关键的转型期。一方面，社会建设的步伐不断加快，人们的创造力被不断激发出来，充满了生活的信心和对未来的希望，社会整体上呈现出积极向上的时代风貌。反映在大众传播中，是传播事业积极进取、传播内容无比丰富、传播样态日益多样；另一方面，在市场经济的建设中也存在急功近利的心态，对市场占有和金钱利益的追求不遗余力，一切唯利是图，道德建设和人文关怀被弃之如敝屣。反映在大众传播中，是对收视率的盲目追求，是对感官刺激和当时趣味的满足。

社会主义市场经济的真正内涵应是充分尊重人的独立性和自主性，充分发挥人的能动性和创造性，鼓励人们在承担责任的前提下自我超越、自我实现。这是一个更加关注人生价值、目的和意义的时代，大众传播要发扬其正确和优良的一面，摒弃和改正片面和失误的一面，把珍视生命、关注生命作为工作的重心，真正反映我们伟大时代的真实面貌！

生命是不断生成、不断前行的过程，生命活力是主体生存的积极状态，与泛化、退化、平庸化、停滞感、无聊感、颓废感相对立，表现为活跃的生存感、强大的力量感和不屈的进步感。富于生命活力的大众传播让人们发现自己是现实生存和生活着的人，是体验着、思想着和行动着的人，是需要着、吸取着、创造着、发展着、进步着的人，是拥有主体性的人。生命的当下性、整体性、生成性、自由性、超越性理应进入大众传播的视野。在有声语言大众传播中，理应活跃着生命之间生机盎然的精神相遇和灵魂影响。

生命活力作为一种现实和可能，显现在主体的生存状态、主体的生存活动及其结果、主体的生存发展的完整生存过程中。其中，具备生存活力的生存状态表现为一种丰富、充盈、生机盎然、积极向上的生存现实；充满生命活力的生命活动是一种主动、积极、富于生发力的创造性活动；富于生命活力的主体发展则一方面从生命活动中汲取营养和力量，一方面不断走向发展进步。

有声语言大众传播的生命活力，即在有声语言大众传播中，传播主体有效履行传播责任，以丰富的生活体验和深刻的生存理念为底蕴，在传播过程中调动起清醒而积极的主体意识，凭借高超的有声语言传播能力，激活接受主体的生存生活感悟，达致良好的传播效果和积极的社会意义的一种传播实现。

有声语言大众传播的生命活力提倡尊重人、关怀人、引导人、鼓舞人，反对鄙视人、冷落人、腐蚀人、误导人，在这里，人的感受、体验、感情和对意义的追求从“无意识”中被激活，走到传播的前台来；在这里，人是真实的、具体的、血肉丰满的、不断创造、不断发展的主体。通过对有声语言大众传播中创造的、进取的、积极的方面的突出、强调和追求，我们将不断把生命推向丰富和自由！

在有声语言大众传播中，生命活力的有无、程度、形态不但反映个体和社会的生存状态和审美取向，而且反映时代的风貌，影响社会的文化建构。呼唤有声语言大众传播生命活力的最终目的，乃是对完整的人与全面的人生的呼唤！是对充满理解、关爱、责任、向上精神的社会的呼唤！

第一节　生命活力的由来及界定

在展开论述之前，首先让我们对生命活力这一概念进行界定。

要理解生命活力，先须了解主体及主体性的内涵和意义。

一、主体及主体性

人不同于物，以主体的方式存在。

有意识的生命活动把人同动物的生命活动直接区别开来。在生产实践中，意识到自身独特性的人，不但认识到自己有认识世界的能力，而且不断发展和深化这一能力，他们发明和使用工具，在劳动协作中发现和使用更加便捷的交流手段，善于聚合集体的智慧和力量，发展出文化并具有传承文化的能力，从而无论在认识自然还是在改造自然方面，都成为“万物的尺度”。由此确立了以人为中心和尺度的物-我秩序，主体得以凸显。

同时，“仅仅具有人的身份未必具有主体身份，主体是起能动性的、主动性的和创造性的作用的人”[①]。作为主体，人总处在不断认识自己和不断完善自己的发展过程中，认识自己作为主体能够做什么、应当做什么，通过认识-实践活动，不仅在类存在的层面上，而且在个体生存层面上，确认和确证着自身的主体资质、社会责任和历史使命。因此，主体的概念不等同于人的概念，主体是相对于有资格承担权利和义务的人而言的。

主体性是人作为活动主体的质的规定性，是主体作用于客体的多重关系（比如实践关系、认识关系、价值关系、审美关系）中所表现出来的物质方面和精神方面的属性，是在与客体相互作用中得到发展的人的自觉、自主、能动和创造的特性。[②]

---

① 郭湛. 主体性哲学：人的存在及其意义[M]. 昆明：云南人民出版社，2002：13.

② 郭湛. 主体性哲学：人的存在及其意义[M]. 昆明：云南人民出版社，2002：30-31.

主体性是以人的独立与自由为前提的,主体性意味着,人从异己的、依附的和受压制的状态下解放出来,独立地和自由地确定自己的价值目标,独立地和自由地进行判断、评价和选择;意味着人获得自我发展、自我完善的自主性和能动性,获得使存在由自在而自为的自主性和能动性。

主体可以划分为不同的类型,不同类型的主体也相应凸显不同侧面和不同程度的主体性:

根据主体的不同,主体可以有个人主体、集团主体、社会主体和人类主体四种形式,人的主体性相应地可以分为个人主体性、集团主体性、社会主体性和人类主体性四种。由于集团、社会和人类概念的确立在某种意义上是以个体为参照的,与个体相比均可视为群体,因而主体性也可以简单地分为个体主体性和群体主体性两种类型。

根据客体不同,主体从各自的需要出发,运用不同的方式和手段对不同的客体进行认识和改造,从而表现出不同内容的主体性:当主体同客观存在的外部事物发生相互关系时,主体性便表现为对自然的认识、利用、改造的能力和特性;当主体同其他主体发生相互关系时,主体性就表现为对社会交往、协调、共处的能力和特性;当主体与自身发生相互关系时,主体性则表现为对自我的调节、控制、激励的能力和特性。

对主体的关注和对主体性的肯定,超越了人的动物本性,实质上是对人的作为人的生存的一种界定和肯定,同时它又不仅限于划定“人之所以为人”的前提并描述其状态,其根本指向是“如何为人”与“如何更好地为人”,其最终目的是推进和达致人生存的优化与进步。这是一个动态的、充满理想的、不断进步的认识与实践过程。

确立主体地位、发挥主体性对于人来说,既有本体论的意义,也是生产生活实践的需要。从本体论角度而言,“人本身就是目的”,主体的确立过程,正是人以人的方式生存的过程,发挥主体性的过程,正是人呈现其类的规定性,展开和完善自我,实现其生存价值的过程;从实践的需要出发,有助于确立主体地位、发挥主体性的意识和行为,也有助于主体开展创造性的实践活动。换句话说,只有合乎目的、合乎规律的创造性活动,才能确立人作为主体的地位,展现其主体性。这样,主体与主体性既是一种自主性、创造性生存的结果,对它们的重视和呼唤也意味着对生存生活的自觉、自主、能动、创造的要求和履践。

同时,确立主体地位、发挥主体性不仅是个人生存的需要,也是个人赢得社会认同、实现社会价值的需要。主体性中所包含的自觉、自主、能动、创造等内涵和品质,无论从精神意识层面还是现实实践层面,无疑都会增强个体的生存和发展能力,提升个体的生存生活品质。从普遍的意义上说,社会正是由这样的一个个个体构成的,由主体构成的社会主体肯定和鼓励个体主体发挥其主体性。在日常生活中,成功人士恰恰是那些发挥了主体性、实现主体价值的人,他们也因此受到他人和整个社会的肯定和尊重。

反之，对主体的漠视、主体自身的迷失以及在实践过程中主体性的缺失，是人的生存的异化和退化。

二、传播主体及其主体性

大众传播本身就是人类主体性的重要体现方式之一，它一方面汇集信息（客观意义上），反映人的生存环境（自然与社会），作用于人的认知；一方面又汇集意见、传播舆论，展示人们的观点和需求，整合意见，协调行动。大众传播是现时代人们协调关系、改造自然的有效手段之一。

传播作为一种交流行为，可以有主动方和受动方之分；作为一个传播过程，可以有传播方和接受方之别。无论是传还是受，都有群体和个体两种类型。因此，传播主体也可分为个人主体与群体主体两种类型，相对而言，媒体是大的传播主体，具体到单个的传者，是个体的传播主体。中间还有不同大小的制作群体，也是传播主体。受者虽然是接受的一方，但是作为传播行为中不可缺少的一方和传播的目的所在，也是传播中的主体。其中，受众是群体主体，单个的接受者是个体主体。

就目前的传播模式而言，传者仍然享有更多的话语权，是主动的一方，因此，我们的批评和论述主要集中在传者一方。同时，生存，就直接的现实发生而言，是个体性的，是个体生存的展开。作为个体的主体，是群体主体的组成部分，也是人之生存与发展的基本单元，我们的视线将聚焦于此。在广播电视传播中，播音员、主持人是传播主动一方的最后执行者，是传播群体的代表，因此，我们这里所论述的传播主体主要以他们为主。

在大众传播中，传播主体要受到各种因素的制约，他/她还能够具有自主性、能动性和创造性，从而发展自己的主体性吗？我们不妨对此加以简单的探讨。

传播主体至少在以下三个层面受到制约：社会的政治、经济、文化的影响；媒体定位、节目定位的影响；具体内容、目的、场景的影响。同时，传播主体的能动性和创造性也恰恰在这些限制中得以显现和发挥。

第一个层面，是一种宏观的时代背景，不只是传播主体，大众传播自身也无法超脱在外。社会的政治、经济、文化状况必然在大众传播中反映出来，制约大众传播的战略定位、内容选择、内容生产，甚至我们可以说，大众传播就是社会政治、经济、文化的一部分。我们无法超越自己的时代，必然要从它那里领受遗传、汲取营养、被它塑形，我们甚至会被时代中不断涌现的各种潮流裹挟着前进，比如现在“波涛汹涌”的全球化浪潮。但是，历史恰恰是人书写的，时代也被生活于其中的人形塑着。大众传播就有记录历史、传递信息、凝聚意见、生产文化的功能，在传播什么和如何传播中刻画着时代的印痕、聚焦着时代的热点、创造着时代的文化景观、影响着时代的发展方向。如同大众传播之于时代背景的关系，传播主体本来就以自身的生存和时代直接关联，在大众传播之中，传播主体作为大众传播的实现者又以大众传播的名义和方式与时代发生着“再一次”的特殊关联。作为大众传播的直接实施者，传播主体同样被授予了一定的选择权、表达权，把个人眼睛中的“世界真相”、个人脑海中的“客观判断”扩展为大众眼中的世界。在这一意义上，传播主体并不是被动的，由于大众传播的影响力，他受到限制的话语权利作为“初始条件”仍然可以在社会中产生“蝴蝶效应”，从而造成巨大的影响。

第二个层面，是传播主体所处的媒介环境。传播主体往往只是媒介战略的执行人，常常被人称为“传声筒”“肉喇叭”“花瓶”，似乎只需也只能“见字出声”，时刻面临着被工具化的危险。同时，传播主体在传受关系中往往受到“受众是上帝”思潮的影响，一不小心就会走向“迎合取媚”，面临着被“客体化”的威胁。在这里，我们可以荡开我们的想象，联想一下音乐演出中演奏者的作用。在一部交响乐的演奏中，音乐的旋律自然是带有规定性的，它直接决定了作品的美感，指挥的指挥棒是带有强制性的，它决定了演奏者的快慢张弛，现场观众的趣味也是一种无形的力量，影响着演奏者的表现走向，但是演奏者并不就是指挥棒下的机械弹拉，正是演奏者独具个性的演奏，赋予音乐鲜活的动象和鲜明的风格，带给听者以美的享受，这就是19世纪意大利小提琴家帕格尼尼之所以被称为“旷世奇才”的原因，他的演奏被称为“天使在歌唱”！与此相似，传播主体也是整个传播活动的具体实施者，在富有个性、独具创造性的劳动中，他把媒体战略落到实处，他是媒体的“发言人”，是“门面”和“品牌”，并且越来越具有媒体“标识”和文化象征的意味。在传播活动中，不但他自身创造着，他自身也是这创造性劳动的一部分！

第三个层面，是传播主体面对的具体语境。语境的制约很可能带来传播者被动适应和惰性依赖的心态和行为，在这里，思想保守、意识僵硬、表达单一等情况是极易出现的。同时，真正的有声语言大众传播，不管是有稿播音还是无稿播音，都需要传播主体的创造性工作，需要传播主体具备高超的观察力、捕捉力、理解力、感受力、表现力、调控力，凭借强大的驾驭能力、高超的表达技巧、自如的传播状态，要么把文字语言转化成为意义明晰、富于情感、生动可感、分寸得当的有声语言，要么把传播思路外化为逻辑清楚、中心明确、论述丰富、语流畅达、表达得当的语言序列。正是在这里，传播主体立足于文字稿件和编导的意图，并把生活的体验、文化的素养和个性品质、生命活力，贯注到语言中来，使大众传播人性化、个性化、具体化，富于亲和力、感染力和吸引力。

可见，有声语言传播中，“饱含着生命的体验、人生的况味、个性的闪光、审美的理想。语流中，积淀着传统的精粹，映照着时代的风云，显现着民族的精神，展示着艺术的魅力”[①]。有声语言传播活动，不是被动地“见字出声”“按图索骥”，它左右着意义的指向，调整着感情的浓淡，伸缩着美学的尺度，饱含着创作的艰辛、创新的空间和创造的喜悦。有声语言传播主体，不是没有血肉的机械“发声者”，而是血肉丰满、情感丰富、个性鲜明、能力高超的创造者。限制是客观存在的，但这些限制并没有窒息人的创造性，也不是用来扼杀人的价值和尊严的，正是在限制之中，主体发现了自身的价值，发现了行动的空间和创造的可能，从而勃发出自主的力量和创造的动力，在适应限制和满足要求的同时，也突破着形式上的限制背后对自我精神的约束，奋力向自我的超越迈进。

因此，在有声语言大众传播中，传播者尽管受到种种因素的制约，但是仍然能够发挥自己的主观能动性，存在着创造可能性，可以在创造性的传播活动中，确证自己的主体身份和主体性内涵。

三、生命活力

主体身份确立和主体性实现的这一过程，不是抽象地自在着的，作为人的生命活动，它充盈着人的生存意志和生命激情，展现着主体的强大的生命活力。

从字面上看，不管是“生”还是“活”都包含两个层面的意蕴：一是指生物作为生命体的存活状态，并由此引发出生命体作为生命存在必需的生育、生长等动态的生存过程；二是在此基础上发展出的对生之判断（存在与否，即生存之明证）、感觉（自我体验和共同体验，为生存之展开）、推进（按自我目的和社会目的发展，是生存之发展）、评价（以个体尺度或群体尺度进行认定和评估、肯定与否定，乃生存之价值）。

生命活力这一概念没有固定的学科领域，不同人、不同学科对它的使用大都只强调了它的某一侧面。就一般意义上说，生命活力主要体现在生命体或生命群落进行的物质与能量的交换、环境的适应与调节、新陈代谢、生命的维持、生命的进化的过程中，其功能一般有适应能力、康复能力、生殖能力、创造能力、发展能力等。除了生物层面的生命存活意义外，生命活力还包含有文化延续、精神延续的内涵。

具体到作为主体的人的层面上，我们认为，生命活力是生命体所显现出的生存的现实和发展的能力。在这一概念的组合中，“生命”是前提，没有生命的存在，只是存在，而不是生之存在；“活力”是核心，是“生命”之明证，生命充盈于其中，鼓荡于其中。活力是生命的丰盈和外溢。它有两个层面的内涵：一是就现实生存而言的，人以生机盎然的生命体的形式存在着，偏重于生命体的自然表现；一是这种存在以主动的、不断进步的方式追求着自己的成长。诚如贝塔朗菲所说：“生命不是舒服的安居在预定的

① 张颂. 关于传者素质的思考：语言传播杂记之五[J]. 现代传播，1998(2)：8.

最佳状态中,它的最佳状态是有生命力,不屈地走向更高的生存形式。"①如果说这多少还有些偏重于自然生命的话,熊十力的话则更多地指出了作为主体的人的真正生命之所在,他说:"人生唯于精进见生命。一息不精进,即成乎死物。"又说:"凡人不精进者,即役于形,锢于惑,而无所堪任。"他认为,"精进者,自强不息。体至刚而涵万有,立至诚而宰百为。日新而不用其故,进进而无所于止"②。不能发展进步和趋向完善的生存,只是生存,而不是充满活力的生存。生命的本性不止于对生命的维持上,更体现为对主动的生存方式的需要,对不断进步和日趋完善的追求,对活泼泼的生命跃动的渴望。这是价值论意义上的生命活力,加入了精神的内涵,使得盎然的生机和精神的追求、丰满、超越联系在一起。

与此相适应,对生命活力的观照、解析也存在两个层面的内容,一是生存描述性的,主要是对生存状态的现实进行直观的感受和描述;一是价值评价性的,主要是对内在的精神状态、生命发展的动因和趋势、生存的价值和意义进行评价。

生命活力的凸显和发展都是与"死"相对的。与"生""活"一样,"死"也有两个层面的意思:一是生命的丧失;二是如张世英所说,"人如果停滞在现实中而不思突破其有限性,或者说,安于现实而不思前进,那就是死亡而不是人生:停滞于感性中有限的东西,固然是死亡;停滞于一些固定的概念,那叫作思想僵化,也是一种死亡"③。自我迷失、生存而不是成长、单调乏味、陈旧僵硬、苍白无力、消极懈怠、曲解误导、荒谬颓废等都属此列,常常表现为一种停滞感、无力感、无聊感、绝望感、失败感、退化感,其实质正是生命活力的丧失。

由此可见,生命活力首先是生命的充实、丰盈的存活状态,并由此双向延伸至生命的起始环节,包含了生命存在与否、生命是发展还是衰退等内容,并与生命的丧失或生命的枯竭、病态、虚弱、衰退相对立,显现为存在着的、运动着的、变化着的、成长着的活泼泼的生命跃动,给人以存在感、充实感、力量感、丰富感、鲜活感、成长感;其次,生命活力还体现在产生外部活力的内部机制上面,表现为良好的精神面貌和强大的精神力量,包含着强烈的内部冲动、强大的生存意志、炽烈的生活热情、高远的生命追求,并与被动的顺应、苍白的思想、颓废的态度、麻木的"苟活"相对应,从中人们可以感受到生命的尊严、生存的责任、生活的热情、生命的追求;最后,生命活力在总体上是一种指向进步、完善的发展趋向和态势,体现在主动、积极的生存把握、创造性的生产实践、充满孕育力的发展可能上,并与保守、僵化、消极、蜷缩、没落相对立,人们从中可以领悟到创造的力量、生命的价值、生存的快乐。

可见,生命不仅是肉体的生命,而且是精神的生命。充满生命活力的生存,蕴藏着

---

① 贝塔朗菲.一般系统论[M].秋同,袁嘉新,译.北京:社会科学文献出版社,1987:161.

② 熊十力.新唯识论[M].北京:中华书局,1985:618.

③ 张世英.希望哲学[J].学海,2001(3):15.

创造性、饱含着可能性、充满着孕育力，是不断发展、进步的生存。只有追求这种充满活力的生存，才能维护并展示生命的尊严，挖掘和发展人的潜能，创造“宜居的”生存空间，实现自我的可持续发展和自我的超越。在这个意义上，生命不只表现为其自然存在本身，生命也不再是“苟活”式的生存，她不安于现状，不断突破环境和自身的限制，以生机盎然、生气勃勃的姿态追求着进步与完善，展示着光芒四射的魅力！

总体而言，生命活力是以生之实在、生之冲动、生之取向与生之实现为特征的，表现为一种存在感、成长感、丰富感、新鲜感，蕴含着力量、热情，主动、积极、向上，充满希望，指向未来。它展示着生命的尊严和生命需要并必将走向完善的自信，它意味着生长，意味着创造，意味着不断更新、不断超越。它不是静止而是运动、不是退化而是进步、不是被动而是主动、不是“趋死”而是“向生”。

生命活力不仅适用于个体的生存，对于民族、国家、社会来说也具有至关重要的作用。一个民族，具有顽强的适应能力、不屈的生存意志、强大的创造能力，就能够创造灿烂的文明、传承悠久的文化，就能够承受各种各样的灾难，历经各种各样的苦难而不倒，就能够屹立于世界民族之林，彰显其辉煌的成就和磅礴的生机！一个国家，政通人和，向着民主和进步，有开放的胸襟，有革新的气魄，有自主的精神，凝聚和依靠人民的智慧，便能保持其长期的稳定性，为人们带来物质和精神的富足，向着可持续发展的道路迈进！一个社会，能够关注民生，人民安居乐业，有畅通的沟通、协商渠道，追求平等和共同进步，致力于创造和拥有高尚的趣味，就能够走向和谐、保有和谐，协调发展。

需要特别指出的是，我们之所以拈出“生命活力”来，是因为它既和主体生存和主体性实现有内在的联系，同时又具有不可替代的意义。

一方面，强调生命活力，并不意味着我们把人从主体的位置上倒退回生命冲动的层面上，而正是由于它与主体及主体性之间存在着必然联系。

生命活力是主体生存的明证，没有活力的生存，谈不上主动性、能动性、创造性，称不上是主体的生存。生命力与由它赋予力量的生命物是相互关联的。人的生命力不能被看作是与中世纪哲学家称为“意图性”无关的东西，即不能被看作是与意义无关的东西。人的生命力与他的意图性同样伟大；它们是相互依存的。这一点使人成为所有存在物中最富于生命力的存在物。他能超越在任何方向上被给定的任何境况，而他所具有的可能性驱使他去创造高于他自己的存在。生命力是这样一种力量，它使人超越自己而又不失去自己。一个存在物超越自身的力量愈大，它所具有的生命力就愈强。技术创造的世界，就是人的生命力、人对动物无限优越性的最突出表现。唯有人有完全的生命力，因为唯有他有完全的意图性。① 生命活力又是主体实现主体性后的丰收硕果，自由自觉、主动积极、创造发展的主体活动，必然使主体充满生机与活力，实

① 蒂利希.存在的勇气[M].成穷，王作虹，译.贵阳：贵州人民出版社，1998：63.

现生命质量的提高，并为生存的进一步优化提供可能。充盈的生命活力既是主体实现主体性的强大动力，又是主体实现主体性的目的和必然结果。

对主体与主体性的忽视，直接导致了主体生命活力的衰弱、枯萎与丧失。反之，生命活力的有无和充盈程度，直接反映了主体的生存状态和生存质量，也是评价主体性实现情况的一个重要指标。

另一方面，生命活力的内涵与指向与主体性的内涵和指向在某种程度上存在差异，在某种意义上是对主体性思想的超越。

生命活力作为一种现实（已经存在的和正在发生的，静态的和动态的）和可能（活动的直接结果和生存的可预见的发展），显现在主体的生存状态、主体的生存活动及其结果、主体的生存发展这一完整的主体生存过程中。在这一过程中，具备生命活力的生存状态表现为一种丰富、充盈、生机盎然、积极向上的生存现实；充满生命活力的生命活动是一种主动、积极、富于生发力的创造性活动；富于生命活力的主体发展则一方面从生命活动中汲取营养和力量，反映着主体生存的无限活力，一方面不断积聚着生命优化的可能性，推动主体走向发展进步。这样，生命活力既体现在主体的生存现状中，表现为融汇着过去的现在，又体现在指向未来的生存活动中，融汇成为一个贯穿过去、现在与将来、不断走向进步的生命之流。生命意识、生命激情、生命追求则熔铸于其中。这是一个内涵丰富、立体系统、直观生动的概念和范畴，从中，我们可以看到“鸢飞鱼跃”，听到生命之河流淌的声音，感受到漫溢在宇宙间的勃勃的生机，体验到生之丰足与快意！

相对于生命活力丰富、立体、直观的内涵，主体性则显得概括了些，它抽取的是生命的“质”，构建的是生命的“骨骼”，突出人的生存的层次，维护人生的尊严；而生命活力展现的是生命的“在”，还包含生命的“血肉”，突出人的生存的丰满，呈现人生的力与美。换句话说，主体性是以人的方式生存的结果，生命活力则是以人的方式生存本身。面对一个自我实现、充分发展的主体，我们可以说，“他活得像一个主体，在生存中他发展着他的主体性”，我们也可以说，“他像一个主体一样活，在生存中他发挥着他的主体性”。

如同中西思想的差异一样，主体性散发着理性的光辉，生命活力则充盈着生命的跃动。相较而言，生命活力有着更显明的“生命取向”，更注重生存现实本身，更关注生存的质量。

四、有声语言大众传播的生命活力

尽管对于媒介效果的争论从来没有停止过，但是一个不争的事实是，随着大众传播愈来愈深地介入到社会生活之中，它的影响力越来越大了，其作用与功能也在不断融入新的内涵。它不只是传递信息的工具，它不单营建了一个公共舆论空间，而且成了社会文化生活的重要传递者和生产者，对传播中人的生存生活乃至整个社会的发展进步都产生着不容忽视的影响。我们甚至可以说，“当代的大众传播已经从‘工具客体’的本质中挣脱出来，变成了一个具有独立行为能力的‘责任主体’。一言以蔽之，媒介获得了生命”。与获得“生命”和主体身份的进程一致，大众传播也越来越多地体现出了自身的主体性，其肩负的社会责任更为重大，承担责任的意识和能力也在不断增强，“媒介具有鲜活的‘生命’、具有思考和行动的愿望和能力”①。和一切生命体一样，具备了主体身份的大众传播也必然要面对自身的生命活力问题。与日常生活中的个体相比，大众传播的生命活力的有无和强弱，不但反映着自身的生存现状，关系着自身长远发展的前景，而且反映着时代的社会状况，对“生存”于其中的传播主体与接受主体更有着切实的影响，对于其施加作用于其上的社会文化生活建设和社会整体发展来说也有极为重要的意义，因此，应该引起我们加倍的关注。

我们认为，广播电视传播主要是以有声语言创作为主线而进行的。有声语言创作的情况如何，不但直接关系着传播的样态和效果，而且从中我们也可以发现大众传播的观念、形态、潮流、趋势。它既是广播电视传播的重要方面，具有自身的特点和价值，同时又具有全息性，在一定程度上可以甚至更加显明地反映和代表广播电视传播的整体状况。因此，我们把大众传播生命活力的研究重心放在有声语言大众传播的生命活力上。

那么，有声语言大众传播的生命活力又是如何定位的呢？

以上我们已经说过，生命活力作为一种现实和可能，显现在主体的生存状态、主体的生存活动及其结果、主体的生存发展的完整生存过程中。其中，具备生存活力的生存状态表现为一种丰富、充盈、生机盎然、积极向上的生存现实；充满生命活力的生命活动是一种主动、积极、富于生发力的创造性活动；富于生命活力的主体发展则一方面从生命活动中汲取营养和力量，一方面不断走向发展进步。

有鉴于此，把它和有声语言大众传播结合起来，可以从传播主体、语言传播、传播效果三个序列来考察。

我们认为，有声语言大众传播的生命活力，即在有声语言大众传播中，传播主体有效履行传播责任，以丰富的生活体验和深刻的生存理念为底蕴，在传播过程中调动起清醒而积极的主体意识，凭借高超的有声语言传播能力，激活接受主体的生存生活感悟，达致良好的传播效果和积极的社会意义的一种传播实现。

在这一定义中，有声语言大众传播的生命活力体现在三个方面：

传播主体：传播者真诚、热情、深刻、高超，能够“在场”“发言”，富于表现力；

① 胡智锋．中国电视观念论［M］．北京：北京师范大学出版社，2000：101．

语言表达:语言有内涵、有深度、有意趣,适切对象、适切环境,鲜活、生动,富于感染力;

效果评价/传播实现:传受主体之间能够达致互动、沟通、交流,产生良好的传播效果,富于生发力(适应、创新、发展)。

我们对有声语言大众传播生命活力产生关注,不只是因为大众传播实践及传播学研究中存在忽略主体和主体缺失的情况而引起了我们的思考,更是由于有声语言大众传播中存在生命活力严重不足的现实,引发了我们对传播主体生存状况的关注。

在当前的播音主持实践中,生命活力缺乏的情况不一而足,存在许多层次和侧面,但是努力找寻脉络,我们不妨大致归纳出判断生命活力有无和强弱程度的几个方面:

(一)有无事业追求

事业追求关乎主体的生存价值,没有目标的劳动大多是做“无用功”而不可能有创造性,没有追求的生存往往流于消极、被动,缺乏人生理想的生存是消磨时间的生存,得到的只能是活力的流失和枯竭。

有声语言大众传播不只是传播主体换取衣食的途径,而有着重要的社会意义。不可能通过敷衍塞责就创作出精品,那需要不断积淀、不断探索、不断努力。传播主体若能把传播工作切实当作一生中(哪怕是此一时间段和生存空间内)重要的事业,对它充满兴趣和热情,在工作中能够全身心投入,时刻处于一种创作状态;同时,把它和自己积极的人生追求融合起来,消弭生活与工作的割裂与对立,让生活的过程在某种意义上也成为一个有助于传播能力提高的过程,就不会在工作中和生活里被动消极,疲于应付,才能在既“点燃”自己的同时,也“照亮”别人。

(二)有无目标指向

生命活力的丰盈不能停留于个体的自足状态,它更是生命的相互映照、相互助益和共同发展,缺失价值关怀的心灵,没有共同进步的情怀,就会失去涵养活力、增进活力的苑囿,结果只能是生命的自闭和活力的耗竭。

有声语言大众传播不能没有方向和目的,它不是不计后果地按照程序去完成指定的任务。它要求传受主体间进行理解、沟通和交流,以期做到信息共享、认知共识、愉悦共鸣,实现共同成长。作为拥有话语权的传播方,传播主体心中要时刻装着受众,真正为受众着想。而且,大众传播的目的也不是图一时之快,不是图一时之利,要正确处理好短期目标和长期目标、局部利益和全局利益、经济效益和社会效益的关系。

(三)积淀如何、深度如何、能力如何

生命活力常表现为一种丰富感、充实感,蕴含着力量,充满了创造性的劳动,并在

创造性劳动中实现对现实和自我的超越。肤浅、单薄、苍白是生命活力的“死敌”，缺乏创造性的重复、模仿是对生命活力的破坏。

有声语言大众传播不是一个“张口就来”、可以“不学而能”的简单工作，需要传播主体有深厚的积淀，能够“厚积薄发”。这里的积淀，当然包括知识的积淀，包括人生的体验。但仅有知识的积淀是不够的，体验多也不意味着传播水平就一定高、效果一定好。不管是知识，还是感性的人生体验，都要和具体的传播实务结合起来，并善于转化为外在的有声语言表达，体现为一种深刻、丰富和内在的力度感，才能真正有益于传播。肤浅会使传播苍白无力，只能在生活的表层打转转儿，严重的话还会曲解人生、误导他人，沦为一种语言噱头。

（四）传播状态如何

状态是最能体现一个人的存活状况的，积极、自信、游刃有余的状态体现的是一种极具表现力、感染力的生命存在，僵死的、病弱的、消极的状态则是生命的“梦游”，反映的只能是活力衰竭后生命那“苍白的面孔”。

传播主体的状态如何直接影响着传播的表现和实现程度。良好的传播状态，一定要“活”，一定要积极主动。播音主持工作者既要显示出强烈的传播愿望，具有充分的自信，还要具备游刃有余的驾驭能力，并始终处于积极、主动、富于创造性的传播状态之中，成为真正的传播主体。使语言生动鲜活，让表达声情并茂，整体上神形俱活，唯有如此，才能使传播具有鼓动性、感染力。

（五）情感表现上是否适当

人的生命的弥足珍贵之处在于我们拥有丰富的情感，纯洁的、真挚的、崇高的、炽热的情感塑造了我们高尚的情怀，充实着我们的精神内涵，感动我们、引领我们高昂我们“高贵的头”过“人的生活”。

传者与受者的关系，是一种主体间关系，传播的完成不只建立在信息的准确传送上，更需要信息的有效送达。信息的送达不只是一个意义的传递与理解的过程，还涉及传受之间在意图、态度、情感等方面的交往情况。因此，受者的情感及情感需求是传播必须要面对的重要因素。有声语言大众传播需要动真情，传受主体之间的生命活力也需要真情来互相激发。

（六）表达的创造性

创造是活力的源泉，正是在创造之中，传播者确认了自己的主体存在，接受者从中感受到传播的丰富多彩，体验到生活的充实丰满和无限乐趣，消除了受挫感，获得了满足感，从而处于一种开放的、积极的、创造的人生状态之中。

然而，我们却遗憾地常常看到一味地模仿，看到一些播音主持工作者或是陷入定势之中，或是耽于“讨巧”式的形式刺激。不管是得过且过、驾轻就熟地支对应付，还是复制抄袭、轻描淡写地“涂涂改改”，都不能摆脱有声语言表达的庸常状态，既不能充实自己，也不能“激活”别人。

第二节　主体意识的自觉

生命的活力体现在人的自然生存与社会生存两个方面。作为社会主体的人，其生命力首先体现在对生存的自觉上。真正意义上的生命不是混混沌沌，随波逐流，而是始终思考着生存的状态、生存的目的和生存的价值，并对之不断做出调整。意识在主体的生存中具有重要的意义，没被意识到的主体不可能是真正的主体。

通过意识与自我意识，主体不断获得有关外界的信息和关于自我的信息。通过对这些信息的感知、接收、综合，通过思考、判断、预测，主体形成和集聚着关于世界和自我的经验和认识，获得了选择、决策、确定目标的可能，为进一步实现理想人生创造了可能性。

可以说，意识所包含的主体对外部环境的敏感性、适应性、协调性，主体对自我的自明性和调控能力，及其目的性、主动性、创造性，不但是主体生命活力的重要组成部分，更是激发、促活主体生命活力的关键所在。

对于有声语言大众传播来说，传播主体的意识也处于重要的地位。意识启动主体的传播活动，是生命活力外化和传播生命活力生成的关键。

一、传播身份的自觉

对自我在不同社会环境中的位置、作为的把握形成自我在不同环境下的自我意识，是主体自我意识的重要组成部分，我们称之为主体的身份自觉。身份自觉规范和规定着主体在特定环境下的具体行为。

传播身份是对传者位置、作用、任务、职责的定位。对传播工作重要性的认识是传播身份自觉的第一要务。

（一）认识传播工作的重要性

传播身份的确立首先取决于对大众传播事业社会功能的认识。虽然对于传播功能的讨论从来没有停止过，但一般认为，大众传播具有监视环境、调适社会各部分关系、传播和继承文化、提供娱乐四大社会功能。大众传播事业作为上层建筑的一部分，是与特定的经济基础相关联的，不同社会制度下的传播事业，其社会功能、传播原则也有所区别。我国的新闻传播事业，作为党、政府和人民的“喉舌”，同样有着守望环境、社会整合、决策参与、社会动员、科学教育、娱乐服务等功能，肩负着传播先进文化、服务大众、协调社会的重任。

传播身份的确立还要能够明确传媒在当前社会生活中的重大影响。应该说，在现代社会，大众传播具有巨大的“权力”，而权力并不仅仅存在于政治经济或意识形态的领域，在人们日常生活中，包括生活习惯、规律、日常的语言、分类等等，都是权力运作的领域。大众传播不但可以对政治权力及其过程进行直接或间接的监督，可以通过相关报道、评论或广告对经济领域产生广泛影响，还可以对社会的文化情趣和审美倾向产生影响，可以对个人的社会化、行为、交往及娱乐方式产生影响。

尤其需要指出的是，当前的大众传播已超越了工具论的阶段，而成为人们社会生存的一部分，成为人类文化的一部分。大众传媒不仅进行信息的搜集和传递，是人们的“自我观察之镜”，它自身也生产文化，深刻地介入人们的文化生活，影响着社会的文化生产。它所营造的声像时空，已成为人们生存生活的重要“居所”之一。

无疑，大众传播的作用是巨大的，其作为的影响也是巨大的。然而，影响越大，一旦出现问题，其为祸也愈烈。胡智锋认为，媒介对社会的负面影响，不仅在于其固有的传播特征所导致的表面上的负面作用，还可能潜藏于其积极地作用于社会文化系统的过程之中。他引用拉扎斯菲尔德和默顿的话说，“大众媒介是一种既可以为善服务，又可以为恶服务的强大工具；而总的来说，如果不加适当的控制，它为恶的可能性则更大”，因此，他认为，媒介应成为“一个自由而负责的行为主体”①。有声语言创作是广播电视传播的“最后一道工序”，传播主体是大众传播的“出头露面”的实施者，自然是这些功能的承担者和实现者，是这些权利的享有者和执行者。传播主体能否正确行使权利、履行职责直接影响大众传播功能实现的程度、效果，影响民众的生活和社会的发展。

（二）认识播音主持工作的重要性

具体到播音主持工作，它对社会的重要意义涉及许多方面，我们仅从其文化价值入手，加以简要分析。

首先，播音主持形态反映了文化选择。

一个人的言行，是其价值取向、性格气质、文化底蕴、道德素养、审美趣味的集中体现，是个体对介入生活的方式和处理具体事务的方法有意无意选择的结果，反映了个

---

① 胡智锋．中国电视观念论［M］．北京：北京师范大学出版社，2000：100－105．

体在现实生活和文化网络中的基本定位。播音主持形态,包括语言使用状况(如语音、语气、语势等)、镜头前表现(如服饰、化妆、表情、姿态等)、整体风格(如庄重、典雅、精约、新奇、幽默、机智等)诸方面。同样的传播内容,以不同的传播形态进行表现,其结果的不同是不言而喻的。传播形态的不同意味着信息处理方式选择上的差异和传播形象塑造上的不同,其实质是传播主体(特定媒体、特定传播者)对文化的取舍问题。

与生活中的个体身份不同,播音员和主持人是以传播者的形象出现的,播音主持工作是广播电视传播的关键环节、“咽喉要道”!我们很难把播音主持行为作为一种纯粹的个人交际行为而不赋予它超越个体的文化内涵。在其作为媒体代言人的形象出现时,他对传播方式的规划,以及这种规划对文化的潜在取舍也就超越了个体层面,而代表了媒体的选择。而媒介的选择带有自然放大某种意见或倾向的功能,直接影响着舆论的发展方向。在普通接受者的心目中,进行长期、稳定、公开、大规模传播的大众传媒,其播音主持形态不可能是个人主观随意的表现、偶然的选择,而是隐含着一种自我肯定的先在性。它不是个体的私人行为,而是体现着媒体价值,甚至反映了媒体所代表的某一集团的文化价值观念,因而必然融会了判断、选择、刻画、推荐。当这一媒体被赋予了代表国家利益的话语权力时,这播音主持形态更是在一定程度上意味着已经被查验、能够被推荐、用来被欣赏、可以相跟从,而不必做进一步的判断、推敲、追问、实验。

要而言之,某一播音主持形态是社会文化网络中的一种选择。而文化选择作为一种合目的的行为,实质上是一种价值选择。这种选择在大众传播中,发生了双重放大作用,超越了个体层面,被作为媒体的选择和主流文化的表现,有可能成为大众进行文化选择的潜在标尺,成为人们精神生活中的“文化导游”,对某些人来说,甚至具有替代作用。

其次,播音主持行为呈现为文化流传。

播音主持既反映了特定的文化选择,自身也是社会文化的组成部分。加之广播电视是当代一支重要的文化创造力量和传播力量,播音主持作为其中重要的组成部分,自然成为文化产生和传播的途径之一。这样,作为通过了筛选(大众传媒实际上就是文化传播的把关人之一)的文化形态,播音主持极其顺畅地进入了社会文化的主流传播过程之中。在这一文化的流传过程中,凭借大众传媒的强大传播能力和社会影响力,因着群体的智慧和集体的力量,长期在话筒前和镜头前出现的播音员主持人逐渐成为大众传播中的“明星”。传媒的公信力与“明星效应”相结合,加之受众接受中“沉默的螺旋”效应的推波助澜,播音主持往往成为特定人群中(特定节目受众)的文化主导力量。这样,播音主持活动中的文化蕴含不但拥有了进入主流文化的“合法地位”,而且在文化流传过程中获得了“优势地位”。与目标受众对潜在受众的进一步传播现象相结合，播音主持在更大范围内影响着社会文化的流行，成为文化流传中的重要内容。当播音主持活动及其文化内涵被更多人所认同和分享时，这种文化也就成了时代文化的重要组成部分。

需要特别指出的是，在大众传播中，不管是有意还是无意，播音员主持人个体的观念、倾向、习惯、好恶，会借助话语权力、媒体身份、个人名望大规模传播开来，对社会产生不可忽视的影响。或许这些个体的取向是附带出现的，或者是无目的的自然流露，有的或许还与初始目的存在错位，但无论如何，其影响并不会因为不是有意为之而消解。我们知道，负面信息同样有着正向的刺激、记忆功能，因此，一旦这些个体的倾向、习惯不符合社会的基本道德规范或存在产生不良后果的潜在危险，那么，其负面影响绝不会因传播者动机良好或出于无意之失而消除。

此外，播音主持活动是一种文化建构。

从信息的选择、内容的创造，到传播的进行和目的的实现，大众传播的过程，不只是一个信息的流动过程，实际上是一个介入社会现实、创造社会现实的过程，是一个建构社会文化、实施社会影响的过程。作为社会文化的重要组成部分，播音主持反映了社会文化的现实状况，随着时间的推移，会逐渐沉积下来，成为某一时代文化的表征。同时，作为现实文化的结构成分之一，它还策划和推动社会文化的未来发展。也就是说，播音主持不仅是文化的有机组成部分，而且具有结构性的生成能力；不仅产生现实影响，还具有历史影响，产生历史价值。试想一想，数十年后，我们对当前传媒所传递的某一特定信息可能不会有清晰的记忆，但是对这个时代的播音主持形态却不会轻易忘记，因为，它代表了这个时代的文化风貌，并且在文化的链条中得到承传。

因此，代表什么样的文化和创造什么样的文化，是播音主持文化价值的本质所在，也是播音主持必须面对和解决的问题。

（三）传播身份自觉

传播身份的自觉表现为一系列的意识自觉：

传播意识。传播意识是传播身份自觉的基础。在大众传播之中，主体进入到传播情境之中。传播情境是一种不同于日常生活情境的特定情境，对主体的要求自然也异于日常。我们认为，迄今为止，大众传播还主要是“一对多”的单向传播，尽管我们不断强调亲切、自然、贴近生活，尽管大众传播已成为我们生活的一个重要组成部分，但大众传播作为人们的公共空间，仍然不等同于我们的日常生活原生态。大众传播要求传播主体明确自身的公众属性，树立面对大众的责任意识，同时摒弃私人话语心态，根据传播目的、为着传播效果调整自己的言语行为。

权力意识。因着大众传播无远弗届的能力及其在当代具有的强大社会影响力，传播主体也获得了巨大的权力。这些权力不仅由政治而获得（授权和监督）、不仅因资本而行使(代言或自身经营),而且通过或显或隐的文化生产(树立榜样、塑造媒介人物、议程设置等,通过榜样作用、示范作用、引导作用等)获得更为深远的社会影响。也许这些权力本身对社会和个人没有法律上的约束力,但是通过舆论的力量和对人的生存发展的影响,这些"隐性权力"或"软权力"却产生着无可替代的影响。权力大意味着所承担的责任也大,权力不意味着随心所欲,而应在社会和媒体的相关规范内行使,因此,权力意识实质上也是一种责任意识。

精品意识。社会的公共空间,重大的责任在肩,传播主体没有任何理由去让这一空间塞满"赝品""次品"。不断创造"精品",应是传播主体从事传播工作时时刻刻铭记心头的箴言,"要把最好的精神食粮奉献给广大受众",要"全心投入,调动全部积累,集中群体智慧,对每一个节目费心血、花气力,从内容的精到、形式的精美,到制作的精致、表现的精详,特别是语言的绝妙,都显示出理念的新鲜、思路的新颖。落实到传播过程中,不论是节目的品位,还是时代的氛围,总给人以美感享受"。

社会意识。既然大众传播具有巨大的社会影响力,在进行传播活动时自然应该把传播的社会效益放在重要的位置上。当前的大众传播卷入商业利益之中越来越深,虽然在表面上以"高收视率意味着高收益"为理由,在内在逻辑上以"受欢迎的自然是好作品"为依据,把经济效益和社会效益等同起来,但若由此而忽略经济效益往往和社会效益不同步,甚至存在矛盾的事实,实在是自欺欺人!何况在实际操作中,人为炒作、选择受限、"迎合取媚"等也会导致高收视率,产生"虚假繁荣"的现象!树立社会意识,就是要把社会效益放到第一位,处处为社会的长远发展着想,不能只为一时之利、图一时之快!

群体意识。传播活动是群体工作,传播主体始终在群体之中,这不仅是因为传播活动作为系统工程是个体无法独自承担的,还因为集体的智慧能够创造出更为优秀的作品。在群体之中,播音主持工作鼓励个体发挥最大的潜能,却不提倡纯粹的个人表演;它需要和呈现富于创造力的个性风格,却也固守大众传播的底线,抵制私语化、私欲化。

主体意识。大众传播给传播主体以重大的责任和特定的限制,但是这并不意味着传播主体应在大众传播活动中失却自我,相反,这种限制反而为主体的创造性工作提供了自由的空间。传播主体不能只是传播意图的被动执行者,或者只是传播群体合格的"传声筒",主体首先要有独立意识,认识到自己在传播中的重要作用和积极的能动性,并且在传播中能够结合具体语境不断对自己的心态、言行进行自省、反思,并有效地对其施以调控,创造性地进行有声语言传播工作。因此,这里的主体意识主要指主体的独立意识、自省意识、反思能力、自控能力、创造能力。

二、承担话语责任

能否承担责任是主体之所以为主体的重要标志，传播身份的确立，同时也就意味着话语责任的承担。

传播主体对于话语责任的承担可以从以下几个层面来加以分析：

（一）话语责任的社会层面

正如我们所知，大众传播是有益于社会的，但是这一有益具有应然性而不具有必然性。大众传播是否有益于社会，关键在于传播主体进行了什么样的传播活动。正是由于在大众传播之中，传播主体肩负起了特定的社会责任，也正是透过大众传播，传播主体表现出了作为“社会人”所应有的社会责任。传媒自身并不会自动实现责任下的传播，承担责任并付诸实施的是具有生命力、辨别力和创造力的主体。因此，话语责任的承担首先在于对大众传播社会责任的认定上。

我国的大众传播应该成为也必须成为先进文化的创造者、生产者、传播者、建设者！我们的话语责任就是要传播社会主义精神文明，展现先进文化的精华，创作出有声语言的典范，推动社会的健康发展！

对于这一层面责任的认识和追求，很多传播者是盲目的、被动的，他们往往将之归于媒体，认为自己既在媒体之中，必然已经承担或者分担了这一责任。在他们看来，传媒负有这样的责任，并且或许负起了这样的责任，那么，作为传播的执行人的自己毫无疑问也已经或正在分担责任，因此，社会层面的责任对于传播者来说具有“先验”的性质，“它就在这里”并且“已经在被执行”，可以不必过多地强调。正因为如此，这种责任常常也是缺失的。社会层面的责任承担，在为大众传播确定方向的同时，也为具体的有声语言创作确立了高远的目标，传播主体在进行传播活动时应时刻牢记并将之内化为一种自觉的事业追求！

（二）话语责任的传播层面

与话语责任的社会层面不同，传播层面的话语责任当然不是站在大众传播的立场上思考其高远的社会意义，而是主体对大众传播作用具体化的认识。

首先，明确大众传播的实现途径。在大众传播中，媒体不管是认定、创造、推广，还是反对、批判、阻止某种观念、理念、行为的传播，也不管是通过断言、暗示、引导、潜移默化哪一种途径，都具有要求、示范、榜样、影响等作用。认识到这一点，传播主体就能够更切实地明确自己所进行的传播活动的影响所在，知道大众传播实现的具体途径，并由此了解了自己的传播行为对接受主体造成影响的方式。

其次，深谙大众传播活动的方向性和目的性。无论是从哪一个角度来看——“社会公器”还是经济实体——大众传播活动都有着突出的方向性和目的性。不管是形式上的提供新闻信息、传递和塑造文化生活、进行日常生活服务、组织娱乐活动，还是实质上的经济利益或社会效益，都有着直接的或间接的目的。我们认为，传播主体只有在掌握全局的情况下，才能更好地发挥个人的创造性。因此，他不能只是方案的被动的执行者或者完美的实行者，而应成为创作群体中的一员，成为真正的主体。当然，这并不只是传播主体自己的问题。受到限制的传播主体，只有深谙传播的这一基本规律，并围绕它展开工作，弥补那些负面影响，才能取得良好的传播效果。

再次，落实传播目的，确定自身定位。传播主体在进入特定的栏目、节目之前，自然可以根据自己的性格、特长、爱好、知识储备选择适合自己的类型，然而一旦进入具体的节目，作为大众传播的施行者，就要自觉服从于传播的目的，并将之落实到具体的传播活动中来。主体可采用逐层划归的方式，对传播目的进行认定，从大到小，一步步落到实处，并和自身的定位与创作空间连接起来。其中既有总体目标的执行（给定了空间，需要通过传播活动加以实现），又有具体节目的编创（需进一步探索，发挥自己的能动性和创造性）。总体目标虽然是清晰和确定的，但具体操作时仍然会在指向、意向等方面，为创作留下空间。频道、栏目的定位，如内在价值设定、整体风格设计、对象定位等，必须落到实处，才能有的放矢，才能完成传播的预期目的。这些都要通过传播主体的创造性工作，有效履行责任，来加以实现。

需要指出的是，大众传播活动要求着传播主体负起一定的责任，同时也为传播主体的责任划定了一定的空间。在大众传播中，传播主体的责任（其权利和义务）是有限度的，他必须服从于大众传播的要求，服从于具体栏目和节目的要求，展现他与大众传播相符合的那一部分。主体虽然毫无疑问拥有实现其个人价值、自由的权利和自主性，但是只要他把大众传播作为自我实现之途，大众传播事业的整体规范便会要求和影响着他的实现方式，在这个意义上，大众传播事业与主体一样，也具有它自身的规定性和能动性。

（三）话语责任的个体层面

无论怎样崇高的社会理想，怎样重大的媒体职责，最终都要落实到主体有意识的传播活动中来。正如黑格尔指出的：“在我做一件事情的时候，我就规定着我自己……它们经过了我的手，是我造成的，它们就带有我的精神的痕迹。”[①]有声语言作品就是传播主体履行传播责任的具体成果，其中既包含对责任的认识，又包含责任的履行。在个体层面，话语责任即是指传播主体进行具体的语言创作、话语表达时所应

---

① 黑格尔. 法哲学原理[M]. 范扬，张企泰，译. 北京：商务印书馆，1982：13.

承担的权利与义务。

首先，主体必须“出席”。主体出席包括两个部分，一是主体必须在场，一是主体必须发言。

在场。我们知道，主体是具有主动性、能动性、创造性的人，因此，这里的主体在场，不是传播者在镜头前、话筒前出头露面就可以达到的，这个“在”不仅是“身在”，更重要的是“心在”。心不在焉、勉强应付，轻车熟路、僵化重复，紧张慌乱、不知所云，信口开河、无所用心，都是“身在心不在”，这样的传播，并不能从中发现主体的表现，不能从中感受到主体性实现的力度和分量。传播者只有切实领会传播的意图和目的，主动自觉地参与到节目的创作中，有意识并有效地驾驭节目进程，创造性地进行语言创作，才算是进入了传播圈和创作圈，主体才算真正在场。

发言。主体在场是为了“发言”，“发言”是有声语言大众传播生命活力的栖身之所。承担话语责任，就是要有效行使话语权力，不能“沉默寡言”，也不能“人云亦云”，而要敢于“发言”。“发言”并不就是张嘴说话，主体是具有自主性、能动性、创造性的人，“发言”就是要有的放矢、有感而发、有动于衷，就是要有目的、有感受、有态度、有感情、有状态、有意味。发言是一个融汇了发现、感受、辨别、思考、表达、交流的整体系统，是明确意图、紧扣目的、理清思路、调整心态、调动感情、形之于声的综合的系统和不断调整的过程。

主体出席强调主体的存在感、主体性，是主体承担话语责任、履行传播义务的具体表现。

其次，要善于传播。责任不仅是对主体行为的规定，也对主体承担责任的能力提出了要求。在主体的责任意识中，也贯穿着对自我传播能力不断提高的要求。

大众传播中往往存在着这样一个矛盾：媒体工作者（制作人、记者、编辑、播音员主持人）拥有信息生产和传播的工具，控制着人们的“公共空间”，是强力的文化生产者；与此同时，他们自身却缺乏行使这种话语权力、生产那种名副其实的社会文化的应有的视野和素养。也就是说，媒体工作者现实中的文化能力与传播中的文化地位极有可能会出现层次上的错位。而这种错位直接导致了“在其位”而不能“谋其政”、享有权利而责任缺失的消极后果。因此，缺乏落实责任的能力，仅有承担责任的勇气和行动，也不可能使话语责任得到有效实现。

“善于传播”是主体获得传播身份的必要前提，正是由于在传播能力方面的比较优势，传播者才获得了进入大众传播的“通行证”。同时，“善于传播”不是一个静止的概念，不是一张永远保值的合格证书，它需要传播主体不断提高自身的素质和能力，不断强化语言功力，以便于在充满挑战的大众传播工作中能够“胜任愉快”。

如果说对“主体出席”的认识有利于让传播者在传播中获得主体的身份，从而有机会实现和展现传播的活力，那么，对“善于传播”的铭记则会促使传播主体在传播中不断提高自身的能力,从而不断优化传播的手段和效果,使有声语言大众传播的生命活力得以维持、延续、增进和发展。

由以上的论述我们可以发现,话语责任的承担有两个基点:一是立足于大众传播。在社会层面,大众传播是主体以传播主体身份介入社会的切入点。在个体层面,大众传播是自我进行创造性活动并自我实现的途径。离开了大众传播,传播主体无从说起,话语责任的性质也就发生了改变;一是立足于主体。无论在哪一个层面,主体都是唯一实体,正是其参与、选择、认同、实施、推动、发展完成了传播活动,落实了传播责任,实现了传播目的,也最终把传播与社会的发展、与人的发展联结起来。

第三节　“生气远出”的有声语言创作

有声语言大众传播的活跃的生命律动,体现在传播主体的语言创作中,体现在“如何传播”的具体操作中。

马克思说得好:“人是什么,与他的生产是完全一致的,也和他如何生产相一致”,“个人怎样表现自己的生活,他们自己就怎样”(《马克思恩格斯全集》第2卷),可见,能否在传播活动中创作出富有生命活力的有声语言作品,是体现传播主体生命活力、实现大众传播生命活力的关键。

一、积极的创作状态

有声语言创作不只是信息传递的过程,其积极的传播状态,不仅有助于传播内容的传达和传播目的的实现,更呈现出丰盈饱满的生命活力来。

(一)强烈的创作愿望

在人与人的交往中,愿望是极为重要的,没有愿望,就容易态度冷漠,缺乏热情,以公事公办的态度来例行程序;或者产生无所谓的心态,支对应付,走走过场,甚至态度消极,半途而废;严重的话还可能态度恶劣,恶语伤人。也许形式上的目的达到了,但对于双方来说,除非在麻木状态中,实在是一种伤害。在大众传播中也是如此,没有愿望,传播就会成为一种履行手续的物理行为,失去其人文内涵和话语魅力。

事实上,情绪、愿望不仅属于意识的层次,更能在具体的行为中表现出来。在言语活动中,意图、态度、情绪往往是和话语的意义紧密结合在一起的。

我们认为,传播愿望是传播主体在传播时所表现出的一种带有目的性和急迫性的心理欲求和语言态势。

传播愿望首先是一种内在驱动力。

对接受主体而言，传播主体强烈的传播愿望，是一个积极的信号，不但消除了信息中的模糊成分，而且体现出他内在的真诚和对自己的尊重。正所谓“凡行戴情，虽过无怨；不戴其情，虽忠来恶”①。接受者在收看（听）节目时，不光有信息需求，而且还有情感需求。没有愿望的传播，死气沉沉、例行公事或者虚与委蛇、虚假做作，哪怕是与接受者的切身利益相关，也会令人生厌，不忍卒闻。而有愿望才能积极，才能有创造，才会显得郑重其事，才显得出自我的努力和对人的尊重。

强烈的传播愿望主要表现在表达欲望和使命感上。这种表达欲望来自传播主体蓄积在胸的强烈情感，那是对传播内容的深入理解，是对信息重要性的充分自信，是与接受主体加强理解和对话，以促进共同发展的强烈冲动，是“灵珠在握”要与接受主体共同分享的迫切愿望，是非说不可、只有一吐为快的心理蓄势和内在张力；而不管是监测、报告、展示，还是感发、激励、揭示、去蔽、唤醒、引导、愉悦，传播主体对传播内容的针对性、及时性、重要性、必要性、有益性所抱有的深深自信和所做的不懈追求，则凝聚成传播中的关怀意识和使命感。

传播愿望还是一种外在表现力。

传播愿望不是被动消极的（尽管它有受动的一面），而是积极主动的，不是隐藏的或可有可无的，而是外化为创作中的态度、倾向、情绪的流露和掌控，外化为语言表达中的对象感、新鲜感、交流感，外化为声音运用中的丰富变化。

在传播中，传播主体注意力集中、状态积极自如、情绪饱满自信、态度热情真诚、对象感和交流感强，就是传播愿望强烈的集中表现。受众在领受到主体那自信的心态、饱满的热情、真诚的交流，感受到贯注于其中的生命的活力后，自然会增强对传播主体的亲近感、信任感，更多地融入传播之中，从而有助于传播目的的实现，同时，接受主体也相应地提高了自身从传播中的所得。

传播愿望虽然包含有传播主体对于传播工作或特定传播内容的兴趣，但总体而言它不是一种无意识的自发的表现，而是有意识、有目的的应对行为，它是对自然状态的超越，它既与目的也与手段相关联，因此，也可以说，它是一种追求目标的行为。在激发自己的传播愿望时，传播主体要从内在的观念上改造自己，使传播愿望成为真挚情怀的自然喷发。

（二）有声语言创作的“精气神”

有声语言大众传播不仅要传递信息，还要表情达意，更应言志传神。积极的传播

---

① 缪称训［M］. 北京：中华书局，1989：320.

状态,不仅在于信息的有效送达,不仅在于创作主体的愿望、心态、情绪、情感能不能释放、能不能抒发,还要看能不能透过形式现出神采来。这神采,源自有声语言创作的“精气神”。

我们认为,在有声语言大众传播中,“精气神”一方面涉及主体精神、个性和风格,是指由传播主体的意志品质、气质个性而外显出来的主体的精神面貌;一方面是指特定的语言组合和话语展开方式,重在话语表达之中的整体态势和力感。

首先,主体的精神面貌。在有声语言大众传播中,主体的精神境界、个性气质不仅给有声语言作品以独特的面貌,更赋予有声语言以具体、鲜活的生命感。这种生命感以传播主体为核心,把传播意图、传播内容、语言表达融合起来,形成一个富于感染力的“人化”的传播整体。

所谓“气盛言宜”,尽管传播主体在大众传播中不可能展现完全的自我,但是主体的缺席同样是有害的。事实上,传播主体的性格气质、意志品质、精神境界、价值追求、审美理想不可能总是隐没在传播的背后,其中与大众传播契合的部分或有益于大众传播的部分总会呈现在传播之中,成为传播主体有声语言创作的内在基础。其与传播主体的内在和谐,更是有助于有声语言创作在最便捷和最有效的情况下进入自如和自由的状态。

主体的精神面貌还展现在主体的体态、神情上。我们知道,语言可以重复,神情不能重复,态势可以模仿,韵味不能模仿。自古以来,中国文化对人的气质、精神就有较高的要求,常用“风发飙拂”“踔厉风发”来形容一个人意气昂扬、精神奋发的精神面貌,用“风神秀彻”“风神隽爽”来形容一个人志气充盈、人性超举的性情才识,认为一个人的精神面貌反映着他的品格和修养,体现着他的生存格调和生命活力。在传播中,有人眼神呆滞、空无一物,有人眼神凌乱、内心游走,有人消极松懈、姿态随意,都给人以精神萎靡、心不在焉的感觉,虽然也开口说话,也举手投足,但却缺乏几分生气。而那思索的、关注的、关切的、感受的、交流的、尊重的、体贴的眼神和姿态,则形成了感人的魅力,赋予有声语言创作以饱满的精神面貌和掩饰不住的活力。

其次,表达中的态势和力感。如同上面谈到的创作愿望一样,“精气神”也不是只停留于传播主体内心深处的心理层面的东西,而是“形之于外”,能被人所感知到的,它不是脱离了表达的思维活动或内部情感,而就是表达本身,体现在表达中的态势和力感上。有声语言创作中形成的表达的整体态势,融注着传播主体的精神状态和传播追求,有声语言创作的力量和力度,摹写和反映着传播主体的心态和时代的节奏。蒲震元认为,气势是生命的动象与动势,“气势美的实质,则是一种生命中蕴含的气力、力度、节奏”①,表达中的态势和力感也形成了这样一种气势,体现着传播主体生命的

① 蒲震元. 中国艺术意境论[M]. 北京:北京大学出版社,1999:147.

存在感和创造力。没有这种态势和力度，有声语言创作就失去了光彩，失去了应有的力量。

透过“精气神”，传播者“表明了”自己的主体身份，他不再仅仅是大众传播的一个环节甚至一种工具，而是具体、真实的主体存在，是有着个人意志、个性特色、独立人格的主体，不仅大众传播赋予他传播的力量，他的存在也赋予大众传播以生命的气息。他创造性的工作将大众传播从一个物理过程转化成一个主体间交往的过程，把一个“信息场”转化成为血肉丰满、具体可感、值得信赖和可以亲近的“生存空间”。

二、高超的语言功力

语言功力包括观察力、理解力、思辨力、感受力、表现力、调控力、鉴赏力。语言主体的创作觉悟、语言主体的创作态度、科学的创作观念、正确的创作道路、用气发声、吐字归音、思想情感的表现方法、语言表达的基本规律、艺术个性的声音弹性……都汇聚其中，概莫能外。① 可见，语言功力不只是语言的功力，而是一个人的综合素养在语言创作中的系统体现。

内行的播音主持工作者对同行的有声语言创作的最高评价是“他在创作中特别自由”！这自由，表现为一种创作的自由状态，就是苏轼所说的，“吾文如万斛泉源，不择地而出，在平地滔滔汩汩，虽一日千里无难。及其与山石曲折，随物赋形而不可知也。所可知者，常行于所当行，止于不可止，如是而已矣”②，达到了一种“随心所欲而不逾矩”的自由境界，如同“庖丁解牛”所描述的，“手之所触，肩之所倚，足之所履，膝之所踦，砉然嚮然，奏刀騞然，莫不中音。合于桑林之舞，乃中经首之会”；拥有一种意态丰满又自然平易的韵味，就像拉里·金做到的那样，“在拉里·金面前，仿佛没有什么摄像机镜头，他说的是他想说的，而非刻意要向观众传达什么；他问的是他想要问的，也非刻意要让观众知道什么”③。同时，这自由，也还要与“山石曲折，随物赋形”，也还是主体在创作中“每至于族，吾见其难为，怵然为戒，视为止，行为迟。动刀甚微……”④的结果；这平易，也是经过千锤百炼、努力为之而复归的“自然”。因此，有声语言创作的自由是传播主体把传播意图、自己心中的内在感受通过高度娴熟的技巧自由无碍地表达出来，有效地实现传播目的的一种表达境界。它使创作者拥有了主动性和控制力，集中体现了创作者在创作中强大的驾驭能力、高超的表达技巧、自如的传播状态，展现了创作者强烈的主体意识和高超的创造力，使有声语言传播充满盎然生机。

---

① 张颂. 语言启蒙行动宣言[J]. 现代传播，2001(6)：20.
② 郭绍虞. 中国历代文论选[M]. 上海：上海古籍出版社，1979：310.
③ 孙玉胜. 十年：从改变电视的语态开始[M]. 北京：生活·读书·新知三联书店，2003：367.
④ 朱东润. 中国历代文学作品选[M]. 上海：上海古籍出版社，1979：194.

在创作自由实现的路径中，存在这样的脉络，即语言功力——创作中的主体性——创作自由。高超的语言功力使传播主体拥有丰富的传播手段，使传播主体能够随时找到“得心应手”的方法，自如地进行合乎目的的表达，在创作中处于“游刃有余”的主导地位和自由状态，帮助传播主体实现传播中的主体性，并最终达致创作的总体自由。可见，创作自由离不开语言功力这一基础，有声语言大众传播的生命活力也有赖于语言功力所形成的创造力。虽然纯熟的语言功力足以达到“以神遇而不以目视，官知止而神欲行”的自如境界，但是，舍去语言功力，无以谈创作中的主体性，无以谈创作的自由，无以谈有声语言作品的生命活力。

三、富于意趣的语言

有声语言大众传播不是信息流动的物理过程，它的两端都是活生生的人，有着丰富的情感和足够的智慧。传播主体对于自己传播的内容有着或隐或显的理解、认识、态度、情感、倾向，它们通过语言、神态或直接表达出来或间接流露出来；接受主体本身就是带着需要和期待进入大众传播的，并会随着接触频率的增加，介入程度也愈来愈深，需求也随之发生着变化，从较为功利的和“旁观似的”信息获取，逐渐过渡到情感的需要和智慧的投入。这样，在传受之间起纽带作用的，就不只是信息自己了，还有感性和理性的欢愉。因此，有声语言创作不仅要传达意义，还要表现“意趣”。

“趣”是意旨、旨趣的意思，“趣”还包含感兴的意思。其中，“感”是感知、感动；“兴”则是“直承‘感’而来的主体的发抒行为……以及这种发抒行为带来的精神悦乐”，“‘感兴’不是一种简单的、被动的感受……（而）是人的精神在总体上所起的一种感发、兴发，是人的生命力和创造力的升腾洋溢……”[①]“意趣”就是在意义及意义传递基础上所形成的意义感兴。

“趣”是双向的，在表现者一方，“趣”是吸引力、感染力、激发力；在接受者一方，“趣”是充满期待，有所领悟、有所感发、有所得益。“趣”形成了有声语言传播的魅力，使主体间的精神世界产生了联系、呼应和共鸣。使接受者不再冷眼旁观，而是充满热情地积极参与（这热情不都是快乐，而是一种对形成共识、促进理解、分享体验和情感的参与感、融入感、迫切感），真正进入传播之中。“趣”改变了传受双方的心理和期待，使他们成为积极的、热情的、清醒的、思考着的、活力四射的主体。

“趣”可以“兴”，可以“省”。“兴”是“兴人之情”，是兴发、感染、感动；“省”是“省人以理”，是认识、提点、省悟。“意趣”主要包括情趣与理趣。

---

① 叶朗.现代美学体系[M].北京：北京大学出版社，1999：160.

（一）情趣

“情趣”是情感方面的兴发和旨趣。古人说得好：“凡声，其出于情也信，然后其入拔人之心也厚。闻笑声，则鲜如也斯喜。闻歌谣，则舀如也斯奋。”①作为人类共有的禀性，情感具有共通性，本身就具有感染力和表现力，严格来说，没有脱离感情的语言表达，哪怕是冷淡、消极到了极致，也是一种情绪、态度的表现。但是，并不是所有的表达都富有情趣。

情趣首先来自情感的明确、清晰、自然、真切。我们借用王国维的“不隔”来形容它。王国维所说的“隔”与“不隔”主要是就情与景的描写和抒发而言的，在他那里所谓的“隔”，绝不是单纯指观看不清楚、描写不清晰、意象模糊，或是细节不真实，而是达不到“语语都在目前”、能够直抒胸臆的境界。有声语言创作中的“不隔”与此相似，主要指——情感真切。没有矫揉造作之态、虚假伪饰之心；直指人心。脱离了琐碎冗繁、平庸俗套的层次，使人“放心”接受、“会心”开怀。

情趣还表现在情感的感受、融洽、兴发上。情趣之中有思考但却不同于冷静地反思，而是在表达中找到了和自我感情的相容点，找到了兴趣点和兴奋点。不管是热情、快乐，还是平静、温和，不管是感动、伤怀，还是率性、戏谑，都让人融入其中，传受主体之间处于一种友善、融洽、亲近的关系中，在富有情趣的语言的感发下，接受主体受到感染甚至被鼓动、鼓舞，情绪被调动起来、兴奋起来，感情处于一种积极的被激发状态，并在共鸣中得到丰富，在宣泄中得到净化。

情趣还有一个趣味问题。我们所说的情趣是健康的、有益的情趣。低级的趣味，哪怕让人心旌摇荡，几欲“不能自持”，也不过是刺激而已，远称不上是有情趣。滥情煽情、迎合媚悦、油腔滑调、调侃过多、“假天真”等要么不入“情趣”的“堂室”，要么是一种低级的趣味，需要我们警惕和抵制。

（二）理趣

“理趣”是认知方面的省察和旨趣。因为是有备而来，并且掌握着话语的主动权，只要完成传播，有声语言创作总会给受者带来一些新的信息，对所涉及的问题或显或隐地发表看法、进行评价，对接受者的认识和判断施加影响、提出建议、进行同化。但是不是所有的道理都让人心领神会，不是所有的说服和建议都深入人心。只有富含理趣的话语，才能“发乎理、入乎情”。

理趣来自道理的生动性、具体性。道理不是抽象的概念，所谓“一花一世界，一沙一天国”，说的就是普通的事物之中也蕴含着极普遍的道理。讲说道理，自然可以逻

① 郭店楚墓竹简[M].北京：文物出版社，1998：179.

辑严密、详细准确，但也要视场合、对象而定。大众传播中不能充斥着生硬的说教和逻辑的推演。动机的良好、立场的正确自然有其价值，却不一定有穿透力、说服力和感染力。接受的过程，是道理的展开与内化的过程，分析要透彻，提点要到位，语言要精到贴切，总是有精妙的表述，话语中充满智慧的闪光，总给人深刻的颖悟。只有生动具体、深入浅出，才能使受众便于接受、乐于接受。

寓情于理。如同“情”之中不可能无“理”，“理”也不只是思维的事情，只作用于人的理性，“理”之中也要有“情”。说服别人不是只有“掰开了揉碎了”般的“苦口婆心”，或者“恨不得要掏出心窝子”似的“耳提面命”这一条路径，寓情于理，以情感人，往往能收到事半功倍的效果。

“趣”之于理，至关重要，有之则灵动活现，无之则呆板干瘪、枯燥乏味。大话、套话，卖弄才学，不但毫无生趣，而且“无理”之极！在有声语言创作实践中，常常有一些播音主持工作者，一讲道理就满嘴的官话、空话、套话，还觉得自己是“高屋建瓴”“理论水平高”。说到农民致富了，生活改善了，观念进步了，希望政府进一步支持，期望未来获得更大的发展，就用“富而思源、富而进取”这样的套话一句概括，把艰辛的劳作、不屈的追求、美好的愿望中那些生动鲜活、具体可感的东西一概舍去，表面上看似简练概括、政策水平高，实际上内涵模糊、脱离生活，僵化无力、无所用心，令人生厌。

话语表达从信息共享、认知共识到愉悦共鸣有着不同的层面，“意趣”有助于传受主体间实现信息的共享、达成认知的共识，有助于实现愉悦共鸣，它强化了有声语言创作的亲和力与感染力。

四、传播个性及其辨析

在主体的生存中，个性是极其重要的。个性意味着特点、差异，意味着自我。个性是人葆有自我、拥有生命活力的表现。没有个性，生命的花朵就不会拥有自己的那份灿烂，就不会塑造自己特有的生命景观。独特的心灵体验、独辟的思想道路、独到的见解、独具特色的表达……正是各种独具个性的创造性活动才创造出了气韵生动的人类文化景观。在某种意义上，人的个性化的过程就是人的自我塑造、自我升华和自我超越的过程。

在当前的社会生活中，个性的重要性似乎并没有被忽略，它是一个被用到发烫的词汇，一些机构和群体把它作为一个能带来经济效益、凝聚舆论支持的文化概念来炒作、来生产，很多人用它来标榜自己、炒作自己，甚至在某些时候用来保护自己。“这正是我的个性”成为了这个时代的人们用来夸耀自己的最有力的评语和保护自己的最无辜的遁词！

那么，如何理解个性呢？

（一）正确理解个性

首先，个性是极其重要的，它包含有独特性、自主性、突破性的内涵，是主体生存的重要表征和重要组成部分；其次，个性并不就是个人的特殊性，个性特点的界定往往是相对的。具体来说，个性是个体与环境发生关系时身心属性的特定反应和即时综合。因此，存在着与环境相适应的个性和错位的个性之间的分别；再次，进入社会系统以后，单纯的人的独特性、差异性的发展毫无价值可言，在事实上也不可能实现，社会所鼓励和支持的、能够在社会上充分展开的个性，是符合大众意向、有助于社会进步的个性。因此，存在着社会主流接受的个性与恶劣的个性之间的分别；然后，个性的流露与展现应适度，个性本身并不是目的，而是主体在发挥主体性时自然表现出来的独特性和创造性，并不是越有个性主体性就越强，片面地追求个性无助于主体性的实现。因此，存在着适度的个性与失度的个性之间的分别；此外，审美表现中的个性不同于日常生活中的个性，它超越了粗鄙和偏激的层次，以其独特的创造性和审美性而具有美的意味，因此，存在着审美的个性和庸常的个性之区别。

可见，只有与环境相适应的个性、社会主流接受的个性、适度的个性才是有价值的个性，只有审美的个性才是表现性的和超越性的个性。

（二）播音主持的个性

我们认为，播音主持的个性是传播主体在有声语言大众传播中以自己独特的体验、独特的感受、独特的表达方式适应和驾驭节目，使节目获得并展现出独特风格时所呈现出来的一种积极的特征。

传播个性不等同于传播个体性。我们承认，每一个个体都有不可替代性，有着自己相对独立的生存空间和生存价值，并以自己与此一世界的特定联系和行为特征区别于他人，而且，创作个性与个体性有着必然和内在的联系。同时我们认为，个性之中包含有价值评价的意义，是个人对社会环境的态度和行为的积极性特征。个人价值包括个人的自我价值和个人的社会价值，虽然主体对自我个性的确认既可以来自自我的评价，也可以来自他人的（或社会的）评价，或者往往是二者共同作用的结果。但与纯粹意义上的个体个性不同，传播个性更强调其社会价值和审美价值。在大众传播中，个性并不就是个体性，个性化的语言也不等于“私语化”的语言。个性是建立在公共性基础之上的，传播个性的认定不是个体“自以为是”“自鸣得意”的结果，主要是通过他人（由策划人、管理者实施“初审权”，最终由受众的直接或间接反馈进行评价）的肯定获得的。真正有个性的传播主体也不会以“我这么有个性，受众一定欢迎”为由自我认定传播个性的存在并放松对自己的要求。可以说，传播个性是传播主体的个性与特定节目的定位、受众对特定节目的接受心理相交汇的那一契合部。“个性化”传播只有得到受众的接受、认可、欢迎才最终成为有个性的、有价值的、有生命的,才称得上是有传播个性的,离开了公共性的个性只是个体性,对于大众传播没有价值。

传播个性与独特性。个性的要义在差异性和独特性。在传媒日益发达的今天,众多的频道、频率,数以千百计的节目、栏目,难免重复或互有重叠。个性是用来区隔节目的重叠和相似性的有效方法。传播主体在问题意识、思维方式、解释原则、概念框架、逻辑思路、话语表达等方面所表现出的独特的体验、独特的感受、独特的视角、独到的见解、独有的表达,是有声语言大众传播个性魅力的根本来源。富于个性的有声语言传播的感染力,其产生途径不一,可来自看待问题的独特的视角和思路,也可来自特有的表达方式。当然,更多的情况是二者的合一,因为“如何传达”和“传达什么”往往是统一的。

个性与真实、自然。个性化不是用一己之言去压服或哄骗大众,鲜明的个性特色是建立在真实、真诚、说服力强的基础上的,然后才凸显其感染力,并在唤起接受主体的情感认同后而产生的。个性不是“装”出来的,也不可以去“玩儿”。个性是自然的,移植、模仿是“东施效颦”,伪造、矫饰是“惺惺作态”。个性也要真诚,单纯显示个性、塑造个性而不顾及接受者的感受,或者只为满足一小部分接受者的感受而忽略了大部分人的感受和整体的社会影响,实质上是对受众的不尊重。如果说是“立功心切”,尚可“其情可恕”,假如明知如此,故意“取利忘义”,那在愚弄别人的同时也异化了自己!

个性与群体性。个性与群体性的问题是个性的关键,也是大众传播中极易出现问题的地方。个性本身就不只是个体自身的事,而有其群体属性和社会属性。个性不是建立在消解他人的自由和权利之上的,个性是个体的表征,也是个体与他人交往的价值所在。通过个性,主体显示了自身的特点和价值,吸引其他主体并接触其他主体的个性以相互印证、相互欣赏、相互补充。不能以自己的个性为由,来侵夺别人的空间,剥夺别人的权利。从这个意义上说,个性既有独特性,也有相容性。在大众传播之中,传播主体以一人之身,负媒体责任和群体重托,与庞大的接受群体进行传播交往,用形象的比喻来说,他就是“撬动”重物的那一“支点”!他的举动,在初始环节也许显得不那么关键,但是随着传播流程的不断推进,却可能“涌现”出超乎想象的后果。因此,传播主体的个性,是在自身的特性之上负载了传播群体性、顾及了接受主体性、带有社会性和时代性而形成的传播个性。

总起来说,鲜活的创作个性造就有声语言大众传播的不同风格,在不同传播目的和多种传播手法间造就动态吻合,把主体和主体创作有机结合起来,为有声语言大众传播的生命活力注入灵魂。

五、创造性地传播

对于人的主体性的认识需要进一步深化,我们不是笼统地主张或推崇任何主体性，而是着重强调其中生产性、建设性的方面。创造是生产性和建设性的核心，其实质是对现实的超越，因为单纯的适应、维持，是不指向未来的生产的，毫无建设性而言，对于主体的发展和进步没有意义。只有创造性的活动，才使人成为主体，使主体的生存充满生命活力。可以说，创造性是主体性的灵魂。

不管是从大至社会发展的层次、主体总体需要的层次、文化生产的层次，还是小到主体的具体性格取向以及情感的满足、情绪的调节的层次，创造对于人的生存生活而言都有着重要的意义，它可以赋予主体生存的环境以全新的景象，也可以对主体的身心产生直接的影响，“一个具有创造性的人可以赋予他所接触到的一切以生命。他赋予自己的能力以生命，也赋予别的人和物以生命”①。通过创造，主体反抗着生存中的停滞、消极、退化，把自己从庸常状态中解放出来，确证了自我的生命存在，体验到自己的生命活力，并由此发现自我存在的价值。可以说，创造其实就是创造生命价值的过程，在创造中，主体完成了自我实现和人生价值的提扬。

（一）创造的实质及创新的内涵

创造是以探索和求新为特征的，这就意味着创造要实现对现实的超越。被超越的现实包括两个层面：一是外在事物。主体通过变革和改造旧事物，产生新颖的、独特的新事物，以有利于个体和族群的生存发展；二是自我。主体在改造客观世界的同时，也改造着自我，不但使自己具备了更加强大的身心素质，也从中确证了自我的生存价值，提升了生存的境界。

“创新”是人们经常使用的一个概念，是指人们为了发展的需要，不断突破常规，发现或产生某种新颖、独特的有社会价值或个人价值的新事物、新思想的活动。

“创新”与“创造”存在着一定的差别，“创，始造之也”（颜师古语），在这一点上，创新和创造并无本质上的差别，创新中也包含着原创性的内涵。但是，相较而言，创新的意涵更加广泛，所谓“修旧曰新”（郑玄语），它并不过分强调成果的首创，将已有的东西予以重新组合，产生新的形式或新的效益，也属于创新。

鉴于创新在习惯上似乎比创造更容易被人们理解和接受，更经常被人们使用，而且日常生活中人们建设性的生产活动也更多的是通过对已有事物的组合和发展进行的，不可能总是首创，也不可能总是影响深远，同时在实质上创新和人的创造性相通，是人的创造性在现实生活中的具体显现。因此，我们这里说到人的创造活动时往往使用“创新”，以扩大其适用范围，而在说到创造活动背后所体现的人的自我实现和自我超越的内涵时，则使用“创造”或“创造性”，以凸显其实质。

创新的基本内涵：

---

① 利奥塔. 后现代主义[M]. 赵一凡，译. 北京：社会科学出版社，1999：50.

创新的当下性内涵。任何创新都要立足于现在,去应对此时此地的情境。此时此地的特殊性使得我们既不能简单地照搬过去的经验,也不可能在当下的情景中运用过去的技术,而是要求我们能够灵活、恰当、有效地去应对突然呈现的此时此地的情景。在创新中,过去的经验和技术成为一种积淀和资源,已有的成例和范式成为一种参照和起点,而当下问题的有效应对和解决则是重心。

创新的突破性内涵。创新在实践活动上表现为开拓性,它不是重复过去的实践活动,创新实践最突出的特点是打破旧的传统、旧的习惯、旧的观念和旧的做法,其核心是"新",它或者表现为事物的结构、性能的重构,或者是形式和手段的革新,或者是内容的丰富、完善,或者是同一方式、手段在不同领域内实现的效益转化、增值。在现实实践中,创新并不是处处着力,往往是某一点的突破产生创新效应,进而带动事物的全面提升。

创新的批判性内涵。创新是"在批判旧世界中发现新世界"(马克思语),不满是创新的动力,有时甚至是必要条件,创新其实是一个不满、质疑(提出问题)、解答(解决问题)、推进的过程。所谓"不破不立",不发现问题就无从进步,不试图解决问题就没有创新。批判既存在于对当下情境中事物的现存性状、格局、样态的不满之中,表现为对外部环境的改造欲求,也存在于对自我的当前境况、心态、行为的不满之中,表现为超越自我的愿望。批判需要智慧,更需要勇气,它要求创造者既要敢于直面环境,也要敢于反省自我。

创新的相对性内涵。我们已经说过,创新的意涵相对广阔,既包括"哥白尼式"的革命性创造,这种创造常常有着"石破天惊"般的影响,能够推动人类社会的发展进步;也包括"欣欣然有所得"式的新意展示和感受,如同王羲之所说的"万物虽参差,适我无非新",这时的创新则表现为一种惊奇、兴趣和发现。因此,在生产实践中,既存在着规划式的创新,也存在着"感兴式"的创新。规划式的创新侧重于观念的、概念的创新或重大事物的创造,具有强烈的方向性和目的性,它需要行为主体对所处的环境、所面对的事物有全面的认识,对创新目标有明确的方向,自身具备足够的知识储备,并需要缜密的思考、规划和持之以恒的坚持,方能实现;"感者,动人心也"(许慎:《说文解字》),"兴者,有感之辞也"(挚虞:《文章流别论》),感兴式的创新指的是行为主体处于敏感状态,感于情境(见闻),有所触动(思与议)而行于言。感兴式的创新是一种情境式创新,往往表现为语言的创新,它所需要的更多的是情感、意向。在这种创新中,行为主体要善于感受环境,善于把握自我及相关主体的情感、情绪,追求言语行为与环境的协调性和与目的的一致性。有声语言大众传播的创新在外在表现上是一种感兴式的创新,其根本目的则是实现一种规划式的创新,即生命活力的实现。

(二)有声语言大众传播的创造性

在广播电视传播实践中,有人创造性地主持,有人模仿性地主持,有人被推动着主持。创造性的有无和程度如何，体现了有声语言大众传播的品格和境界，反映和决定着有声语言大众传播生命活力的丰盈和枯竭的状况。

对于有声语言大众传播来说，一方面，创造是主体的标志，也是主体发展的需要；另一方面，在这个前提下，它也是传受双方的需要，从而有利于传播的实现。创造既是主体生命活力的体现，也有助于主体生命活力的实现，是传播主体生命活力的积极结果，也是有声语言大众传播内在生命力的典型表现。因此，创造就成为有声语言大众传播生命活力的根本所在。

一般来说，创造是新的内容或形式、新的结构或功能的生成。但是"新"是相对的，发明是"新"，发现也是"新"。在我们的生活中，"新"不一定意味着一个全然不同于现实的事物的诞生，恰恰是在最平常的生活中我们能够发现最不平常之处。世界中人类所未知的东西于我们是"新"，他人的生存（生活状态、思想状态）于我们是"新"，自我身上未曾察觉的东西（优点、缺点，尤其是价值）于我们也是"新"，而他人于我之"新"反衬、触动或唤起了自我身上的未知的有价值的东西则是更为常见、更为内在的"新"。"新"不是"天外来客"，它就在我们身边，需要我们以敏感、热情和智慧去感受它、发现它、创造它。因此，创新既是挖掘、寻找、追求、创造，需要外在于我的新的事物的出现；创新也是新鲜、惊奇、感触、感动，需要内在心灵的敏感而活跃的参与。

在有声语言大众传播之中，"新"本身不是目的，我们不是为了创新而进行大众传播的，而是通过大众传播，我们发掘出生活之深、之新，满足了主体的内在需要，找到了某一最佳的表达方式。创新就是发现事物被隐藏或被忽视的规律及与其相一致的表现形式。

创造在当前大众传播中的当务之急是反定势。

首先要指出的是，我们这里的定势不同于心理学意义上的定势，心理学意义上的定势是一种常见的心理状态，对人的选择性注意和心理保护在一定程度上还具有积极的意义。我们所说的定势主要是语言学意义上的，它主要指话语主体受已有的特定语言样式的影响或自我经验的制约，形成的话语表达上的重复性或程序化。主体活动中的重复性及其内含的固定程序，如果泛化为一种保守的行为模式，就会阻碍创造性思维和实践，妨碍人的个性的发展。

有声语言大众传播的定势多表现为语辞上的套话连篇、语气上的呆板生硬、手法上的千篇一律、心态上的无动于衷、状态上的僵化消极……轻车熟路、以不变应万变都是典型的心理定势、表达定势。

形成定势的原因可能是多方面的。有认识上的原因，一些传播主体对播音主持理论和实践有误解，并先入为主，导致走向歧途。也有主观的因素。有的定势的形成有传播者自身惰性的因素，也可能是惯性使然。先说惰性，一些播音主持工作者，基本上能完成任务，但是对于创新缺乏热情，有的人忙于本职工作之外的事情，有的人则觉得这样已经对得起自己所领到的薪酬,总之就是维持现状、得过且过;再说惯性,有的人一开始做得不错,得到了一定的认可,于是对当前的状态心满意足、不求“更上一层楼”,以为以此“御敌”,可以无往而不利,“躺在功劳簿上睡大觉”,不知不觉间“不进则退”,积极的状态逐渐演变成维持现状,并进一步演变成消极怠惰。由着惯性发展下去,惯性也就成为惰性,对成功的满足也就成了创新的“包袱”。对这样的人来说,马斯洛的话也许真如醍醐灌顶,“对现实世界的良好顺应,意味着人的割裂,意味着这个人把他的后背对着他的自我,因为它是危险的。……这样做他的损失太大了,因为这些底蕴也是它的一切欢乐、热爱和能力的源泉;而且对于我们来说最重要的,它们也是创造的源泉。为了保护自己而不去反对自我内部的地狱,结果也就把自己同自我内部的天堂割裂开了。在极端的情况下,我们就成了平庸的、密闭的、僵硬的、淡漠的、拘束的、谨小慎微的人,成了不会笑、不会欢乐和爱的人,成了愚笨的、依赖他人的、幼稚的人了。他的想象,他的直觉,他的温暖,他的富于感情,全部逐渐被扼杀或被歪曲了”①。一味适应现实、维持现状,表面上省力、省心,也不必忍受必须面对自我、超越自我的痛苦,但是惰性、惯性在“保护自我”“充分利用现有资源”的同时,也会让自我日趋平庸,丧失想象力和创造力,失去生命的活力。

在有声语言大众传播中,关切是创新的前提和直接诱因。关切是主体对环境和事物的现状进行主动、深入的考察、探究和评估,在与理想目标的比较中发现差距,并在进一步的实践中力求完善的态度及活动。关切的要义是负责任、有追求、有热情、想办法。关切首先表现在对受众真正需求的了解和把握上,只有真正知道受众之所需,才可能找到满足受众需求的合适内容。关切还表现在对表现形式的考察、揣摩和选优上,知道了受众之所需,还要找到与内容相适切的表现形式。关切意味着敏感的觉知、向上的追求、积极的探索,因而也是创新的先决因素和直接诱因。

当然,仅有创新的热情并不必然导致创新的结果。创新虽然不能缺少强烈和自觉的创新意识,但是仅停留在意识层面,仅有创造的热情是远远不够的,创造毕竟是一项有意义的活动,需要细心规划并付出努力。创造并不是件可以一蹴而就的事,而是一项艰苦的劳动。当前的大众传播实践中,在播音主持工作者方面,不励志创新,而是“守株待兔”,等着“天上的馅饼有朝一日砸着自己”者有之。在媒体策划人和制作人方面,不整合力量,主动创新,而四处挖墙脚,用现成的,或者偏要标新立异,以播音队伍之外的“差异性”为新者有之。这样的机会,总会遇着几次;这样的尝试,尽管总体上的要求不得不退而求其次,但变化总会有一些。于是,便沾沾自喜,自以为找到了创新的规律,也找到了节约“成本”的妙方。岂不知这短视的行为,正误了大众传播的大业!

---

① 马斯洛.人的潜能和价值[M].林方,译.北京:华夏出版社,1987:250.

马斯洛说："伟大的作品不仅要求思想的闪光、灵感、高峰体验，而且也要求艰苦的劳动、长期的训练、不客气的批评，以及完美的规范。换句话说，继自发性之后是深思熟虑；继完全认可之后是批评；继直觉之后而来的是严密的思维；继大胆之后而来的是谨慎；继幻想和想象之后而来的是现实的考虑。"[①]虽然创新的动力常常来源于对认可与肯定的预期，但突破常态，往往会把自己置于传播失败的危险境地，要有接受指责的心理准备，为失败做出准备，并能够在行动付诸实施前，从失败的角度对自己的突破进行反证，当创新的动力、成功的可能与失败的可能之间的合力偏向前者时，创新才可以进行。可见，创新不是对某种任务的最小值的"达标"，不是明哲保身，也不是每一次都保留着打破纪录的狡黠，而是一种不断接近最大化的努力，是不断对主体的"自我逼迫"，是不断在全新情境下实现最优的努力，是不断积累、不断发现，甚或是不断失败的过程，当然这种失败使主体更加接近成功。

创造性的实质是人格建设。我们不能将创造性简化为一种认知过程、认知技能，而将创造的价值导向、人性基础、动力机制及创造性的特质——生命、价值、生活等排除在创造的范畴之外，创造的过程需要主体人格的参与，创造的目的归于主体人格的提升。创造注重其产生的物质形式或精神形式的直接价值，但更重要的是传播主体在创造之中获得了创造性，体会到了创造的快乐，并使创造成为一种自觉的、积极的生活态度。自我实现的创造性首先强调的是人格，而不是其成就，认为这些成就就是人格放射出来的副现象……自我实现的创造需强调的是性格上的品质，如大胆、勇敢、自由、自发性、明晰、整合、自我认可，即一切能够造成这种普遍化的自我实现创造性的东西，在创造性生活中那些表现自身的东西，或者说是强调创造性的态度、创造性的人。[②] 如此，创造在成为主体的人格建设的同时，也产生了一种良性的循环——创造催生创造，不断实现超越。

当前的有声语言大众传播创新，主要是以观念或个性提领，以发现能力、表达能力为言行创新手段，走焦点化（时代性、受关注率）或差异化（个性突出、突破常规或常态）的道路。

这种创新表现在很多方面，也存在于不同层面。当前在世界范围内流行的地方性、互动性、小报式、政治化、娱乐化、个性化、平民化、表演化/戏剧化、故事化/悬念化、情感化、窥私癖（隐私揭秘）等诸多形式，都是在创新的名义下"出炉"的。在创新之中，还存在诸多的表现形式，有"讨巧的"的创新，有"实取的"创新，"讨巧的"常"四两拨千斤"，"实取的"或"纯以力胜"；有形式上的大张旗鼓，有内涵上的深层挖掘；有追求视觉上的炫目、听觉上的震撼，有追求内在心灵的感动。当然，我们不能以付出劳动

---

① 马斯洛. 人的潜能和价值[M]. 林方，译. 北京：华夏出版社，1987：251.

② 马斯洛. 人的潜能和价值[M]. 林方，译. 北京：华夏出版社，1987：253.

的多少来断定创造性的大小，有些形式上的创新，恰恰需要付出大量的人力、物力、财力，才能达到“亦真亦幻”的效果。而一些内涵上的挖掘，看起来“风平浪静”，实际上也需要创作主体调动全部的积淀，需要高超的智慧，才能找到创新的那一点。心力的多少却是很难衡量的！形式的创新是创新，内容的创新也是创新，哪一种创新都可能有“好”的创新，也可能出现“坏”的创新，片面地追求某一方面的创新都可能出现负面的效果：片面追求形式创新可能走向肤浅，甚至只是噱头的营造；片面地挖掘内容可能走向滞重，甚至显得粗率无文。这与大众传播的追求都是不相符合的。因此，好的形式应有好的内容作为底蕴，好的内容还需要好的形式加以承载，创新也需要“文质彬彬”！

当前的一些所谓创新，机遇性大于智慧性、瞬时性大于长期性、刺激性大于审美性、表层性大于深层性。

创新不是集怪猎奇，不是惊悚刺激，不是取悦于人，“新”当然产生刺激，但又不仅仅停留在刺激上，尤其是不同于感官的刺激。永无休止的“饮鸩止渴”，只能造成感觉疲劳。刘勰在论及文章体势时，曾这样描述不顾内容与形式的统一而耽于求新者，“自近代辞人，率好诡巧，原其为体，讹势所变，厌黩旧式，故穿凿取新；察其讹意似难，而实无他术也，反正而已”。他认为这样的求新是“逐奇而失正”①。确实，“新”如果只停留在“诡巧”的层面上，通过“穿凿”的方式取得，其实质就不是创新，而仅仅是“反正而已”，不但不能给人以鲜活的享受，甚至会产生导向上的错误，引人走向“歧途”。真正的“新”必然是感受的深，是能够内化于心者，有着正确舆论导向的提领，有着民族性、时代性和前瞻性，有着生动、鲜活、内在的生命力。

第四节 实现传受主体间的交流与共建

人既是体验的主体、判断的主体、表达的主体，同时也是交往的主体，是与其他主体共生、共存、共建的社会主体。真正的主体只有在主体间的交往关系中，也就是在主体与主体相互承认和尊重对方的主体身份时才可能存在。

与日常生活中的人际交流相比，大众传播中的主体间性也许更容易让人理解，也显得更为明晰。大众传播是媒体所进行的大规模的信息传递活动，既要有传播者的存在和传播活动的进行，还须得有接受一方的存在和接收活动，才可以构成完整的传播链条。更何况，大众传播的实现不仅不是传播一方进行单向的传播活动即可达成的，而且也不可能完全按照传播方的“一厢情愿”得到实现，在很大程度上还取决于接受

① 刘勰．文心雕龙［M］．北京：人民文学出版社，1981：340．

者的认可。可以说，正是接受者的存在，才赋予大众传播存在价值和社会价值，才使大众传播的社会性、人文性成为可能；正是在对接受主体正当需求的满足和引领中，大众传播才可能创作出经典，具有示范的意义；也正是在与接受主体的“交往”中，传播主体实现着个体的自我价值和社会价值。因此，不管是在存在的意义层面上，还是在传播的目的层面上，甚至是具体的话语指向层面上，主体间性都内在地存在于大众传播之中。

生命活力也离不开主体间性。个体无法脱离群体而独存，人的生存本就是一种社会性的生存，利己与利他是同一事物的两面，生命活力的获得也离不开群体的共同进步和发展。何况，生命活力本身就具有扩展性和建设性的内涵，它蕴含的存在感、丰富感、新鲜感、希望感，不只是为了显示自身的生存力量，也是为了“烛照”他人的；它显示的有力感、成长感、创造性、超越性不是为了打垮他人，而是为了推动他人的。在以主体间关系构筑的社会里，生存活力既是自我之“镜”，又是生存之“灯”，观照自我，警醒他人，并照亮共同前进的路程。

可见，在个体意义之外，生命活力的社会意义具有更为强大的力量，不但能使生命活力获得更为高远的发展空间，反过来也进一步增强着主体的生命活力。活力的获得不是个体无中生有的结果，而是从集体中汲取力量来增加自己的能量；活力的认定也不是主体个人的“自吹自擂”，而是共同体中其他成员的认可和评价的结果；活力的发展更不是保证主体能够更加的“光荣的孤独”，而是“燃烧自己”也“照亮别人”。

因此我们说，生命活力的丰盈在于以生命点燃生命，以活力催生活力。

一、以“生存交往”的理念来要求有声语言大众传播

（一）主体间的交往行为

对于主体来说，不能接受的是，世界对于他来说只是一双眼睛内的世界。人之所以为人，就在于他的智慧可以使他对世界的无限丰富性有更多的认识，他的对世界的好奇心和创造力，不但适应着这世界还将改造这世界！

而他人就是这世界的一部分，他人就是与我共同生存在这世界上的同类，他人就是与我一起改造世界的伙伴！和“他者”发生关联既是我生存的需要，也是我自我实现的需要。通过别人的“在”，我确证了自己的“在”；通过了解别人，我更多地认识了自己；通过共同协作，我延展了自我的能力；通过共同实现，我实现和提升了我的生存价值。

人作为认知主体、生存主体、伦理主体、实践主体，在社会化的生存中，必然超越自身界限，与同样作为认知、生存、伦理和实践主体的他者彼此关联、相互作用。因此，在

主体性之中自然隐含着主体间性的成分。主体间性就是人作为主体在对象化的活动方式中与他者的相关性。

真正的主体性不是征服性的,而是建设性的,不是消耗性的,而是生长性的。主体性不是以占有、改造,甚至是摧毁和损耗客观世界或其他主体来加以实现的。作为主体的人,与其所处的自然环境、社会环境不一定是也没必要是一种不可和解的对立关系,而应是一种和谐的共处共生关系。片面强调某一个体、某一群体、某一种群的主体性,把自我的主体性建立在对“客体”的征服和奴役上,不但有悖于自然规律和社会规律,最终会受到规律的惩罚,而且这种粗率的、粗暴的行为方式也不会为主体带来真正的满足。

道理很容易明白,但是在具体实践中,问题却总是层出不穷。正如萨特所总结的:“在我选择我的自由时,我也要求他人的自由,然而当我进入行动领域时,我就不得不把他人作为手段而不是目的。显然,我们在此遇到了一个二律背反……”[①]因此,蕴含着主体间性的主体性,既是一种事实,又是一种价值;既在现实之中,也尚在途中,需要我们不断去努力、去实现。

我们认为,以交往理性作为主体间协调的方法,是解决这一“二律背反”的根本出路。

交往行为理论是在对主体性问题进行反思的过程中提出来的,哈贝马斯是交往行为理论的代表。在他那里,所谓的交往行动是指不同主体之间以语言为中介,以理解为目标,通过理解和交流,达成共识,从而实现合作、协调关系的那种行动。交往行为蕴含着交往合理性。交往合理性实质上就是对话理性和商谈理性,是主体间的符号化协调和理解关系。

哈贝马斯认为,合理交往应该坚持的共同普遍条件有:认知的真实性、主观的真诚性、规范的正确性(或正当性)以及语言的可领会性。其中,认知真实性与客观世界相对应,适用认识的真理性标准和诉求;主观的真诚性与自我世界相对应,要求主体的表达意向和交往意向是诚实的、无欺的;规范的正当性与社会世界相对应,要求规范具有交互性、共同性和普遍性,这是交往的普适性标准。

交往行动不同于以往任何一种理性活动,同时涉及三种行动,即目的论(策略)的行动、规范调解的行动和戏剧行动,所以,交往行动要与三重世界发生关联。其中,与客观世界的关联,追求目的合理性;与社会世界的关联,奉行规范的正当性;与自我世界的关联,注重动机的真诚性。第一种情形以真理性为己任,是知识理性;第二种情形以正当性为目标,是道德理想;第三种情形涉及主观意向,是审美带表情的。交往合理

① 萨特.词语[M].潘培庆,译.北京:生活·读书·新知三联书店,1989:246.

性意味着三种合理性因素的统一和共存。①

我们之所以用“交往行为”概括和规范主体间的共生共存关系，出于以下几个方面的考虑：首先，主体间是一种共在关系，存在着交往的现实性和交往的必要性；其次，交往作为一种面向主体开放的沟通行为，意味着承认主体间存在着平等的对话关系。交往理性摒弃强制、统治、权力、金钱利益等纯粹工具性和策略性的动机，反对工具化、技术化、官僚化，反抗奴役和物化，是一种协调性、建设性的行为而不是以占有为目的的强制性、压迫性行为；再次，交往行为实现的过程是一个沟通、理解、对话和协商的过程，目的是出现一个“双赢”的局面，在性质上是建设性的而不是破坏性的。对交往理性的履践与维护，有助于主体道德能力和社会价值的增长，有助于维护主体间的共同权益，实现主体的共同进步；最后，尽管交往行为理论和大部分社会理论一样，具有“以偏概全”的问题，甚至还带有“乌托邦色彩”，在现实生活中，即便主体间的关系在形式上实现了规范和统一，但是主体间的关系也会永远存在着张力，存在着疏离的可能。交往与主体间性并不能保证这些负面问题的出现，但是交往理性（商谈理性、对话理性）却提供了一个合理而积极的途径，使最终解决这些问题成为可能。其力求公正、合理的立场和积极的理想色彩，也许正与我们建设和谐社会的理想有着相协调的一面。

（二）有声语言大众传播——“生存的交往”

雅斯贝尔斯认为：“真正的交往应该是‘生存的交往’，这是一种心灵与心灵的对话，是一切‘爱的斗争’的过程。斗争的目的不是一方征服另一方，一方取消另一方，而是借助一方来消除另一方的弱点。这种交往是人们共同对付自己的有限本质，共同向着自由和理想的新世界迈进的真正交往。”②按照雅斯贝尔斯的说法，“生存的交往”才是一种“真正的交往”，这样的交往是一种“心灵的对话”，是“爱的斗争”，可以共同对付生存的“有限的本质”，共同迈向“自由和理性的新世界”。这样，方式合理性中的内在意涵和最终目的就鲜明地展现出来，具有更加明确的价值论色彩了。

大众传播也应是这样一种建设性的、超越性的充满责任、爱与进步的“生存的交往”。

首先，大众传播营造了一个特殊的生存空间。

大众传播是一种建立在话语交往基础上的生存交往，生活在一个社会共同体中的人们其实也生活在一个语言共同体中。人们通过语言进行交流、沟通，把自然的“生存共同体”变成一种“认识共同体”，并在生产活动的协调中结成“行为共同体”。在共

① 哈贝马斯.交往行为理论[M].曹卫东，译.上海：上海人民出版社，2004：101.

② 雷体沛.存在与超越：生命美学导论[M].广州：广东人民出版社，2001：190.

同体中，"说"不只是"说者"的"言说"活动，在一定意义上它就是"沟通""对话""协调"的同义词。而"说"与"听"是一种伴生关系，有"说"就有"听"，有"说话主体"就有"听话主体"，要使"说"有人听并让人听得进去，就要说得有对象、有目的、有道理、有意义、有吸引力，就要顾及听者的需要、爱好，就要考虑"说"对听说双方的意义和效用。因此，"说"本身就包含着主体间性的内涵，人们言说活动中的语用原则也正建立在这一基础之上。在有声语言大众传播中，传播主体通过有声语言传播行为，建构了一个集中的话语平台，在这个平台上，传受之间进行着"话语交往"，并通过话语交往，共享着信息、整合着认识、协调着行为，进行着社会交往和生存交往。

其次，交往理性应是大众传播的工作原则。

在大众传播空间之中，传播主体和接受主体之间从目的、期待到心态、心理等方面都存在着诸多差异甚至是矛盾。二者都希望通过大众传播得到些什么：对于传播主体而言，有声语言大众传播是自己必须（不管情愿不情愿）的工作，没有选择性（已经实施过选择，要承担传播责任），他注重效益，包括社会效益和经济效益。通过传播活动，传播主体个人和所在的群体会得到一定的、可以量化或数据化的利益；接受主体对媒介或媒体有选择性（相对而言，事实上我们往往无从选择），他不能从中得到直接的经济利益，往往还需付出一定的金钱作为接触媒介的代价以及其他的直接功利（一般意义上的。广告主是以另外的方式与传媒发生关联的，不算是完全意义上的接受主体），他的得到往往表现为自身需求的某种满足，如信息的获知、娱乐的获得等等。可以说，传播主体是以主动的创造方式介入传播的，接受主体是以被动的寻找方式介入传播的。当然，接受主体以群体的力量可以影响到传播主体传播目标、方式的设定，在这个意义上也是主动的一方；传播主体也必须考虑到受众的需求和愿望并以此调整自己的传播活动，也有受动的一面。期待不同，方式不同，而空间相同，矛盾往往不可避免。

正是因为如此，我们不把有声语言大众传播作为一种物理学意义上的信息传递过程，也不把大众传播仅仅作为一种市场经济形态下的商业行为，而把它看作传受主体都"深陷其中"的生存交往。面对交往中出现的种种问题，需要以平等的视角、对话的方式取得沟通、理解，实现主体间的共同生长。

总之，用"生存的交往"来指代有声语言大众传播，既强调了大众传播对传受双方的重要性，是对当前大众传播于世界的重要性的真实概括（并不过分）；也显示了我们对于有声语言大众传播的殷切希望，它不是我们生存生活中的"匆匆过客"，而是我们生活其中的公共空间（文化的、精神的，也是具体的、现实的），我们不但生活于其中，而且要在其中呼吸新鲜的空气、吸取丰富的营养、发现高远的天空，在其中自由地飞翔！

（三）以“生存的交往”来引导和提升大众传播

我们说，大众传播是一种“生存交往”，交往包含着对话和理解，并不意味着在大众传播实践中这是一种实现了的现实。

从大众传播的整体来看，大众传播是有着一定消极意义的。大众传播的消极意义在于：垄断意见，使人们丧失辨别力；降低艺术追求，造成大众审美鉴赏力的退化和文化水平的下降；用低廉的代价，剥夺人们的自由时间；代替亲身行动，麻醉精神。① “垄断”“剥夺”“替代”不符合交往理性的精神，“使……降低”“使……退化”不是生存交往的目的。

从传播主体来看，“当代的传者，往往表现为：在芸芸众生之上的‘智者’，或在茫茫人海之中的‘火炬’；在‘上帝’之下的教士，或在豪门之前的仆人。前者总在为人们指点迷津，后者总在对人们祈求恭迎”②，前者常常是“传者中心论”在传播中的现实表现，后者则常常是“受众中心论”在传播中的现实表现。高高在上、自以为是、颐指气使是一种征服性的行为；奴颜婢膝、因势取利、迎合媚俗则不啻为一种自我贬损。但是，不管是把别人对象化还是把自我对象化，其实质都是对主体性的践踏；不管是以谁为“中心”，把作为主体的另一方进行“边缘化”，都是对主体间性的漠视。传播主体与接受主体间应是一种互为依存、共同成长的主体间关系。

同时我们需要指出的是，在当前的大众传播中，传者和受者并不是同一天平中的两个同等的砝码，处于平衡的关系之中。就话语权来说，传受之间的实力并不对等，传者处于明显的优势地位。首先，传受关系不能互为置换，传播身份是需要授权才能获得的。作为生产者的传者，显然被分配了更大的话语权力；其次，获得了授权的传者拥有强大的话语平台，掌握着议题设置的主导权和发言权；再次，占据话语平台中心位置的传者拥有进行大众传播的强大的技术手段，使自己的传播无远弗届，具有广泛的影响；又次，传者是有组织的。媒体往往运用特定的政治、经济资本，聚合了媒体工作者的群体力量，甚至整合了社会力量进行有目的的传播活动。相对于此，受众则缺乏有效的组织，在面对强大的大众传播时，往往是“孤军奋战”；最后，受众缺乏有效的权力、畅通的渠道、便于操作的方式来参与传播事务。受众的思想、愿望、要求要想在大众传播中加以反映和满足，必须经过多种反馈渠道被传播主体获知，并且只有被传播主体接受，将之纳入传播之中，才可实现。而渠道是否存在、畅通，反馈是否全面、准确，接受是否及时，表现是否到位，仍然取决于媒体和传播工作者的愿望与努力。因此，虽然受众不是“枪弹论”里一触即倒的被动的“标靶”，虽然面对大众传播受众并不

① 李彬. 传播学引论[M]. 北京：新华出版社，1993：135.

② 张颂. 关于传者身份的思考[J]. 现代传播，1998(1)：18.

是完全消极的而是具有一定的能动性和主动性，但是，“弱势受众”确是客观的现实，至少当前仍然是如此。承认这一点，传者就应承担更多的传播责任和社会责任，加强“为受众服务”的意识，主动并准确全面地吸收反馈，及时调整议程和传播状态，满足受众真实、合理的要求，以调整这种事实上的不平衡；而忽视或者否认这一点，就会造成传者推卸责任，甚至出现虚假的“为大众”（迎合、媚俗即属此列）。表面上看是“提升”了接受主体的地位，实质上反而进一步降低了对受众的责任。如果是由于对大众传播实质认识不足，则还可以归之于能力不够，如果出于其他考虑而有意营造这种氛围或鼓吹这一观念，则不免居心叵测，反而是对受众的极大的不尊重。承认这一点，也就懂得了“生存交往”观念的树立在大众传播中的必要性和重要性——正因为没有实现真正的交往，才需要以交往理性来加以观照和引导。

因此，消除大众传播所带来的消极影响，需要传播主体在群体中共同努力，解决传播主体在传播中的主体异化，更需主体自身亲力为之。承认共在关系、谋求共同成长是实现交往的前提。不但要追求共同成长，而且还要为此付出实际行动。不但要在交往中获取进步，还要能为他人在交往中的收获做出贡献。通过自己的传播形象、传播行为，为接受主体营造足够的信息空间、文化空间、精神空间。

总之，以“生存的交往”作为有声语言大众传播的传播原则，有助于扭转大众传播偏重经济效益，忽视社会效益，忽视人的发展这一局面，可以改变传播主体在有声语言传播时不恰当的传播心态和传播方式，可以改善传受主体间明显失衡的传受关系，能够引导大众传播消除负面影响，提升有声语言大众传播的质量、效果和品位。

二、以诚感人，心灵对话

在有声语言大众传播中，和主体关系最密切、最直接且最需要主体负起责任的是“真诚性”问题。

真诚性要求“言语者所表现出来的意向必须言出心声”①，它涉及主体的动机、目的及其展现情况，对于主体的交往活动至关重要。

（一）真诚与目的设置

真诚的要务在于传播主体的目的设置上。当然这一目的不是直接功利性的，不是大而无当的，而是情感性和本体性的，是具体而实在的。

1.“慈故能勇”

《韩非子·解老》有这样的说法：“慈母之于弱子也务致其福。务致其福则事除其

① 哈贝马斯. 交往行为理论[M]. 曹卫东，译. 上海：上海人民出版社，2004：100.

祸。事除其祸则思虑熟。思虑熟则得事理。得事理则必成功。必成功则行之也不疑。不疑之谓勇。圣人之于万事也尽如慈母之为弱子虑也，故见必行之道。见必行之道则明，其从事亦不疑。不疑之谓勇。不疑生于慈。故曰，‘慈故能勇’。”由于从根本上为对方考虑，因此才会在目的上“务致其福”，为了能够“务致其福”，必须在思虑上考虑纯熟，“思虑熟”了“则得事理”，才能在理性上“见必行之道”，才会有正确的目标和成熟的“路线图”，由于有了充分的论证、规划，有了良好的动机，因此才能在行动上“行之不疑”，表现在态度与精神上则是“亦慈亦勇”。这一严密而充满了人性的推理，建立在人间的真爱与挚爱的基础之上，以此行事，将无往而不成！它虽然隐含着“牺牲性”付出的前提，但何尝不蕴含着成就自我的意涵呢！在这里，“自失”的危险被“自为”消除了。

传播主体在大众传播中也应秉持如此的情怀，只有真正为受众考虑，才会发现真正的需求、设立积极的目标，才会精心策划、认真准备、考虑周详，才会乐于“在场”“勇于出席”，才可能“善于发言”。

需要特别指出的是，我们之所以借鉴“慈故能勇”，不是由此强调传播主体地位尊崇、凌驾于接受主体之上，传受之间是“慈母之于弱子”的关系，而是因为这一比喻生动、清晰地道出了纯洁、美好的目的对于主体行为的重要性。我们认为，“慈故能勇”的实质不是保护，也不是替代，不是限制，更不是为着功利的目的，而有着一种深深的“爱”与责任在其中。

2.“仁者爱人”

中国自古以来就是讲究人文关怀的民族，“老吾老，以及人之老；幼吾幼，以及人之幼”，“己所不欲，勿施于人”就是最好的注解。从讲求群体合作和社会价值出发而形成的理解人、尊重人、关怀人、帮助人的人生信念，成为中华民族最有代表性的优秀传统。“仁者爱人”是我们的民族之根、立国之本、立身之本。正是在此基础上，产生了我们强大的民族凝聚力和灿烂的社会文明。

爱不是空洞的教条，而是主体性在人的情感世界的具体反映。爱具有主动性，是主动的求索与付出。爱也具有能动性，爱的努力导向自我的满足与幸福。德国哲学家马克斯·舍勒尔就曾指出：“谁越是能爱，世界对他也就越有意义。”[①]这样，作为主体性在主体情感世界中之集中体现的爱，就成为一种生产性的力量和行为，它要求着主体的生命活力，也增强着主体的生命活力。爱的能力要求一种敏感、清醒、增强生命活力的状态，这种状态只能是在生活的其他许多领域内同样具有这种生产性和主动的倾向之结果。如果一个人在其他许多方面不是生产性的，那么，他在爱的方面也不会是

① 施太格缪勒. 当代哲学主流[M]. 王炳文，燕红原，张金言，译. 北京：商务印书馆，1986：142.

生产性的。①

在生活中，爱带来的可能是内心涌动的温暖、油然而生的感动、发自内心的快乐，也可能是焕发精神的振奋、携手共进的团结、心灵深处的共鸣。有的爱追求结果，有的爱乐于付出。爱可能表现为行动上的体贴、帮助、搀扶，有时只在于内心的关心、挂念、同情、祝福。爱有时也会有“恨铁不成钢的”焦虑，有无法表达、无处用力的苦闷，有曲解、误会的伤痛，但却总能给人以付出后的满足和充实的快乐。

对于传播主体来说，爱不是空洞的口号，而是切实的感触，是意识、情感、态度；不是抽象的概念，而是显明的效果，是感动、鼓舞、振奋、贴近。爱，不是苛刻的要求，而是主体自身的需要；不是单方面的付出和牺牲，而是一种精神的收获和丰足。

不管是“慈”还是“爱”，其共同点都是建立在自愿基础之上，具有本体论的意义。它着重强调了主体间相互依存的内在性和不可分割性，强调了主体间共同生存、共同成长、共同发展的重要性和必然性。立足于这样目的之上的交往，其总体必然是真诚的。立足于这样目的之上的有声语言大众传播，也必然能规避诸多失误，大可以“行之也不疑”。

（二）真诚表现为尊重

尊重主要展开于自我与他人的关系之中，它常常有二重表现形式：作为自我对他人的期望，它意味着要求他人承认与肯定自我的尊严；作为自我对他人的交往原则，尊重则表现为对他人内在价值的肯定。② 在尊重的二重表现形式中，包蕴着平等、双向的内涵。在有声语言大众传播实践中，尊重可能是被说得最多但做到的甚少的一种传播要求了。有的播音主持工作者只要求接受主体尊重自己，大呼“观众也要和我们一起长大”，好像观众跟不上自己“前进的步伐”，自己无奈成为一个“孤独的舞者”或“多数人暴虐”的受害者。有的则既不愿尊重别人，也不大尊重自己，把传播视作“儿戏”，其逻辑是“我既不当真，你也不必太在意”。没有尊重，哪来的真诚？用一句极普通的话说就是，“先要自尊，才能要求别人尊重自己。想让别人尊重自己，先要学会尊重别人”。

要尊重别人，首先要“心中有人”。在有声语言创作中，对象感的有无可以作为检验传播主体是否尊重接受主体的指标之一。对象感的核心是“感”。“感”的基本含义有两层：第一，“格也，触也”，就是指人的第一信号系统对外物的感知；第二，“感者，动人心也”，感与“撼”通，感就是心有所动。③ 在大众传播中，受众是客观存在的，但这种存在对传播者来说，只是一种客观的、概念性的存在，还没有成为生动鲜活的、作用于

---

① 弗洛姆. 为自己的人[M]. 孙依依，译. 北京：生活·读书·新知三联书店，1998：331.

② 杨国荣. 伦理与存在[M]. 上海：上海人民出版社，2002：117.

③ 叶朗. 现代美学体系[M]. 北京：北京大学出版社，1999：159.

情感的存在，其中的关键，在于传者是否认识到受众的存在，感受到受众的存在。认识到了、感受到了，受众才切实存在，传播才真正开始。也只有切实感到受众的存在，播音员主持人才能摆脱传播上的与心理上的孤立状态。

进一步地，对象感不仅是感到对方的存在，而是这种存在使得心有所动，改变了传播者的心理状态和表达状态，使之更有目的性、更有具体性、更具生动性、更具人文性。仅有对象，不见得有对象感，以前常说，"目中无人，心中有人"，但是"目中有人"，心中不见得就有人，还必须"目中有人，心中更有人在"。因此，对象感的核心是"感"，而"感"的核心则是"心中有人、心有所动"。我们甚至可以说，"感"实质上是一个生命对另一个生命的亲近、沟通、交流、启动、触发、融合，是生命对生命的烛照、徜徉、畅现，是"情以物迁，辞以情发"。

尊重不仅是尊重受者的生存权利，不仅是感受到受者的"物理"的"在"，还要尊重受者作为主体的"生命"的"在"；不仅是尊重受者的"遥控选择权"和"消费权"，更要尊重主体的生存发展权和生存表达权。接受主体同样具有认知能力、判断能力，同样具有主体的尊严和发言的权利。我们这里并不是要片面抬高接受主体的地位，也不是要在形式上为接受主体争取更多的发言的机会，而是要再一次强调传与受的主体间关系。因为，只有真正意义上的尊重，才会唤起传播主体的责任意识，才会提高主体对自我的要求，才能保证在有声语言大众传播中不会出现高高在上、盛气凌人或趋利忘义、诿过于人的现象。

（三）真诚在于真实、自然

动机好不见得就能产生好的传播效果，还要注重传播的方式及其流露出来的态度。正如"艺术也只有在最自然的时候才成为艺术"一样，有声语言大众传播也只有在自然、真切时才显示出它的真实性、真诚性。

在当前的一些新闻类节目中，我们经常会看到一些主持人，在节目中或眉飞色舞、滔滔不绝，或故作神秘、绘声绘色，以故事化、戏剧化的方式"吊人的胃口"。这些节目的内容想必是真实的，主持的方式也许是为了提高节目的可视性，动机应该也没有多大问题，毕竟，取乐于大众并没有错！但是，"当新闻被包装成一种娱乐形式时，它就不可避免地起到了蒙蔽作用。……电视新闻节目提供给观众的是娱乐而不是信息，这种情况的严重性不仅在于我们被剥夺了真实的信息，而且在于我们正在逐渐失去判断什么是信息的能力。无知是可以补救的，但如果我们把无知当成是知识，我们该怎么做呢？"[①]仅仅拘泥于形式的创新，而没有思想的闪光，缺乏内容支撑的形式最后只能演变成为蹩脚的表演。表演也许只求一时之欢、一时之利，但是其伤害却能"伤人于

---

① 波兹曼. 娱乐至死[M]. 章艳，译. 桂林：广西师范大学出版社，2004：140.

无形”。或者肤浅的东西终究只能蒙蔽一时,受众一旦从“锣鼓的喧嚣”中清醒过来,就会由怀疑传播者的态度发展到否定传播的内容,“欣赏”的可能只是主持人“自欺式的欺骗”吧!本想让人“捧个热场”,结果只会是“一嘘而散”。

还有一些主持人,倒也明白真诚的重要性,懂得“要想感动别人,首先得感动自己”。可是明明无动于衷,却用足了力气“煽情”,明明只是“作秀”,却奢望别人感动。殊不知,不是自然地流露,真如“东施捧心”,愈增其丑。

(四)真诚的灵魂是体贴

“体贴”二字看似普通,其内涵却极为丰富。“体”是视角互易、感同身受,“贴”是贴近人心、心灵共振。体贴之中,尽显关爱之情、亲切之意,前面所说的平等、尊重也包蕴其中。

体贴意味着本质意义上的主体平等。拥有更大话语权的传播主体在面对传播主体的时候,不应把对方当作客体来加以改造,而是在人格意义上实现平等,构建传受间真正的主体间性。这一主体间性并不取消彼此的主体性,传受主体仍然各自保持自己的独立性,并在交往之中进行“平等的争执”!这种争执不是征服性、压迫性、剥夺性的,而是雅斯贝尔斯所说的“心灵与心灵的对话”,是“爱的斗争过程”,“斗争的目的不是一方征服另一方,一方取消另一方,而是借助一方来消除另一方的弱点。这种交往是人们共同对付自己的有限本质,共同向着自由和理想的新世界迈进的真正交往”①。

体贴还需要传播主体能够进入接受主体的内心世界,它不是对空洞的概念的抽象理解和理性演绎,也不是把某些“大而空”的口号整天挂在嘴上。而是要和具体的、活生生的人发生直接的关联。并且不是一般的关联,而是要“进入”他的内心深处,与其探寻和共享“人性的共通之处”,并消除传受主体间的隔膜、隔阂,在主体间建立一种信任关系,实现彼此心灵的共振。

第五节 整体和谐

主体的生命活力是主体完善自身、参与社会生产的动力,但却不一定必然导致和谐,而且与群体、社会或其他主体之间也常常存在乖离,一旦失当或失度,就会造成消极甚至负面的后果。在大众传播之中,这种消极和负面的东西就可能危害更烈,因此,必须把有声语言大众传播的生命活力纳入整体和谐之中。

---

① 雷体沛.存在与超越:生命美学导论[M].广州:广东人民出版社,2001:190.

和谐存在于构成整体的各部分的彼此协调与辩证统一之中。相同者之结聚是重复；相异者或对立者之相悖是乖违；相异者或对立者之相成相济才是和谐。在和谐的状态之中，构成整体的各部分之间的对立和矛盾不是不可调和的，对系统的稳定性和整体性并不造成破坏性的后果，而是互相制约、互相补充、互相生成的关系，并由此形成系统的整体性。

我们对有声语言大众传播生命活力的阐释是以对主体的观照为中心的，那么，在把有声语言大众传播纳入整体和谐之中时，就存在着两个维度：和谐之维和主体之维。和谐之维包括整体性、多重性、生长性；主体之维包括个人的身心状态、个人与个人之间的关系、个人与群体、社会之间的关系。这两个维度是互相交织在一起的，和谐之维始终贯穿于主体与自身和世界的关联之中，而主体之维是和谐的栖身之所，只有在主体的有意识、有作为的履践之中，和谐才得以出现和存在。而这一“有意识、有作为的履践”，关键在于主体能否把握好各个方面、各个层次上的“度”。

一、有声语言大众传播的整体性

“和谐是从质上见出的差异面的一种关系，而且是这些差异面的一种整体……这些质的差异面却不只是现为差异面及其对立和矛盾，而是现为协调一致的统一，这统一固然把凡是属于它的因素都表现出来，却把它们表现为一种本身一致的整体。各因素之中的这种协调一致就是和谐”。和谐一方面见出本质上的差异面的整体，另一方面也消除了这些差异面的纯然对立，因此它们的相互依存和内在联系就显现为它们的统一。① 在这里，黑格尔只讲到产生和谐的一方面，即部分之间存在对立关系，通过“相济”形成整体的统一。实际上，组成整体的各部分之间不必然存在对立和矛盾，也可能是互相联系、互相促进、互相生成的“相成”关系，同样可以达致和谐。但不管是“相济”还是“相成”，整体的观念和协调的原则是和谐的本质。

张颂教授认为，“整体和谐并非全部和谐、一切和谐、各个局部全部和谐。因此，并不排除局部不和谐、个别不和谐；但在总体上，却能达成和谐，局部不影响全局，个别不影响一般”。局部不和谐与整体和谐之间有量的关系，过量的局部不和谐会改变整体的性质，导致整体的不和谐，“如果达不到整体的要求，如果‘不完美’的地方超量了，造成了整体不和谐，那自然会远离美感，真的变成‘丑’了”②。

（一）生命活力的传播意义和社会意义

我们强调有声语言大众传播的生命活力，立足点是对作为主体的人的关注，其中

① 黑格尔. 美学[M]. 朱光潜，译. 北京：商务印书馆，1979：180.

② 张颂. 朗读美学[M]. 北京：北京广播学院出版社，2002：277.

对只注重大众传播市场效益的观点和现象进行了批判,认为大众传播也应是一种生存交往,突出了人在大众传播中的重要性,认为以人为本的社会效益应是大众传播的根本目的。

但是强调大众传播的社会效益,并不意味着我们忽视了大众传播的传播效益及建立在传播效益之上的传播的市场效益。古人有“正其义不谋其利,明其道不计其功”的说法,把主体行为的社会意义摆在了优先的位置,应该说这一说法充满了道德担当的意味,在某种意义上包含有积极的因素。但是把“义”与“利”、“理”与“用”对立起来,显然是失于片面的。

在当前的时代背景下,仅仅强调传播的社会意义而忽视传播的市场效益更是脱离了大众传播的时代背景,可能会对大众传播的发展带来一些消极的影响。事实上,我们反对的是只“向钱看”而不“向前看”的唯利是图的思想和行为,而并不反对大众传播占有市场并在保证传播的社会意义的前提下实现合理的经济利益。我们认为,虽然传播实践中存在着两者之间割裂的情况,甚至还有片面追求传播意义(其实质是追求市场占有率和经济利益)的现象存在,但是,大众传播的传播意义和社会意义之间并不存在必然的冲突和不可调和的矛盾,大众传播的成功和理想恰恰在于两种意义的同时实现。

《左氏春秋》以“正德、利用、厚生”为三事,如果把它拿来作为有声语言大众传播生命活力的指导原则也颇为切合:“正德”,传播先进文化、维护主流思想、整合价值认识,这是传播的出发点;“利用”,把以上的目标通过有效的传播落到实处,使传播不仅仅以其思想价值而凝聚人,更加以精品吸引人、感染人。使受众从不得不看、不能不看转变为乐于接受,使传播既具有目的性、针对性,又具有可视性、可听性;“厚生”,传播的最终结果是丰富人们的文化生活、提升人们的精神境界、推动社会的良性发展。

有声语言大众传播的生命活力,是以有声语言作品为载体的,作品联结着传播主体和接受主体,联结着收视率和接受度,没有市场的作品只能是空怀一腔热情,其社会意义也不能落到实处;单纯追求“轰动效应”和“市场效益”的作品也会因缺失长远的关怀而“行而不远”,真正具有生命活力的作品则是二者兼得的。

(二)生命活力的多样性和目标性

在传播实践中,往往存在着片面化理解生命活力的情况,有人认为生命活力体现在传播主体身上,就是能够“激情澎湃”,善于“煽情”;体现在语言上,就是紧张的节奏、夸张的语气;体现在服饰姿态上,就是“与众不同”“炫人眼目”。于是,大家一哄而上,互相模仿、攀比,争相显示着自己的“生命活力”,然而,生命活力的创造性、丰富性以及与主体自身的内在和谐感却在这千篇一律中丧失殆尽。

事实上,如同生命的活力在于其丰富性、多样性和生动性一样,有声语言大众传播的生命活力也具有丰富的表现形态。它既体现在不同的创作风格上，例如，李敖主持的节目充溢着犀利的思想、自信的心态、独到的视野，以及尖刻的言辞、夸张的表达，称得上“意气骏爽”，快意老辣；杨锦麟则言辞犀利、幽默风趣、嬉笑怒骂，有着强烈的感情色彩和独到的判断、评价能力，可谓“结言端直”“切中肯綮”；李咏则以亲切的心态、活跃的状态（热情、轻松、快乐）与敏锐的反应、夸张的形体姿态和有意识拉近传受距离的言语习惯，受到观众的欢迎，显得情绪饱满，灵动洒脱；它也体现在不同的节目类型上，李敖的创作风格是与其讲述和论证的节目形式紧密相关的，偏重于内容的独特性；杨锦麟在读报节目中那“狭小的”创作空间中，利用其独到的时事点评能力，常常在一语间“道破天机”；李咏则在娱乐节目中释放着自己的激情和活力，重在肢体语言和话语表达的形式创新。

可见，生命活力的展现途径是多种多样的，不存在什么唯一样板的生命活力。当然，正如我们以上曾经论述的，有声语言大众传播的生命活力也不等于本能的冲动、情感的放纵，不等于矫饰造作、无病呻吟，生命活力是有其特定的价值指向和活动阈限的。进行具有生命活力的有声语言大众传播，关键在于把握生命活力的方向性，同时根据具体的节目定位，根据自身的传播个性，有创造性地开展大众传播工作。

（三）情感与表达的一致性

与所有语言作品一样，有声语言大众传播也要解决内在情感和外在表达的关系问题。

如同主体仅有良好的意愿、纯正的动机，而缺乏把它们表达出来的能力，就不可能达致预期的目的一样，有声语言大众传播也是如此，传播主体的真挚情感、传播愿望，传播群体的传播目的设置，都要通过主体的有声语言传播行为加以展现和实现。《中庸》有言，“喜怒哀乐之未发谓之中，发而皆中节谓之和”，有声语言大众传播的生命活力必须是在作品的内容和形式的有机统一中生成的，只有内容，而不诉诸鲜活、生动的形式，就会缺乏足够的吸引力和感染力，就会“行而不远”；只讲形式，而没有深厚的思想感情作为内在基础，就会虚假浮泛，即便因为一时的新奇引起了别人的些微兴趣，也终会因为缺乏内在的力量而失去其吸引力。

德国哲学家雅斯贝尔斯说：“毋庸置疑，生命是完整的……作为生命的自我存在也向往着成为完整的，只有通过对生命来说是合适的内在关联，生命才是完整的。”[①] 可见，生命的整体性内涵与和谐的整体性内涵具有内在的一致性。

---

① 雅斯贝尔斯. 什么是教育[M]. 邹进，译. 北京：生活·读书·新知三联书店，1991：32.

二、有声语言大众传播的多重性

差异存在于整体的结构之中,形成了和谐的多重性。

有声语言大众传播的生命活力也是一个复杂的系统,有着不同层面、不同层次的丰富形态,我们仍以传播主体为脉络,从传播主体自身、传播主体与接受主体、传播主体与大众传播三个方面来加以考察:

(一)传播主体身心状态的多重性

在传播主体自身层面之中,存在着意识的调整、身份的转换、价值的追求、个性的展现等方面的对立统一。

在意识层面,存在着意识与主体意识的差异,主体意识中又存在着自我主体意识与传播主体意识的对立,传播主体意识中还有权利意识、精品意识、社会意识、群体意识、服务意识、发展意识等的或对立或互补的因素间的差异。

在身份层面,存在着传播情境和主体其他生活情境的差别,而情境不同导致了主体在传播之中与传播之外的身份的差异,身份的差异又进一步导致了话语权力、话语目的、话语表达方式的不同。同时,不同身份作为主体完整人格和整体生活的一部分而共同存在,并且相互补充、互相影响。

在价值层面,存在着主体的个体生存与事业追求之间的对立统一,在事业追求中存在着"外在要求"和"内在需求"的对立,在价值认同上存在着个人价值与群体价值的对立。

在个性层面,存在着生活层面的个性与传播层面的个性之间的差异,存在着传播个性的个体性和群体性的差异,也存在着传播个性创造性、多样性的复杂性。

传播主体自身层面存在的诸种差异,推动了传播主体对传播工作的总体认识,这些差异由对立到统一的过程也是大众传播不断深化、主体素质不断提高的过程。这个层面上和谐的产生来自主体以大众传播为核心不断地自我调适,其表现形态存在于主体进入传播——自觉传播——乐于传播——善于传播的不同阶段之中,体现为精神的内在统一、传播愿望与传播方向的获得以及在此基础上外射出的主体的生命活力。

(二)传播主体与接受主体间关系的多重性

一方面,传受之间交往关系的发生情况不同。

就内容设定与主体表现而言,一般来说,传播内容与传播主体是不可分割的,主体就是传播的一部分。在当前的媒体战略中,节目策划人往往把目标受众预设、资讯或节目的类型以及传播主体的风格综合起来作为节目的定位。特定节目选择与之相协调的传播主体（如中央电视台《实话实说》→崔永元，中央电视台《幸运52》→李咏），或者为特定传播主体编创适合的节目（如中央电视台崔永元→《小崔说事》，中央电视台李咏→《非常6+1》）这两种情况都存在。尽管如此，并不是所有的传播主体都能够完全融入传播之中，成为传播成功的主导因素；而有的节目的内容则不具有必读性，而是由传播主体的个人风采赋予传播以魅力，受众的兴趣点是自己所喜欢的传播主体的表现。因此，受众在选择节目时往往或偏重于内容的吸引力，或偏重于传播主体的传播魅力，进而形成对特定节目的总体忠诚度。因此，节目内容及其背后的媒介战略、团队智慧和传播主体的个人素质、个体表现同是有声语言大众传播生命活力的一部分，它们的相得益彰是传播的理想状态，它们的相互提领（任何一方突出，都能带动整体）也是传播的常态。

就影响发生的多种情形看：传播主体本身不是节目的亮点，但节目具备信息的必读性、情节的感染力、形式的吸引力等主体外优势，受众在接受过程中由于内容的吸引力，忽略、包容甚至习惯了主体的一些缺陷；节目内容不具有独特性，但是传播主体有比较鲜明的传播个性，受众由于欣赏主体的传播个性，由喜欢人到关注节目，尤其是关注传播主体在节目中的表现；节目具有整体意义上的必读性，受众喜欢的是节目的整体风格，其中既有内容的吸引，又有主体的吸引，他们期待主体能以自己的努力创作出更为精彩的节目并享受于其中。在这几种情形中，最后一种情况对传播主体要求最高，对节目传播、受众接受最有裨益。但是不管哪种情形，都能够在不同程度上生成有声语言大众传播的生命活力。

另一方面，生命活力的激发情况不同。

首先，节目的类型和定位不同，接受主体的期待和心理不同，有声语言大众传播生命活力的展现方式和引起的效果也不同。

消遣性质的，如娱乐节目，受众期望从中得到放松、休息、愉悦，以调整因工作和生活压力而疲累的身心，有声语言大众传播的生动性、鲜活感就会被加以突出；获知性质的，如新闻资讯、生活服务、益智类节目等，受众期待从中得到知识、信息，以不断监测社会动向、检视自我处境、增强参与和改造社会的能力，有声语言大众传播的正确性、准确性、针对性就会被加以突出；感动性质的，如某些新闻事件的追踪、社会焦点的挖掘、人物访谈等类型的节目，受众期待能够从中看到生活百态、跟踪社会发展、丰富内心情感，有声语言大众传播的深刻性、真诚感、关怀意识就会被突出；行动性质的，如大政方针的宣传、某些社会实践活动的推广等内容的节目，受众期待能从中把握时代脉搏、找到自我行动的标尺和具体途径，有声语言大众传播的导向性、说服力、鼓动性就会被突出。

其次，找到契合点，以一点带全面。我们说过，生命活力具有整体性的一面，但是生命活力展现的路径却是多种多样的，其对接受主体生命活力的激发和激活也往往是在某一点上突破进去,然后才带动全部的。我们不能强求不同类型、不同定位的节目具备有声语言大众传播的所有优势,而要具体情况具体对待。我们也不可能强求接受主体按照传播一方设定的目标“有秩序”的进行和“无保留”的实现,而是认识到不同接受主体的不同心理和不同期待,认识到同一接受主体也存在心理变异,在坚持大众传播的整体方向和整体目标的前提下,有效利用传播实现的多样性和复杂性,根据节目的具体定位,突出节目特色和主体的创造性,以一点带全面,推动、带动、引发、激发接受主体的生命活力。

(三)传播主体与有声语言大众传播间关系的多重性

首先,传播个体与传播群体间存在多重关系。

同是传播主体,同样在话筒前和镜头前露脸出声、驾驭节目进程,播音主持工作者在传播群体中的发言权却有很大差异。有的传播主体缺乏足够的工作经验或工作热情,对于节目的总体策划参与不够,也不能把自己的有声语言创作和节目战略有机地结合起来,在节目战略的实现过程中主动性不强,常常有意无意间把自己局限于领会者和执行者的位置上,其有声语言创作往往要根据其他编创人员的要求被动进行,在节目的策划和实施过程中处于边缘位置;有的传播主体往往有着较为丰富的工作经验和较强的业务能力,其工作得到了团队的肯定和尊重,在群体创作中有一定的发言权,愿意也能够参与到节目的编创中来或者对节目的编创工作有影响力,拥有一定的创作空间;有的传播主体在节目中处于核心地位,要么自己就是节目的制片人,参与节目的战略策划和操作管理,对于节目的意图、风格有具体的把握。要么是节目的品牌和标志,节目就是围绕自己专门打造的,因此,有利于主体在整体上把握节目的战略意图,其创造空间也较大。发言权的大小,反映了传播主体的工作状况,影响着传播主体的心态,关系着创作的主动性、创造性。

其次,传播主体与创作内容间的多重关系。

不同传播主体面对具体的创作内容时,其能动性也千差万别。其中既有个体在群体中的地位等外在因素的影响,也有个人的主观努力和能力素质等的影响。有的传播主体对于某一期节目的相关背景、内容关联等拓展性信息知之甚少,对于节目的意图也没有清晰的方向,往往根据编导的建议、要求,结合自己对稿件字面意义的理解、推测和领会,做出被动的反应;有的传播主体能够从编导处获得更多的节目相关信息,并能根据自身的传播经验对稿件做出较为深入的理解,常常从表达的顺畅、内在逻辑、整体风格的保持等需要出发,对稿件做出一定的改动,在一些需要即兴发挥的地方还会表现出一定的创造性;有的传播主体是节目的主导,非常明确节目的整体战略,能够从整体和全局的高度深入把握传播内容,对稿件有较大的创作自由。传播主体与创作内容之间的关系是有声语言创作的主要矛盾,传播主体能否在实现传播目的的过程中表现出足够的能动性，直接影响着传播主体创作空间的大小，影响着活力的释放和展现情况。

最后，传播主体与传播形式间的多重关系。

在这个日益追求新异的时代，形式的重要性在媒体中是越来越被放到突出的位置了。不同节目往往有着不同的表现形式，传播主体在进入具体的传播时，要面对节目的特定风格和个人创造的矛盾。常常有人被形式牵着鼻子走，屈从于形式的要求，这些形式或“被理论验证过”，表现为编导的设想、预测；或“被实践验证过”，已经在其他媒体取得了成功，但是唯独在传播主体这里缺乏明晰的认识和具体的感受，传播者只能“依葫芦画瓢”，只能勉为其难；也有播音主持工作者在特定形式中找到了和自身创作之间的契合点，能够融于形式之中，与形式具有协调性。但是随着经验的不断积累，协调也会出现两种路径：一是套路化、程式化，一是不断创新、不断发展。套路化、程式化可能是惰性或惯性使然，创新和发展则是主体不断强化创作的自觉性、创造性的结果。

以上我们可以看出，传播主体和有声语言大众传播之间的关联是复杂而多样的，其中存在着不同的层次和侧面：边缘—参与—中心；被动—主动—自由；屈从—协调—创新。出现这些复杂性的原因是多方面的，既有群体的，又有个体的；既有工作的，又有个性的；既有外在的，又有自身的。不同层次之间不存在完整的对应性，也没有明晰的界限，话语权的获得可能来自较强的传播能力，但话语权的保有并不意味着创造性的永续。即便是处于中心、自由、创新的层次，仍要克服不断出现的内外在矛盾。而处于边缘位置的创作者也没有被排除在创作空间之外，仍然可以有所作为，他通过努力打破被动局面、改善传播面貌之时，也正是他展现活力、提高水平、获取发言权和创作空间之时。因此，问题的关键在于传播主体是否在有声语言大众传播之中发挥了主动性、自觉性、创造性，获得了创作的自由。

和谐的多重性让我们认识到，有声语言大众传播是一门“遗憾的艺术”，我们无法取消传播中的缺漏和遗憾，必须面对它并不断与之抗争；大众传播也是一门“丰富多彩的艺术”，人们可以在其中释放和发展自己的差异、活力和多彩人生。整体和谐并不求全责备，也不等于处处和谐，而是立足于整体并为了整体不断对不和谐之处进行改善和优化，有声语言大众传播生命活力要义也即在此。

三、有声语言大众传播生命活力的生长性内涵

首先，有声语言大众传播生命活力具有时代性。

时代不同，社会的环境、风尚、取向不同，其社会价值、人生追求、审美趣味、生活焦点、文化氛围等方面也存在着差异，生活其中的主体所进行的社会实践、努力方向、表

现形式也自不同。大众传播作为人类的社会化活动之一，与具体的时代背景有着密不可分的关系，传播手段、传播观念、传播手法都会随着时代的变化而变化。

齐越曾经说过："当我的心和人民的心息息相通，和时代的脉搏一起跳动时，我的播音才有生命力。"有声语言大众传播的生命活力就是在与特定的生存环境、社会状况、时代潮流相适应、相协调，与特定时代的受众需求相契合中产生的，随着时代的变迁，其表现形态和具体内涵都会随之变化。只有把握到时代的脉搏，顺应时代的潮流，才能有效地形成有声语言大众传播的生命活力。

在当前的实践中，少有脱离时代的大众传播，但是游走于时代边缘的有声语言创作却并不鲜见。当前的中国社会处于飞速发展的阶段，社会物质生活极大丰富，人民群众对精神生活的要求也越来越高。随着全球化的不断深入，人们的思想观念和文化需求越来越多元化了，但是，为建设和谐社会而不懈努力的积极向上的一面是主流，中华民族在世界中存在感的增强、人们在社会生活中主体性的提高、全社会对民族复兴和美好未来的希望、憧憬的强化，汇聚成一支宏大的时代主旋律！大众传播应能反映和融入这一潮流之中，带给人民群众以自信的心态、生命的尊严、生活的激情、创造的活力。但是，一些传播却游走于时代的边缘，把一些支流作为传播的中心，以追新猎奇、鼓吹官能享受为能事，把满足人的物欲、贪欲、征服欲作为吸引眼球的"利器"，与当代社会的主流背道而驰，这样的传播必将为时代所抛弃，哪里有什么活力可言！

其次，有声语言大众传播生命活力具有民族性。

如同时间和空间不可分割一样，时代性和民族性也是紧密联系在一起的。如果说时代性偏重于时间的维度，民族性则强调了传播的空间维度。

在当前的社会历史阶段，任何大众传播都不能超越特定的国家利益、特定的社会生活和民族文化心理。这是与大众传播自身的政治经济归属、对象的具体性和差异性相关联的。不同地域、不同民族的人们，生活习惯不同、道德观念不同、文化认同不同、接受心理不同，对传播的需求和期待也不同。适应民族性要求的传播，就容易契合人心，就容易被人接受，就有利于强化民族的凝聚力，有利于民族优秀文化传统的继承和发展。反之，就会使民众产生抵触心理，就会被拒绝。正如张颂教授所说的："我们的优秀民族文化传统，我们的主流意识形态，我们的本土话语特质，是人文关怀的核心内容和独特形式。"①适应民族性的要求，也是大众传播人文关怀的重要内容之一。

有声语言大众传播的生命活力也不能违背这一规律。当前的有声语言大众传播中，不乏盲目追求收视率，把新鲜、刺激放在第一位的情况，内容上，物欲化、私欲化，大肆进行感官刺激、金钱刺激甚至是情欲刺激，鼓动金钱至上、一夜暴富、"梦想成真"等机会主义和不劳而获思想。形式上，琐碎、戏谑、媚俗，缺乏尊严感、庄重感和美感。

---

① 张颂.语言传播文论[M].北京:北京广播学院出版社,2002:109.

因此，有声语言大众传播的生命活力还在于与民族精神和民族文化的联动上，它来源于民族精神和民族文化，并将丰富、充实和发展民族精神和民族文化。

正是在把握时代脉搏、汇入时代大潮、吸取民族文化精华、推动民族文化发展的过程中，在辨别、剔除、抗拒逆潮流而动、不顾国情的思潮、倾向的过程中，有声语言大众传播获得了价值和意义，获得了生命的内涵和活力。

四、把握实现整体和谐的关键——“度”

整体和谐不是自发出现的，而是在有声语言大众传播各个环节的对立统一中形成的，而这个统一是作为有声语言传播核心的传播主体有意识地调控、驾驭的结果。把握好有声语言大众传播各个方面、各个层次的“度”是有声语言大众传播生命活力实现整体和谐的关键。

我们认为，“度”不是什么固定的尺度，而是分寸的把握。“度”不仅存在于事物的形态中，更体现在人们的观念和行为里。“度”不存在固定的程式，而是一种与效用相连的评价与行为。对“度”的衡量必然有特定的前提，那就是行为的针对性和目的性。行为人在进行特定活动时所持有的心态、采用的手段、唤起的反应符合或达到了此一行为的预定目的，则这一行为是有效率的行为，相对于目标而言，也是一种适度的行为。

“度”的核心是“宜”。适宜性或不适宜性是指一种行为或情感与事件的整体目标和行为过程之间的切合程度（吻合不吻合、统一不统一、有益还是相害）。适宜的行为是合乎度的行为，不适宜的行为是失于度的行为，反之亦然。对适宜不适宜的判定、择取、驾驭就是把握“度”的过程。

因此，“度”的把握包含着对整体目标的认识，包含着行为人对自我发出的具体行为与环境、过程的关系的控制与协调，包含着行为人对自我行为效果于目标实现程度的评价、判定，落实为行为人有意识、有控制的具体活动。

把握“度”需从以下方面入手：

（一）把握有声语言大众传播的整体目标

“度”首先强调主体行为对整体目标的适用。没有整体目标，主体行为就失去了总体观照，失去了评价的标尺，度的衡量也就失去了参照。而仅仅立足于一句话、一段词的“度”，可能对于传播的整体目标并无什么适切之处，甚至会因为“小聪明”而出现“以辞害义”的现象。

有声语言大众传播生命活力的整体目标应当是：坚持正确的舆论导向，代表、传播和建设先进文化，强调传播效果和社会效益的统一，注重有声语言大众传播的表现力、感染力、创造力、生发力，优化传受主体的媒体生存状况，推动主体的自我实现和自我超越。

在把握整体目标时，还应注意以下两个具体问题：

一是结果的适宜性和阶段的适宜性。

由于时间的过程由大量的连续过程构成，某种行为可能适宜于某些阶段而不适宜于另外一些阶段。再者，因为每一个阶段自身都是复杂的，行为可能适宜于某个阶段的某个因素，而不适宜于这个阶段的其他因素。在这种情况下，阶段的适宜性显然要高于因素的适宜性，结果的适宜性显然要高于阶段的适宜性。对此，要分清轻重和主次，不可因局部的需要而丧失了整体效果。

一般来说，导向意识、责任意识是首要的，主体性是在承担责任的过程中实现的，而语言的表达则是主体的创造性活动。从责任承担到创造性表达，这一走向是带有决定性和必然性意义的。尽管总体上它们是不可分割的关系并统一于有声语言大众传播的生命活力之中，但是一旦被人为地割裂，片面强调责任，人的创造性将会被抑制，主体性将会被压抑，传播会因“质胜于文”而失去吸引力。片面强调创造，脱离责任的轨道，“语言的创新”反而会成为社会的“毒品”。或将这一层级和方向进行倒推，那么，这一反向的关系则变成了反映性的，这时，就会出现阶段的适宜性和整体适宜性之间的对立。

一是适宜性与功效性。

适宜与不适宜不只是吻合与否、统一与否，还要接受效用如何的衡量。我们在考虑一种行为的后果时，既要考虑到其在既定阶段的适宜性，也要考虑到其在既定阶段和整个过程中的功效性。对于有声语言大众传播而言，一个行为的正确与否和程度如何，就是这个行为在这个处境中的适宜性及功效所起的作用。

适宜性与功效性之间存在着多种可能：既适宜又有功效；只适宜而功效不大；不适宜无功效；不适宜而有功效。

在既适宜又有功效的情况下，有声语言大众传播较好地履行了其传播责任和社会责任、贯彻了传播意图、传播富于活力并激活和促进了传受双方的生命活力；在不适宜无功效的情况下，有声语言传播无法履行所应承担的责任，达到预期的目的，传播主体在滥用话语权的同时不能有效地展现和增强自己的生命活力，而接受主体也因此浪费了时间而无所收获；在只适宜而功效不大的情况下，传播主体可能只注重于传播形式的流畅、连贯、新颖而忽视了意义的建设，或者只关心个人的发挥和表演而忽视了受众的存在，或者只关注阶段性的功效而破坏了整体目标，这样的有声语言大众传播看似生动鲜活，却缺乏感动的力量和生长的潜力；不适宜而有功效的情况，往往是传播主体为了追求整体的功效，在传播过程中或采用逆向思维、“惊奇手段”，或采用藏拙内敛、“抛砖引玉”的手法，看似异于常态，但是却形成了传播的整体和谐，取得了良好功效，生命活力也在整体和谐中得以生成。

和适宜性一样，功效也存在着阶段性的功效和整体性的功效。

如果把功效的整体性与阶段性和功效性与适宜性的多种可能组合起来，就会出现极为复杂的情况，对此，我们不进行条分缕析的追踪与描述，我们需要把握的原则仍然是：适宜与功效是不可分的，适宜是为了功效的适宜，没有功效的适宜对于大众传播没有意义；功效是在适宜中出现的，有功效的“不适宜”在更高层次的整体中也是适宜的；最后，整体的功效大于阶段性的功效。

可见，有声语言大众传播不能只停留于“语言的狂欢”层面上，而是要立足于整体，有效贯彻传播的意图和目的。

（二）适切节目类型和整体风格

主要体现在：

1. 适切节目类型

就主持人节目来说，大致可划分为四类：新闻评论类、知识服务类、教育欣赏类、综艺娱乐类。不同类型的节目在质量和要求上既有共同点，也存在着差别。共同点是：语言规范，声音圆润，语流畅达；内容完整，层次清楚，转换自如；状态自如，感情丰富，基调恰当；反应敏锐，应答妥帖，交流真诚；仪态大方，举止文雅，表情自然。差别有：新闻评论类，叙述清晰，逻辑严密，重点突出，分寸适当，神情稳重；知识服务类，透彻讲解，细心指点，热情关怀，简洁明快，神情专注；教育欣赏类，耐心辨析，区分难易，揭示深意，音韵优美，神情舒缓；综艺娱乐类，主线明确，贯穿自然，导引灵活，轻松热烈，神情生动。①

不同类型的节目有不同的特点和不同的“质量标准”，其中也包含着受众不同的心理期待，对传播主体也提出了不同要求。在面对不同类型的节目时，传播主体应准确辨析，适时定位，根据节目的要求来调整自己的传播状态。

当前流行一种“新闻故事化”“故事戏剧化”的做法，把已经发生过的新闻或者加以演绎和模拟，或者绘声绘色地添加许多细节，在讲述之时常给人几分戏说的感觉，在再现之处不免有一些夸大的成分。这样的新闻也许在转述、描述之外，加上了一些再现、评述的成分，确实有几分生动、鲜活、刺激的意味，但是一旦蔓延到整个频道、频率，新闻的真实、客观、严肃、可信必然会受到冲击，并会最终遭到质疑。创新是可以的，但罔顾节目的基本要求和受众的接受心理，这样的创新必然走向失败。所以说，关键还在于适切、适度。

---

① 张颂．播音语言通论：危机与对策［M］．北京：北京广播学院出版社，2002：131.

2. 适切整体风格

风格的形成是一个复杂的系统，既要受到时代、民族、地域、文化等宏观背景的制约，也和传播主体的生活阅历、思维方式、价值观念、文化素养、审美情趣、个性特征息息相关。同时，节目的风格和传播主体的风格也是不可分割的，播音主持风格在一定程度上就是节目的风格。

在传播实践中，不同节目有不同定位，也有着不同的节目风格。节目的风格是多种多样的：一般来说，新闻类节目要求庄重大方、深刻严密、朴素简练；娱乐类要求热情生动、机敏灵活；服务类要求亲切周到、准确透彻；少儿类节目要求活泼新颖、清晰简明……而不同的传播主体在不同的节目中尽可以充分发挥自己的能动性和创造性：或者大气磅礴，或者深婉细腻，或者热情生动，或者幽默机智，或者体贴敏感，或者含蓄内在，或者犀利尖刻，或者老辣深沉……《文心雕龙》有所谓“奇正虽反，必兼解以俱通；刚柔虽殊，必随时而适用”①的说法，是说长于创作的高手能够掌握不同的表现手段，并根据具体情况进行适时调整以达到最佳效果。在不同的节目中，传播主体也应根据不同内容、不同对象适时调整自我的传播行为，使节目定位、整体风格、个人表现有机地融合起来。

（三）协调话语表达与语境间的关系

在有声语言大众传播中，话语表达与语境间的协调，大致应注意以下三个方面：

其一是应因人而异，根据不同的对象设置，确定不同的传播内容，采取不同的言说方式。对象不同，需求就不同，言说的内容和方式也相应的不同。譬如一档农村节目，就应当站在农民的视角，关注农民的需要，采用朴实的表达方式。在节目中，介绍致富的经验当然比介绍商场购物来得实用，使用简明、朴实的语言自然会比夸张、华丽的言辞更能贴近人心。《荀子・劝学》中说：“故未可与言而言谓之傲，可与言而不言谓之隐，不观气色而言谓之瞽。故君子不傲、不隐、不瞽，谨慎其身。”“不傲”“不隐”“不瞽”既道出了传者的社会责任，也提出了对传者的素质要求。

其二，区分不同的场合。场合主要指的是说话的时间、地点和说话时周围的情景。一个有效的主体间对话，总是要求根据不同的场合，切合当时的言谈背景和环境气氛。大型的舞台主持、演播室内的近距离接触、新闻外景地的现场报道等不同场景中，或者早、中、晚不同时段、平时和重大节日等不同时间里，传播主体的话语表达无论在心态、情绪、语气、体态上都不可能一样。忽视了场合对人的制约，就会与周围环境格格不入。同时，鉴于场合和表达的内容间有着密切的关联，与场合的隔离，也会对内容的表

① 刘勰，文心雕龙[M]. 北京：人民文学出版社，1981：339.

达产生负面影响。

其三，在主体间的交往与对话中，应注意言语的时机，适时而言，见机而语。大众传播是一种生存的交往，传受之间不管是从本质上来讲还是从效果出发，不管是遵循礼貌原则还是真诚性原则，都应该以尊重、理解、沟通作为交往的基础。作为主动的一方，传播主体要有足够的敏感，足够的观察力、感受力、判断力，能够“先度其心志，本其器量，视其锐气，察其堕衰”，然后是足够的表现力、调控力，做到“唱焉以观其和，道焉以观其随。随和之微，发乎音声，行乎视听，著乎颜色，动乎身体”（《中论·贵言》）。尤其是在一些对话类节目中，传播主体的话语表达实际上是一个观察、思考、调控的过程，这一过程不是预设的、封闭的，而是开放和生成的。传播主体要善于观察和捕捉时机，及时调整思路和话语走向，敢于和善于发现预期外的新鲜点，实现有效的双向互动。常常有一些主持人一旦发现对方的反应超出了预设，就“手忙脚乱”，连忙打住对方，交流者成了道具，这样的节目无异于一场演出，却不会取得大于脚本的成功。

“度”的把握实际上就是对有声语言大众传播生命活力的整体性、多重性、生长性的认识和调控，传播主体要时时调检自己的传播心理和话语行为，使之不脱离传播目的，不脱离语言样式，不脱离受众期待，不脱离规定情景，充分发挥自身的主动性、能动性，有效调控，积极创造，实现有声语言大众传播生命活力的整体和谐。

需要特别指出的是，不管是对政策分寸的把握还是对话语表达分寸的拿捏，适“度”的有声语言创作都会彰显有声语言大众传播的艺术性，因此，“度”的把握最终是主体对有声语言创作的艺术分寸的把握。艺术分寸的把握不只需要创作主体对创作中需要掌控的各个方面有理性的认识和理性的分析，更要求创作主体把这种理性认识内化到创作的过程中，使之成为一种创作自觉。当然，这种由理性认识到创作自觉甚至创作自由的转化，是需要高超的创作能力作为基础的，正是通过一定的创作能力，创作自觉才成为了创作实现。可见，对传播主体来说，对“度”的认识和重视不应成为高悬头顶的“达摩克利斯之剑”，而应把它融化到自己的审美意识中，体现在自己的审美能力上，“以不二之悟，符不分之理”①，把感性的触发和理性的认识转化为悟性的生成、内置、自觉与兴发。唯有如此，这里的“把握”、“调控”、“协调”才不会变成“强制”“做作”，才不会因为“言不由衷”或“言不尽意”而导致“事与愿违”；也唯有如此，才会把理性认识变成直觉把握，把责任承担变成自觉行动，把对有声语言大众传播生命活力的整体性、多重性认识和对整体和谐的追求，变成一种审美意识的内在集聚与直觉生成，变成一种审美趣味和审美品格的自觉追求和自然流露，才可能达致精神和创作的自由状态！

---

① 薛富兴.东方神韵：意境论[M].北京：人民文学出版社，2000：101.

知识梳理

有声语言大众传播的生命活力，即在有声语言大众传播中，传播主体有效履行传播责任，以丰富的生活体验和深刻的生存理念为底蕴，在传播过程中调动起清醒而积极的主体意识，凭借高超的有声语言传播能力，激活接受主体的生存生活感悟，达致良好的传播效果和积极的社会意义的一种传播实现。

有声语言大众传播的生命活力体现在三个方面：

传播主体：传播者真诚、热情、深刻、高超，能够“在场”“发言”，富于表现力；

语言表达：语言有内涵、有深度、有意趣，适切对象、适切环境，鲜活、生动，富于感染力；

效果评价/传播实现：传受主体之间能够达致互动、沟通、交流，产生良好的传播效果，富于生发力（适应、创新、发展）。

在有声语言大众传播中，生命活力的有无、程度、形态不但反映个体和社会的生存状态和审美取向，而且反映时代的风貌，影响社会的文化建构。

在当前的播音主持实践中，判断生命活力有无和强弱程度主要有以下几个方面：有无事业追求；有无目标指向；积淀如何、深度如何、能力如何；传播状态如何；情感表现上是否适当；表达的创造性。

有声语言大众传播的活跃的生命律动，体现在传播主体的语言创作中，体现在“如何传播”的具体操作中。这需要积极的创作状态、高超的语言功力、富于意趣的语言、传播个性以及创造性，实现传受主体间的交流与共建。

结 语

关于播音主持艺术改革，关于先进文化的导向和品位问题，是教育部的重大课题，尽管推迟了两年，我们课题组的任务总算基本完成了。虽然还有许多问题在理论上和实践上都需要进一步深入探讨，但是，目前的现实情况和事业的迅速发展，以及业界所面临的主要问题，我们确实经过了艰苦的调查，进行了认真的分析，结合国内外的学术前沿成果，谨慎地作出了我们的小结。由于理论水平有限，学术视野不广，肯定还存在着诸多不足。这本著作的出版，只是用来提供参考，那参考价值，就要由管理者和实践者来评判了。

任何学科和专业，都时刻处于变化的过程中。我们这个新兴学科，至今仍然带有稚嫩性，起步晚，资料少，有声语言传播属于“口耳之学”，光靠文字表述，困难很大。由视听材料中概括和提炼，常常出现研究主体主观判断的偏差，同时，量化标准也会造成挂一漏万的失当之处。因此，还需要进行长时间的观察与思考。但是，能够研究出如此众多而较高层次的问题，也是难能可贵的了。

我们坚持我们民族语言文化的规范性和示范性，把“语同音”当做历史使命来对待，而广播电视语言传播，恰恰是一种榜样的力量。它不仅在具体传播中形成规范形态，并且会在整个民族精神生活中，发挥示范的功能，推进和提升全民族的综合素质，朝着更高级、更普及、更广泛、更精美的境界奋力前行！

这本专著，由张颂牵头负责，形成整体框架，课题组的几位成员分头负责，第二章由柴璠撰写，第三章由曾志华撰写，第四章由李凤辉撰写，第五章由张政法撰写，其他章节由张颂撰写。

这本专著，连同其他几本著作（鲁景超《广播电视有声语言传播受众心理研究》，陈晓鸥《广播电视语言传播风格多样化研究》，李洪岩、柴璠《广播电视语言传播文化品位及审美趋势研究》，张颂主编《聚焦世界华语播音》，付程主编《播音主持教学法十二讲》）一起，奉献给我们的时代，奉献给我们的事业，表达我们的些许热忱，承担我们的些许责任。

盼望着批评，期待着指正。

最后，由衷感谢中国传媒大学出版社的领导和责任编辑对本课题的支持与关爱！

著 者

2009 年 3 月 1 日